Exploration
and Free Views
on the Legal
Frontier
Issues

法治前沿问题
探索与思辨

主　编◎许祥云　刘建民
副主编◎孙海虹　段宝玫

知识产权出版社

图书在版编目（CIP）数据

法治前沿问题探索与思辨/许祥云，刘建民主编. — 北京：知识产权出版社，2016.9
ISBN 978-7-5130-4354-0

Ⅰ.①法… Ⅱ.①许… ②刘… Ⅲ.①法律—研究—中国 Ⅳ.①D920.4

中国版本图书馆CIP数据核字（2016）第191295号

内容提要

本书聚焦于司法改革、民商事审判、刑事审判和行政审判领域，对涉及物权法、劳动合同法、知识产权法、破产法、行政诉讼法等方面的理论及实务问题进行探讨。作者既包括精于审判业务的资深法官，也有来自法学研究机构和高校的理论研究人员。书稿汇集了他们撰写的研究成果，希冀通过加强法学理论界与法律实务界的学术交流与互动，进一步拓展研究视野，促进理论与实践的紧密结合，不断提升研究成果的应用价值和学术内涵。本书对了解真实的司法运行情况，进一步完善我国的司法制度及推进法治建设进程具有重要的现实意义，对法学理论工作者和实务界人士也具有良好的参考价值。

责任编辑：杨晓红　　　　　　**责任出版**：刘译文
封面设计：李志伟

法治前沿问题探索与思辨
许祥云　刘建民　主编

出版发行：知识产权出版社有限责任公司	网　址：http://www.ipph.cn
社　址：北京市海淀区西外太平庄55号	邮　编：100081
责编电话：010-82000860转8114	责编邮箱：1152436274@qq.com
发行电话：010-82000860转8101/8102	发行传真：010-82000893/82005070/82000270
印　刷：三河市国英印务有限公司	经　销：各大网上书店、新华书店及相关专业书店
开　本：787mm×1092mm 1/16	印　张：20.5
版　次：2016年9月第1版	印　次：2016年9月第1次印刷
字　数：400千字	定　价：59.00元
ISBN 978-7-5130-4354-0	

出版权专有　侵权必究
如有印装质量问题，本社负责调换。

前言

《法治前沿问题探索与思辨》是上海商学院文法学院与上海市徐汇区人民法院开展学术研讨与合作交流的成果汇集。参与论文撰写的作者,既有长期从事法学教育和理论研究的专家学者,也包括司法实务部门精于审判业务的法官。

党的十八届四中全会通过的《中共中央关于全面推进依法治国若干重大问题的决定》提出,要"完善审级制度,一审重在解决事实认定和法律适用"。为深入贯彻落实全会精神,切实提升司法审判人员"事实认定"和"法律适用"能力,上海市徐汇区人民法院于2015年开展"两个能力"建设专项课题调研活动,课题选题涵盖法治思维、司法能力、审判管理、配套保障等各个领域,注重对立法及司法实践中的前沿问题和热点问题进行深入透视和分析阐发,并通过与上海社会科学院法学研究所、上海商学院文法学院等科研院所、高校联合课题研究的形式,进一步加强理论与实践的融通,着眼于提升研究成果的实践意义、应用价值和学术内涵。

本书分为"实体篇""程序篇"和"综合篇"。"实体篇"聚焦于民事、刑事、知识产权、行政等领域的法律适用和司法实务问题,以典型案例为导引,侧重于审判实践，对相关问题给予具体解读和分析。"程序篇"中的多篇文章，对诉讼领域的有关难点、重点和热点问题予以回应，如"鉴定人出庭作证制度在医疗损害责任纠纷中的运作困境及制度细刻""送达地址确认书破解民事诉讼送达困境的路径探析"等，此外，对理论界和实务界较为关注的破产案件简化审理改革、民事立案登记适用中的滥诉问题等也有专门研究。"综合篇"则将视野拓展至产业保护、司法改革以来审判管理转型、法官助理制度、诉讼档案管理以及社会综合治理等方面，体现了多元化的研究视角。

我们认为，通过联合课题调研的形式，加强与科研机构和院所的合作交流，有助于司法实务部门探索上下联动、内外合作的"两个能力"提升新路径，也有助于进一步丰富学术研究的思维与进路，形成司法实务部门和法学理论界良性互动的机制。

法律为人类秩序之规则，法治乃当世共通之理念。希冀通过本书的出版，能记载和激扬法治学问，推动法治持续前行！

本书在结集出版过程中，得到了知识产权出版社的大力支持，在此一并致谢！

目录

实体篇

预期违约案件司法实务认定标准研究 …………………… 吴裕华 邱素琴/3

刑法第183条第2款、第271条第2款的法律性质新论 … 薛 振 朱以珍 赵拥军/14

职务便利与工作便利的区别必要性之研究 ………………… 尹 琳 武 成/28

财产犯罪刑民交叉案件定性问题研究 ……………………… 杜文俊 赵拥军/41

贪污罪对象"公共财物"的再次审视 ……………………………… 徐文捷/58

从刑修（九）看侵害著作权行为的防卫线"前置化" ……… 张克伟 袁 博/67

关键字广告商标间接侵权责任研究 …………………………………… 高 阳/74

倾斜保护原则下企业用工管理权行使边界探析 ……………………… 戚垠川/85

国家考试中经评阅的答卷不予公开之反思 …………………………… 林沈节/96

论"续写"的正当性与合法化 …………………………… 张克伟 袁 博/103

试论刑法第287条的修改对自首认定的影响 ………………………… 赵拥军/111

未签订书面劳动合同法律适用分析 …………………………………… 戚垠川/121

论署名权的涵盖范围及其救济途径 …………………………… 徐晓颖 李 翔/130

程序篇

民事诉讼当事人诉权保障制度之立案登记制度探讨 ····· 张向荣 吴 越 胡歆婷/147

鉴定人出庭作证制度在医疗损害责任纠纷中的运作困境及制度

细刻 ··· 张雪梅 王朝莹/159

破产案件简化审理的程序设计与机制保障 ············ 段宝玫 孙建伟/172

送达地址确认书破解民事诉讼送达困境的路径探析 ········· 曹 庆 毛 成/188

以体系化建构发挥专家辅助人独立价值 ·························· 刘 婧/201

民事立案登记适用中滥诉问题研究 ····························· 汤景桢/213

财产保全在审执分离模式中的实现路径 ······················· 何爱华/225

综合篇

徐汇滨江地区文化产业创意保护机制研究 ············ 许祥云 李 翔/243

"职业打假"类履职诉讼问题探析 ····················· 孙海虹 叶晓晨/260

创新社会管理模式下物业纠纷的解决路径 ············ 刘建民 陈龙跃/270

法官助理制度运行背景下法律释明权的适用与完善 ············· 胡琼天/281

规范"真空"下的涉诉信访代理困境及制度构建 ················ 丁皓玥/289

取消"考核排名"推动法院审判管理转型的思考 ················ 郜 舒/302

论司法改革背景下基层法院诉讼档案管理工作的困境与突破 ······ 朱 佳/312

实体篇

预期违约案件司法实务认定标准研究

吴裕华　邱素琴[①]

摘要：预期违约作为英美法的概念，将违约可能造成的损失降低到最少。我国《合同法》引进了英美法中的预期违约制度，并在第九十四条第二款和第一百零八条中对预期违约制度做出规定。本文从司法实践中的案例入手，借鉴英美法系中成熟制度，对审理预期违约类案件的认定标准提出建议。

关键词：预期违约类型　认定标准　责任承担

预期违约是英美法的概念，指当事人一方在合同规定的履行期到来之前，明示或默示其将不能履行合同。其中，违约人向对方明确做出其将不履行合同的意思表示，这属于明示的毁约；当事人虽未向对方声明将不履行合同，但以自身的行为明确表示其将不履行合同，也构成预期违约，属于默示的毁约。[②]预期违约制度的设立不仅将可能造成的损失降低到最少，而且可以及时了结争议，故该制度在调节民商事关系中发挥着重要作用。学术界也长期对预期违约制度给予关注，近年来主要围绕预期违约制度的类型、构成要件以及救济方法等问题展开研究，但是就预期违约制度在司法实践中的认定标准鲜有论述，本文以各位学者的研究为基础，围绕司法实践中的困惑，就此问题进行探讨，以期对审判实践及适法统一有所助益。

---

① 作者单位：上海市徐汇区人民法院。
② 李国光．合同法释解与适用[M]．北京：人民法院出版社，1999：115．

一、预期违约制度综述及我国的立法现状

预期违约制度是英美法系特有的一种制度。这一制度是通过英国早期的几个判例逐步发展起来的。一般认为1853年的霍克斯特诉德·拉·图尔（Hochester v. De la Tour）案是确立这一制度的最早判例。英国法院关于该案的判决突破了传统的契约法理论，并确立起了这样的原则：如果合同一方在合同履行期限到来前便表示完全拒绝履约，尽管该行为尚不构成毁约，但另一方仍可将该等毁约视为对现时合同义务的重大违反行为，并可以立即就毁约方承诺的履行整个合同的价值提起诉讼。该案为明示预期违约规则得以确立的标志。Frost v. Knight案[1]可称为在预期违约制度的发展历史上另一奠基性判例，首席法官Cockburn在其判决理由陈述中首次提到了"by anticipation"概念。除此外，他还阐述了预期违约的救济方法："……可以视对方拒绝履行为对合同的违约中止，可以立即基于违约提起诉讼，并且在该诉讼中，他将有权要求于约定时间不履行合同的损害赔偿。"[2]

美国在继承英国判例的基础上也建立和发展起预期违约制度，其中美国联邦最高法院判例 Dingley v. Oler 和 Roehm v. Horst 对于美国预期违约制度的确立发挥了重要作用。1949年美国《统一商法典》确立了预期违约制度，促进了这一制度的成文化。随后，美国出台的《合同法重述》（第二版）将预期违约制度的法律适用范围进一步扩大，以前仅适用于买卖合同，后来将适用范围延伸至所有的合同。1980年通过的《联合国国际货物销售合同公约》（CISG）在英美合同法预期违约制度的理论基础上，进一步完善了预期违约制度。

我国《合同法》引进了英美法中的预期违约制度，并在第九十四条第二款和第一百零八条中对预期违约制度做出规定，其中第九十四条第二款规定，"在履行期限届满之前，当事人一方明确表示或者以自己的行为表明不履行主要债务，另一方当事人可以解除合同"；第一百零八条规定："当事人一方明确表示或者以自己的行为表明不履行合同义务的，对方可以在履行期限届满之前要求其承担违约责任。" 1999年11月26日，最高人民法院副院长李国光在全国法院技术合同审

---

[1] 该案中，一个女仆和主人的儿子恋爱并想结婚，但是两人知道男方的父亲不会同意，所以他们约定等男方父亲去世后再结婚，可是后来男方反悔并告诉女子将不会娶她。尽管该案事实本身现在已经不适用合同法，但是它所阐述的法律原则仍然有效。

[2] J.H. Jackson & L. C. Bollinger. Contract in Modern Society. p. 1185.

判工作座谈会上的讲话指出,预期违约是解除合同的法定条件之一。2009年,最高人民法院在《关于当前形势下审理民商事合同纠纷案件若干问题的指导意见》第17条中规定,对于一方当事人已经履行全部交付义务,虽然约定的价款期限尚未到期,但其诉请付款方支付未到期价款的,如果有确切证据证明付款方明确表示不履行给付价款义务,或者付款方被吊销营业执照、被注销、被有关部门撤销、处于歇业状态,或者付款方转移财产、抽逃资金以逃避债务,或者付款方丧失商业信誉,以及付款方以自己的行为表明不履行给付价款义务的其他情形的,除非付款方已经提供适当的担保,人民法院可以根据合同法第六十八条第一款、第六十九条、第九十四条第(二)项、第一百零八条、第一百六十七条等规定精神,判令付款期限已到期或者加速到期。

二、预期违约案件类型化分析

(一) 明示预期违约类案件

案例一:

2014年12月9日,原告尤某向被告段某购买上海市徐汇区某房屋并签订《上海市房地产买卖合同》,成交价格为被告到手143万元,交易过程中产生的税费及中介费均由原告承担。系争房屋2012年8月7日登记在被告名下。在履约过程中国家出台新政,将营业税征收标准从"个人将购买不足5年的住房对外销售的"缩短至"个人将购买不足2年的住房对外销售的",即按照新政系争房屋不需要缴纳营业税80 795元,原告购房成本较低,被告据此要求原告将优惠的全部或部分营业税,通过购房款的形式支付给被告,原告不同意,双方就此发生争吵,争议中,被告曾扬言如果原告不支付该笔费用,系争房屋不再出售。双方约定2015年5月31日,支付首付款,原告及中介方曾几次约被告接受首付款,但被告均以未提前约期等为由,未到场接受,原告没有按期支付首付款。后,原告诉至本院要求解除房屋买卖合同,返还已经支付的房款并要求支付解约违约金。[①]

在对本案的处理上,存在两种不同的处理意见:第一种意见认为,被告在履行期届满前要求原告向被告支付因政策免除的营业税,在双方就此问题发生争

[①] (2015)徐民四(民)初字第1853号,该案件最终以调解结案,原、被告签订的房屋买卖合同继续履行。

吵时，被告作出如原告不向被告支付该笔费用，系争房屋不再出售的意思表示，该意思表示尚不构成预期违约，原告的诉讼请求不应予以支持。理由是：被告在作出违约表示的同时，继续履行合同并附有条件，其毁约的意图并不是确定的，故不构成预期违约。且庭审中被告也表示不出售房屋是当时双方发生争吵时的气话，并非其真实意思表示。第二种意见认为，在履行期届满前被告明确表示不向被告支付优惠的营业税就不再向原告出售系争房屋，该意思表示已构成预期违约，原告有权解除合同并要求被告支付违约金。理由是：被告要求原告支付部分优惠的营业税没有合同依据，属于变相地增加房价，且已经明确表示不履行合同主要义务，构成根本违约，故可以支持原告诉请。

　　从本案展开来看，行为虽然在一定程度上反映了行为者的主观意思，但在有的情况下，行为者的一种主观意思要通过几个行为才能表现出来，从一个行为中又可推测出行为者的可能的主观意思。具体到本案，被告是否构成预期违约应当进行综合评判，不能仅仅从当事人一个行为甚至一句不理智的话语进行判断。一般情况下，需要缴纳营业税的房屋的出售方到手价格要比不需要缴纳营业税的房屋要低，原、被告就系争房屋签订房屋买卖合同的时候，根据当时的政策，原告需要缴纳一笔营业税，在交易过程中，根据国家新的税收政策，原告不需要缴纳营业税，且国家出台新的政策并非原、被告能预见的，面对营业税优惠这"一块蛋糕"，被告要求分享也是可以理解的，双方就此问题发生争议，故产生被告不同意出售系争房屋的意思表示，即被告在作出违约表示的同时附有条件，其毁约的意图并不是确定的，正如被告庭审中所述不出售系争房屋是气话并非其真实意思表示。另外原告认为被告预期违约的理由，是被告没有到原告要求的地方接受首付款，根据案件查明的事实，原告知晓被告的银行账号，并做过转账交易，被告不到原告要求的地点接受首付款并无法阻碍原告支付首付款，该房屋买卖合同合法有效，且处于合同履行期间，原告完全可以通过其他方式支付首付款。另外被告在他处购房，需要该笔房款用于支付他处购房的房款。系争房屋的交易已经在房地产交易中心备案，被告没有要求撤销备案手续且原告也没有证据证明被告已经将房屋出售给他人或者在其他中介处进行挂牌出售，被告在庭审中又明确表示愿意将系争房屋出售给原告。被告虽然有过不履行合同主要义务的意思表示，结合其作出该意思表示的背景以及被告的行为，可以判断该意思表示并非被告的真实意思，被告并没有构成预期违约。

(二)默示预期违约类案件

案例二：

2007年9月18日，原告谢某与被告章某，第三人中介公司就购买上海市浦东某房屋签订《房屋买卖居间协议》，约定房价款为271万元，签订房屋买卖合同的时间未约定。协议签订当日，原告向第三人支付意向金10万元，经原、被告同意，该款由第三人保管。2007年11月间，被告在该案尚未审结的情况下将涉案房屋转让给了案外人，并已办妥过户登记手续。故原告起诉要求解除《房屋买卖居间协议》，两被告向原告双倍返还定金20万元（其中10万元由第三人中原物业直接返还给原告）。

法院认为：协议中双方对签订买卖合同的最后期限约定不明。在此情形下，本着诚实信用的原则，原、被告及第三人应当进一步协商签订买卖合同的期限，或者催告相对方与自己签订买卖合同。而本案被告在未经协商或催告的情况下，于2007年11月将涉案房屋转让给了他人，致使本案原告根据《房屋买卖居间协议》与被告签订买卖合同成为不可能。根据法律规定，在履行期限届满之前，当事人一方明确表示或者以自己的行为表明不履行主要债务的，当事人可以解除合同；当事人一方明确表示或者以自己的行为表明不履行合同义务的，对方可以在履行期限届满之前要求其承担违约责任。本案被告将涉案房屋转让给他人的行为表明其将不可能再与原告签订相关买卖合同，原告要求解除《房屋买卖居间协议》，并要求被告承担相应的违约责任，法院予以支持。关于违约责任的承担方式，协议第八条已作约定，被告应当双倍返还定金。

本案的审理思路与英国王座法院审理的辛格夫人诉辛格一案不谋而合。一方预见另一方在履行期限到来时不会或者不能履约，毕竟只是一种主观臆断，是否构成默示的预期违约，不仅要看当事人的行为，而且要看当事人行为之外的其他行为。本案中被告将系争房屋已经出售他人，原告在履行合同之前可以肯定地预见被告无法履约，故构成默示预期违约。尽管被告可能将系争房屋从第三人手中购买回来以履行对原告的承诺，但是这不符合常理。

被告在就系争房屋签订《房屋买卖居间协议》后，将系争房屋出售给他人。原告作为购买方的主要义务是支付购房款，被告作为出售方的主要义务是将房屋交付给原告，在合同履行届满前，被告将系争房屋出售给他人，被告以自己的行为表明其将不履行主要债务,根据合同法第九十四条的规定,原告要求解除合同的诉讼请求可以得到支持。我国合同法第一百零八条规定了对方可以在履行期届满之前要求其承担违约责任。违约责任形式包括继续履行、采取补救措施和赔偿损失。被告已经将系争房屋出售,要求被告继续履行合同已经不可能,故原告只能要求赔偿损失。双倍返还定金是针对被告拒绝履行合同而约定的赔偿方式,被告将系争房屋出售也是拒绝履行合同,故原告要求双倍返还定金的诉讼请求理应支持。在合同到期后拒绝履行合同,按照定金罚则,被告亦是按双倍返还定金。如何区别预期违约的违约责任与实际违约的违约责任也是审理中需要把握的一个问题。

三、明晰预期违约案件审理中的认定标准

(一) 预期违约案件中根本违约的司法认定标准

不论是明示预期违约还是默示预期违约,当事人一方必须是违反合同的主要义务,才能构成预期违约。如果当事人一方违反并非主要义务而仅仅只是附随义务,不构成预期违约。如沛时投资公司诉天津市金属工具公司中外合资合同纠纷上诉案中认定,工具公司已将作为出资的设备和房产交合资公司实际使用,只有少部分房产未办理过户手续,其履行了主要债务而不是不履行主要债务,因此,不符合合同法第九十四条对预期违约的规定。[①]

当事人的行为是否构成对主债务的违反可以从订立合同的期待利益进行考量,即一方的预期违约是否剥夺了当事人订立合同时期望得到的东西,如仅仅是不履行合同的部分内容或从义务,不妨碍合同目的的实现,则不构成预期违约。如案例二中原、被告签订房屋买卖合同,原告所期望的是被告按照约定交付房屋,被告在合同履行期间将房屋另行出售的行为,使得原告订立合同时的期望落空,属于根本性的违约。具体的标准可以参照《联合国国际货物销售合同公约》第 25 条的规定:"一方当事人违反合同的结果,如使另一方当事人蒙受损害,以至于实际上剥夺了他根据合同规定有权期待得到的东西,即为根本违反合同,除非违反合同一方并不预知,而且一个同等资格、通情达理的人处于相同情况下也

---

① 参见"沛时投资公司诉天津市金属工具公司中外合资合同纠纷上诉案",(2002)民四终字第 3 号,《最高人民法院公报》2003 年第 4 期。

没有理由预知会发生这种结果。"正如沛时投资公司诉天津市金属工具公司中外合资合同纠纷上诉案中认定被告天津市金属工具公司已经将出资的设备和房产交给合资公司,只有少部分房产未办理过户,该行为是对原告权益的侵害,但是并没有影响合同目的的实现,故被告的行为不构成预期违约。该案件的判决在不同程度上借鉴了上述条文中对根本违约与一般违约的认定,其审理思路符合国际惯例。

(二) 预期违约行为的司法认定标准

1. 明示预期违约的认定标准

明示毁约是在合同有效成立后至合同约定的履行期届满前,一方当事人无正当理由明确肯定地向另一方当事人表示其将不按约定履行合同义务。其本质上是一种故意的违反主债务的行为,且没有正当理由。就其表示的方式可以是口头的,也可以是书面的,表示的内容可以是直接拒绝,也可以以其他的理由拒绝履行合同,如表示经营困难不再履行合同、租赁合同中直接将承租房屋的钥匙返还给出租人等,均可以认定其是明确表示不履行合同,因此在司法认定中可以不拘泥于形式,主要审查其真实的意思表示。

除了审查其意思表示,还要综合审查其拒绝履行合同是否有正当的理由,如案例一,被告虽然表示其不再履行合同,但其意思表示的背景为国家税收政策的优惠,该税收政策的优惠是一个完全有民事行为能力的人无法预见的,另外被告提出的要求是一个同等资格、通情达理的人处于同等情况下的一种正常的反应,如果当事人只是仅仅提出合同不成立、合同无效、自己经济困难、涨价或降价等借口来拒绝履行合同,一个通情达理的正常民事行为能力人可以辨别出其是在找借口不履行合同,可以认定为其没有合理的理由。另外还要结合拒绝履行合同当事人的行为来评判分析,如果双方发生激烈争吵,在不理智的情况下表示拒绝履行合同,不能认为其构成预期违约,还要考察作出该意思表示的当事人为履约作出的准备工作有无停止等行为,总之,关于明示预期违约应当结合意思表示和行为及背景综合衡量。

2. 默示预期违约的认定标准

默示违约是指合同有效成立后至合同约定的履行期限届满前,合同一方当事人的自身行为或者客观事实预示其将不履行或者不能履行合同。一方预见另一方在履行期限到来时,将不履行或不履行合同。一方之所以作出如此预见,是因另一方自己的行为产生的,一方当事人主张对方预期违约的,应当提供证据证明:(一)合同义务内容;(二)对方当事人在履行期限届满之前明确表示或者以自己的行为表明不履行合同义务。如案例二中被告作为出售人的主要义务是将房屋交付给买受人,然而在履行期限届满前被告将房屋出售,原告提供了被告出售的房地产交易信息,以证明自己判断的合理性,法院有理由据此判断被告肯定到期无法继续履行合同,故被告的行为构成默示的预期违约。

关于此类案件的审理可以参考《美国统一商法典》在第2-609条的规定,"当有合理的证据证明,某一方的履行不能得到保证时,另一方可以用书面形式要求其对于正常的履行提供适当的保证,在得到此种保证前,他可以中止自己履行与其要求一致的答复相对应的那部分义务,只要中止在商业上是合理的。对方在收到有正当理由的要求后,未能在不超过30天的合理期限内提供在特定案件中可认为是合理的对适当履行的保证,即构成预期违约。"关于如何判断当事人能否履行主要债务,《联合国国际货物销售合同公约》提出了三个参考因素,即从对方当事人的履约能力、商业信用或履约行为三个方面判断,如遭遇安全事故,可以认为其履约能力存在严重缺陷;销往市场的产品出现严重质量问题,可以认为其商业信用存在严重缺陷;未准备原材料或未组织生产,显然将无法按时供货,可以认为其准备履约的行为有严重缺陷。由此可知,前提条件的具备与否非靠对方当事人的主观臆测,而是由履约方的行为或存在的履约力缺陷或信用缺陷等客观事实构成。如果当事人有合理的理由认为对方存在默示的预期违约情况,可以以书面的形式要求对方提供担保,如在合理期限内没有提供担保,法院可以认定该方存在预期违约。如果当事人已经诉至法院,根据当事人的申请,法院也可以要求付款方提供相应的担保。要求提供担保并非必要条件,紧急情况下,可以诉至法院解除合同并要求赔偿损失。

在夏威夷州的米罗格诉德瓦兰斯案即为一例,该案中在卖方同意向买方出售一所住宅,履约期限到来前,买方发现该住宅侵入了邻居的土地,于是通过律师通知卖方,在此瑕疵纠正前将拒绝付款。后卖方起诉,以买方没有及时付款为由要求解除合同。由于该案中一些事实问题待查,法院将案件发回原审法院重审。笔者认为,首先该住宅侵入邻居的土地属于权利瑕疵,买方发现后及时通知卖方提供相应的担保,如卖方没有及时提供,可以认定为卖方存在预期违约,买方不按时支付房款,理由正当,卖方要求解除的合同的依据不足,不应该得到支持。

(三) 责任承担方式的认定标准之建议

《美国统一商法典》第2-610条规定"一方当事人表示拒不履行尚未到期原合同义务,而这种毁约表示对于另一方而言会发生重大合同损害,受害方可以:1)在商业合理时间内等待毁约方履约;或2)即使他已告知毁约方他将等待其履约,催其撤回毁约表示,他仍然可以根据第2-703条或2-711条的规定请求违约救济;3)在上述任何一种情况下,停止自己的履行或根据本法对卖方权利的规定,不顾对方毁约确定合同货物,或根据第2-704条对未制成的货物作救助。"从上述规定可以看出守约人可以在合同期限届满之前请求解除合同并要求赔偿损害,也可以对对方明确不履行合同义务的意思表示不予理睬,而在合同期限届满之后,根据实际违约的情形追究对方的违约责任。结合我国合同法关于预期违约的规定,笔者认为守约方的司法救济方式主要包括继续履行、解除合同并赔偿损失。

1. 关于继续履行合同

继续履行合同,是指在违约方不履行合同义务时,由法院强制违约方继续履行合同债务的违约责任方式。继续履行虽然是合同履行的继续,仍然是履行原合同的债务。在明示的预期违约中,如守约方要求预期违约方继续履行合同,也是没有违背法律的基本精神。在默示的预期违约中,如已经不能履行,如案例二中当事人已经将系争房屋出售,当事人的诉讼请求无法得到支持只能选择其他的救济方式。如果并非不能履行,而是当事人存在默示预期违约的行为,守约方可以要求预期违约方提供相应的履约担保,在合理的期限内未提供的,守约方要求继续履行合同,可以加速预期违约方的履约速度。

2. 关于损害赔偿范围司法审查之建议

《合同法》第113条规定:"当事人一方不履行合同义务或者履行合同义务不符合约定,给对方造成损失的,损失赔偿额应当相当于因违约所造成的损失,包括合同履行后可以获得的利益,但不得超过违反合同一方订立合同时预见到或者应当预见到的因违反合同可能造成的损失。"损害赔偿的目的是通过金钱补偿的方式来弥补非违约方受到的损失,那么非违约方必须实际蒙受损失才有权获得损害赔偿,守约方必须就其损失承担举证责任。根据损害赔偿的一般原则,在非违约方选择了替代性交易的情况下,如果该替代性交易能够完全实现原合同目的,则其因为选择替代性交易而导致的合理支出增加就是其能够获得的赔偿数额。

对于预期利益如何计算其价值,目前我国还没有明确的法律规定,但是其他国家法律和有关国际公约中的规定却可以给我们提供一定的参考。在普通法系国家,原告必须蒙受损失才有权要求损害赔偿。假如原告并没有因被告的违约行为而蒙受损失,或原告主张的损失数额因缺乏足够的确定性而不能被法院接受,原告只能得到象征性的损害赔偿,其数额由法官依其裁量权确定,在美国通常为6美分或1美元,在英国一般是2英镑,其意义仅在于确认被告违约的事实。此外,《国际商事合同通则》第7.4.3条规定:(1)赔偿金适用应根据合理的肯定程度而确立的损害,包括未来损害。(2)对机会损失的赔偿可根据机会发生的可能性程度来确定。(3)凡不能以充分的肯定程度来确定损害赔偿的金额,赔偿金额的确定取决于法庭的自由裁量权。由此可见,确定性不仅与损害的存在有关而且与它的程度有关。

我国《合同法》第119条规定:"当事人一方违约后,对方应当采取适当措施防止损失的扩大;没有采取适当措施致使损失扩大的,不得就扩大的损失要求赔偿。"该原则一方面体现了民法中诚实信用的基本理念,也能够使违约导致的浪费结果最小化,有利于对社会整体利益的维护。在预期违约中,如果守约方没有选择解除合同,而是静等合同期限到来而追究对方违约责任,对方根据该条款予以抗辩主张守约方应当及时解除合同减少损失,而无须等待合同期限到来的意见,法院是否应当采信?对此笔者认为,明示预期违约的案件,如果守约方明确表示要对继续履行合同,履行期限届满后,对方仍未履行的情况下,守约方要求对方承担违约责任,不应采信上述辩论意见。在明示的预期违约中,如果守约方没有明确表示要求预期违约方继续履行合同,预期违约方有理由相信其预期违约的意思表示已被守约方接受,根据公平的原则,守约方应当积极减少损失,故应当采信上述辩论意见。在默示预期违约案件中,不存在守约方选择承认的问题,故不应当采信上述辩论意见。根据民法的灵魂诚实守信原则,不论在任何情况下,守约方都不应当扩大损失,在力所能及的范围内将损失降至最低,既是对自己利益的保护,也是对社会利益的尊重。参考英美国家关于减少损失原则的认定,亦是受害方虽然有权选择是否承认预期违约,但是一旦其选择承认,则合同解除,受害方应当采取合理的行动减少损失。[①]

四、结语

预期违约制度的建立,"不仅会使合同双方当事人的权利义务公平化,在一定程度上避免预期违约诱发的违约风险,而且还可以将预期违约可能造成的损失消灭在萌芽状态或降低到最低限度",[②]最为重要的是能帮助合同法实现以下价值:公平、效益、安全。本文从探究预期违约制度渊源、发展入手,结合我国目前预期违约制度在司法认定中的难点,就预期违约行为的认定及损害赔偿的标准提出自己的拙见,以期对审判实践有所帮助。

参考文献

[1] 李国光.合同法释解与适用[M].北京:人民法院出版社,1999.

[2] [美]科宾.科宾论合同[M].王卫国,译.北京:中国大百科全书出版社,1998.

[3] J.H. Jackson & L.C. Bollinger. Contract in Modern Society. p. 1185.

[4] 梁为华,徐谦.预期违约制度于我国合同法之探析[J].华中师范大学学报(人文社会科学版),2014(2).

[5] 王利明.违约责任论[M].北京:中国政法大学出版社,2003.

[6] 何宝玉.英国合同法[M].北京:中国政法大学出版社,1999.

[7] 吴志忠.新合同法的重要改进及其不足[J].中南财经大学学报,1999(6).

---

① 何宝玉.英国合同法[M].北京:中国政法大学出版社,1999:692.
② 吴志忠.新合同法的重要改进及其不足[J].中南财经大学学报,1999(6).

刑法第 183 条第 2 款、第 271 条第 2 款的法律性质新论

薛　振　朱以珍　赵拥军[①]

摘要：由于刑法第382条规定的贪污罪对象是"公共财物"以及第91条对"公共财产"的立法限制，对于刑法第183条第2款、第271条第2款的法律性质的解释，在当前国有经济发展的新的模式背景下以及当前刑法体系的语境下，不应从整体上将其解释为法律拟制或是注意规定，可以将其拆分开来进行解释。刑法第183条第2款便可以拆分为对行为主体和行为方式的规定，以及犯罪对象的规定；刑法第271条第2款可以拆分为对行为主体的规定和犯罪对象的规定。对于刑法第183条第2款、第271条第2款中犯罪对象的规定是法律拟制；刑法第183条第2款中的行为主体以及行为方式、第271条第2款中的行为主体的规定是注意规定。

关键词：贪污对象　公共财物　法律拟制　注意规定

一、问题的提出

刑法中关于贪污罪的规定，有第382条、第183条第2款、271条第2款和第394条四个条款。刑法第382条规定，贪污罪是指国家工作人员利用职务上的便利，侵吞、窃取、骗取或者以其他手段非法占有公共财物的行为；以及受国家机关、国有公司、企业、事业单位、人民团体委托管理、经营国有财产的人员，利用职务上的便利，侵吞、窃取、骗取或者以其他手段非法占有国有财物的行为。一般认为该条是贪污罪的定义条文，其规定贪污罪的对象是公共财物，第183条第2款、第

[①] 作者单位：上海市徐汇区人民法院。

271条第2款和第394条则分别规定了并非纯国有的保险金、本单位财物和国内公务活动或者对外交往中接受礼物。由于国家工作人员在国内公务活动或者对外交往中接受礼物,依照国家规定应当交公的规定表明,国家工作人员之所以会在上述活动中收到礼物,是因为其代表着政府和人民在从事公务,否则他人也不会赠送礼物。所以收到的礼物也应当归政府和人民,即应当属于公共财物。如果国家工作人员利用职务之便将其纳为己有,则完全符合贪污罪的构成要件,因而刑法第394条的规定应属于注意规定,并未突破第382条关于贪污罪对象是公共财物的规定。

但如何理解刑法第183条第2款、第271条第2款(以下简称"争议条文")规定的以贪污罪认定,便是个值得探讨的问题。

如果认为刑法规定的贪污罪的对象不仅包含公共财物,也可以包含其他非公财物,则刑法第382条贪污罪定义所写明的对象为公共财物该如何理解?

刑法第183条第2款、第271条第2款规定的针对非纯国有的保险金和非纯国有的本单位财物的犯罪可以构成贪污罪又该如何理解?

所以,在当前国有经济发展的新的模式背景下,对于上述问题在刑法用语应当注重体系性下进行合理的解释,对于司法实务中贪污罪的合理认定将产生罪与非罪和此罪与彼罪的差异,理当慎重地对待。

二、刑法第382条规定下的贪污罪对象暨对"争议条文"的分析

根据刑法第91条对公共财产的规定,再结合《现代汉语词典》对"财产"和"财物"的解释,前者是指拥有的财富,包括物质财富(金钱、物资、房屋、土地等)和精神财富(知识产权、商标等);后者是指钱财和物资。或许可以认为,我国刑法将贪污罪的对象规定为"公共财产"的物质层面,即"公共财物",其所有者应当是国家或集体以及公益事业单位。

因而,在我国刑法第382条规定的框架下,明确地将贪污罪的犯罪对象规定为"公共财物"。但是由于刑法第91条是在所有制的背景语境下对"公共财产"进行的解释,尚未将含有国有财产成分的混合所有制背景下的公司法人财产进行妥当的"安置",从而造成国家工作人员利用职务之便,非法占有该财产的,能否以贪污罪定处的争议。对于贪污罪的对象是否仅仅局限于"公共财物",即,在混合所有制背景下,可否对单一"公共财物"扩大至"公私财物",有观点认为,只

要国家工作人员利用职务上的便利,非法占有了其职务监管下的财物,无论财产是公有还是私有,国家工作人员的职务廉洁性都遭到了侵犯,此时便可以认定为贪污罪。因此,贪污罪的对象应扩大到公私财产。①也有观点认为,贪污罪的对象只能是公共财物。但是其中针对混合型经济的公有成分的比例,又有以下两种观点:一种观点认为,只要有公有资本,就应当将该公司、企业的财产作为一个整体,全部认定为公共财物②;另一种观点则认为不能一律视为公共财物,只有国有、集体单位控股(包括绝对控股和相对控股)的企业财产才能认定为公共财物,除此之外的不能认定为公共财物。但是能明确属于公共财物的也应当认定。③

由于罪刑法定原则的制约,在刑法第382条规定贪污罪的对象是公共财物的情形下,上述观点只能通过解释刑法第183条第2款和第271条第2款的法律性质才能得出。即,上述观点背后体现的便是针对刑法第183条第2款和第271条第2款应当解释为注意规定还是法律拟制。

所谓的注意规定,是在刑法已作基本规定的前提下,提示司法工作人员注意,以避免司法工作人员忽略的规定。其设置并不改变基本规定的内容,只是对相关规定内容的重申,即使不设置或删除注意规定,也存在相应的法律适用根据(按基本规定处理)。同时,注意规定只具有提示性,其表述的内容与基本规定的内容完全相同,因而不会导致将原本不符合相关基本规定的行为也按基本规定论处。而法律拟制(法定拟制)是指将针对某一构成要件(T1)所作的规定,适用于另一构成要件(T2)。即尽管立法者明知T2与T1在事实上并不完全相同,但出于某种目的仍然对T2赋予与T1相同的法律效果,从而指示司法者将T2视为T1的一个事例,对T2适用T1的法律规定。④

因而,如果认为刑法第183条第2款和第271条第2款是注意规定,依照刑法第382条定罪处罚的前提,必须满足第382条的构成要件的要求,否则不能依此规定处理。其实质的意思为,在当前刑法第382条明文规定的情况下,贪污罪的对象只能是公共财物。如果认为刑法第183条第2款和第271条第2款是法律拟制,将原本不能认定为贪污罪的两种情形立法拟制为贪污罪。此时便突破了贪污罪对象需

---

① 徐立,陈斌.贪污罪基本问题新论[J].湖北社会科学,2010(1).
② 唐世月.贪污罪犯罪对象研究[J].中国法学,2000(1).
③ 周光权.刑法各论[M].北京:中国人民大学出版社,2011:404.
④ 张明楷.刑法分则的解释原理[M].北京:中国人民大学出版社,2011:632.

为公共财物的限制性规定。其实质意思为,贪污罪的对象既可以是公共财物,也可以是非公共财物。

可以说,将刑法第183条第2款和第271条第2款理解为注意规定,有效地维系了刑法第382条贪污罪的对象是"公共财物"的规定在整个刑法体系中的统一性,也满足了国民对贪污罪的对象是"公共财物"的预测可能性。但是,这存在以下两个问题:

其一,由于刑法第271条第2款规定的非国有公司、企业以及其他单位和第183条第2款规定的非国有保险公司包含了国有控股、参股的混合所有制公司法人,当然也包含了不含国有成分的公司法人。因而,当国有公司、企业或者其他国有单位委派到不含有国有成分的公司法人中非法占有其单位财物的,按照注意规定的理解,无论如何也不能满足刑法第382条的构成要件。

其二,在当前的混合所有制背景下,公司作为企业法人拥有独立的法人财产,公司法人的财产除了产生利润归属时等情形也不再体现其背后的所有者(投资者)的属性。就如同将50%、40%和10%的水、醋和酱油混合在一起,舀出其中的任何一勺,都将含有水、醋和酱油的成分。照此,国家工作人员非法占有混合所有制公司中的财产,按照注意规定的理解,无论如何也不能满足刑法第382条的构成要件。

若将刑法第183条第2款和第271条第2款理解为法律拟制,尽管这样的理解较为妥当地解释了刑法第183条第2款、第271条第2款和第382条之间关于贪污罪对象规定的冲突,使得在一般情形下,贪污罪的对象是"公共财物",在特别情况下,比如混合所有制背景下的单位财物就可以作为一个特殊的贪污罪对象。但这也只是在一定程度上解决了当前混合所有制背景下国家工作人员的贪污问题。其也存在着如下问题:

其一,刑法第183条第2款规定的"前款行为",是指"故意编造未曾发生的保险事故进行虚假理赔,骗取保险金归自己所有的"。即,如果将刑法第183条第2款理解为法律拟制,则只有在国有保险公司工作人员和国有保险公司委派到非国有保险公司从事公务的人员,"故意编造未曾发生的保险事故进行虚假理赔,骗取保险金归自己所有的"这种情形下才能依照贪污罪处罚。但是,根据刑法第198条规定,构成保险诈骗罪的情形有五种,第183条第1款并未规定全部的保险诈骗情形。换句话说,若将刑法第183条第2款理解为法律拟制的话,当国有保险公司工作人员和国有保险公司委派到非国有保险公司从事公务的人员有刑法第198条规定的其他行为时，则由于没有法律拟制便不能认定为贪污罪。

可能有人又认为，既然如此，那就将第183条第2款和第271条第2款分开解释，前者是注意规定，后者是法律拟制。可是，由于刑法第271条第2款和第183条第2款是一种普通和特殊关系，即刑法第271条第2款规定的国有公司、企业是包含第183条第2款规定的国有保险公司的，这两个条文的性质明显是相同的，如何能作出如此区别解释？

其二，更为重要的是，由于法律拟制是"明知不同而等同视之"的立法行为，在法律拟制的场合，只有立法明确规定所拟制的情形出现才可以适用，因而不具有普遍的意义。即当没有法律拟制的情形出现，就不得按照拟制的规定处理。若将刑法第271条第2款理解为法律拟制，则国有公司、企业或者其他国有单位委派到非国有公司、企业以及其他单位从事公务的人员有前款行为的，可认定为贪污罪。根据2010年最高人民法院、最高人民检察院《关于办理国家出资企业中职务犯罪案件具体应用法律若干问题的意见》第6条第2款规定，经国家出资企业中负有管理、监督国有资产职责的组织批准或者研究决定，代表其在国有控股、参股公司及其分支机构中从事组织、领导、监督、经营、管理工作的人员，应当认定为国家工作人员。该规定第7条第1款又规定，本意见所称"国家出资企业"，包括国家出资的国有独资公司、国有独资企业，以及国有资本控股公司、国有资本参股公司。简单而言，该司法解释规定，若行为人甲经含有国有控股或参股的混合制企业A中负有管理、监督国有资产职责的组织批准或者研究决定，代表A在含有国有控股或参股的混合制企业B中从事组织、领导等工作的人员认定为国家工作人员。那么，当行为人甲在B企业中利用职务之便非法占有B企业财物的行为时，根据上述法律拟制说，则不能根据刑法第271条第2款的规定，以贪污罪处理。因为，行为人甲不是国有公司、企业或者其他国有单位委派的情形，而是非国有公司A委派到非国有公司B的情形。

由此可见，不论是注意规定说还是法律拟制说，都不能很好地解释上述条文之间的冲突和实务中的问题，因此必须重新审视上述条文的性质，以合理地解释刑法第382条规定的犯罪对象是"公共财物"，却又通过"争议条文"突破该规定。

三、贪污罪的犯罪对象不应局限于"公共财物"

贪污罪的保护法益，当前有不同看法，从贪污罪在刑法分则中的类属来看，本罪主要是保护国家工作人员职务行为的廉洁性，其次是公共财产所有权[1]，但从立法论上而言，贪污罪的主要法益应是财产，其次才是职务行为的廉洁性[2]。不论如何表述贪污罪的保护法益，可以确定的是该罪侵害的法益是双重的：一方面是国家工作人员职务行为的廉洁性；另一方面是公共财物的所有权[3]。但是从世界范围，以及对我国贪污罪的历史沿革进行梳理，可以发现，贪污罪所规制的行为主体是公职人员（或国家工作人员），但其保护的对象却不限于公共财物。

（一）世界范围内的贪污犯罪对象

从世界范围来看，大多数国家的刑法对贪污罪的对象未作限制。比如，日本、韩国、联邦德国、俄罗斯等，这些国家刑法规定的相当于我国贪污罪的犯罪对象可以是任何性质的财物，不局限于公共财物；而西班牙、法国、瑞士、巴西、意大利、泰国等国规定的相当于我国贪污罪的犯罪对象尽管主要是公共财物，但也只是将部分私有财物排除在外，意即并未完全排除私有财物。如法国刑法规定的贪污罪的对象包括公共或私人资金以及其他"因职务或工作而交付于他的任何其他物件"。但是像苏联、越南等社会主义国家则明确规定贪污犯罪的对象仅限于国家财产或者公共财产，而将私有财物排除在贪污对象之外。

不过可以明确的是，由于私有制的经济基础的缘故，大多数西方资本主义国家无论是把贪污罪作为侵犯财产的犯罪，还是作为职务犯罪，其侵犯对象的范围是不能排除私有财产的，只不过在前一情况下更强调对私有财产的保护。[4]由此可以讨论的问题便是：在这些国家中，财产犯罪所侵害的对象一般都是私有财产，贪污罪所要保护的财产对象完全可以由侵占、盗窃、诈骗等犯罪的保护法益进行规制，但实际上却并非如此。可见，贪污罪所要保护的法益，或者说首要的法益并非财产，而是公职人员职务行为的廉洁性。

---

[1] 黎宏. 刑法学[M]. 北京：法律出版社，2012：927.
[2] 张明楷. 刑法学[M]. 北京：法律出版社，2011：1044.
[3] 周光权. 刑法各论[M]. 北京：中国人民大学出版社，2011：404.
[4] 金泽刚. 对贪污罪的比较研究[J]. 犯罪研究，2000（1）.

正因如此,《联合国反腐败公约》(以下简称《公约》)第17条规定,公职人员贪污罪的犯罪对象为"因职务而受委托的任何财产、公共资金、私人资金、公共证券、私人证券或者其他任何贵重物品"。同时《公约》第2条第4款规定,"财产"系指"各种资产,不论其为物质的或非物质的、动产或不动产、有形或无形的,以及证明这些资产的产权或者权益的法律文件或者文书"。可见,《公约》规定贪污罪犯罪对象的范围几乎涵盖了现实生活中的所有利益形态。一方面,有利于使国际反贪污法律体系更加严密,也有利于协调各国刑法中关于贪污罪的不同规定,使国际公约与各国国内法能够很好地衔接起来,增强反贪污法规体系的可操作性,从而严厉打击形形色色的贪污犯罪[1];另一方面,也能够表明贪污罪的设立并非依据其犯罪对象的财产性质是公有或是私有,而是公职人员职务行为的廉洁性。即,从规范意义上而言,只要公职人员利用其职务行为的便利,非法将因其职务可支配的公私财产占为己有的,就应当认定为贪污罪,而不应当再考虑贪污罪犯罪对象的性质。

(二) 我国的贪污犯罪对象

可见,在世界范围内的刑法规定中,并未对贪污罪对象的范围作出限定,这在一定程度上,反映了当今世界反腐败立法的发展方向。虽然对贪污罪对象的具体规定有不同程度的差异,但其立法目的都是防止国家工作人员利用其职权获得不正当利益,以维护国家工作人员的职务廉洁形象。我国的反贪污立法无疑也应当是出于此种目的。比如,我国台湾地区刑法中,贪污罪的对象较为宽泛,《贪污治罪条例》对其作了详尽的规定,主要是指财产性利益,包括公用或公有财物和个人所有的财物。香港特别行政区的刑法则把贪污罪的对象规定为利益,包含礼物、报酬或佣金等,其形式包括金钱、有价证券、其他财产或任何财产之权益……。而澳门特别行政区刑法中贪污罪的对象限于动产,但对财产所有权的性质未加限制,包括公有财产或私有财产等。[2]

尽管我国大陆地区的现行刑法第382条将贪污罪对象规定为公共财物,但通过对我国贪污罪规制的历史沿革进行梳理,可以发现也并非是仅限于公共财物。

---

[1] 罗林. 论贪污罪的犯罪对象 [D]. 西南政法大学硕士学位论文, 2008: 28.
[2] 罗林. 论贪污罪的犯罪对象 [D]. 西南政法大学硕士学位论文, 2008: 28.

如1952年颁布的《中华人民共和国惩治贪污条例》，作为新中国第一个关于惩治贪污腐败行为的专门法律，其在第二条规定，"一切国家机关、企业、学校及其附属机构的工作人员，凡侵吞、盗窃、骗取、套取国家财物，强索他人财物，收受贿赂以及其他假公济私违法取利之行为，均为贪污罪"。其中的贪污罪对象便包含"国家财物"和"他人财物"。

作为中华人民共和国历史上的第一部刑法典，1979年7月1日第五届全国人民代表大会第二次会议制定并通过的《中华人民共和国刑法》，其第155条第1款规定，"国家工作人员利用职务上的便利，贪污公共财物的，处五年以下有期徒刑或者拘役；数额巨大、情节严重的，处五年以上有期徒刑；情节特别严重的，处无期徒刑或者死刑"。此后，经历"文革"十年前后刑法草案的不断修改以及司法实践的发展，贪污罪的对象明确为"公共财物"。1988年1月21日第六届全国人民代表大会常务委员会第24次会议通过的《关于惩治贪污贿赂罪的补充规定》，在贪污罪的主体范围以及定罪量刑等问题上作了补充规定，但贪污罪的对象仍然是"公共财物"。

但是，由于司法实践的发展，待1995年2月28日第八届全国人民代表大会常务委员会第12次会议通过的《关于惩治违反公司法的犯罪的决定》出台时，贪污罪的对象已经不再局限于"公共财物"。其在第12条中规定了公司董事、监事或者职工中的国家工作人员利用职务或者工作上的便利，侵占本公司财物，数额较大的，以贪污罪定处。从而，又将贪污罪的犯罪对象扩展至"公共财物"之外。因此，1997年10月1日修订后生效的《刑法》将第183条第2款的"非纯国有的保险金"和第271条第2款的"非纯国有单位的财物"实质性地纳入了贪污罪的对象范围。

由上述可见，贪污罪的本质特点并不在于其犯罪对象的所有权形式（性质），而在于公职人员因其职务而受托，从而侵犯财产。[1]由于国家工作人员行使职权的公共性，他们在职务范围内支配的主要是公有财物，但在特殊情况下也会支配私有财物。因此侵害私有财物的机会相对少些，但并不能由此认为私有财物就不会受到贪污行为的侵害。因此，便有学者认为"公共财产是贪污罪的主要犯罪

---

[1] 胡陆生.《联合国反腐败公约》履行途径与刑法完善[J].暨南学报（哲学社会科学版），2006（3）.

对象,但不能就此作出贪污罪的犯罪对象是公共财产的全称肯定判断"[1]。可以说,其作出如此论断的根据便是上述刑法"争议条文"的规定。但是,笔者认为该说法只是就目前刑法条文存在的现象而论,并未很好地解释笔者前文所指出的问题。所以,如何通过刑法解释将"争议条文"解释得更妥当合理,以弥补立法漏洞,便是本文的主旨所在。

四、刑法第183条第2款、第271条第2款的法律性质新解

在刑法第382条已经通过立法明确地将贪污罪的对象表述为"公共财物"的前提下,又通过刑法第183条第2款和第271条第2款,将非法占有该条款下的财物(通过刑法第91条无法将其解释为公共财物)规定为贪污罪。此时,不可以简单地得出贪污罪的对象原则上是公共财物,例外情况下可以是公私财物这样的"就条文论条文"式的结论。刑法学是一门规范学,其用语应当是精确的,尽管可能存在立法疏漏。但司法者在适用刑法时,必须将可能存在疏漏的刑法解释得没有疏漏,将可能存在矛盾冲突的刑法解释得没有矛盾。因此,在反腐的时代背景下,贪污罪首要的保护法益应当是国家工作人员职务行为的廉洁性,贪污罪应当关注的是该罪的主体身份,只要是国家工作人员在其职务范围内,将其利用其职务便利支配的公私财物非法据为己有,已经侵害了其职务行为廉洁性的要求,就应当认定为贪污罪。而"财物所有权归属,不影响贪污作为一种腐败行为的本质"[2]。

因此,笔者认为,在当前刑法体系的语境下,对于刑法第183条第2款、第271条第2款的法律性质的解释,不应从整体上将其解释为法律拟制或是注意规定,可以将其拆分开来进行解释。于此,刑法第183条第2款便可以拆分为对行为主体和行为方式的规定,以及犯罪对象的规定;刑法第271条第2款可以拆分为对行为主体的规定和犯罪对象的规定。

1. 刑法第183条第2款、第271条第2款中犯罪对象的规定是法律拟制

根据2005年修订的《公司法》第3条规定,公司是企业法人,有独立的法人财产,享有法人财产权。公司以其全部财产对公司的债务承担责任。可见,在现代企业制度背景之下,公司作为我国企业的最主要组织形式,其存在形式打破了原

---

[1] 朱建华.贪污罪中需加以细析的几个问题[J].学术研究,2005(4).
[2] 唐世月.贪污罪犯罪对象研究[J].中国法学,2000(1).

先的所有制结构,当不同的出资者将其资产注入公司后,出资者就失去了其所有权,而拥有的是股权(股份),并享有分红等权利。除非是完全的国有或集体所有的公司,其余形式的国有或集体控股、参股的公司,作为公司法人的财产,其性质将不再是国有或集体所有,而是公司(法人)的独立财产,是一种有别于刑法第91条、92条规定的公共财产和私人财产。但由于现行刑法(1997年)颁布之时,公司法人的独立财产权,特别是混合制公司企业的财产权旧公司法亦尚未有明确规定。承前所述,贪污罪的保护法益应当是强调行为主体的国家工作人员职务行为的廉洁性,不应关注其对象的所有权性质。所以为了刑法用语的统一性及刑法解释的体系性,在坚守刑法第382条中贪污罪的对象是"公共财物"的规定下,将刑法第183条第2款和第271条第2款中出现的"非公共财物"也作为贪污罪的犯罪对象,解释为立法者的特别拟制行为。即只有在刑法第183条第2款和第271条第2款规定的情形下的"非公共财物"才能够认定为贪污罪的对象,除此之外的情形由于没有法律的拟制规定,即便行为主体为国家工作人员也不得按照刑法第382条的贪污罪认定。

2. 刑法第183条第2款中的行为主体以及行为方式、第271条第2款中的行为主体的规定是注意规定

由于贪污罪的立法规制目的应当是国家工作人员职务行为的廉洁性,强调的是其主体身份特质。因此,凡是能认定行为人的主体身份是国家工作人员的,便满足了贪污罪的主体要求。而第183条第2款中的国有保险公司工作人员和国有保险公司委派到非国有保险公司从事公务的人员以及第271条第2款中的国有公司、企业或者其他国有单位中从事公务的人员和国有公司、企业或者其他国有单位委派到非国有公司、企业以及其他单位从事公务的人员,根据刑法第93条和2003年《全国法院审理经济犯罪案件工作座谈会纪要》第2条等规定,理当认定为国家工作人员。所以上述"争议条文"中关于主体的规定具有提示司法人员的作用,因而是注意规定。

同时,将第183条第2款中的行为方式也解释为注意规定,这样就可以将刑法第198条中的行为方式全部纳入第183条第2款的规制。即第183条第2款规定的贪污罪便不再局限于第183条第1款中列明的"故意编造未曾发生的保险事故进行虚假理赔,骗取保险金归自己所有的"情形。即提示司法人员,国有保险公司工作人员和国有保险公司委派到非国有保险公司从事公务的人员只要利用职务便利,具有第198条中的行为方式骗取保险金归自己所有的，都应当认定为贪污罪，而不再仅局限于第183条第1款中的"故意编造未曾发生的保险事故进行虚假理赔，骗取保险金归自己所有的"。

于此，前文提及的案例中，根据2010年最高人民法院、最高人民检察院《关于办理国家出资企业中职务犯罪案件具体应用法律若干问题的意见》（以下简称《意见》）第6条第2款规定，行为人甲经含有国有控股或参股的混合制企业A中负有管理、监督国有资产职责的组织批准或者研究决定，代表A在含有国有控股或参股的混合制企业B中从事组织、领导等工作的人员认定为国家工作人员，其在B企业中利用职务之便非法占有B企业财物的行为，根据上述解释，将行为人的主体身份规定解释为注意规定，将犯罪对象解释为法律拟制，则行为人此种情形下的行为便可以认定为贪污罪。

一个需要注意的问题是，2010年最高人民法院、最高人民检察院《意见》第6条第2款规定中，经国家出资企业中负有管理、监督国有资产职责的组织批准或者研究决定，代表其在国有控股、参股公司及其分支机构中从事组织、领导、监督、经营、管理工作的人员，应当认定为国家工作人员。对于此处的"国有控股、参股公司"的不同理解，便会导致主体身份的不同认定。试看以下案例：

光明集团有限公司（以下简称光明集团）系国有公司，海洋股份有限公司（以下简称海洋股份）系光明集团与其他股东共同出资成立的国有控股公司，山川有限公司（以下简称山川公司）则系海洋股份的全资子公司。2009年11月，被告人丁某进入山川公司工作。2011年2月，经山川公司党政班子讨论、并由海洋股份党委决定，丁某被任命为山川公司安全科主管，主要负责管理山川公司中出租车驾驶员交通事故费用清算、领取、报销及保险理赔等工作。2012年4月至2013年12月期间，被告人丁某利用其在山川公司处理交通事故理赔过程中经手相关赔偿款、报销款的职务便利，伙同社会人员、被告人毛某，由毛某根据丁某的指示及要求，通过他人向丁某提供伪造的医药费发票、住院押金收据、伤残鉴定意见书、损害赔偿调解书等理赔材料。丁某将上述材料作为依据，虚增事故赔偿款，骗得山川公司共计人民币55.5万余元并予以侵吞。

案例中的被告人丁某是由一个国有公司控股的国家出资企业海洋股份党委决定而任命的，若有可能只能根据上述《意见》第六条第二款的规定，即被告人丁某系经国家出资企业（海洋股份）中负有管理、监督国有资产职责的组织（党委)批准或者研究决定,代表其在山川公司中从事管理工作的人员。可是,山川公司能认为是国有控股、参股公司吗?

笔者认为,国有控股、参股公司应当至少有一个国有公司的股东,即纯国有资本应直接持有公司股份。所以,上述解释中的"国有控股、参股公司"不能理解为只要是含有国有资产的成分即可。如果照此理解,上述司法解释中的第七条[1],国家出资企业的概念则完全没有必要,并且整部刑法中的比如"国有公司""国有企业"等概念,也就会同等理解为含有国有资产的公司、企业。结合当前的实践背景,显然是有问题的。诚然,上述《意见》的出台,其现实背景是国有企业改制的不断推进,司法实践中办理国家出资企业中的职务犯罪案件遇到的新问题。因而,《意见》对国家工作人员的委派主体作了扩大解释,将"国家出资企业中负有管理、监督国有资产职责的组织"纳入委派主体范围。意即,将国家出资企业以自身名义任命的人员有条件地纳入国家工作人员范畴[2]。对此,笔者也持赞同观点。但是,将国家工作人员的委派主体扩大解释的依据是上述《意见》第六条第二款,而该款又同时将被委派的单位限定为"国有控股、参股公司及其分支机构",并非刑法第九十三条第二款中的"非国有公司、企业、事业单位、社会团体"。不知是该解释制定者的疏漏还是有心为之,笔者不得而知。但笔者坚定地认为,在国有经济布局与结构战略性调整、国企改革持续推进、深入的背景下,国家工作人员职务犯罪的司法认定在没有新的立法及相关司法解释出台之前,在按照当前的刑法及司法解释之规定,在穷尽解释后依然不能将具备社会危害性的行为定罪的就应当将其排除在犯罪圈之外。可能这就是罪刑法定的必要代价,也是中国法治之路的必经之途。因此,上述司法解释中的"国有控股、参股公司"等,必须是含有一个纯国有的股东直接持有混合公司中的股份。[3]案例中的山川公司是国有控股公司的独资子公司,并无国有公司股东持股,很显然不具备上述解释的规定。所以,被告人丁某不构成国家工作人员。

3. 刑法中存在同一条文既有注意规定也有法律拟制的情形

笔者将上述"争议条文"进行如此的拆分解释,并非"异想天开",其实刑法中除了"争议条文"之外,也存在着同一条文既有注意规定也有法律拟制的情

---

[1] 该条规定,"国家出资企业",包括国家出资的国有独资公司、国有独资企业,以及国有资本控股公司、国有资本参股公司。
[2] 马楠.国家出资企业中国家工作人员的认定[N].检察日报,2013:5(10).
[3] 朱晓玉."受委派"国家工作人员的认定[N].人民法院报,2013,7(17):6.

形。比如第289条规定的聚众"打砸抢",致人伤残、死亡的,依照本法第234条、第232条的规定定罪处罚。毁坏或者抢走公私财物的,除判令退赔外,对首要分子,依照本法第263条的规定定罪处罚。首先,对于在聚众打砸抢过程中抢夺公私财物的行为,依照抢劫罪定罪处罚,是法律拟制。因为,抢夺行为原本是不符合抢劫罪的构成要件的。其次,在聚众打砸抢过程中毁坏公私财物的行为,依照抢劫罪论处,属于法律拟制。因为,抢劫行为和毁坏行为在客观行为和主观故意方面都存有重大差别。即毁坏行为原本不符合抢劫罪的构成要件,但第289条赋予其抢劫罪的法律后果。最后,对于聚众打砸抢,致人伤残、死亡的,也应理解为法律拟制。即聚众打砸抢致人伤残死亡的,即使没有伤害或者杀人的故意,也应认定为故意伤害罪与故意杀人罪。

更有甚者,刑法条文中也存在同一条文既是注意规定,也是法律拟制的情形。如刑法第196条第3款,盗窃信用卡并使用的,依照本法第264条的规定定罪处罚。首先,即使没有刑法第196条第3款的规定,对于盗窃信用卡并在自动取款机上使用的行为,也应认定为盗窃罪。因为这种行为并不符合诈骗罪与信用卡诈骗罪的基本构造,相反,完全符合盗窃罪的构成要件。因此,就此而言,该规定属于注意规定。由于注意规定的内容属于"理所当然",所以,即使没有刑法第196条第3款的规定,对于盗窃他人信用卡后从自动取款机中取款的行为,也应认定为盗窃罪。因此,捡拾、骗取、夺取或者以其他方法取得他人信用卡后,在自动取款机中取款的,都完全符合盗窃罪的构成要件,而不能以这类行为不属于"盗窃信用卡并使用"的规定为由,否认盗窃罪的成立。其次,行为人盗窃他人信用卡后并对自然人使用的行为(在银行柜台或者特约商户使用,不包括在自动取款机上使用的行为),就使用信用卡而言,应属于冒用他人信用卡,根据该条第1款第3项的规定,理应构成信用卡诈骗罪。但该条第3款却将其规定为盗窃罪,就此而言,该规定属于法律拟制。[①]

最后,由于上述"争议条文"中的犯罪对象应当解释为法律拟制,且基于对公私财产的平等保护,因此,在犯罪数额的认定上亦应当全额认定,而不能"在量刑时参照同样数额的纯国有财产的刑罚酌情从轻处罚"[②]。

[①] 张明楷.刑法分则的解释原理[M].北京:中国人民大学出版社,2011:636-639.
[②] 曹坚.国有经济发展新模式下特殊贪污犯罪对象的认定问题[J].政治与法律,2010(1).

参考文献

[1]徐立,陈斌.贪污罪基本问题新论[J].湖北社会科学,2010(1).

[2]唐世月.贪污罪犯罪对象研究[J].中国法学,2000(1).

[3]张明楷.刑法分则的解释原理[M].北京:中国人民大学出版社,2011.

[4]黎宏.刑法学[M].北京:法律出版社,2012.

[5]张明楷.刑法学[M].北京:法律出版社,2011.

[6]周光权.刑法各论[M].北京:中国人民大学出版社,2011.

[7]金泽刚.对贪污罪的比较研究[J].犯罪研究,2000(1).

[8]罗林.论贪污罪的犯罪对象[D].西南政法大学,2008.

[9]胡陆生.《联合国反腐败公约》履行途径与刑法完善[J].暨南学报(哲学社会科学版),2006(3).

[10]朱建华.贪污罪中需加以细析的几个问题[J].学术研究,2005(4).

[11]马楠.国家出资企业中国家工作人员的认定[N].检察日报,2013:5(10).

[12]朱晓玉."受委派"国家工作人员的认定[N].人民法院报,2013,7(17):10.

职务便利与工作便利的区别必要性之研究

尹 琳 武 成[①]

摘要: 在现行刑法中,"利用职务便利"是贪污罪、受贿罪等职务犯罪成立的客观方面必备要件之一。但是,司法认定经常会把"利用职务便利"与"利用工作便利"混为一谈。从本质看,"工作便利"的内涵与外延,比"职务便利"大,这是刑法将"利用职务便利"作为职务犯罪成立客观方面要件的原因。贪污罪的"职务便利"侧重于直接管理与支配,而受贿罪的"职务便利"更侧重于对事项的决定与处置的管理性。如果国家工作人员在工作过程中侵占公有财物或收受他人的财物,就侵犯其职务行为的廉洁性或不可收买性,导致国民对其职务的公正性丧失信任,应当成立职务犯罪。因此,"职务便利"与"工作便利"区别的根本意义在于区别罪与非罪、此罪与彼罪。"利用职务便利"获取财物构成贪污罪、受贿罪等职务犯罪,而"利用工作便利"获取财物构成的是财产类犯罪。

关键词: 职务便利 工作便利 区别 受贿罪 贪污罪

在我国现行刑法中,规定以"利用职务上的便利"或"利用职务便利"为构成要件的罪名有14个之多。"利用职务上的便利",更是贪污罪、受贿罪等职务犯罪成立的客观方面必备要件之一。另外,虽然刑法并未设有"利用工作便利条件"的相关规定,但在司法实务认定中,对于一个行为,到底属于"利用职务便利"还是属于"利用工作便利",经常会成为困扰司法实务人员的疑难问题。然而,单就

[①] 作者单位:上海社会科学院法学研究所。本文为上海社会科学院刑事法学创新学科的成果之一,也是上海市徐汇区人民法院2015年"两个能力建设"课题的成果。

职务犯罪的判例来看,法院认定"利用工作便利条件"存在的情况几乎没有。[①]因此,研究"利用职务便利"与"利用工作便利条件"的区别必要性,可以帮助司法实务合理界定"利用职务上的便利",准确认定此类犯罪,更好地打击职务犯罪。

一、"利用职务上的便利"的内涵

(一) 职务与工作的概念界定

"职务"一词最早出现在行政法学和行政法领域。行政法意义上的"职务",是指某主体在一定机关或者事业单位中所实施的国家和社会管理的行政权责,这也就是行政职务。[②]在《现代汉语词典》中将其解释为"职权规定应当承担的工作"。从该解释可以看出,"职务"不仅包含了"工作",还包含了"职权","职权"可以说是"工作"所对应的特定权力的外化。因此,职务是一项工作,不能与"职权"画等号;亦即不能把"利用职务上的便利"仅仅解释为"利用职权便利"。[③]有学者认为所谓职务,是指公务员处于其地位应当作为公务处理的一切事务,其范围虽然大多由法令规定,但由于法令不可能完全列举公务员的事务,故公务员为了完成其任务而基于公务员的立场所实施的行为,也属于职务。[④]关于"工作"的概念,《现代汉语词典》对其有三个解释,即"从事体力或脑力劳动;职业;业务,任务"。从上述解释可以看出,"工作"的含义不仅包括"职务",也包括一般的业务。

因而,从日常生活的平义解释上来看,"工作"应该包含"职务"。"利用工作便利",是指行为人与非法占有的财物之间并无职责上管理与支配的权限,仅仅是因为在工作中形成的机会或偶然情况接触到他人管理、经手的财物,或因工

---

① 查阅中国裁判文书网的结果,发现仅有一份判决书提到"利用工作便利"。法院认定,在2008年至2014年,祝某某担任湖州市中心人民医院放射科主任期间,利用职务便利为他人谋取利益,非法收受现金贿赂,犯受贿罪;同时法院又认定,在2007年至2014年,祝某某担任湖州市中心人民医院放射科主任期间,利用工作便利,为他人谋取利益,非法收受现金、消费卡等贿赂,犯非国家工作人员受贿罪。但是,判决对在同一时间段的同一人物作出两种不同的身份判断,其中原因令人不解。详见浙江省湖州市吴兴区人民法院(2015)湖吴刑初字第263号刑事判决书。
② 林岚.论我国刑法中的"利用职务之便"[D].西南政法大学硕士学位论文,2012.
③ 黄祥青."利用职务上便利"与"利用工作条件便利"之区别[N].人民法院报,2004-07-19.
④ 张明楷.外国刑法纲要(第二版)[M].北京:清华大学出版社,2007:735.

作关系熟悉周围环境等,对非法占有财物形成了便利条件。①从该解释也可以看出,"利用工作便利"的内涵十分宽泛。所以,可以得出这样的结论,"利用职务便利"是包含在"利用工作便利"之内的。此外,理论界有观点认为:"工作便利一词容易让人进行扩大解释,这样的结果往往是:凡是利用了工作关系所实施的行为,这些行为都被视为利用了职务便利。"②正因为"工作便利"的内涵与外延要比"职务便利"大,我国刑法为了更合理地适用职务犯罪的罪名,没有使用"利用工作便利",而是将"利用职务便利"作为此类犯罪成立的客观方面要件。

(二)"利用职务上的便利"的理论探讨

我国现行刑法中,总共有14个罪名直接以"利用职务上的便利"或"利用职务便利"作为犯罪构成的要件,而刑法并没有直接规定"利用工作便利"为犯罪构成的要件。因而,为了探明职务便利与工作便利区别的必要性存在与否,需要对刑法中规定"利用职务便利"的罪名进行分析,本文着重针对贪污罪和受贿罪进行分析。

1. 刑法第382条贪污罪的内容分析

刑法第382条规定:"国家工作人员利用职务上的便利,侵吞、窃取、骗取或者以其他手段非法占有公共财物的,是贪污罪"。根据最高人民检察院1999年9月16日《关于人民检察院直接受理立案侦查案件标准的规定(试行)》(以下简称《立案规定》),在贪污罪中,"利用职务上的便利"是指利用职务上主管、管理、经手公共财物的权力及方便条件。

与此同时,理论界对于贪污罪中"利用职务上的便利"存在着许多不同的观点。比如,有许多学者持和上述立案规定的解释相同的观点。然而,也有观点认为"利用职务上的便利",是指利用职务上主管、管理、经营、经手公共财物的权力及方便条件。③该观点对"利用职务上的便利"的解释,比司法解释更为宽泛,认为利用"经营"的便利也是一种手段。还有观点主张,所谓"利用职务上的便利",是指利用自己职务范围内主管、经营、管理公共财物的职权所形成的便利条件。④此种观点不将"经手"公共财物的便利当作利用职务之便,认为职务便利

---

① 王佩芬. "利用职务便利"与"利用工作便利"的区别[N]. 检察日报, 2009-07-22.
② 王俊平, 李山河. 受贿罪研究[M]. 北京:人民法院出版社, 2004:55.
③ 张明楷. 刑法学(第四版)[M]. 北京:法律出版社, 2011:1046.
④ 刘宪权. 刑法学(第二版)[M]. 上海:上海人民出版社, 2008:832.

与从事公务的身份密切相关,其根本属性在于管理性。而经手的便利不具有管理性质,营业员虽有经手公款的便利,也不能构成贪污罪,所以经手公共财物的便利不属于职务便利。①还有观点认为,贪污罪中的利用职务之便是指直接利用本人职务上的权力,包括两种情况:一种是利用本人主管、经管财物的职务的便利条件;另一种是担任其他职务的国家工作人员因其执行公务而临时经手、管理公共财物。②

综合上述司法解释和理论界的观点来看,贪污罪中作为犯罪成立的客观方面的"利用职务上的便利",不外乎"主管、管理、经营、经手"这几种形式。笔者认为,以上这几种形式都应该作为职务上的便利条件。因为职务是单位给予的一种职权性工作,在这种职权下,会进行持续反复的工作,故这种职务应该具有一定的稳定性。在这样的条件下,持续反复的"经营""经手"都应该认为具有相应的管理性,应认定为职务上的便利。

2. 刑法第385条受贿罪的内容分析

刑法第385条规定:"国家工作人员利用职务上的便利,索取他人财物的,或者非法收受他人财物,为他人谋取利益的,是受贿罪"。根据最高人民检察院"立案规定",在受贿罪中,"利用职务上的便利"是指利用本人职务范围内的权力,即自己职务上主管、负责或者承办某项公共事务的职权及其所形成的便利条件。2003年11月13日,最高人民法院《全国法院审理经济犯罪案件工作座谈会纪要》(以下简称《纪要》)中规定,"利用职务上的便利",既包括利用本人职务上主管、负责、承办某项公共事务的职权,也包括利用职务上有隶属、制约关系的其他国家工作人员的职权。担任单位领导职务的国家工作人员通过不属自己主管的下级部门的国家工作人员的职务为他人谋取利益的,应当认定为"利用职务上的便利"为他人谋取利益。相比较来看,最高人民检察院《立案规定》强调了"利用本人职务范围内的权力",而不包括本人职权可以制约他人所形成的便利条件,过分限制直接受贿的成立范围。③而最高人民法院《纪要》,并没有对"利用职务上的便利"进行直接的解释,而是直接列举一些"利用职务上的便利"的具体情形。

---

① 刘宪权. 刑法学(第二版)[M]. 上海:上海人民出版社,2008:832.
② 王作富. 刑法分则实务研究(下)[M]. 北京:中国方正出版社,2010:1674.
③ 孙国祥. 受贿罪"利用职务上的便利"新论[J]. 法学论坛,2011(6).

理论界对于受贿罪中"利用职务上的便利"也有不同的看法。有学者认为，只要国家工作人员所索取或者收受的财物与其职务行为有关，就可认定为利用了职务上的便利，因为索取或者收受与职务行为有关的财物，就意味着对方必须为国家工作人员的职务行为付出财产上的代价，侵犯职务行为的不可收买性。[①]也有学者提出，利用职务上的便利，是指利用本人现有职务范围的权力，即利用本人因现有职务而主管、负责或者承办某种公共事务所形成的便利条件。[②]该学者还提出，"利用职务上的便利"应涵盖以下七种情况：利用本人直接主管、经办和参与某种具体公共事务的职权；利用本人的一般职务权限；利用滥用职权所产生的便利条件；利用自己分管、主管的下属国家工作人员的职权；利用不属自己分管的下级部门国家工作人员职权；利用自己居于上级领导机关的地位而形成的对下级部门的制约力；利用自己居于监管地位所形成的对被监管对象（非国家工作人员）的制约力。[③]此外还有学者认为，受贿罪因为是用手中的权力为他人谋利而收取他人财物，其利用的职务便利，只能是利用对某一事项有审批、控制、支配、安排等权的职务便利，偏重于对事项的决定和处置的管理性。[④]

3. 贪污罪与受贿罪"利用职务上的便利"的区别

通过前文的论述可以得知，受贿罪中的"利用职务上的便利"不同于贪污罪中的"利用职务上的便利"，贪污罪侧重于直接的管理与支配，而受贿罪除直接主管、经办或参与以外还包括间接的管理或者制约。笔者认为，受贿罪中"利用职务上的便利"含义更为宽泛，在刑法法条中使用"利用职务上的便利"这种语言进行表述，有可能造成狭义理解，不甚合理。比如有些国家的刑法典就没有直接规定"利用职务上的便利"，"而是规定'公务员就职务'或'公务员对其职务'要求、期约或收受利益"。[⑤]因而，虽然贪污罪与受贿罪的客观方面都有"利用职务上的便利"，但是这二罪中的"利用职务上的便利"的内涵不同，主要区别表现在以下几个方面：

第一，贪污罪与受贿罪"利用职务上的便利"所实施的行为不同。贪污罪中的行为是非法占有公共财物，而受贿罪中的行为则是索取他人财物或者非法收

---

① 张明楷. 刑法学（第四版）[M]. 北京：法律出版社，2011：1071.
② 孙国祥. 刑法学[M]. 北京：科学出版社，2008：655-656.
③ 孙国祥. 受贿罪"利用职务上的便利"新论[J]. 法学论坛，2011（6）.
④ 刘宪权. 刑法学（第二版）[M]. 上海：上海人民出版社，2008：852.
⑤ 张明楷. 刑法学（第四版）[M]. 北京：法律出版社，2011：1071.

受他人财物。

第二,贪污罪与受贿罪"利用职务上的便利"所侵害的法益不同。贪污罪行为所指向的是公共财物,而受贿罪行为指向的却并不是财物,而是为他人谋取的不正当利益。因此,贪污罪所侵害的法益是职务行为的廉洁性,而受贿罪所侵害的法益是职务行为的不可收买性。

第三,贪污罪与受贿罪"利用职务上的便利"的表现形态不同。贪污罪中"利用职务上的便利"包括主管、管理、经营、经手,其侧重于直接管理与支配,而受贿罪中"利用职务上的便利"更侧重于对事项的决定和处置的管理性,因而,受贿罪还包括间接的管理和制约。

二、有关"利用职务上的便利"的比较法考察

(一) 德国

德国刑法典在第三十章有关于职务犯罪的规定。其中第331条接受利益罪规定,公务员或对公务负有特别义务的人员,针对履行其职务行为而为自己或他人索要、让他人允诺或收受他人利益的;第332条索贿罪规定,公务员或对公务负有特别义务的人员,以已经实施或者将要实施的、因而违反或将要违反其职务义务的职务行为作为回报。[①]

从条文中可以看到,德国刑法典中违反职务义务、履行职务行为是职务犯罪中不可或缺的犯罪构成要件要素。

(二) 法国

法国新刑法典中关于违反廉洁义务的犯罪,对于职务行为有如下的阐述:①完成或放弃完成属于其职务、任务或委托权限范围的行为或者可由其职务、任务或委托权限提供方便之行为;②滥用其实际影响或设定的影响,以图指使他人从权力机关或公共行政部门取得有别于人的礼遇、工作职位、市场或其他任何有利于己之决定。[②]

从条文中可以看出,法国对于职务犯罪中是否利用了职务之便有较为明确的法律规定,只要是职务、任务、委托权限范围内,或可以借由职务、任务、委托权

---

① 德国刑法典[M].许久生,庄敬华,译.北京:中国方正出版社,2004:167.
② 法国新刑法典[M].罗洁珍,译.北京:中国法制出版社,2005:152.

限提供方便的就应当认为是利用了职务之便,滥用或者利用职务的影响力谋取利益也应当属于利用职务便利的范畴。

(三) 日本

1. 日本刑法典的相关规定解释

日本刑法对于受贿有相关的规定:公务员就职务上的事项,收受、要求或者约定贿赂的;公务员就其职务上的事项,接受请托,使请托人向第三者提供贿赂,或者要求、约定向第三者提供贿赂的。[①]

日本认定职务便利一般以该职务行为与犯罪行为之间是否具有对价关系而成立,在此意义上来说,职务犯罪的核心要件即职务行为与该犯罪行为的对价关系,如果能够肯定这种对价关系,则意味着将职务行为置于犯罪行为的影响之下,从而对职务的公正性产生危险。日本的刑法认为,首先,职务并不限于法令直接规定的事务,职务不仅包含自身正当的职务,而且包含了不正当的职务;其次,内部的事务分工对于职务行为的判断并不重要;再次,根据日本判例与学说,除了公务员的本来的职务行为外,与职务有密切关联的行为也是职务行为(准职务行为);最后,职务行为不仅包括现在的职务行为,而且包括过去的职务行为与将来的职务行为。

关于贿赂罪的保护法益,日本判例一般采取信任保护说,即"公务员职务的公正性及其社会普遍的信任"的立场,多数学说也持同样的观点。贿赂罪的本质在于公务的不可收买性。公务员因为收取贿赂导致人们对公务的公正性失去信任,必须处罚。[②]从这种立场看,贿赂与职务行为处于对价关系是贿赂罪的基本成立要件,所以不论公务员的职务行为是否缺乏公正,都要认定是犯罪。在原则上,如果侵害了职务行为的公正性,就需要加重处罚。

2. 职务行为的关联性问题

在贿赂罪中,斡旋受贿罪作为例外,公务员仅在有关自己的"职务"行为中获得不正当利益时才成立。因此,确定职务行为的范围是一个重要的问题。日本的判例、通说认为,职务行为只要属于该公务员一般的职务权限范围的事务即可。还有两种类型与职务密切关联行为也被称为准职务行为:其一,并非自己本

---

① 日本刑法典(第2版)[M].张明楷,译.北京:法律出版社,2006:73.
② [日]山口厚.从基本判例学习刑法各论[M].成文堂,2010:312.

来的职务，但属于习惯上负责的职务，或者属于由自己的职务所派生出来的职务；其二，利用自己职务的事实上的影响力。[①]这些行为在严格意义上不属于职务行为，但是与职务行为有密切的关系，而这些行为是否具有关联性还存在争议。

这其中最具有争议的行为是，利用在履行职务之际所遇到机会的行为，或者利用在职务上所获得知识的行为。日本的判例对此持两种观点："第一，不承认存在职务关联性。市政府建设部开发科职员，对来访的公司有关人员介绍市政府建成的工业用地，因为没有该公司所期待的土地，接受委托私下寻找卖主，并帮忙斡旋买入别的土地的行为，不算是与职务有密切关系。第二，承认存在职务关联性。战灾复兴院派驻到地方建筑事务所的工作人员，负责发行建筑材料需求的分配证明，推荐业者向特定店铺购买板状玻璃的行为，被视为与履行职务有密切关系的行为。国立大学音乐系教授斡旋自己教育指导的学生购买小提琴的行为，应肯定其职务密切关联性。"[②]笔者认为，依据日本判例的观点来看，上述利用在履行职务之际所遇到的机会，或者利用在职务上所获得的知识的行为是否应视为与职务有密切关联性，最根本的判断标准应该是行为和职务具有直接关联性。

三、"利用职务上的便利"的判例分析

（一）关于贪污罪

周某某贪污案。[③]周某某在担任保安队队长期间，负责监督、管理四个小区日常保安工作和收费情况，并将小区保安人员收取的停车费汇总后上缴至某物业公司指定的银行账户。周某某担任保安队队长期间，利用前述职务上的便利，采用隐瞒实际的停车费收入、伪造虚假数据报表等方式，将保安人员汇总上缴到其处的部分停车费予以侵吞。最终法院认为周某某受国有公司委托管理、经营国有财产，利用职务上的便利，侵吞国有财产，其行为已构成贪污罪。

本案中，周某某是否利用职务上的便利，还是利用工作便利，是影响贪污罪成立的关键问题。前文已述贪污罪中"利用职务上的便利"应包括利用职务上主

---

① ［日］西田典之. 日本刑法各论（第三版）[M]. 刘明祥，王昭武，译. 北京：中国人民大学出版社，2007：385.
② ［日］盐见淳. 贿赂罪的职务关联性[A] // 西田典之等编. 刑法的争点[C]，Jurist增刊，有斐阁，2007：261.
③ 参见上海市徐汇区人民法院2012徐刑初字1093号刑事判决书。

管、管理、经营、经手公共财物的权力及方便条件。本案中,周某某主要职责之一是审核、汇总保安人员收取的停车费后上缴公司,因而,他的行为是利用"经手"国有财产的方便条件侵吞国有财产,故符合贪污罪中利用职务上的便利这一要件。

(二) 关于受贿罪

(1) 方俊受贿案。[①]方俊在担任慈溪市园林管理处副主任,分管绿化建设及绿化养护等工作,在绿化建设、养护等工程的方案、招投标、竣工验收等方面具有一定的决定权。方俊在任职期间,利用职务之便,为绿化建设及养护施工单位提供方便。本案中,方俊作为专业部门的工作人员,具有相关行业的技术,表面上为相关单位提供劳务以获得报酬,而实际上只是提供了少量服务来掩盖收受财物的事实。

本案中的核心问题,就是如何正确区分正当的劳务报酬与非法受贿的界限。为此,最高人民法院在该指导案例中提出应综合考虑以下几个方面内容:①国家工作人员是利用职务便利为他人谋取利益收受财物还是利用个人技术换取报酬;②是否确实提供了有关服务;③接受的财物是否与提供的服务等值。[②]

明确了正当的劳务报酬与非法受贿的判断标准,对于国有企业工程师利用自身掌握的技术在业余时间去帮助民营企业解决问题,也就可以进行很好的解释。国有企业工程师的行为是利用技术去解决民营企业技术上的问题,民营企业并没有通过国有企业工程师谋取其他不正当的利益,而且提供的服务也是等值的。而本案中的方俊则不同,虽然表面上看给相关单位提供了相关技术上的帮助,但是事实上只是提供了少量服务来掩盖收受财物的事实,为的还是谋取不正当的利益。

(2) 戴某受贿案。[③]戴某在担任国家工作人员期间,利用为有关中小企业提供政策法规咨询、提供创业指导、管理咨询、联系、组织专业服务机构为中小企业提供融资服务、协助做好各专项资金申报的咨询、辅导、初审工作等职务便

---

① 最高人民法院刑事审判第一至五庭. 中国刑事审判指导案例(6)[M]. 北京:法律出版社,2012:195-198.

② 最高人民法院刑事审判第一至五庭. 中国刑事审判指导案例(6)[M]. 北京:法律出版社,2012:198.

③ 参见上海市徐汇区人民法院(2014)徐刑初字第1203号刑事判决书。

利，多次收受相关企业和人员给予的钱款、购物卡等。最终法院认为，戴某身为国家工作人员，利用职务之便，非法收受他人财物，为他人谋取利益，其行为已构成受贿罪。

  本案中戴某的行为是属于利用职务上的便利，还是利用熟悉政策而提供帮助，这直接影响到受贿罪的成立与否。在前述方俊受贿案中，已经提及最高人民法院关于正确区分正当的劳务报酬与非法受贿的界限的判断标准。本案和上述案件有一定的相似之处，涉案的国家工作人员都是具有相关行业技术、熟悉相关知识的人员。从戴某任职的上海市中小企业发展服务中心的工作性质来看，它是协助落实国家和本市有关中小企业发展的法律法规和方针政策，协助推进中小企业服务体系和诚信体系建设，协调和组织中小企业跨行业、跨区域活动等的部门。因而，这本来就是扶持推广中小企业发展的部门，所以戴某在相关企业申报中小企业发展专项资金给予帮助，应该属于他的工作内容。判决指出戴某在相关企业申报过程及初审工作中给予帮助，但却没有明确说明戴某所提供的帮助内容是什么，也没有明确解释戴某为初审工作提供了什么帮助，这种帮助是否利用了戴某本人的职务。比如，戴某有审批初审材料的决定权，如果他否定，那么申报单位就无法进行下一关的申报，但是判决并未指出这一点，可以认为戴某本身并不具备这种决定权。另外，判决指出戴某在某公司申报国家发展专项资金时，为申报工作提供政策上的帮助，这也是戴某的工作内容，并非戴某利用职务上的便利。因此，单凭判决所指出的"戴某在相关企业申报过程及初审工作中给予帮助"或者"提供政策上的帮助"等行为，就认定戴某的行为是"利用职务上的便利"，颇为勉强。其实，如果说戴某的行为属于他的工作内容更为妥当。从这个意义上说，没有明确解释戴某所提供的帮助内容，是判决书中的缺漏。

  笔者认为，戴某在进行政策咨询、辅导及申报帮助和初审工作中给予帮助，收受财物，这种行为已经侵犯国家工作人员职务行为的不可收买性，导致人们对国家工作人员职务的公正性丧失信任，应该认定为受贿罪。国家工作人员利用工作便利为他人谋取利益，并收受他人财物，本质上符合钱权交易的特征，应当属于受贿，在此过程中行为人出于某种考虑也会向行贿方提供个人技术服务的活动，这在原则上不能对定罪产生影响。[1]本案中综合来看，戴某提供的服务和

---

[1] 最高人民法院刑事审判第一至五庭.中国刑事审判指导案例(6)[M].北京：法律出版社，2012：198.

收受的财物,也不宜认定为价值相当,因为如果没有戴某国家工作人员的身份影响,相关单位是不会提供数额如此大的财物。此外,该案在判决书中提及,戴某所在中心规定"在专项资金申报项目初审过程中,不得对项目单位收取费用"。故本案将戴某的行为认定为受贿罪是妥当的。

四、"利用职务便利"与"利用工作便利"区别的必要性存在与否

(一) 关于侵害的法益

法益是指,根据宪法的基本原则,由法律所保护的、客观上可能受到侵害或者威胁的人的生活利益。[1]刑法上的法益,类似于我国传统刑法理论中所说的犯罪客体,我国的犯罪客体是指犯罪所侵害的社会关系。因而,通过分析可以知道"利用职务便利"与"利用工作便利"所侵害法益的不同,这样可以更好地理解两者之间的区别。

"利用职务上的便利"是贪污罪、受贿罪等职务罪的犯罪成立的构成要件。贪污贿赂罪的法益是职务行为的廉洁性、不可收买性。因而,"利用职务上的便利"获取财物,所侵犯的法益最主要的是职务行为的廉洁性、不可收买性,其次也可能包括财产的所有权。相比较而言,"利用工作上的便利"获取财物,所侵犯的法益首先就是财产的所有权。因为"工作"本身是一个比较宽泛的概念,"工作"也不像"职务"有一定的特性。虽然两者都是利用某种手段,但是利用"职务"是利用工作中的一种职权,利用这种职权所侵犯的不仅仅是财产的所有权,更重要的是职务行为本身。正因侵害法益的不同,"利用职务上的便利"获取财物所构成的犯罪是贪污罪、贿赂罪等职务犯罪,而只"利用工作便利条件"获取财物所构成的犯罪只能是一些财产犯罪。

(二) 关于刑事政策

从立法现状看,我国对于职务犯罪的立法及司法解释都带有扩大化的趋势。从当前的刑事政策看,党的十八大以来,我国对职务犯罪处于严打态势,司法机关对于职务犯罪中"利用职务便利"有定型化倾向。但是,司法机关不能将"利用工作便利"或属于"工作内容"的行为,一律认定为"利用职务上的便利"。否则

---

[1] 张明楷. 刑法学(第四版)[M]. 北京:法律出版社,2011:67.

将导致受贿罪扩大化的危险发生。

在严打职务犯罪的刑事政策之下,一些国家工作人员以提供劳务获得报酬的形式受贿成为一类典型的案件。在此类案件中,国家工作人员提供劳务正当与否经常会成为争议的关键点。因而,关于国家工作人员是否有权利运用自己的相关专业知识提供劳务获得报酬,也是一个问题。就笔者来看,一部分国家工作人员是没有该权利的,这部分国家工作人员主要是国家机关工作人员。最高人民法院纪要指出:"刑法中所称的国家机关工作人员,是指在国家机关中从事公务的人员,包括在各级国家权力机关、行政机关、司法机关和军事机关从事公务的人员。"因而,国家机关工作人员主要指的是《公务员法》上的公务员,而《公务员法》第42条规定:"公务员因工作需要在机关外兼职,应当经有关机关批准,并不得领取兼职报酬。"

所以,笔者认为这部分国家工作人员(国家机关工作人员)是没有权利提供劳务获得报酬的,如果他们因提供劳务获得了报酬,只要该劳务与他们的公职工作相关,即可认定为"利用职务上的便利"而收受了贿赂。因为,他们没有提供劳务获得报酬的权利,故在这种情况下,"利用工作便利"和"利用职务便利"的含义可以是相同的。而除此之外的国家工作人员(比如事业单位科研人员、国有企业工程师等),应该可以有这样的权利,但前提是必须同时提供了与所收受报酬相当的劳务。对此类案件,在判断是非法收受贿赂还是正当劳务报酬问题上,就要根据前述最高人民法院在方俊受贿案中的指导标准进行具体判断。

(三) 小结

关于"利用职务便利"与"利用工作便利"是否有区别的必要性,笔者认为,从职务犯罪的角度看,没有区别的必要性。例如,作为国有事业单位的普通科研人员,临时受命管理国家社科院基金项目的资金,在管理该项目经费过程中,如果此人用假发票报销部分经费,那么他应该构成贪污罪,此时不需要区别他的行为是利用职务便利,还是利用工作便利。

但在职务犯罪与非职务犯罪的认定上,就存在区别的必要性。比如,国有企业仓库管理人员利用到财务室报账机会,偷窥并记住出纳开保险箱时输入的密码,趁没人将保险箱里的财务窃为己有,仓库管理人员涉嫌盗窃罪,此时就有必要区别仓库管理人员是利用职务便利还是利用工作便利。如前文所述,"利用工作便利"的范围是比"利用职务便利"更大的,也就是说一个行为要符合"利用职务便利",必须先符合"利用工作便利",然后该行为必须是基于工作身份上的职权所产生的,才能符合"利用职务便利"。

因而,"利用职务上的便利"与"利用工作便利条件"区别的根本意义在于区别罪与非罪、此罪与彼罪。"利用职务上的便利"获取财物所构成的犯罪是贪污罪、贿赂罪等职务犯罪,而只"利用工作便利条件"获取财物所构成的犯罪只能是一些财产犯罪。

参考文献

[1]林岚.论我国刑法中的"利用职务之便"[D].西南政法大学硕士学位论文,2012.

[2]黄祥青."利用职务上便利"与"利用工作条件便利"之区别[N].人民法院报,2004-07-19.

[3]张明楷.外国刑法纲要(第二版)[M].北京:清华大学出版社,2007.

[4]王佩芬."利用职务便利"与"利用工作便利"的区别[N].检察日报,2009-07-22.

[5]王俊平,李山河.受贿罪研究[M].北京:人民法院出版社,2004.

[6]张明楷.刑法学(第四版)[M].北京:法律出版社,2011.

[7]刘宪权.刑法学(第二版)[M].上海:上海人民出版社,2008.

[8]王作富.刑法分则实务研究(下)[M].上海:中国方正出版社,2010.

[9]孙国祥.受贿罪"利用职务上的便利"新论[J].法学论坛,2011(6).

[10]德国刑法典[M].许久生,庄敬华,译.上海:中国方正出版社,2004.

[11]法国新刑法典[M].罗洁珍,译.北京:中国法制出版社,2005.

[12]日本刑法典(第2版)[M].张明楷,译.北京:法律出版社,2006.

[13]【日】盐见淳.贿赂罪的职务关联性[A]//西田典之等.刑法的争点[C],Jurist增刊,有斐阁,2007.

财产犯罪刑民交叉案件定性问题研究

杜文俊　赵拥军[①]

摘要：由于刑法中关于财产犯罪的讨论深受民法影响，财产犯罪刑民交叉案件的定性问题涉及罪与非罪以及此罪与彼罪的界分是显而易见的。案件的事实是否存在刑法和民法的认识分歧、对于同一概念的解释在刑法和民法的语境中是否同一以及行为是否满足财产犯罪构成要件的符合性问题便需要考虑。行为符合民法中侵犯财产的禁止性规定，并不能排除可能同样符合财产犯罪的构成要件，在此种情形之下，行为若被认定为犯罪，则其中最为关键的问题便是行为能否满足构成要件的符合性。如果不能在构成要件上符合刑法分则中财产犯罪的要求，即便其所谓的社会危害性再大，根据罪刑法定原则不应当以刑事手段处理。因此，在缓和的违法一元论立场下对财产犯罪刑民交叉案件的定性问题所进行的法益分析规则、刑事政策考量等规则的探讨，最终是为了让"犯罪的归刑法，非罪的归民法"，以期在一定意义上缓解刑法的扩张与泛化，从而准确界分财产犯罪中的民事问题与刑事责任。

关键词：财产犯罪　刑民交叉　缓和的违法一元论

一、财产犯罪刑民交叉案件定性问题的逻辑起点

由于刑法与民法[②]都是实体法，违反刑法和民法规定的，均应承担相应的刑事和民事责任。在本质上，民法涉及个人人身财产利益，系私法；刑法涉及国家

[①] 作者单位：上海社会科学院法学所；上海市徐汇区人民法院。
[②] 本文所探讨的刑民交叉意义上的民法应是民事领域的实体法律规范，为了行文方便，一律使用民法。

对刑罚权的运用,是为了维护国家、社会和国民的共同利益,系公法。同时,刑法作为保障法,是民法的制裁力量,便产生了行为违反民法的规定,是否也违反刑法规定;以及行为并未违反民法规定,刑法可否介入的问题。对此,便产生了刑法从属性说与独立性说。刑法从属性说认为,刑法的补充性(第二次)规范的性质决定了其从属于民法。即当某种利益完全可以由其他法律保护时,就不得运用刑法进行保护,民法能够完全处理的问题,就无须作为犯罪。刑法独立性说则认为,民事保护的手段、救济程序等主要以财产权为保护对象,而刑法保护的对象并非财产权本身,而是财产安全。刑法在财产保护范围上的补充性,并不意味着刑法缺乏独立性。[①]而对上述刑法与民法之间的从属性和独立性争议的进一步探讨与不同理解,便形成了违法一元论和违法相对论的判断与争议。刑法相对民法的从属性或独立性与违法一元论或违法相对论在某种程度上是对应的概念。即,如果主张刑法对民法具有从属性,一般会主张违法一元论;反之则会主张违法相对论。

可以说,民法关注的是权利关系,而刑法关注的是行为。尽管刑法和民法关注的侧重点不同,但刑法与民法关系密切且地位独特。有些犯罪的认定既依赖于民法知识,又独立于民法规定。比如刑法中的故意伤害行为同时也是民法中的侵权关系,刑法中的不法原因给付行为[②]以及通过非正常手段行使权利[③]的行为能否构成犯罪,则又要考虑其在民法中的权利关系。但刑法保护法益这一目的又同时决定其自身所具有的独立性是显然的。因此,解释某个部门法时,完全无视其他部门法的存在,显然是不合理的。既然刑法与民法同属规制社会生活的手段,共同肩负着保护公民人身权和财产权的职责,在解释和适用刑法时,不考虑民事实务及民法理论的积累,以刑法独立性为借口我行我素,无疑是刑法学及刑法学者的傲慢。"刑法问题中存在很多与民法问题相交错的部分,立刻浮现于脑海中的便是财产犯领域——刑法中关于财产犯的讨论深受民法影响。"[④]

---

① 何帆. 刑民交叉案件审理的基本思路[M]. 北京:中国法制出版社,2007:2-3.
② 如中间人将购毒人的购毒款占为己有的,是否构成侵占罪,没有支付嫖娼费的意思让对方提供卖淫服务的。
③ 如行为人以暴力手段夺取债务人所持有的金钱的是否构成抢劫罪,还是正常的行使权利行为?或者行为人以暴力手段抢回自己借给他人的自行车,窃回借给他人的自行车。
④ [日]佐伯仁志,道垣内弘人. 刑法与民法的对话[M]. 于改之,张小宁,译. 北京:北京大学出版社,2012:1.

因此，在对刑民交叉案件的定性问题研究时，完全而纯粹地讨论刑法从属性说还是刑法独立性说都是不妥当的。正如前所述，刑法问题中存在很多与民法问题相交叉的部分，而刑民交叉案件的本质便在于犯罪案件事实存在与民事法律的交叉关系。[①]即，刑民交叉案件，又称刑民交织、刑民互涉案件，是指案件性质既涉及刑事法律关系，又涉及民事法律关系，相互间存在交叉、牵连、影响的案件。[②]由于案件事实存在刑法和民法规范之间的交叉影响，所以在刑事认定中才需要考虑民事法律规范中的相关规定，这同时也是刑民交叉案件定性问题的逻辑起点。在此逻辑起点上研究刑民交叉案件的定性问题，最终是为了让"构罪的归刑法，非罪的归民法"。

在刑民交叉案件中，最典型的莫过于财产犯领域——刑法中关于财产犯罪的讨论深受民法影响。因此，财产犯罪中，刑民交叉案件的定性问题涉及罪与非罪以及此罪与彼罪的界分。对于此类案件的妥当处理，其重要意义不言而喻。因此，案件的事实是否存在刑法和民法的认识分歧、对于同一概念的解释在刑法和民法的语境中是否同一以及行为是否满足财产犯罪构成要件的定型性问题便需要考虑。行为符合民法中侵犯财产的禁止性规定，并不能排除可能同样符合财产犯罪的构成要件，在此种情形之下，行为若被认定为犯罪，则其中最为关键的问题便是行为能否满足构成要件的符合性。如果不能在构成要件上符合刑法分则中财产犯罪的要求，即便其所谓的社会危害性再大，根据罪刑法定原则也不应当以刑事手段处理。如果一味地放任"刑法的扩张与泛化，其势必不适当地改变国家权力与公民权利的结构，导致国家司法资源的不合理配置，阻碍经济社会创新，造成社会纠纷解决机制错位，危及刑法的司法法属性"[③]。

因此，对财产犯罪刑民交叉案件的定性问题所进行的探讨，最终是为了让"犯罪的归刑法，非罪的归民法"，将在一定意义上缓解刑法的扩张与泛化，从而准确界分财产犯中的民事问题与刑事责任。

二、财产犯罪刑民交叉案件定性的基本立场

民法作为私法，是社会生活法律化的反映，其强调意思自治，保障私权自由，

---

① 毛立新. 刑民交叉案件的概念、类型及处理原则[J]. 北京人民警察学院学报，2010（5）.
② 何帆. 刑民交叉案件审理的基本思路[M]. 北京：中国法制出版社，2007：25.
③ 何荣功. 自由秩序与自由刑法理论[M]. 北京：北京大学出版社，2013：前言.

为了保障民事活动的有序性，在具体的制度设计中加入了适当的国家强制——公序良俗，要求民事活动要"一准乎法"。刑法作为公法，其核心内容为犯罪圈的划定，它强调对犯罪的治理和秩序的维护。其作为社会的最后一道防线，具有最为严厉的防卫措施，针对"突破防线"者处以刑罚。鉴于刑罚属于最为严厉的制裁措施，立法者在划定犯罪圈时，仅将特别严重的危害社会的行为划入其中，司法者在处理案件时，亦是将刑罚作为最后手段进行使用。与此同时，由于同一概念的刑法意义和民法意义是不同的，刑法和民法设置有关制度的目的也存在不同。

因此，一方面，不能片面强调法律概念的统一性，用民法的概念来解释刑法中涉及的同一概念。刑法规范和民法规范的设置各有其背景，如对存款的占有，从民法意义上讲，存款人对存款的占有属于观念上的占有，是权利的载体，银行为存款的直接占有人；但从刑法意义上考量，存款可以随时取现，它与作为有体物的现金一样，可以被盗、被骗、被侵占、被抢、被毁，它更强调的是一种秩序。所以，不能机械地套用民法概念来阐释刑法中的概念。另一方面，也不能片面地强调刑法的独立性。尽管刑法规范的设置具有独立性，但对刑法概念的解释，不能超过概念本身的"文字射程"，这就需要参考民法的规定。如针对占有，从民法层面讲，占有包括事实占有和观念占有，那么在解释刑法层面的占有时，不能超出占有本身的文义，将并未处于实际管领状态的物亦解释为占有。尽管刑法规范和民法规范的设置各有背景，但在进行概念的阐释时，可以进行适当的参照。所以，在处理财产犯罪刑民交叉案件时，便需要对此有足够的认识。但可以肯定的是，在财产犯罪刑民交叉案件中，若行为在民事领域不是违法行为，则在刑事领域也不能被认定为违法甚至是犯罪行为；同时，若行为侵犯了民事权利法律关系，但行为不能在构成要件上符合刑法分则中财产犯罪的要求，即便其所谓的社会危害性再大，根据罪刑法定原则也不应当以刑论处。这既是罪刑法定原则的必然要求，同时也是法律作为行为规范（或者说行为准则）的必然体现。即"国家是通过规范来向国民宣示并要求一定的态度，就同一事实统一地显示国家意思、避免出现相互矛盾，就属于国家的任务；如果国家设定的是一种无法发挥行为选择机能的规范系统，就会使规范丧失评价机能，法的规范机能也无从运行，进而会否定规范本身的存在理由"[①]。国民将失去行为的方向，无所适从。进而，在此问题的基础上，对于财产犯罪刑民交叉案件而言，尽管其跨越了刑法和民法领域，

---

① 王昭武. 法秩序统一性视野下违法判断的相对性[J]. 中外法学，2015(1).

但在整体法秩序的领域里，由于作为行为规范的刑法和民法的根本区别并非在于其各自的目的不同，而是其规范手段的不同。刑法主要以刑罚手段保护法益，民法主要以承担民事责任的方式保护法益。所以，对于财产犯罪刑民交叉案件事实的违法性的有无及其程度的判断，应该从法秩序的整体进行统一的判断。但同时，鉴于刑法规范和民法规范的设计各有目的以及刑法和民法各有自己的使命，便要求这种统一的判断，并非要求完全一致的判断，而是在于其判断不能相互对立冲突。意即，对刑事违法和民事违法的违法性判断应当是统一的，违反任何一个法领域的不法行为应认为在整体法领域都具有违法性，不能出现民法不予保护的违法行为，反而得到了刑法的保护，或者民法领域予以保护的合法行为，刑法领域却予以刑罚。在法益保护的这一根本目的相同的前提下（这是法秩序统一性的实质根据），必须承认不同的法律领域有不同学术传统、解释技术以及政策等的不同考量，同一行为在不同法律领域的法律效果未必完全相同，据此得出的不同理解不能被认为是背离了法秩序的统一性。[1]进而，对于财产犯罪刑民交叉案件的定性，既不能要求刑法和民法保持绝对统一，也不能要求刑法完全地独立于民法。因此，在法秩序统一性的违法一元论基础上，赋予刑法解释的相对独立性，以缓和的违法一元论确立财产犯罪刑民交叉案件定性的基本的立场（原则）。简言之，即民法不认为是违法的行为，不能得出刑事违法性的判断；而民法认为是违法的行为，也未必具有刑事违法性，刑法对于是否犯罪可以基于其本身的目的、机能等进行独立判断。同时，对于民法认为并无保护必要的利益，不能认定侵害行为具有刑事违法性。[2]

在缓和的违法一元论立场之下，当行为既违反民法的有关规定，又触犯刑法时，应分别运用民法规范和刑法规范对行为进行定性，以理清民事规范和刑事规范的关系。在关系理顺后，应运用法益分析规则，对民法和刑法设置该条款的目的和所要保护的法益进行分析，以此来明晰民刑条款的本真含义，不能以民事判断代替刑事判断。如行为人为行使权利而实施诈骗罪、敲诈勒索罪的，不能因为行为人与相对人先前存在权利义务关系，就否定行为本身具有诈骗罪、敲诈勒索罪的实行行为性。此外，对财产犯罪刑民交叉案件进行定性时，还应考虑行使权

---

[1] 童伟华.财产罪基础理论研究——财产罪的法益及其展开[M].北京：法律出版社，2012：198.

[2] 王昭武.法秩序统一性视野下违法判断的相对性[J].中外法学，2015(1).

利的必要性、手段的相当性等因素及必要的刑事政策层面的考量。比如，当一个时期犯罪率较高时，需要严厉打击犯罪的时候，便可采取经济的财产说以及形式的个别财产说扩大犯罪圈；当一个时期刑罚权的发动过于频繁的时候，便可以通过采取修正的本权说和整体的财产减少说来相应地缩小犯罪圈等。

三、典型财产犯罪刑民交叉案件的司法认定

（一）占有相关的刑民交叉问题

对占有的解释与理解以及司法实务中的惯常做法将导致人们对财物占有法律属性和定性的分歧。

1. 事实的占有与观念的占有

理论上一般认为，刑法中的占有是对财物的事实性支配，相对于强调观念性占有的民法占有，更具有事实性。刑法中的占有不以"为了自己的意思"为必要，还包括为了他人的占有；由于强调支配的现实性，故刑法中的占有不包括民法所承认的代理占有、间接占有、占有改定等观念性占有，也不包括尚未形成现实性支配的占有继承。[1]民法理论认为，在脱离占有后，本权人还可以成为间接占有人，因而，间接占有只是一种观念占有。[2]民法理论还认为，无论被害人是被杀害在荒郊野外，还是死在家里，对于死者身上的财物都能发生占有继承。刑法理论中，虽然也有个别学者认为，取走死者身上的财物是对继承人占有权[3]或所有权[4]的侵犯，但刑法理论一般认为，"既然财物的占有者已经死亡，他就不可能在客观上继续支配财物，也不可能有支配财物的意思。而且，死者身边或者身上的财物，不管相对于先前的杀害者、还是相对于无关的第三者，性质应是相同的。所以，肯定死者的占有存在疑问。"[5]取走死者身上的财物只能成立侵占罪，而不是盗窃罪（死在室内而且存在其他空间管理人的，才成立盗窃罪）。[6]

---

[1] ［日］西田典之.刑法各论（第六版）[M].弘文堂 2012:142；张明楷.外国刑法纲要（第二版）[M].北京：清华大学出版社，2007：540-541.

[2] 隋彭生.论占有之本权[J].法商研究，2011（2）.

[3] 黑静洁.论死者的占有——对"占有"概念的重新解读[J].时代法学，2012（2）.

[4] 井厚量.第三人从死亡现场取财构成何罪——不侵犯现实占有的取财行为能否构成盗窃[J].中国政法大学学报，2012（1）.

[5] 张明楷.刑法学（第四版）[M].北京：法律出版社，2011：875.

[6] ［日］山口厚.刑法各论（第 2 版）[M].有斐阁，2010：183-184.

刑法虽然一般不承认民法上的观念性占有，但不可否认，如今在刑法解释论领域，有将观念上的占有扩大化的趋势。[1]最典型的事例是关于封缄物的占有。关于封缄物的占有，国外主要有外包装及内容物均属于受托人占有的受托人占有说，外包装及内容物均归委托人占有的委托人占有说，以及外包装属于受托人占有但内容物属于委托人占有的所谓区别说之间的对立。判例及理论多数主张区别说。[2]国内也存在受托人占有说[3]、委托人占有说[4]、区别说[5]的分歧。区别说面临着两点质疑：一是侵占整个封缄物的，成立法定最高刑仅为五年的侵占罪，而仅侵害其中内容物却成立法定最高刑可达无期徒刑的盗窃罪；[6]二是认为行为人仅占有着封缄物的外包装而不占有着其中的内容物，似乎也不符合生活常识。[7]主张受托人占有说的刘明祥教授认为，"民法上的占有并不等于刑法上的占有，前者可以是观念上、规范上的占有，后者则必须是事实上的占有。正因为受托者事实上支配着被包装物，委托者只在观念上、法律上支配，事实上失去了控制，所以，只有受托者才是刑法上的占有者。不管受托者是取得被包装物的整体，还是抽取其中的内容物，都应该定为侵占罪。"[8]其实，之所以在封缄物占有的问题上，区别说能成为国外刑法理论与判例的通说，[9]正是刑法也承认观念上的占有的体现。固然封缄物持有者在物理上占有着封缄物的全部，但这仅是就事实而言的。从规范意义上讲，受托人之所以对财物进行包装，甚至加锁，其目的就在于防止受托人支配处分其中的内容物，表明委托人无意将内容物的占有让渡给受托人。而且，既然已进行了严格包装甚至加锁，受托人仍然打开包装取走其中内容物，也表明行为的违法性与有责性达到了科处盗窃罪刑罚的程度。我

---

[1] 郭晓红.民、刑比较视野下的刑法"占有"研究[J].法律适用，2011(9).
[2] 浅田和茂，井田良.刑法[M].日本评论社，2012：522.
[3] 于世忠.侵占罪与盗窃罪的界定[J].法制与社会发展，2002(3)；纪翔虎，蔡永彤.侵占罪中"代为保管"认定的难点与消解——兼论侵占罪与盗窃罪的分野与厘定[J] 中国刑事法杂志，2008(11).
[4] 林学飞.论刑法中的占有——《最高人民法院公报》相关案例的回顾与评析[J].浙江社会科学，2011(5).
[5] 张明楷.刑法学(第四版)[M].北京：法律出版社，2011：877；周光权.刑法各论(第二版)[M].北京：中国人民大学出版社，2011：118.
[6] 刘明祥.论刑法中的占有[J].法商研究，2000(3).
[7] 林东茂.刑法综览(修订五版)[M].北京：中国人民大学出版社，2009：349.
[8] 刘明祥.论刑法中的占有[J].法商研究，2000(3).
[9] [日]前田雅英.刑法各论讲义(第5版)[M].东京大学出版会，2011：257–258.

国刑法第253条第2款关于邮政人员窃取内容物构成盗窃罪的注意性规定,正是出于这种考虑。所以,对于违法性与有责性严重的情形,也会在一定范围内肯定观念上的占有,以有效保护公民的财产法益和维护邮政、快递、集装箱运输等特定行业的公信力。

刑民占有上的差异源于二者占有制度功能上的差异。民法上占有制度的功能,一方面在于确定占有的地位,以明确占有人与真正权利人的权利义务界限,并对财产的现实支配状况予以法律化;另一方面在于保护该占有,以维护社会稳定与秩序。与之不同的是,刑法上的占有本身不构成财产归属与支配秩序的一部分,而只是对物的一种事实支配状态,其一方面在于保护该占有状态,另一方面在于根据该占有确定占有人与侵夺该占有的人的行为性质。[1]换言之,民法理论注重的是对权利的保护,观念上的占有在较大的范围内得到承认,而刑法上的占有强调的是更为现实的占有,脱离物理占有的社会观念的占有仅仅在较小的范围内得到承认。[2]与此相关的是,刑民占有的目的也存在明显不同。民法上的占有最根本的目的在于确定占有人对物的权利,因此,要求占有对象的合法性,非法占有不能成为民法上占有的对象。而刑法中的占有最本质的目的还在于确立一种秩序,而基于维护秩序的考虑,非法的占有在一定范围内也能得到刑法的保护。[3]例如,盗窃犯对赃物的占有由于是非法占有而不被民法承认,但刑法,在财产罪法益问题上无论是持本权说立场,还是持占有说立场,都承认赃物的占有相对于第三人而言值得保护。因为,如果刑法不承认赃物的占有以及违禁品的占有,将导致黑吃黑现象泛滥,而毫无财产秩序可言。从这个意义上讲,刑法是通过对财物现实支配的保护,达到维护财产秩序的目的。至于现实支配财物的人是否享有最终性权利,则是民事法上权利归属判断的问题。

2. 金钱的占有

民法理论一般认为,随着占有的转移,金钱所有权也随之转移,即占有与所有一致原则。[4]之所以如此,是因为:(1)货币本质使然。货币的本质就在于充当交易媒介与支付手段而流通,以便利交易,并且货币本身即为代替物或种类物,在

---

[1] 周光权,李志强.刑法上的财产占有概念[J].法律科学(西北政法学院学报),2003(2).
[2] 郭晓红.民、刑比较视野下的占有之"观念化"[J].法学杂志,2011(11).
[3] 郭晓红.民、刑比较视野下的刑法"占有"研究[M].法律适用,2011(9).
[4] [日]山川一阳.金钱所有权という概念と犯罪[J].日本法学,2011 第76卷第4号.

流通中也就无必要识别其个性特征。所以，除现实中的实际支配即占有权外，不可能还同时存在法律上的可能支配权即所有权。(2)货币价值使然。货币的价值并非其本身材质的价值，而是国家依法赋予社会民众基于国家信用而接受的价值，所以，货币的价值是抽象的。(3)交易上需要使然。如果货币的占有与所有权可以分离，则人们在接受货币之际，尚需逐一调查支付货币之人（占有人）是否对该货币拥有所有权，否则难免遭受不测之损害。若如此，则人人害怕接受货币，货币的流通功能将丧失殆尽。所以，从交易的角度看，货币的所有权也必须与其占有相统一。①

按照上述民事法理论，消费所保管的作为不特定物的金钱的，属于将自己占有下的自己的所有物占为己有，因而不成立侵占罪。但是，"民事法之所以认为金钱的所有与占有一致，是因为对于金钱这种流通性极高的交换、结算手段，为了保护交易的动态安全，即便不适用即时取得原则，也有必要认定所有权的移转。"与此相对，"刑法则是保护行为人之间静态法律关系。"②刑法理论一般认为，封金（如贴封条）及限定用途的金钱的所有权并不随占有一起转移，将其占为己有的，属于将自己占有下的他人的所有物占为己有，成立侵占罪。原因在于，既然贴上封条或者限定用途，委托人的本意就在于，不允许保管金钱者为了自己的目的而随意消费该金钱，这时的金钱具有特定物的性质；如果认为所有权与占有同时转移，因不符合"自己占有的他人所有物"的侵占罪对象要件，而不成立侵占罪，仅能作为民事上债权债务处理，或者在规定了背信罪的国家将之评价为背信罪，就会与保管的其他财物在刑法的保护上明显失衡。③不过，虽然肯定了封金及限定用途的金钱所有与占有分离，但如果保管人具有填补所消费金钱的意思与能力，如受托保管十万元现金，同时自己在银行拥有不少于十万元的存款而暂时挪用所保管的金钱，通常认为这种情形下，保管人缺乏非法占有的目的，而不成立侵占罪。④从这个意义上讲，所谓金钱的所有权，其实是金额所有权或者价值所有权。保管者无须返还起先受托保管的货币，只要返还同种同额或者非同种但同值的货币即可。

---

① 张庆麟. 论货币的物权特征［J］. 法学评论，2004（5）.
② ［日］西田典之. 刑法各论（第六版）［J］. 弘文堂，2012：237.
③ ［日］前田雅英. 刑法各论讲义（第5版）［M］. 东京大学出版会，2011：375；［日］伊藤真. 刑法各论（第4版）［M］. 弘文堂，2012：220-221.
④ ［日］大谷实. 刑法讲义各论（新版第3版）［M］. 成文堂，2009：303.

(二) 不法原因给付与诈骗、侵占罪

民法上不法原因给付制度的本质在于,通过否定制造不法原因的人具有返还请求权,来禁止行为人从自己实施的不法行为中获得利益;这与英美法中"Clean hands"原则的出发点是一致的,即"只有自己尊重法律的人才能要求法律的尊重"。[①]不法原因给付物能否成为刑法中诈骗、侵占罪对象,即所谓民法不保护的对象,刑法能否予以保护,各国所持理论观点及司法实践不尽相同,属于典型的刑民交叉问题。

关于不法原因给付与诈骗罪,德国刑法理论将判例分为四种类型进行讨论:(1)欺骗被害人作出不法原因给付后,拒绝提供反向给付也不退还财物。例如,卖淫女假装提供卖淫服务,在对方支付嫖娼费后溜之大吉。又如,行为人一开始就没有替对方杀人的意思,在收到杀人酬金后逃走。(2)骗取违禁品后不支付对价。例如,明知对方所出卖的是盗窃的汽车,骗取汽车后溜走。(3)欺骗对方作出违反伦理的给付后,自己拒绝提供反向给付。例如,欺骗杀手为其杀人后,拒绝提供杀人酬金。又如,欺骗对方提供卖淫服务后,拒绝支付嫖娼费。(4)在对方提供不法原因给付后,以欺骗的手段免除不法债务。例如,嫖客在对方提供卖淫服务后,以假币支付费用后溜走。又如,受委托销售赃物,谎称仅卖得少量的钱款。德国判例一般认为,骗取对方支付的杀人酬金以及骗取对方预付的毒品款的,成立诈骗罪,而以假币支付作为违反伦理的卖淫行为的对价的,则否认诈骗罪的成立。也就是骗得财物的,成立诈骗罪,骗免不法债务的,否认诈骗罪的成立。学说上,对于前者一般也肯定诈骗罪的成立,对于后者也倾向于否认诈骗罪的成立。[②]日本刑法理论上,将不法原因给付与诈骗,分为财产取得型和不法债务免除型,对于前者,理论与判例一般肯定诈骗罪的成立,对于后者则存在一定的分歧。[③]

肯定骗取不法财物成立诈骗罪的理由主要是,如果没有行为人的欺骗,对方就不会交付财物,而且事实上所交付的财物本身是合法财物,因而值得刑法保护。否定骗免不法债务成立诈骗罪的理由是,提供的给付是违反法律、伦理的,

---

① [日]久须本. 不法原因给付と损益相杀[J]. 法政论集,2008(227);[日]佐伯仁志,道垣内弘人. 刑法と民法の対话[M]. 有斐阁,2001:54—55.
② [日]坂井爱. 不法原因给付と诈欺罪[J]. 日本法学,2008:73.
③ [日]佐久间修. 刑法各论(第2版)[M]. 成文堂,2012:223.

是不受法律保护的债务。而均肯定诈骗罪成立的理由是,尽管提供的给付是违法或违反伦理的,但不可否认,骗免这种债务同样会给行为人造成经济上的损失;如果否认诈骗罪的成立,则不利于维护财产秩序。[①]

关于不法原因给付与侵占,主要有三种类型:(1)赠贿委托型,即受托转交贿赂款的人将其占为己有;(2)侵吞购毒款型,即受托购买毒品却将货款占为己有;(3)侵吞赃物型,即受盗窃犯委托销售赃物,而将赃物或者销售款占为己有。国外刑法理论中,承认委托信任关系值得保护的,一般肯定委托物侵占罪的成立;否定存在值得保护的委托信任关系的,主张不成立委托物侵占罪,而成立脱离占有物侵占罪;否认给付者具有返还请求权的,认为无罪,在保管赃物的情形下仅成立赃物犯罪。[②]此外,日本林干人教授主张区分不法原因给付与不法原因委托,前者是终局性的利益移转,给付者不具有返还请求权,对方不构成侵占犯罪(如行贿就是终局性给付,受贿者消费掉贿赂款物的,不成立侵占犯罪);后者不属于终局性的利益转移,仅仅是由于不法原因而将占有转移给对方,并没有转移所有权的意思,因而行为人具有返还请求权,接受者占为己有的,成立委托物侵占罪。[③]这种二分说,在日本还得到了大谷实、西田典之、伊东研祐、山中敬一、井田良、曾根威彦等知名学者的支持,[④]在我国也得到部分学者的支持。[⑤]对于林干人教授的二分说,民法学者深不以为然:所谓区分不法原因给付与不法原因委托(寄托),完全是刑法学者基于不法原因给付的误解而形成的观点;民法上也不存在所谓"不法原因寄托不属于不法原因给付"的理论,也没有"不法原因寄托"的术语,换言之,不法原因寄托在民法上就属于不法原因给付。[⑥]

关于不法原因给付与委托,国内有赞成区分不法原因给付与委托的观点,即不法原因给付时不成立侵占罪,不法原因寄托时成立侵占罪;[⑦]有认为一律不成

---

① [日]浅田和茂,井田良.刑法[M].日本评论社,2012:554-558.
② [日]大塚裕史.刑法各论の思考方法(第3版)[M].早稻田经营出版,2010:111.
③ [日]林干人.财产犯の保护法益1984年版[M].东京大学出版会,2000:169. 林干人.不法原因给付における『给付』の意义——批判に答えて——[J].上智法学论集,2001(45).
④ [日]大塚裕史.刑法各论の思考方法(第3版)[M].早稻田经营出版,2010:115.
⑤ 童伟华.日本刑法中"不法原因给付与侵占"述评[J].环球法律评论,2009(6);李齐广,谢雨.论刑法中的不法原因给付与侵占罪[J].政治与法律,2010(5).
⑥ [日]佐伯仁志,道垣内弘人.刑法と民法の对话[M].有斐阁,2001:46.
⑦ 童伟华.日本刑法中"不法原因给付与侵占"述评[J].环球法律评论,2009(6).

立侵占罪的观点;①有主张不成立侵占罪但可按相关犯罪预备犯的共犯论处的观点。②

关于不法原因给付,我们认为,第一,肯定骗取不法原因给付物成立诈骗罪、否定侵吞不法原因给付物成立侵占罪,以及区分不法原因给付与不法原因委托,认为前者因没有返还请求权而不成立侵占罪,后者因并未丧失返还请求权而肯定侵占罪的成立,这些其实都是源于对不法原因给付原理以及刑法与民法功能差异的误解。不管是诈骗还是侵占,是给付还是委托,给付的原因存在不法,都是不可否认的,若提起民事诉讼,法院不会支持其请求。例如,被人骗走杀人酬金后到法院起诉要求返还杀人酬金,法院恐怕会直接把原告交给警察。同样,因为对方侵吞了受托转交的贿赂款,行为人也不可能提起民事诉讼请求返还。因此,在骗取或者侵吞杀人酬金、购买毒品款、贿赂款、赃物等典型不法原因给付的情形,不管是否作为犯罪处理,不法原因给付物最终都会被没收,给付行为人最终都不可能得到返还。因此,我们在讨论不法原因给付应否作为诈骗罪、侵占罪处理时,根本不应考虑给付行为人是否存在返还请求权、其财产权是否值得保护。我们只应首先考虑,这种行为有没有给对方造成经济的财产损害;其次,从维护社会财产秩序的角度,刑法上应否纵容这种行为,有没有一般预防的必要。很显然,即便是在骗取卖淫服务、骗免嫖娼费的情形,也不可否认对方存在经济的财产损害,故应肯定财产犯罪的成立。

第二,区分诈骗与侵占,认为侵占不法原因给付物不成立犯罪的思考方法,也不合理,因为行为人的非法占有目的是产生于接受给付时还是之后,往往很难证明,而难以查明的结果,不应导致罪与非罪截然不同的结论。因此,要么都肯定犯罪的成立,不成立诈骗罪就成立侵占罪,要么任何犯罪都不成立。

第三,国外因为委托物侵占罪与脱离占有物侵占罪法定刑存在差异,如日本刑法,即便刑法条文上没有写明必须存在委托信任关系,但为了说明法定刑的差异,理论上往往强调,成立委托物侵占罪必须存在值得刑法保护的委托信任关系。因此,在上述不法原因给付与侵占的讨论中,才会得出虽不成立委托物侵占罪但成立脱离占有物侵占罪的结论。而我国刑法第270条,虽然第1款与第2款的

---

① 付立庆. 论刑法介入财产权保护时的考虑要点[J]. 中国法学,2011(6).
② 刘明祥. 论侵吞不法原因给付物[J]. 法商研究,2001(2);于志刚,郭旭强. 财产罪法益中所有权说与占有说之对抗与选择[J]. 法学,2010(8).

对象分别是所谓代为保管的财物和遗忘物,但由于法定刑完全一样,故我们在解释侵占罪时,大可不必强调成立第270条第1款的侵占罪必须存在委托信任关系。其实,第270条第1款与第2款的对象的区别仅在于,前者是基于一定根据的占有,后者是暂时没有任何人占有(如路上的遗忘物)或者偶然由行为人占有的财物(如邮局误投到自家信箱的包裹)。我们在解释中国刑法条文时,不考虑本国刑法与国外刑法的差异,而一概照搬国外的刑法理论,似乎是一种普遍性现象,这值得我们反思。

第四,按照预备犯的共犯处理,也是行不通的。根据共犯的实行从属性原理,在对方尚未着手实行时,一般不值得作为共犯处罚,所以,预备犯的共犯通常是不可罚的。例如,在赠贿委托中,行为人是不可能作为行贿罪预备犯的共犯进行处理的。

第五,在侵吞所保管的赃物案中,仅评价为赃物罪是不合理的。因为赃物罪与侵占罪是完全不同性质的犯罪,虽然日本刑法因为将赃物犯罪规定在财产罪中,而认为是侵害赃物原所有权人追索权的犯罪,但在我国刑法中,赃物罪属于妨害社会管理秩序罪章中妨害司法罪的一种(当然,该罪本质上是侵害国家法益而不是侵害社会法益的犯罪),所保护的法益是国家的司法作用,完全不同于保护财产权的侵占罪。而且,当行为人不知道所保管的财物属于赃物而予以侵吞时,由于事实上属于不法原因给付而不成立侵占罪,不明知是赃物也不能成立赃物犯罪,结果只能是无罪,这恐怕不能被人接受。因此,我们认为,仅认定为赃物罪,未能评价行为侵害财产权、危害社会财产秩序的一面,至少应认为,成立赃物犯罪与侵占罪的竞合,从一重处罚。

(三)行使权利与诈骗、敲诈勒索罪

狭义的行使权利是指窃回赃物的情形,广义的行使权利还包括以欺骗、暴力、胁迫手段行使债权。行使权利在本质上看似无害,但从民事权利和刑事义务的角度来考量,学者们所持的观点并不一致,有的主张行使权利是无害化的行为,不应入罪,有的主张不应一概而论,同样是行使权利也谨慎区别对待,不同情形结论可能迥异,并不排除入罪的可能性。

国外刑法理论重点讨论的,是以恐吓手段促使债务人还债是否构成恐吓罪的

问题。①关于行使权利，日本早些时候的判例一般认为只要在权利范围内就不成立恐吓罪，超出权利范围的，仅就超出部分成立恐吓罪，所获得的财物或者财产性利益在法律上不可分时，全部成立恐吓罪，这基本上是本权说的立场。后来，随着判例立场整体上由本权说向占有说转变，认为即便所交付的财物或者财产性利益属于权利的范围之内，但若恐吓手段逾越了正当范围，则不管是否可分，全部成立恐吓罪。在理论上，恐吓罪肯定说占多数。肯定说认为，采取恐吓手段转移财物或者利益，成立恐吓罪，如果在权利范围内，并且所使用的手段是必要而且相当的，就阻却违法性。但恐吓罪否定说也很有影响。否定说认为，肯定说是将物或者财产性利益的交付直接理解为财产损失，这就导致财产损害概念有名无实，显然不妥当；只要在权利范围内，债务人就不存在财产性损失，故应否定成立恐吓罪；如果手段不当，可能成立暴行罪或者胁迫罪，而且可能以手段的必要性、相当性为由阻却违法性。②

我们认为，否定说存在疑问。诚如日本山口厚教授所言，"行使权利的场合，债务归于消灭，因而被害人并不存在财产性损失，以此为理由，否定成立恐吓罪，就是以恐吓罪属于'针对整体财产的犯罪'这一理解为前提，作为对日本现行刑法的解释，并不妥当。恐吓罪也是'针对个别财产的犯罪'，是以物或者财产性利益的转移作为法益侵害。在金钱债权场合，被害人虽负有债务，但不能由此认为，被害人对属于交付对象的该金钱的占有就是不受法律保护的。"而且，"既然否定私力救济，通过法律手段实现金钱债权等权利属于原则性规定，作为其反射效果，就应肯定对方具有非依法律手段不予交付的利益。因此，应肯定恐吓罪的成立。"③

关于行使权利，国内主流观点似乎认为，只要具有民法上的权利（如所有权、债权）就不构成财产罪，因为行为人没有非法占有的目的。在这个问题上，陈兴良教授的观点具有代表性。陈兴良教授指出，"财产犯罪的有因与无因的问题，即我们通常所说的有无纠纷。如果客观上采取了属于财产犯罪的手段，但之前存在经济纠纷，或其他特殊的原因。在这种情况下，行为人即使实施了刑法所规定的某些财产犯罪手段取得了财物，也不能构成财产犯罪。这在认定财产犯罪上是

---

① ［日］木村光江.财产犯论の研究［M］.日本评论社，2008：13.
② 曾根威彦，松原芳博.重点问题刑法各论［M］.成文堂，2008：147；［日］西田典之，山口厚，佐伯仁志.刑法の争点［M］.有斐阁，2007：196-197.
③ ［日］山口厚.刑法各论（第2版）［M］.有斐阁，2010：286.

一个重要的因素,也是财产犯罪与某些民事纠纷相区分的标志。"另外,"从法律上讲,行使权利的行为是不构成犯罪的。即,当行使权利获得某种财产性利益时,不构成财产罪。如果行为人不当地行使权利,其手段触犯了刑法其他罪名,应当按照手段行为定罪,而不能按财产犯罪定罪,这是一个基本原则。"[1]但是,"即使站在本权说或者我国所有权说的角度,依然可以认为,暴力、胁迫行使债权的行为侵犯了财产罪的保护法益。因为,尽管债权人享有债权,但并不享有对债务人自身占有金钱的所有权,所以,债权人以暴力、胁迫手段夺取债务人所持金钱的,实际上侵犯了债务人对金钱所享有的本权和所有权。"[2]

需要指出的是,行使权利一概无罪论的一个重要理论支撑,就是刑法第238条为索取债务而非法扣押、拘禁他人的,不定绑架罪而定非法拘禁罪的规定。其实,对于该款的规定完全可以有另一种解释:立法者考虑到目前以扣押债务人为手段非法讨债的现象还很普遍,因而提醒公民注意,即便存在合法债务,也不允许以剥夺债务人人身自由的方式索债。因此,若行为人扣押非债务人本人,向债务人勒索财物,或者扣押债务人本人,以杀伤债务人相威胁,向第三人勒索财物,则应以绑架罪论处。也就是说,上述规定的本意并不是将本应以绑架罪定罪的改以非法拘禁罪定罪处罚。该款规定不过是注意规定,完全可以删掉。

关于以欺骗方法实现债权的行为,张明楷教授认为,"既然行为性质属于行使权利,即只是实现自己的合法权利,就表明行为本身没有侵犯对方的财产;既然行为本身没有侵犯财产,就不可能成立属于侵犯财产罪的诈骗罪。虽然行使权利的手段具有欺骗性质,但不能仅根据这种手段性质认定行为构成诈骗罪。如同不能仅根据暴力、胁迫性质认定行为构成抢劫罪一样。"[3]关于行使权利与恐吓,张明楷教授认为,以胁迫手段取回对方非法占有的本人财物的,不应认定为敲诈勒索罪;以胁迫手段行使债权的,原则上无罪,即如果没有超出权利的范围,具有行使实力的必要性,而且其手段行为本身不构成刑法规定其他犯罪,就应认为没有造成对方财产上的损害,不宜认定为犯罪;损害赔偿请求权的行使,原则上

---

[1] 陈兴良.论财产犯罪的司法认定——在北京德恒律师事务所的演讲[J].东方法学,2008(3).
[2] 武良军.暴力、胁迫行使债权行为的刑法评价——以司法案例为中心展开分析[J].政治与法律,2011(10).
[3] 张明楷.诈骗罪与金融诈骗罪研究[M].北京:清华大学出版社,2006:239.

不成立敲诈勒索罪。[①]

  我们主张占有说与经济的财产说，认为即便行为人享有所有权或者债权，使用非法手段行使权利的，也是对对方占有权的侵犯，也给对方造成了经济上的财产损害。显然不能认为，因为对方欠钱，故其相应数额的财产就不再受刑法保护；根据手段本身来定罪，这其实已经是行为无价值论的观点。财产罪保护的法益是财产，若认为对方存在值得刑法保护的财产权，就没有理由根据所谓的手段定罪（定人身犯罪），即便在规定有暴行、胁迫罪的日本，由于判例与学说主流观点由本权说转向占有说，由放任私力救济转向禁止私力救济，多数说也不认为应根据手段定暴行罪、胁迫罪，而是直接以财产罪、恐吓罪定罪；当双方的确存在权利义务关系时，可以根据行使权利的必要性、手段的相当性、侵害财产法益的类型性危险程度，相较于不存在权利义务关系的情况，进行更严格的判断。质言之，可以对行为本身进行是否具有诈骗罪、敲诈勒索罪的实行行为性，进行判断。例如，若是以投诉或者起诉，而不是以杀人、放火、伤害、毁坏名声相威胁，一般来说，应排除敲诈勒索罪的实行行为性。不同于张明楷教授之主张的地方在于，我们认为对方的财产权原则上值得刑法保护，只是在实行行为性的判断上可以比没有权利义务关系的情形进行更严格的判断；不是因为行使权利致使对方的财产原则上不值得刑法保护，而是可以根据具体情形否定诈骗、敲诈勒索罪的实行行为性，从而否定财产罪的成立。

参考文献

  [1] 何帆. 刑民交叉案件审理的基本思路[M]. 北京：中国法制出版社，2007.

  [2] ［日］佐伯仁志，道垣内弘人. 刑法与民法的对话[M]. 北京：北京大学出版社，2012.

  [3] 毛立新. 刑民交叉案件的概念、类型及处理原则[J]. 北京人民警察学院学报，2010（5）.

  [4] 何荣功. 自由秩序与自由刑法理论[M]. 北京：北京大学出版社，2013.

  [5] 王昭武. 法秩序统一性视野下违法判断的相对性[J]. 中外法学，2015（1）.

  [6] 童伟华. 财产罪基础理论研究——财产罪的法益及其展开[M]. 北京：法

---

① 张明楷. 刑法学（第四版）[M]. 北京：法律出版社，2011：871-872.

律出版社,2012.

[7][日]西田典之.刑法各论(第六版)[M].弘文堂,2012.

[8]张明楷.外国刑法纲要(第二版)[M].北京:清华大学出版社,2007.

[9]隋彭生.论占有之本权[J].法商研究,2011(2).

[10]黑静洁.论死者的占有——对"占有"概念的重新解读[J].时代法学,2012(2).

[11]井厚量.第三人从死亡现场取财构成何罪——不侵犯现实占有的取财行为能否构成盗窃[J].中国政法大学学报,2012(1).

[12]张明楷.刑法学(第四版)[M].北京:法律出版社,2011.

[13][日]山口厚.刑法各论(第2版)[M].有斐阁,2010.

[14]郭晓红.民、刑比较视野下的刑法"占有"研究[J].法律适用,2011(9).

[15]浅田和茂,井田良.刑法[M].日本评论社,2012.

[16]于世忠.侵占罪与盗窃罪的界定[J].法制与社会发展,2002(3).

[17]纪翔虎,蔡永彤.侵占罪中"代为保管"认定的难点与消解——兼论侵占罪与盗窃罪的分野与厘定[J].中国刑事法杂志,2008(11).

[18]林学飞.论刑法中的占有——《最高人民法院公报》相关案例的回顾与评析[J].浙江社会科学,2011(5).

贪污罪对象"公共财物"的再次审视
——从刑法第183条第2款、第271条第2款谈起

徐文捷[①]

摘要： 当前，国有经济成分涉及经济领域多元化，导致司法机关在对贪污罪定罪量刑上面临诸多的难题，特别是贪污罪犯罪对象的认定，直接影响到其行为是否构成贪污罪。对贪污罪的犯罪对象进行研究，有助于更好地区分此罪与彼罪的界定。本文通过对贪污罪的相关条文分析，结合公司法、物权法相关财产权的理论，提出了新经济体制下建立多元化立法系统，有助于对贪污罪的犯罪对象进行更加科学、合理的认定。

关键词： 犯罪对象　公共财物　不动产债权　财产形态

当前，反腐倡廉进入制度化和法治化的进程，我国的刑法体系对反腐工作，必须从法律和制度角度给予支持。通过相关法律制度的不断完善，逐步建立和形成科学、严密、完备、有效的完整立法体系。我国刑法涉及职务类犯罪的重要法条就是贪污罪的认定标准，之前，我国刑法和相关司法解释和案例指导意见着重于对贪污罪犯罪主体、犯罪既遂与未遂、犯罪金额、量刑标准的认定。中国经济改革的深入给贪污罪的认定带来了新的难题。目前，高校刑法教材当中，认为犯罪对象只要属于公共财物就属于贪污罪。贪污罪及其犯罪对象，刑法中有第382条、第183条第2款、第271条第2款和第394条四个条款。通常情况下，认为第382条对贪污进行了法律定义，在其中已经明确了公共财物是其犯罪对象。

[①] 作者单位：上海商学院文法学院。

而其他三个条款再次将并非纯国有的保险金、本单位财物以及国内公务活动或者对外交往中接受的礼物也作为贪污的对象。特别是最后一种，我国已经明文规定，这一类的礼物要上交国家。这是因为他人之所以会赠送礼物，是因为其身份代表了国家和人民。所以，此类礼物不属于其个人，应当看作是公共财物。如果国家工作人员利用职务之便将其占为己有，则完全符合贪污罪的构成要件。新型犯罪行为的多元化、复杂化，在定性问题上两难选择，面对罪刑法定原则的制约、现有条文的单一性无法解决具体的实务问题，笔者认为有必要根据现有的所有制形式、财产构成、取得方式对贪污罪的犯罪对象做进一步探讨和研究。

一、传统犯罪对象理论在逻辑上的自相矛盾导致司法实务中贪污罪的认定陷入窘境

对于犯罪来说，犯罪客体和犯罪对象是不同的，前者是必要构成要件，而后者是选择性的。在刑法当中，两者有着不一样的切入点。前者是因为犯罪主体侵犯了法律所保护的社会关系，而后者是因为犯罪主体实施了具体行为。从这样的表述也可以看出，两者具有同源性，也就是犯罪主体。因此，法律当中，将后者看作是前者的客观表现。传统观点认为犯罪对象的范围一般是具体物品或者是具体人，而那些抽象事物不应该属于其范围。比如说观念、文化以及制度等。也就是说，对于那些抽象犯罪来说，可以没有具体的犯罪对象，在犯罪过程中，存在着犯罪客体，但是没有被其侵害的具体的犯罪对象。如果根据这样的表述，所有的犯罪必然会存在犯罪客体，但是不一样会有犯罪对象。这一点细细分析就明白其逻辑问题，因为既然是犯罪，必然会存在犯罪对象。如果没有后者，那么怎么能认定犯罪主体侵犯了某些合法权益呢？因此，传统的犯罪对象观点已经和上文所阐述的犯罪主体属于两者的同源性相互矛盾。[①]在传统理论中，对于犯罪对象的论证是片面的，没有注意到刑法中所强调的是保护客体的合法权益，而不是仅仅说保护客体所具有的生物、化学以及物理特征不受改变。对于那些能够在刑法当中明确的犯罪对象，必然是因为其自身真实存在，且被犯罪主体侵犯了。如果这两点达不到的话，刑法是不会将其视作犯罪对象的。而传统理论中，对于犯罪对象的认定已经不太适应当前形势了，因此在司法实践过程中，也越来越多地被质疑。

---

① 陈开琦.犯罪对象的二元结构［J］.法学评论，2009（6）.

2009年6月,湖南某县国土资源局建设用地股股长宋某,其主要负责相关拆迁的经济补偿等工作,在支付钱款时,必须要有补偿费结算清单。宋某和他人合谋,首先其出具了地上附着物补偿费明细表一张,金额为十万多元人民币。该明细表是虚假的,然后交给他人,并成功从项目资金上套取这部分资金。对于这部分资金的处理,村支书李某指示该村妇女主任杨某,送给镇干部黄某六万元,然后由后者交给宋某三万元,宋某又将其中的三千元送给虚假明细表的上交者粟某,将其中的四千元购买办公电脑一台,剩下的归自己所有。而其他几人每人一万元,剩下的当作公用经费。法院在审理过程中,首先明确了宋某、李某两人属于国家工作人员,而他们骗取的补偿款也属于公共财物。但是需要注意的是,在刑法当中第382条所指的公共财物必须是犯罪人员的本单位财物。但是此案件中,该补偿款是从上级拨下来的,那么此时如何认定,就出现了一些争议。①

根据我国刑法第382条第一款的相关规定,如果国家工作人员采用非法手段对公共财务进行侵占的话,就构成了贪污罪。一般来说,这一条款中并没有确定说明,其必须属于"本单位财物"。但是在我国刑法的第271条第二款规定中,已经提到了"本单位财物"。其指的是如果非法侵占了"本单位财物"的话,就构成贪污罪。以上两款规定都是为了说明"贪污罪",既然是相同的罪行,那么其犯罪对象也应该一致。所以,从这样的推论来说,刑法第382条中所指的应该是"本单位公共财物"。能不能将两个概念看作是同一含义?怎么去理解刑法当中某些条款既存在关联又存在区别呢?笔者认为,在理解刑法条文时,应当要综合考虑,不仅要分析条款内容,而且要结合立法的目的是什么,只有这样,才能让法律发挥更大的效益。一般来说,我国在法律解释时,存在"异词规则"原则,也就是说,如果在同一个法律中,不同条款中有不同的名词,那么这两个名词之间的含义是不一致的。如果根据这个原则来看的话,上文中所提到的两个名词就应当属于不同含义。但是,需要注意的是,之所以要确定贪污犯罪,就是为了公共财物不受侵害,同时也为了确保公务员的清正廉洁,且后者更加重要。正是因为这一点,我国才在1997年单独明确贪污罪。在这之前,其是属于侵犯财产罪中的一种。在刑法第271条中,主要是明确了职务侵占罪。其主要保护对象是非国有单位的财产,当公职人员涉嫌侵占时,刑法便在第271条第二款中进行了明确。也可以将其看作是贪污罪的特别规定。在这一条款中所涉及的犯罪对象应当被第382条

---

① 黄燕.贪污罪中"公共财物"范围的认定[N].人民法院报,2012,6(14):7.

第一款中的含义所包括。但是这并不是将"公共财物"明确了下来，更不是认为其只属于这一类。那么什么叫作公共财物？刑法第391条进行了明确规定，[①]这也是对公共财物的范围进行了明确。那么什么叫作公共财产呢？只要是国有、集体企业，或者是国家机关，或者是人民团体相关的，即使是"私人财产"，那也属于公共财产。

现代经济社会，公司结构多元化发展，规避法律和超越体制的行为越来越多，犯罪形式、方法、手段行为越来越隐蔽。很多犯罪主体为了达到最终目的，在实施犯罪过程中，会采用很多过渡方式或者是更多的中间环节。也就是说，犯罪主体为了逃避法律的制裁，采用了很多的方式。因此，在认定其罪名时，难度越来越大，为了公正、公平地给予判罚，必须结合民法、商法的相关规定。在上文中，我们已经阐述过，在传统理论当中认为犯罪对象必须是具体的事物，也就是说，只有人或者物被犯罪主体"直接"侵害，其才会被视作犯罪对象。需要注意的是，这个概念中所提到的"直接"，是对应"间接"来说的，具体就是指的没有经过中间事物。那么，让我们来对"犯罪对象"进行深入的分析。试以保险诈骗罪作为研究目标。目前，社会已经达成共识，对于保险诈骗来说，其犯罪对象指的就是"保险金"，但是在刑法第198条中，也认为下述行为属于保险诈骗罪：对于为虚构保险、骗取保险等行为[②]。此时，我们可以看到，这些行为所针对的是保险机构，想要欺骗的是他们的工作人员，而不是针对"保险金"。也就是说，此时已经出现了"中间环节"，这些诈骗行为想要获取保险金，但是没有直接针对它。因此，此时就没有所谓的"直接"。而不管是保险机构，还是保险人员，都是犯罪主体所针对的中间对象。所以，在确定罪名时，主要应当考虑其最终的犯罪对象是什么，并不需要过多地考虑是否有中间对象，而对于那些存在中间对象的来说，其可以作为确定多重的刑罚的依据。

---

① （一）国有财产；（二）劳动群众集体所有的财产；（三）用于扶贫和其他公益事业的社会捐助或者专项基金的财产。
② 如投保人故意虚构保险标的，投保人、被保险人或者受益人对发生的保险事故编造虚假的原因或者夸大损失的程度，或者编造未曾发生的保险事故，投保人、受益人故意造成保险人死亡、伤残或者疾病，骗取保险金等。

【实体篇】

二、贪污罪犯罪对象的界定在经济发展新模式下必须探求指明对象多元化的立法趋势

在对大陆法系国家的刑法典进行分析后，可以看到，这些成文法国家在对贪污罪的认定时，其犯罪对象并没有限定为公共财产。也就是说，私人财产也可能成为犯罪对象。在我国，通过详细研究刑法以及其他相关的法律条文不难发现，在贪污行为发生时，其犯罪对象并不仅仅是公共财物。在某些情况下，非公共财物也包含在其范围之内。而对于混合制经济组织财产来说，将其看作是贪污罪所针对的一种独立的犯罪对象，一方面可以和公司法原理相符合，另一方面也有助于确保其不会受到侵占。[1]国企改制中的贪污犯罪在法律上一直存在定性难的问题。一是由于该类案件时间跨度较长，涉案人有时候会将资产转移出去，对这部分资产来说，并没有统一的处理方式。在具体案件中，有的国企在改制时，犯罪人员将国企的债权隐匿起来，这样原来的国企就无法控制，而这些债权最终会被改革之后的企业控制。那么对于犯罪主体将债权隐匿的行为属不属于贪污呢？债权是不是属于公共资产呢？其实，对于债权来说，只要其没有真正实现，都应当属于财产性收益。为了解决这些问题，我们需要认真理解刑法中的相关规定。在刑法第382条中，已经对公共财物进行了定义。而财物一般来说，就等同于财产，两者之间没有本质差别。但是，财产性利益是不是属于财产呢？这一点需要认真研究分析。在日本，其法律中有专门的条款来定义利益罪，也可以叫作得利罪。日本的法律就将财产罪进行了细分，认为其可以分成两种。一种叫作财物罪，另一种叫作利益罪。也就是说，日本法律在定性财产罪时，其犯罪对象有两种，并且这两种对象不是前者包括后者，双方是并列的。然而，我国的法律中并没有明确所谓的"利益罪"，在确定犯罪对象时，其属于广义定义。一般来说，贪污肯定属于贪利性渎职犯罪，这一点毋庸置疑。所以，怎样解读贪污所针对的对象，和其他财产犯罪的解读方式都是一致的。当然，对某些财产罪来说，其犯罪对象肯定不会将财产性利益囊括进来，比如说盗窃。但有些罪则不是这样，比如说贪污罪中，正如上文所说的，犯罪人员就是利用隐匿债权的手段，导致债权人失去了所有权，并且最终其合法利益被侵害。此外，对于企业来说，其财产包括的范围也比较广，其中债权也算是一种财产。而且，国企在改革过程中，在确定其资产多

---

[1] 唐世月. 贪污罪犯罪对象研究[J]. 中国法学，2000（1）.

少时，一方面要查看国企的设备、资金等，另一方面也要查看其债权等。所以从这点来看，对债权的侵占行为和侵占资金等行为相比较来说，两者没有差别，都会造成国企的损失。所以，现行刑法中，所谓的财产，一方面包括有形资产、无形资产，另一方面也包括财产性利益。比如说，我国已经出台了相关的司法解释，对于盗窃来说，其犯罪对象也包括证券、支付凭证等。而且，将债权也看作是犯罪对象，也符合刑法的最终目的。所以在法律中所提到的贪污对象，就是公共财物，且公共财物中就包括财产性收益等。

在我国刑法当中，并没有明确"公共财物"应当属于什么性质。也就是说，从逻辑上而言，不管是动产或者是不动产都可以成为犯罪对象。而和动产相比较的话，不动产有着明显的不同，在转让、变更等时，两者是不同的。我国物权法中有明文规定。如果是动产的话，其转让和设立时，其物权是在交付时就已经转移了其所有权。但是对于不动产来说，不管是转让还是变更等，都需要按照相关法律登记。只有其完成登记时，其所有权才会发生转移。当前，对于房屋来说，其表现形式有以下三种：有产权房、暂未办理产权登记的房屋以及公有房屋。如果说贪污对象也将不动产囊括在内的话，那么对于那些公职人员利用自己的权利，对公有房屋进行侵占的，其是否属于贪污呢？最高人民法院对该问题进行了回答。最高院曾在2003年11月13日发文指出：判断是否属于贪污时，只需要判断其是否已经拥有财物的控制权。该观点也被称为"控制说"，和其他侵犯财产行为一样，贪污也属于非法占有，而是否控制，应当看作定罪的凭证。在笔者看来，如果犯罪对象是不动产的话，那么完成产权登记应当看作是犯罪人员已经对该资产完成了非法占有。但是在现实生活中，有很多犯罪人员明白自己的占有行为是非法的，因此不敢也不会去完成相关的登记。所以，如果将没有办理登记就看作其没有非法占有并不是非常科学。一般情况下，如果行为人已经在客观上利用自身权力，而且已经占有了的话，即使其没有去完成产权变更登记，也可以认定其已经涉嫌犯罪。[①]对于贪污或者侵占财产类犯罪来说，其所谓的"占有"指的是客观形式，并不是指其改变了财产的占有权。

按照我国法律，对于不动产来说，其所有权的固定必须要严格遵循相关程序才能完成。比如说房屋，必须向房产局提供财产证明，并得到审查通过之后，才可能领取产权证。从这点上来说，一般是很难非法占有的。但也并非完全不可

---

① 龚培华，王立华. 贪污罪对象认定中争议问题研究[J]. 法学，2004（12）.

能,有的行为人通过伪造证明等方式,从而成功获取产权证。如果对于公共不动产的话,行为人利用非法手段使得其产权人失去了对其的控制的话,而行为人已经客观上占有了的话,并且是公职人员利用手中的权力来完成所有操作,那么该行为应当属于贪污。[1]对于这一类的特殊财产,如何来判断其是否贪污?在有的观点中,不仅要考虑有没有控制该财产,同时也要考虑有没有完成产权登记等行为。比如说对于国家工作人员来说,其非法在公有房屋中居住,该行为仅仅说明其控制了房屋,但是并没有拥有所有权。也就是说,只有将房屋登记在自己名下时,才拥有了所有权,也才完成了非法占有,此时才能判定其贪污。在司法实践中,面对贪污,现行法律中还有很多需要完善的地方。至于如何完善,并不是说对其行为如何认定,而是要不断明确犯罪对象,以此来适应新的形势。无论从理论研究的角度来讲,还是根据司法实践疑难案例的复杂性,每一种特殊财产类型所引发的犯罪问题都有自身的特点和结构,自然也就必须采取不同以往的立法对策。在笔者看来,司法实践中已经给出了如何更好地应对财产犯罪的解决措施,即要针对犯罪的实际情况来区别对待。

三、贪污罪犯罪对象公共财物的解读需立足于财产存在形态

对于财产的存在形态来说,其属于财产的外在特征,也会从根本上影响着今后财产形式的变化趋向。之所以在处理贪污罪的认定过程中,出现很多疑难问题,就是因为受存在形态严重影响的控制难易所引发的,从另外一个角度来说,这也为修正刑法提供了一个良好的契机。所以,如果想要因为财产问题来推动刑法的修正的话,那么前提条件就是必须准确地认识财产的存在形态。从法律对某一罪名的认定过程来看,其依据就是犯罪对象的存在形态是相同的。判断立法是否公正、公平,需视其是否对犯罪对象进行了具体、详细的分类,并对各种犯罪对象的本质有准确剖析。在笔者看来,财产的外延在新经济模式下出现了很多新的变化,其背后原因主要有两点:一方面,我国的经济体制改革导致了所有权的认定发生了很大的变化。另一方面,经济发展和科技进步也对我们的生活产生了巨大影响。正是由于主观条件和客观条件的推动,衍生出新形式的财产类型不可避免。需要注意的是,在这一变化过程中,财产的本质并没有改变。也就是说不管其存在形态发生怎样的变化,其仍然属于财产。因此,可以这样认为,财产发

---

[1] 魏磊. 略论贪污罪的未遂形态[J]. 法律适用, 1999(7).

展变化的基本规律就体现为"形变质不变"的总体样态。"立法在客观上要求对所调整的范围有一个明确的界定,并且调整到什么程度也要有一个界限。"[①]这种界定不仅是立法技术,也是我国法律在确定时所采用的一种原则。当前,如果刑法要重新认定贪污罪所针对的犯罪对象的话,那么需要对相关内容进行修正。第一,要对财产所包括的范围进行科学、合理的界定。除了传统的公共财产以外,必须明确现代社会中出现的许多新的财产形式,其中有多少需要刑法加以调整和保护,其必要性是否已经得到充分的论证,又有多少并不需要运用刑罚手段进行干涉。第二,加强对新型的财产形式进行保护,充分认识到粗放的规定无法应对财产的分类逐步精细化的发展方向。在笔者看来,上面两点和财产的存在形态有着非常紧密的关系。首先,对于财产来说,其新的形式实际上就是财产一种新的存在形态,是财产概念外延的一种表现;其次,法律对财产进行认定时,不能仍然按照以往的认定标准。不然的话,就会出现财产认定时的混乱。所以要将财产不断分解,将其分成很多独立的客体和规制对象。如果不能做到这两点的话,不管什么样的认定标准都不能对财产进行准确的认定。因此,笔者认为,如果后续要完善刑法的话,其存在形态也需要作为判断财产是否需要特殊保护的重要依据。

通过对刑法第183条第2款和第271条第2款涉及贪污罪犯罪对象"公共财物"的解读,进一步准确认定"公共财物"。在认定贪污罪的时候,还需要考虑其他要件。而犯罪对象是犯罪客体的外部表现形式,如果能够对"公共财物"进行科学认定的话,将有助于对贪污罪进行科学的判定。

参考文献

[1]陈开琦.犯罪对象的二元结构[J].法学评论,2009(6).

[2]黄燕.贪污罪中"公共财物"范围的认定[N].人民法院报,2012,6(14):7.

[3]赵建平.贪污贿赂犯罪界限与定罪量刑研究[M].北京:中国方正出版社,2001.

[4]刘建国.典型疑难案例刑事法适用[M].北京:中国检察出版社,2006.

[5]龚培华,王立华.贪污罪对象认定中争议问题研究[J].法学,2004(12).

---

① 张善恭.立法学原理[M].上海:上海社会科学院出版社,1991.

[6]魏磊.略论贪污罪的未遂形态[J].法律适用,1999(7).

[7]许富仁,庄啸.传统犯罪对象理论面临的挑战——虚拟犯罪对象[J].河北法学,2007(2).

[8]马克昌.犯罪通论[M].武汉:武汉大学出版社,1999.

[9]张明楷.法益初论[M].北京:中国政法大学出版社,2000.

[10]徐光华.刑事法评论:犯罪对象问题研究[M].北京:北京大学出版社,2007.

从刑修(九)看侵害著作权行为的防卫线"前置化"

张克伟 袁 博[①]

摘要: 刑法修正案(九)在刑法第二百八十七条中新增的内容在规制网络著作权违法犯罪方面具有"预备行为实行化"和"帮助行为正犯化"的明显特征,扩大了涉著作权的犯罪圈。在认定相关犯罪的主观故意方面,可以借鉴著作权侵权判定标准中的"红旗规则";在定罪量刑上,要注意与侵犯著作权罪的联系和协调。

关键词: 刑法修正案(九) 预备行为实行化 帮助行为正犯化 侵犯著作权罪

自2015年11月1日起施行的《中华人民共和国刑法修正案(九)》[以下简称刑修(九)]增设了若干罪名,其中,对于知识产权保护尤其是著作权保护至关重要的条款,表现为在刑法第二百八十七条后新增的两条:

第二百八十七条 【利用计算机实施犯罪的提示性规定】利用计算机实施金融诈骗、盗窃、贪污、挪用公款、窃取国家秘密或者其他犯罪的,依照本法有关规定定罪处罚。

第二百八十七条之一 【非法利用信息网络罪】利用信息网络实施下列行为之一,情节严重的,处三年以下有期徒刑或者拘役,并处或者单处罚金:

(一)设立用于实施诈骗、传授犯罪方法、制作或者销售违禁物品、管制物品等违法犯罪活动的网站、通讯群组的;

(二)发布有关制作或者销售毒品、枪支、淫秽物品等违禁物品、管制物品或者

[①] 作者单位:华东政法大学2014级博士研究生,上海市徐汇区人民法院;上海市第二中级人民法院。

其他违法犯罪信息的;

(三)为实施诈骗等违法犯罪活动发布信息的。

单位犯前款罪的,对单位判处罚金,并对其直接负责的主管人员和其他直接责任人员,依照第一款的规定处罚。

有前两款行为,同时构成其他犯罪的,依照处罚较重的规定定罪处罚。

第二百八十七条之二 【帮助信息网络犯罪活动罪】明知他人利用信息网络实施犯罪,为其犯罪提供互联网接入、服务器托管、网络存储、通讯传输等技术支持,或者提供广告推广、支付结算等帮助,情节严重的,处三年以下有期徒刑或者拘役,并处或者单处罚金。

单位犯前款罪的,对单位判处罚金,并对其直接负责的主管人员和其他直接责任人员,依照第一款的规定处罚。

有前两款行为,同时构成其他犯罪的,依照处罚较重的规定定罪处罚。

在目前的诸多著作权犯罪中,网络化和共犯化已经成为新类型案件的典型特征,在此背景下,刑法第二百八十七条后新增的两条显然有所针对,并且势必对未来的著作权保护产生深远影响。

一、第二百八十七条新增内容对著作权保护的影响:刑法防卫线的"前推"

从上述规定,我们不难看出这两个条款对著作权犯罪刑法规制的两个特点:

(一)预备行为实行化

按照传统的刑法理论,根据犯罪行为的严重程度不同,设置不同的既遂标准,分为危险犯、行为犯和结果犯。其中,刑法越是认为危险的行为,判定其达成犯罪要件圆满状态的时间越早,换言之,刑法防卫线被设置的时间点越早。例如,危险犯,指以行为人实施的危害行为造成法律规定的危险状态作为既遂标志的犯罪,典型的罪名如破坏交通设施罪,例如基于报复社会的动机而在铁轨上放置一块巨石,即使铁路上当时并无火车,但由于造成了一种法所不容的"危险状态",同样达成犯罪的圆满状态,构成既遂。对于此类防卫线前推的现象,可以这样理解,"风险刑法将罪责的意蕴从'可非难性'转换为'预防必要性',归责的过程不再是特定后果通过归因归咎于行为人的过程。因此,行为人无须知道损害,也无须建立起因果关系,只要是自己的风险决定违反刑法的风险规制,即应负起刑法上的法律责任"。[1]

事实上,近年来,随着我国大量食品安全、质量事故、交通安全等恶性刑事案件的出现,人们开始正视一个事实:转型时期的我国开始进入一个"风险社会"。伴随着风险社会的来临,结果本位主义的刑法保护方式在预防"法律所不容许的危险"与法益保护方面日益显得力不从心,新型恶性刑事案件不但掠夺了权利人的经济权益,而且造成大量的质量、食品、安全事故,给社会带来极大的威胁,刑法管制面临着由罪责刑法向安全刑法的转变,而刑修(九)的上述规定,正体现了在这一背景下对网络犯罪的日益增长的危害作出的及时回应。

例如,按照之前的刑法规定,为实施侵害著作权罪而在网络上发布人员招聘广告或者发布盗版图书目录信息等行为,按照侵害著作权罪评价都属于前期行为或者预备行为(尚未达到既遂状态),然而,在刑修(九)实施后,却可以根据刑法第二百八十七条的新增之一条款的第(三)种情形直接以非法利用信息网络罪评价。

(二) 帮助行为正犯化

所谓帮助行为正犯化,就是将表象上属于犯罪行为的帮助犯、实质上已具有独立性的"技术上的帮助犯"等帮助行为,扩张解释[2]或通过立法规定为相关犯罪的实行犯,即不再依靠共同犯罪理论对其实现评价和制裁,而是将其直接视为"正犯",直接通过刑法分则中的基本犯罪构成对其进行评价和制裁。例如,明知他人利用信息网络实施侵犯著作权罪,却为其犯罪提供互联网接入、服务器托管、网络存储、通讯传输等技术支持,或者提供广告推广、支付结算等帮助行为的,本来应该和侵害著作权罪的直接行为人构成共同犯罪,在地位和作用上应评价为从犯(次要或辅助作用),然而在刑修(九)实施后,却可以根据刑法第二百八十七条的新增之二条款,直接按照帮助信息网络犯罪活动罪评价,体现出典型的"帮助行为正犯化"的特征。

---

[1] 陈晓明. 风险社会之刑法应对[J]. 法学研究,2009(6).
[2] 于志刚. 网络犯罪与中国刑法应对[J]. 中国社会科学,2010(3).

二、第二百八十七条新增内容扩大了涉著作权的犯罪圈

在传统的侵犯著作权罪的视角中，很多严重侵犯著作权的行为并不被视为犯罪，因为刑法只关注"未经著作权人许可复制发行其文字、音像、计算机软件等作品，出版他人享有独占出版权的图书，未经制作者许可复制发行其制作的音像制品以及制作，展览假冒他人署名的美术作品"这四类行为，而其他侵犯著作权的行为即使同样严重，根据"罪刑法定"的原则也不能纳入"侵犯著作权罪"的视野，这导致了很多争议，以下试举两例。

（一）出售软件密钥的行为构成侵害著作权罪存在争议

2012年3月至2014年6月间，被告人郑某通过淘宝网店出售软件加密锁，并附赠从著作权软件官方网站免费下载的软件等方式，变相销售广联达股份有限公司享有著作权的建筑工程计价、土建算量等软件，销售金额共计220余万元。经鉴定，郑某所销售的加密锁利用其加密程序修改了广联达软件的加密程序，能解除广联达软件的加密功能，从而实现对广联达软件破解使用。法院经审理后认为，被告人郑某行为已构成侵犯著作权罪，判决被告人郑某有期徒刑5年，罚金120万元。

对于这一判决，存在着相反的意见，即认为行为人出售软件密钥的行为仅仅构成著作权侵权行为，但并不构成犯罪。这是因为，根据刑法的规定，侵犯著作权罪，是指以营利为目的，未经著作权人许可实施了四类行为：（1）未经著作权人许可，复制发行其文字作品、音乐、电影、电视、录像作品、计算机软件及其他作品的；（2）出版他人享有专有出版权的图书的；（3）未经录音录像制作者许可，复制发行其制作的录音录像的；（4）制作、出售假冒他人署名的美术作品的。不难看出，出售软件密钥的行为，本质上属于破坏著作权人对作品技术保护措施的侵权行为，并没有被规定为侵犯著作权罪的行为类型。所谓破坏保护措施，是指未经著作权人或者与著作权有关的权利人许可，故意违法避开或者破坏权利人为其作品、录音录像制品等采取的保护著作权或者与著作权有关的权利的技术措施。因此，在郑某一案中，相反意见认为，由于其出售的软件有合法来源（系从著作权软件官方网站免费下载），因此其并未侵犯著作权人的复制权；又由于软件可以通过公开渠道获得，所以其也没有侵犯著作权人的发行权；其出售软件密

钥的行为,构成了对著作权人作品技术保护措施的破坏,构成侵权,但根据"罪刑法定"的原则,并不构成侵犯著作权罪。

(二) 深度链接侵害著作权的行为构成侵害著作权罪存在争议

2014年5月24日,由上海市静安区人民检察院提起公诉的全国首例"加框链接"影视作品侵犯著作权案一审判决,被告人张某以"加框链接"的方式将非法境外网站的影片源发布在自己建立的网站上,并通过百度联盟获取广告收益10余万元,构成侵犯著作权罪。普陀区法院最终判处张某有期徒刑1年3个月,缓刑1年3个月,并处罚金3万元。一审判决后,被告人张某未提起上诉,该判决已经生效。在该案中,核心问题之一就是深度链接是否可以构成侵害著作权罪。

所谓深度链接,一般不直接链接到网站的网页,而是直接链接到下面几级目录下的网页,用超级链接的方式,或者是点击之后在不脱离设链网站的情况下,从被链网站能够下载,或者在线打开的链接方式。反对深度链接行为入罪的学者认为,深度链接并未直接侵犯作品本身,没有上传作品行为,充其量是指引网络用户找到作品的居间路径,因此不能构成直接侵犯信息网络传播权,只能是侵犯信息网络传播的帮助行为。从理论上说,深度链接行为可能构成侵犯著作权罪的片面共犯,但是由于深度链接的特殊性以及实践的局限性,认定深度链接构成共犯存在现实障碍:第一,深度链接帮助行为对象的不特定性影响片面共犯的成立;第二,深度链接行为可能缺乏片面共犯的故意。[①]

显然,上述行为虽然在原有的刑法适用上存在"罪刑法定"的法律适用争议,然而其社会危害性却是显而易见的,在刑修(九)实施后,只要上述行为涉及利用信息网络实施侵犯他人著作权的违法行为或者为他人实施侵犯著作权罪提供网络便利条件的,情节达到法定的严重程度,就可以用第二百八十七条新增内容进行刑法评价,从而实现了对具有相当社会危害行为的刑法评价的体系上的完善和漏洞上的弥补。

三、第二百八十七条新增内容中的"故意"

从第二百八十七条新增内容来看,不难看出"之一"(非法利用信息网络罪)和"之二"(帮助信息网络犯罪活动罪)都要求行为人的犯罪以"故意"为行为人

---

① 林清红,周舟.深度链接行为入罪应保持克制[J].法学,2013(9).

的主观构成要件。其中,"之一"的故意不难认定,而"之二"中的故意是"明知"他人利用信息网络实施犯罪,为其犯罪提供互联网接入、服务器托管、网络存储、通讯传输等技术支持,或者提供广告推广、支付结算等帮助,那么,这个"明知"应当如何掌握认定标准呢?

笔者认为,对于提供不同服务内容的服务商,其对用户行为的控制力度不同,相应的注意义务也不完全相同。例如,提供互联网接入服务,就是通过自己的硬件设施向用户提供电线、光缆或微波的方式接入互联网服务。用户接入互联网后,服务商提供的硬件设施仅仅成为用户进入互联网的通道,服务商无法控制信息内容。对于这类服务,由于服务商难以控制用户后续行为,因此承担较低的注意义务,一般限于明知用户接入网络的目的就是实施犯罪才能认定为"明知"。相对的,对于那些提供网络存储服务的,特别是那种封闭或半封闭的论坛类管理者,就要承担较高的注意义务。

那么,如何认定服务商是否主观上存在过错呢?在知识产权法上,有一条"红旗规则",即如果他人的侵权行为或者犯罪行为像一面红旗一样在网络服务商面前公然飘扬,服务商就无法推诿自己并不知情。《信息网络传播权保护条例》第二十二条借鉴了这一规则,将"不知道也没有合理的理由知道服务对象提供的作品、表演、录音录像制品侵权"作为提供信息服务的网络平台服务提供商免责的条件之一。显然,对于一些明显的侵权或者犯罪事实,网络服务商应当尽到足够的注意义务,不能为了吸引用户提高关注度或者广告费用而放任侵权或者犯罪的发生,例如,对于诸如一些知名作者的作品在自己的网络平台上以不合理的低价被他人大肆销售的,就应当引起必要的注意,特别是在收到权利人通知后应当立即删除,否则对损害的扩大部分与侵权网络用户承担侵权连带责任或者刑事责任。

例如,对于下列5类作品,网络服务商应当重点关注:

(1)权利人向网络服务商发送了权利公示或者声明的作品。此类属于典型的被动删除义务和"通知删除规则"的应有之义,毋庸赘言。

(2)根据权利人通知已经移除的作品。此类作品由于权利人已经先行通知,并且服务商已经有移除记录,因此同样应和第1类赋予同等的注意义务。

(3)版权行政管理部门公布的重点监管作品。此类作品由国家版权机关明令重点监管,作为守法经营的网络服务商当然有重点注意之义务。

（4）正在热播、热卖的作品。此类作品是适用"红旗规则"的典型情形，对于那些正在热播、热卖的作品，普通人尚且能注意其版权问题，网络服务商更不能托词不知情。

（5）出版、影视、音乐等专业机构出版或者制作的作品。此类作品也带有明显的版权信息，即此类作品的网络传播按常理必然要得到授权，否则违反一般人的经验认识，因此网络服务商也要赋予足够的注意。

四、第二百八十七条新增犯罪与侵害著作权罪的协调

从刑修（九）第二百八十七条新增内容的表述不难看出，当涉及侵害著作权时，行为人很可能构成竞合，换言之，既构成侵害著作权罪（为他人犯罪提供互联网接入、服务器托管、网络存储、通讯传输等技术支持，或者提供广告推广、支付结算等帮助的从犯），又构成第二百八十七条新增犯罪。那么，此时应当如何定罪量刑呢？

笔者认为，刑修（九）之所以要将这种行为的刑法防卫线前推，正是为了加大对此类行为的打击力度，因此，原则上，在发生竞合的情形下，在量刑幅度相当时，原则上应当以第二百八十七条新增罪名评价，但是，当行为人按照共同犯罪的罪名预计得到的刑罚要重于第二百八十七条新增罪名（三年以下有期徒刑或者拘役）时，按照刑修（九）第二十九条的规定，仍然"依照处罚较重的规定定罪处罚"，即仍然以侵害著作权罪定罪量刑。

参考文献

[1]陈晓明.风险社会之刑法应对[J].法学研究,2009(6).

[2]于志刚.网络犯罪与中国刑法应对[J].中国社会科学,2010(3).

[3]林清红,周舟.深度链接行为入罪应保持克制[J].法学,2013(9).

关键字广告商标间接侵权责任研究

高 阳[①]

摘要: 随着网络技术与电子商务的蓬勃发展,互联网环境下商标侵权问题日益凸显。网络服务提供者在为网络用户提供方便、快捷的网络服务的同时,对互联网商标侵权的发生有一定的影响力。基于搜索习惯,网络用户通常将商标名称作为关键字通过搜索引擎查询需要的信息。而网络服务提供者借助网络用户的搜索习惯售卖关键字,广告商通过竞价购买他人所有商标作为关键字使用,严重地损害了商标权人的利益。本文旨在分析网络服务提供者提供的网络服务本质的基础上,探究网络服务提供者在关键字广告中应承担的商标侵权责任。

关键词: 网络服务提供者　商标间接侵权责任　替代侵权　帮助侵权

互联网巨头谷歌公司作为关键字广告的始作俑者,频遭商标侵权诉讼。其中最为经典的为Rosetta Stone案,本案中美国最高法院不仅详细论述了商标间接侵权的认定规则,还明确了不同类型商标间接侵权责任的构成要件,非常具有指导意义。Rosetta Stone与谷歌的商标侵权之诉经过一审、上诉,最终最高法院肯定了谷歌公司不构成替代侵权,而对帮助侵权发回重审。[②] 由此,引发了关键字广告中商标侵权责任的热议。网络服务提供者对关键字广告中商标侵权虽然不承担直接侵权责任,但可构成间接侵权。如何认定网络服务提供者的间接侵权责任,首先需要了解提供关键字广告服务的网络服务提供者提供服务的本质。

---

① 作者单位:美国约翰马歇尔法学院LLM,华东政法大学2013级博士研究生。
② Rosetta Stone Ltd. v. Google, Inc, 730 F. Supp. 2d 531。

一、网络服务提供者类型分析

（一）关键字搜索服务提供者

关键字搜索服务提供者将他人所有的商标作为关键字进行售卖。广告商意欲在广告链接显示位置中获得较高的排名，创造更多的网站销售，通过竞价高价获得他人所有的商标作为自己的关键字。此种关键字竞价的方式改变了搜索引擎自然状态下应有的搜索结果，影响了商标所有人的排名。消费者输入特定的关键字，基于互联网搜索习惯，将优先显示的网站视为所要寻找拥有关键字商标的中文域名网站、访问量高的网站或者知名网站，从而点击进入排名靠前的竞价企业的网站。此时，真正的商标所有人可能由于未购买关键字而被排在后面，极大地减少了商标所有人的交易机会。①

（二）电子商务平台服务提供者

我国《网络交易平台服务规范》对网络交易平台提供商的含义予以明确的规定，是指从事网络交易平台运营和为网络交易主体提供交易服务的法人。网络交易平台提供商主要是通过运营交易平台为交易主体提供网络信息内容的发布、在线付款、交易和物流保险等服务，属于网络中间服务提供商。它是独立于交易双方的中介，本身并不直接参与买卖双方的商品交易，由客户自己达成交易。通过网络为用户搭起一个虚拟的平台作为交易空间，用户登录后作为卖家发布、管理自家商品，买家浏览发现感兴趣的商品与卖家达成购买协议，此过程未有网络服务提供者的参与，仅通过平台技术实现。因此，网络交易平台提供商具有很特殊的身份，仅仅为商户提供信息上传通道以及技术中介服务，并没有直接参与到买卖双方的交易中。②

二、美国商标间接侵权责任的构成

美国将商标直接侵权归类于传统侵权的一种，适用侵权法和反不正当竞争法。而间接侵权分为帮助侵权和替代侵权，虽然在兰哈姆法中没有明确的规定，

---

① 胡洪. 竞价排名的商标侵权分析——以初始利益混淆理论为视角[J]. 互联网法律通讯，2009（3）.
② 司晓，费兰芳. 电子商务平台服务提供者的商标间接侵权责任探析——论《侵权责任法》第36条在电子商务商标侵权中的适用[J]. 知识产权，2012（3）.

但是通过判例的形式确定了认定标准。

Inwood案中，最高法院明确了商标帮助侵权的认定标准，被告承担侵权责任需符合：（1）"故意引诱"直接侵权人侵权；或者（2）在明知侵权者错误标记特定产品的情况下，持续为侵权者提供侵权产品。[①]当侵权者提供的是服务而不是产品时，依照第二项标准，法院需要"考虑被告对第三方侵权行为的控制力"，构成侵权责任，"对第三方侵犯原告商标的手段存在直接的控制和监督。"[②]

（一）帮助侵权

谷歌公司不断调整其关键字服务，美国法院因谷歌公司广告政策的不同判决结果亦不相同。以2004年为界，谷歌公司之前既排除在广告文本中使用商标，也排除将商标作为关键字的行为。之后，谷歌却放松了商标使用政策，未经商标权人授权，允许第三方使用其商标作为关键字，遭到权利人的强烈反对。谷歌甚至是推出了一款商标关键字工具，为了提高广告商设定关键字的精准度，该工具为谷歌的广告客户投标关键字给出了相关的建议。但是，在商标所有人的请求下，谷歌公司在实际的广告文本中继续限制商标的使用。当时，谷歌公司内部的研究表明，在广告文本中无限制地使用商标会给网络用户带来混淆。

2009年，谷歌改变了其政策，允许广告商在以下四种情形下可有限度地在广告文本中使用商标：①赞助商是一个正品商标产品的销售商；②赞助商是一个商标产品组成部件的制造者或销售者；③赞助商提供与商标产品兼容的部件或与商标商品一同使用的产品；④赞助商提供商标产品的信息，或者评论商标产品。在谷歌开发出自动检测链接网站去确定赞助商在广告文本中使用的商标是否合法后，其广告政策开始转变。[③]

1. 引诱侵权

尽管互联网商务是以计算机技术为依托的，需要特殊的侵权判定分析，但是在Inwood标准下对故意引诱的分析依旧需要依赖于侵权法和反不正当竞争法。反不正当竞争法第27款列出了商标帮助侵权的标准，基于27（b），Inwood标准中的故意引诱指的是对第三方实施侵权行为的明确建议或暗示。将此款运用于关

[①] Inwood Labs., Inc. v. Ives Labs., Inc., 456 U. S. 844, 855, 102S. Ct. 2182, 72 L. Ed. 2d 606（1982）.

[②] Lockheed Martin Corp. v. Network Solutions, Inc., 194 F. 3d 980, 984（9th Cir. 1999）.

[③] Rosetta Stone Ltd. v. Google, Inc, 730 F. Supp. 2d 531.

键字广告商标侵权中,意味着证明搜索引擎服务提供者建议或者暗示广告商实施侵权行为即可认定为故意引诱。

上述Rosetta Stone诉谷歌案中,Rosetta Stone作为一家经营语言学习软件的公司,经过多年的广告宣传及产品创新,2006年,Rosetta Stone公司已发展成为一个在以技术为基础的语言学习产品和在线服务的业界领袖。谷歌公司的关键词服务平台AdWords,允许广告赞助商"购买"关键字以使关键字被输入时可以显示广告商的广告或链接。当用户使用这些关键字进行搜索时,用户就会得到赞助商的广告和链接。大多数赞助商向谷歌公司支付的广告费用是在"每次点击成本"的基础上来计算的,这意味着无论何时谷歌搜索引擎的用户点击了经赞助的链接,广告商都要向谷歌公司支付费用。Rosetta Stone公司起诉谷歌未经授权允许广告商将其商标作为关键字在广告链接及广告文本中使用的行为构成替代侵权和帮助侵权。

Rosetta Stone诉称,虽然2009年谷歌公司改变了其关键字政策,但是从2009年9月3日到2010年3月1日,谷歌公司的赞助商链接已经销售大量的Rosetta Stone的仿冒品。Rosetta Stone起诉谷歌的关键词服务未经授权使用其商标,构成帮助侵权、替代侵权。

弗吉尼亚地区法院将Inwood标准适用于本案,认定谷歌公司的关键字建议工具帮助广告商优化广告,并不证明其本身故意引诱侵权。在关键字列表发送给广告商之前,谷歌公司已通知广告商对其所选的关键词负责,并且保证其所选的关键词不得违反现行法。弗吉尼亚地区法院认为没有充足的证据可以证明谷歌公司故意引诱第三方广告商在广告文本和广告链接中使用Rosetta Stone的商标销售Rosetta Stone的仿冒品。

2."故意视而不见"

Inwood标准中的第二款适用于一方在明知或应当知道是侵权行为时,继续为其提供帮助。经销商必须是参与或者明确知道其提供的服务是被用来侵犯他人的商标,且这种认知应该是明确的,仅仅是笼统地知道服务的侵权性使用不能用于支持帮助侵权的诉求,该款也被称为"故意视而不见"测试。经销商主观认知的判定,是承担帮助侵权的先决条件。[①]Tiffany v. eBay一案被用来决定帮助

---

① Kitsuron sangsuvan: Trademark Infringement Rules in Google Keyword Advertising, 89 U. Det. Mercy L. Rev. 137 2011–2012.

侵权第二条标准的重要规则。第二巡回法院认定eBay不构成帮助侵权，因为eBay仅是概括地认识到在它的网站上有Tiffany的假货销售，并且因为eBay在接到特定商品被认为是假货的通知后马上移除Tiffany产品的列表。这就证明了eBay在得知侵权行为存在的情况下没有继续为其提供服务。[①]基于此案可以得出对侵权行为的概括了解不能构成侵权责任，换言之，明确地知道服务的使用者参与商标侵权才能构成间接侵权责任。

弗吉尼亚地区法院基于Tiffany的标准，认为Rosetta Stone没有证明谷歌公司通过它的关键字服务知道侵权行为的发生，除了声明严禁售卖仿冒品，在发现仿冒品后删除销售仿冒品的广告和创建致力于打击仿冒品广告的团队外，谷歌公司束手无策。在Tiffany案中，eBay曾收到Tiffany数千条仿冒品控诉的通知，然而法院仍旧认为eBay对侵权行为的发生仅有概括的故意。比起eBay收到的通知，谷歌公司仅收到200余条Rosetta Stone声称谷歌公司赞助商广告链接销售仿冒品的通知。因此，弗吉尼亚区法院认为Rosetta Stone没有证明谷歌公司知道或应当知道侵权行为的存在并持续为侵权行为提供服务。然而，第四巡回法院认为弗吉尼亚地区法院错误地适用了Tiffany的标准，并且现有证据足以就谷歌公司是否在知道侵权行为后持续为其提供帮助这一事实提出疑问。因此，第四巡回法院撤销弗吉尼亚地区法院针对Rosetta Stone诉谷歌公司帮助侵权利于谷歌公司的简易判决。

3. 控制、监管可能性

Inwood测试通常适用于为第三方提供产品或服务或为商标侵权行为提供帮助的经销商，认定帮助侵权责任时，并不要求经销商具有控制、监管能力。然而，控制、监管可能性是指对另一方具有管理、指导、限制、约束、控制的能力或授权。但是，当经销商对侵权行为具有控制、监管可能性时，在第二款测试中需引入控制、监管可能性的考量。

互联网商务是互联网技术不断发展的产物，在适用侵权判断时应有其特殊性。在关键字广告商标侵权中，要扩展第二项标准的范围，在分析时引入控制和监督的考量。2004年GEICO案中，弗吉尼亚地区法院驳回撤销商标间接侵权的动议，因为原告声称网络搜索引擎经营者谷歌公司负有监督和控制第三方的侵权广告的义务。此时，被告谷歌公司适用较为宽松的广告政策，原告起诉被告在其经营的搜索引擎上使用其商标销售广告，原告称被告鼓励广告商来竞价商标字

---

① Tiffany(NJ)Inc. v. eBay Inc. 600 F. 3d 93, 106(2d Cir. 2010).

符,监管和控制宣称的第三方广告侵权行为。在对本案的分析中,法院接受和适用了控制和监督的要求。①尽管控制和监督是替代侵权的考虑因素,亦可用来分析帮助侵权。②

(二) 替代侵权

商标侵权的替代侵权需要"被告和侵权人有明显的或事实上的合作关系的事实,有在约束彼此与第三方交易的能力或者实施共同所有权或者可以控制侵权产品。"③

上述GEICO案中,原告另一诉讼请求为诉谷歌公司构成替代侵权。原告声称被告和广告商可控制被告搜索引擎结果界面出现的广告和广告中对原告商标的使用,弗吉尼亚地区法院支持了原告的陈述,认为原告诉被告替代侵权的诉讼请求成立,驳回了被告要求撤销诉讼的请求。④

Rosetta Stone诉谷歌公司商标替代侵权,未得到法院支持。因为2009年谷歌公司改变广告政策后,对第三方广告商的赞助商链接和在广告文本中使用Rosetta Stone商标的行为没有控制力。在没有代理关系的情况下,替代侵权仅能发生于被告和侵权人之间"行使共同所有权或对侵权产品有控制力。"在本案中,原告需要证明除了在关键字广告中提供关键字列表供广告商选取,谷歌对出现在其网页上的侵权广告有共有权或控制力。没有证据证明谷歌的关键字工具或者其雇员直接或影响广告商对原告商标的投标,原告未能证明谷歌可以控制赞助商链接的外观和内容或在这些链接中使用原告的商标。⑤

三、我国商标侵权责任认定的法律基础

《侵权责任法》第36条规定:"网络用户、网络服务提供者利用网络侵害他人民事权益的,应当承担侵权责任。"网络环境中服务提供者包括网络技术服务提供者(ISP)和网络内容提供者(ICP)两类,前者是美国1998年《数字千年版权法》(DMCA)意义上的网络服务提供者。《数字千年版权法》规定的网络服

---

① GEICO v. Google, Inc., 330 F. Supp. 2d 700, 705–06(E. D. Va. 2004).
② Kitsuron Sangsuvan: Trademark Infringement Rules in Google Keyword Advertising, 89 U. Det. Mercy L. Rev. 137 2011–2012.
③ Hard Rock Café Licensing Corp. v. Concession Servs., Inc., 955 F. 2d 1143, 1150 (7th Cir. 1992).
④ Rosetta Stone Ltd. v. Google, Inc, 730 F. Supp. 2d 531.
⑤ Rosetta Stone Ltd. v. Google, Inc, 730 F. Supp. 2d 531.

务提供者的角色以被动性（内容的传输与变动由网络用户发起）、工具性（服务提供者仅提供技术和通道支持）和中立性（服务提供者不改变标准技术）为特征[1]。

我国在网络侵权领域采取了国际通用的"避风港原则"和"红旗原则"，主要体现在《侵权责任法》第36条第2款"网络用户利用网络服务实施侵权行为的，被侵权人有权通知网络服务提供者采取删除、屏蔽、断开链接等必要措施。网络服务提供者接到通知后未及时采取必要措施的，对损害的扩大部分与该网络用户承担连带责任"，以及《信息网络传播权保护条例》第23条"网络服务提供者为服务对象提供搜索或者链接服务，在接到权利人的通知书后，根据本条例规定断开与侵权的作品、表演、录音录像制品的链接的，不承担赔偿责任；但是，明知或者应知所链接的作品、表演、录音录像制品侵权的，应当承担共同侵权责任"。根据这些规定，在判定网络服务提供商在其用户实施的商标侵权行为中是否承担侵权责任，依据权利人是否发出了通知，若权利人向网络服务提供者发出有效通知，网络服务提供者未采取有效手段制止侵权行为，那么网络服务提供者就构成了商标间接侵权。反之，则不构成侵权。如果权利人未向网络服务提供者发出通知，那么就根据具体情况分析侵权活动的程度以及网络服务提供者的相关行为，依据"是否是明知或应知"来判断其主观是否存在过错，进而判断其是否承担侵权责任。

由此可见，"避风港"原则是为网络服务提供者在著作权侵权行为发生后设定了"事后审查"义务，这种义务基于网络服务提供者因技术中立，仅承担"技术性媒介"的角色。针对仅提供中立技术的网络服务提供者，适用"避风港"原则无误，一旦网络服务提供者脱离中立技术提供者的角色，利用技术参与到网络活动中，"避风港"原则的适用应受到质疑。

四、网络服务提供者商标间接侵权责任

（一）关键字服务提供者侵权责任的构成

判断网络服务提供者是否适用"避风港"原则时首先需认定其所提供的服务是否是中立的"技术性媒介"。而关键字竞价的搜索引擎服务提供者并不能被认定为"技术性媒介"，其通过竞价机制将关键字关联于出价最高的卖家，提高其在关键字搜索网页上的排名，导致商标所有人的排名落后于出价高的竞价者。

---

[1] 钱玉文，张加林. 论网络服务提供者商标侵权的法律责任[J]. 知识产权，2013（2）.

关键字服务提供者与仅提供平台服务的电子商务服务提供者有所不同,竞价排名并非是网络技术中立的结果。

"避风港"原则适用的基础是网络技术的中立性,为网络服务提供者设立"事后审查"机制,从而降低网络服务提供者"事前审查"的义务。这一原则并不能适用于并非纯粹"技术媒介"的关键字竞价搜索引擎服务提供者,换言之,关键字竞价搜索引擎服务提供者有义务对竞价最高者进行审查,审查其是否是商标所有人或是否获得过商标使用授权。

在关键字竞价搜索引擎经典"大众搬场"[①]案中,上海市高院认为:"与搜索引擎通常采用的自然排名相比,'竞价排名'服务不仅需要收取费用,还要求用户在注册时必须提交选定的关键字,因此,百度网站有义务也有条件审查用户使用该关键字的合法性,在用户提交的关键字明显存在侵犯他人权利的可能性时,百度网站应当进一步审查用户的相关资质,例如,要求用户提交营业执照等证明文件,否则将被推定为主观上存在过错。被告百度在线公司上海分公司作为'竞价排名'服务上海地区业务的负责人应当知道'大众'商标的知名度,需要控制与大众搬场物流有限公司无关的企业使用'上海大众搬场物流有限公司'或者'竞价排名大众搬场'为关键字申请'竞价排名'服务。法院认为,百度网站应当知道存在第三方网站侵权的可能性,就此应当进一步审查上述第三方网站的经营资质,但根据三个被告的陈述,百度网站对于申请'竞价排名'服务的用户网站除进行涉黄涉反等最低限度的技术过滤和筛选以外,没有采取其他的审查措施,未尽合理的注意义务进而导致了侵犯原告大众交通公司的注册商标的第三方网站在搜索结果中排名靠前或处于显著位置,使网民误以为上述网站系与原告大众交通公司关联的网站,对原告大众交通公司的商誉造成了一定影响。法院认为,三被告未尽合理注意义务,主观上存在过错,客观上帮助了第三方网站实施了商标侵权行为,并造成了损害结果,因此与直接侵权的第三方网站构成共同侵权,应当承担连带民事责任。"

"港益诉谷翔"[②]案中,广州市中级法院认为谷翔公司提供的"关键字广告"服务系一种新型的网络广告,谷翔公司提供的这种服务正是依赖新兴的网络技术手段使得广告的目的得以实现,谷翔公司通过提供这种服务收取了第三电器厂的费用,获得了广告收益。正如谷翔公司在自己的网站上所宣传的一样,"关键字广告"有诸多便捷,利于产品的推广。谷翔公司作为广告经营者应当对广告主第

---

① (2008)沪高民三(知)终字第116号。
② (2008)穗中法民三终字第119号。

三电器厂上载的广告内容进行审查。广告经营者对于广告主发布的广告侵犯他人商标权的应当依法承担民事责任。

上述法院虽从不同角度进行论证,但结果是一致的,认为"关键字竞价"搜索引擎服务提供者所提供的服务并非是技术中立的结果,应要求其审查高价竞价者是否是商标所有人或获得了授权。因此,在判定关键字竞价服务提供者是否承担侵权责任时,需有限度地使用"避风港"原则,在其能证明尽管对高价竞价者资质进行确认,不存在主观过错,但还是将关键字竞价给非商标所有人或未经授权的主体时,才可依据"避风港"原则所确定的"通知——取下"规则予以免责。属于未尽到应尽的注意义务,应与行为人共同承担商标侵权的连带责任。

(二) 电子商务平台服务提供者侵权责任的构成

网络电子交易平台是网络服务提供者提供中立性服务的平台,只有在三种情形下,电子商务平台服务提供者才承担侵权责任:一是怠于履行其一般消费者的判别能力,对应当发现或判断出的侵权信息因过失没有发现,其主观上有过错;二是权利人按规定的条件向其发出了通知,但在合理期限内,技术许可范围内不采取必要措施阻止用户继续实施侵权行为,主观上具有过错且客观上实施了不作为的侵权行为;三是平台提供商介入商标侵权行为,通过网络引诱、帮助他人实施侵权行为的。阿里巴巴商标侵权案中法院认为,阿里巴巴某某仅仅是提供了产品信息搜索的相应服务,其目的在于为消费者提供便利,主观上并非为了谋取不当利益。阿里巴巴某某并不具有相应的判断能力,也无须承担过重的审查义务。如果要求网络交易服务平台提供商承担过重的监控义务,会过度保护并过分强化商标权人的权利,造成权利滥用,妨碍商品的自由流通,进而损害消费者的利益。[①]

"衣念公司诉淘宝"案中:"被告淘宝公司是大型第三方网络交易平台提供商。由于网络服务提供商仅提供交易平台,不参与实际的交易,不构成直接侵权。而且,由于网络平台上的信息是海量的,网络服务商很难就卖家商品权利状况进行判断,其对网络用户的侵权行为一般不具有预见和避免的能力,一般情况下亦不应承担共同侵权责任。但如果网络服务提供商知道网络用户利用其网络侵害他人商标权,而未采取必要措施的,则构成共同侵权,应与该网络用户承担连带责任。同时,立法也为网络服务提供商设定了'避风港',即商标权人如果发

---
① (2013)浙杭知终字第59号。

现网络用户实施侵权行为的,可以向不知情的网络服务提供商投诉要求采取必要措施。如果被投诉人采取了必要措施,则不承担侵权责任;如果未及时采取必要措施的,应就损害的扩大部分承担连带赔偿责任。淘宝公司是否构成商标共同侵权,关键在于认定其对网络用户的侵权行为是否具有主观过错。

根据共同侵权的理论,以及淘宝公司在本案中的抗辩,本案在网络服务商主观过错的认定上,可以通过通知是否有效、淘宝公司是否知道侵权行为的存在,以及其是否已采取了必要措施三个要素来进行判断。"[①]淘宝公司在接到衣念公司7次有效投诉的情况下,对投诉内容进行了审核并多次删除了杜国发发布的商品信息,杜国发并没有回应或提出申辩,据此淘宝公司已经知道杜国发利用其网络交易平台销售侵权商品,但淘宝公司对此未采取必要措施制止侵权,杜国发仍可不受限制地继续发布侵权商品信息,商标侵权行为得以继续。淘宝公司的行为是对杜国发继续实施侵权行为的放任、纵容,其故意为杜国发销售侵权商品提供便利条件,构成帮助侵权,具有主观故意。[②]

五、结语

网络的出现冲击着传统现实的消费市场,地域性受到挑战。网络环境并不仅仅是现实的延伸,网络环境有其独特的网络文化,使得网络环境下商标侵权行为方式不同于现实生活中网络侵权的行为方式。网络服务提供者利用互联网中用户的搜索习惯,将他人所有的商标作为关键字销售,虽然不能构成直接侵权,但可构成间接侵权。商标权人在缔造品牌时,网络环境下商标权的保护同现实社会中商标权的保护一样重要。

对比美国商标间接侵权认定标准可以发现,美国在认定间接侵权责任时,分析网络服务提供者所提供服务的类型,将网络服务提供者对商标侵权行为的控制和监管能力作为考量因素。并根据网络服务提供者在侵权活动中所起的作用,划分为帮助侵权和替代侵权,形成不同的责任构成要件,值得我国学习和借鉴。如上所述,谷歌公司在不同阶段的关键字广告政策的不同,法院在认定其间接侵权责任时结果也不相同。最后,谷歌公司限制商标在广告文本中的使用,符合要

[①] 浙江淘宝网络有限公司与衣念(上海)时装贸易有限公司侵犯商标权纠纷上诉案[J].人民司法,2012(18).
[②] 钱玉文,张加林.论网络服务提供者商标侵权的法律责任[J].知识产权,2013(2).

求的广告商可有限地在广告文本中使用商标,并且积极开发软件来监测用户使用商标的行为是否合法。由此,法院对关键字广告服务提供者商标间接侵权行为的态度,促使谷歌公司调整政策,开发工具,避免侵权行为的发生。

判断网络服务提供者是否构成商标侵权,应结合其所提供服务的性质进行综合判断。网络服务提供者必须是侵权行为中的被动角色,即严守技术中立,否则不能免责。网络服务提供者除了中立地对用户提供的信息进行纯粹技术性的自动数据处理以外,不得直接参与任何实质性侵权行为。如关键字搜索服务提供者利用关键字服务赚取利润的同时应审查高价竞价者是否是商标所有人,对侵权行为具有控制及监督能力,若未尽到审查义务,明知或应知高价竞价者并非商标所有人时,应承担商标侵权责任,此时并不适用"事后审查","通知——取下"规则。搜索引擎服务提供者对参与竞价排名的网络关键字应负"中等程度"的审查义务,即审查竞价者是否有权使用关键字及提供相应的权属证明。[1]而仅是提供平台服务的电子商务服务因其不参与网络用户间的交易行为,处于中立的技术提供者地位,因此其可适用"避风港"原则。网络服务提供者在收到商标权人的通知时,应当尽到勤勉经营人的谨慎义务审查网站上的非法内容[2]。以期达到网络服务提供者调整政策,积极应对侵权行为,避免商标侵权发生的效果。

参考文献

[1] 王迁,王凌红. 知识产权间接侵权研究[M]. 北京:人民大学出版社,2008.

[2] 钱玉文,张加林. 论网络服务提供者商标侵权的法律责任[J]. 知识产权,2013(2).

[3] 司晓,费兰芳. 电子商务平台服务提供者的商标间接侵权责任探析——论《侵权责任法》第36条在电子商务商标侵权中的适用[J]. 知识产权,2012(3).

---

① 宋亚辉. 竞价排名服务中的网络关键字审查义务研究[J]. 民商法学,2014(2).
② 黄晖,冯超. 试论商标侵权行为中网络交易平台的法律责任. 电子知识产权,2012(8).

倾斜保护原则下企业用工管理权行使边界探析
——兼评《劳动合同法》强制性条款

戚垠川[1]

摘要： 劳动关系具有较强人身依附性，决定企业应对劳动者进行必要的用工管理，而企业的这种用工管理权很大程度上体现为企业规章制度，通过各种制度化安排，对劳动者的各项权利义务进行明确。然而在实践中，企业基于其强势地位却存在滥用用工管理权的可能，因此，《中华人民共和国劳动合同法》（以下简称《劳动合同法》）根据倾斜保护原则通过强制性条款对企业用工管理权进行限制，对失衡劳资关系予以纠正。但受制于法律固有的不周延性及司法实践的复杂性，对企业用工管理权限制程度究竟如何较难把握，实践中亦经常出现企业规章制度与倾斜保护原则相冲突的情形。基于此，本文以典型案例为切入点，从程序及实体两方面对两者关系进行论述，以期为司法实践提供有益借鉴。

关键词： 用工管理权　倾斜保护　强制性条款

一、企业用工管理权及限制概述

（一）企业用工管理权概述

1. 企业用工管理权概念

劳动关系不同于一般民事关系，具有较强的人身依附性，而企业作为一个经济体，追求利益最大化，就需对劳动者进行必要的管理，由此衍生出企业用工

---

[1] 作者单位：上海市徐汇区人民法院。

管理权,我国劳动法规虽未对此有明确界定,但根据一般理解,所谓企业用工管理权是指"在劳动合同订立后,职工加入企业的集体劳动,企业成为劳动力的支配者和管理者,享有对其职工的指挥权和奖惩权,劳动者需服从用人单位的管理。"[①]

实践中,企业用工管理权主要体现为:自主招聘权、员工辞退权、用工形式决定权、任务分配权、规章制度制定权、员工奖惩权等方面。

2. 企业用工管理权体现——规章制度

企业为有效行使其用工管理权,需要通过各种制度化安排,对劳动者的各项权利义务及责任进行明确,而这种制度化的安排,很大程度上体现为企业规章制度,《中华人民共和国劳动法》(以下简称《劳动法》)第4条明确规定:用人单位应当依法建立和完善规章制度,保障劳动者享有劳动权利和履行劳动义务。

由此可见,企业为实现其经营目的需建立正常生产秩序,需要将与企业行使自主经营权相关的重要问题以规章制度的方式予以明确,规章制度是"企业将劳动法规定的基本原则与本企业具体经营目的和其他情况相结合的结果,是劳动法律法规内容的细化和具体体现。"[②]实际上,企业规章制度作为企业经营管理权与职工民主管理权相结合的产物,兼有企业经营管理和劳动关系协调的双重功能,是集体劳动关系协调机制的一种重要方式,也是公权力及劳动合同等其他调整方式的有效补充,对劳动关系双方利益的平衡有着重要的作用。[③]

(二)企业用工管理权限制——倾斜保护原则

1. 倾斜保护原则概述

劳动法滥觞于民法,契约自由是其核心要义,注重双方的意思自治,但由于劳动者自身能力的欠缺以及议价能力的不足,企业往往利用其强势地位以平等协商的形式侵害劳动者合法权益,造成劳资矛盾的尖锐,由此引发了国家干预的必要性,可以说"劳动法是在对传统契约自由的修正和限制中兴起的"。[④]在实践中,劳动者与企业存在着"法律契约上的形式平等性与实质不对等性,决定了劳动法既应追求法律适用的公平性和对劳资双方的普遍约束力,更应在尊重双方

---

① 朱乾震,赵义.论我国企业用工管理权的法律规制[J].出国与就业,2011(5).
② 杨继春.企业规章制度的性质与劳动者违纪惩处[J].法学杂志,2003(24).
③ 张祯.用人单位劳动规章制度适用研究[D].吉林:吉林大学硕士学位论文,2012:1.
④ 袁纲.论劳动法中的契约自由和国家干预[J].广东行政学院学报,2012(6).

所有者地位平等和订约自由的前提下,对劳动者给予特别保护。"[1]由此产生了劳动法意义上的倾斜保护原则,即从"保护劳动者"和"倾斜立法"两方面入手,"通过公权力的介入,适度限制雇主的权利以保障劳动者的权利,使个别劳动关系实现相对平等或平衡"。[2]

2. 倾斜保护原则体现——《劳动合同法》强制性条款

为限制企业滥用用工管理权,扭转失衡的劳资关系,需对劳动者进行倾斜保护,我国《劳动合同法》立法中就通过制度化安排,引入强制性条款,对企业用工管理权进行必要限制,具体体现为:

《劳动合同法》条款性质分析			
条款性质	关键词	条款数	适用对象
任意性条款	可以	涉及32处,共23条款	涉及劳动者 方3条
			涉及用人单位一方4条
			涉及工会、政府2条
			其余全部涉及劳资双方
强制性条款	应当	涉及74处,共48条款	涉及劳资双方7条
			涉及劳动者一方2条
			涉及政府、法院等6条
			其余全部涉及用人单位一方
	不得	涉及30处,共19条款	全部涉及用人单位一方

由此可见,我国《劳动合同法》涉及"应当""不得"的强制性条款共67条,而涉及"可以"的任意性条款只有23条,体现了"国家公权力对劳动关系的干预,也印证了劳动法兴起于对契约自由修正和限制",[3]而具体到《劳动合同法》强制性条款中,绝大部分仅涉及企业一方,通过公权力介入对企业用工管理权进行限制来达到倾斜保护的目的非常明显。

---

[1] 秦国荣.法律衡平与劳权保障:现代劳动法的价值理念及其实现[J].南京师范大学学报,2007(3).
[2] 常凯.关于《劳动合同法》立法的几个基本问题[J].当代法学,2006(6).
[3] 袁纲.论劳动法中的契约自由和国家干预[J].广东行政学院学报,2012(6).

(三) 企业用工管理权与倾斜保护原则的关系及冲突

基于劳动关系的人身依附性,应当保证企业自由行使用工管理权,而基于企业滥用用工管理权的可能性,根据倾斜保护原则应对其进行限制,但是这种限制程度如何法律并未明确规定,由此引发了过度保护将侵害企业自主经营权的担忧,实践中也经常出现企业规章制度具体条款是否违反倾斜保护原则的争议,因此,亟须对企业用工管理权行使边界进行清晰界定。

劳动法作为社会法范畴,具有较强的公法属性,根据倾斜保护原则,通过强制性规定,对劳动合同内容、劳动时间、最低工资标准、工资支付、休息休假、劳动安全卫生、女职工三期保护、社会保险等诸多方面进行明确规定,企业规章制度不得违反,具体来说,其对企业的限制主要体现在:①自主招聘权限制:《劳动法》《中华人民共和国妇女权益保障法》《中华人民共和国残疾人保障法》《残疾人就业条例》对劳动者就业特别是妇女、残疾人就业做了明确规定,企业不得歧视,并给予其特殊保护;②劳动合同内容限制:《劳动合同法》第17条规定了劳动合同应当具备的9项必备条款,不具备法定条款的劳动合同将被认定无效或部分无效;③解雇权限制:《劳动合同法》第39条将企业单方解除劳动合同限定在6种情形中,第42条又规定单位禁止解除劳动合同的情形;④劳动报酬支付限制:根据《工资支付暂行规定》《企业最低工资规定》,充分保障劳动者通过劳动获得劳动报酬的合法权益,规范企业工资支付行为;⑤劳动时间限制:根据《劳动法》《职工带薪年休假条例》及其实施办法,明确职工的法定休息权,严格限制最长劳动时间及加班时间。[①]

但是,这种对劳动者的倾斜保护同样引发了是否适度的担忧,如果矫枉过正,将扼杀企业经营自主权,最终影响市场经济效率。另外,由于法律固有的不周延性以及司法实践的复杂性,倾斜保护的内涵及外延亦不甚明确,经常出现企业规章制度与其相冲突的情况。因此,就需对倾斜保护原则进行必要限制,以《劳动合同法》任意性条款为例,涉及劳动者单方条款为3条,涉及企业单方条款为4条,涉及工会、政府条款为2条,其余条款均涉及劳动者和企业双方,充分赋予双方自由协商的权利,"体现了劳动合同法统筹协调各方利益的功能:既保护劳动者享有的各项合法权益(尤其是择业自主权),也保护用人单位享有的合法

---

① 朱乾震,赵义. 论我国企业用工管理权的法律规制[J]. 出国与就业,2011(5).

权益(尤其是用工自主权),从而实现公平与效率的和谐统一。"①

由此可见,"用人单位与劳动者的博弈中,劳动者处于弱势地位,为了平衡劳资双方的权利义务关系,劳动法必须借助于国家权力进行干预,对劳动者实行倾斜性保护;国家干预尽管必要,然而有时却难免有失偏颇,不是对劳动者的保护不周,就是对企业用工自主权的干预过度。"②此时,就需要对倾斜保护原则进行必要限制,以维护企业正常的用工管理权,使企业与劳动者权益保护处在一个动态平衡中,而为了维护这种动态平衡,构建和谐劳资关系,就必须对企业用工管理权行使边界进行清晰界定,既保证劳动者合法权益,又不对企业经营自主权形成过分限制。

二、倾斜保护原则对企业用工管理权限制实证分析

针对企业规章制度,我国《劳动合同法》采取二分说理论:对不直接涉及劳动者切身利益的规章制度,企业可以直接制定,无须经过民主程序或与劳动者协商,就对劳动者具有约束力;对涉及劳动者切身利益的规章制度,《劳动合同法》第4条规定:"用人单位在制定、修改或者决定有关劳动报酬、工作时间、休息休假、劳动安全卫生、保险福利、职工培训、劳动纪律以及劳动定额管理等直接涉及劳动者切身利益的规章制度或者重大事项时,应当经职工代表大会或者全体职工讨论,提出方案和意见,与工会或者职工代表平等协商确定。在规章制度和重大事项决定实施过程中,工会或者职工认为不适当的,有权向用人单位提出,通过协商予以修改完善。用人单位应当将直接涉及劳动者切身利益的规章制度和重大事项决定公示,或者告知劳动者。"

由此可见,对涉及劳动者切身利益的规章制度,如果要适用于劳动者,"必须满足三个条件:第一,必须是由用人单位的行政管理机关依法制定,内容必须符合劳动法及有关法律、法规;第二,必须经过职工代表大会或其他民主程序通过,未设职工代表大会制度的用人单位,由股东大会、董事会等权力机构或者依相应的民主程序通过制定;第三,必须要明确告知劳动者,用人单位未尽告知义务的,不能作为处理劳动争议案件的依据。"③

---

① 袁纲.论劳动法中的契约自由和国家干预[J].广东行政学院学报,2012(6).
② 袁纲.论劳动法中的契约自由和国家干预[J].广东行政学院学报,2012(6).
③ 高圣平.用人单位劳动规章制度的性质辨析——兼评《劳动合同法(草案)》的相关条款[J].法学,2006(10).

总体上，倾斜保护原则对企业用工管理权限制主要体现在程序及实体两方面：在程序上，主要体现为企业规章制度设立程序、解除劳动合同程序的严格限制；在实体上，主要体现为劳动合同内容规定、单方解除劳动合同情形限制等。但受制于司法实践的复杂性以及倾斜保护的原则性，企业的某些规章制度形式上符合法律规定，但实质上是否侵害劳动者权益则需要进行具体分析。

（一）倾斜保护原则对企业用工管理权程序性限制实证分析

1. 员工旷工一定期限视为自动离职

案例一：甲系A公司员工，公司规章制度规定：职工旷工5天视为自动离职。后甲无故旷工7天，公司直接为甲办理退工手续，但未告知甲，甲遂以违法解除为由，要求A公司支付赔偿金。

《劳动合同法》虽无条款明确规定解除劳动合同必须告知劳动者本人，但解除劳动合同作为一种较为严厉的处罚行为，法律为了平衡劳动者和用人单位的合法权益，充分保证劳动者的知情权，"从解除程序上看，解除虽然可以不必提前通知，但作出解除时仍要通知劳动者本人，并办理相应的退工、社会保险转移手续"，[①]由此可见，解除劳动合同必须通知劳动者本人，该案二审法院也以企业未告知劳动者解除劳动合同为由判决其支付赔偿金。因此，在该种情形下，企业规章制度虽然规定职工旷工一定期限视为自动离职，但如果在解除劳动合同时未履行告知劳动者的法定程序，法律将直接对其作出否定性评价，较为严格。

2. 企业以"末位淘汰""竞争上岗"方式单方解除劳动合同

案例二：乙系B公司员工，公司规章制度规定：每半年对员工进行绩效考核，连续两次绩效考核排名末位，公司将解除劳动合同。后乙连续两次绩效考核排名末位，公司据此解除劳动合同。乙遂以违法解除为由，要求公司支付赔偿金。

企业作为经济组织，"为促进内部职工竞争，在考核中实行'末位淘汰''竞争上岗'，是企业加强内部员工管理、提高工作绩效的措施"，[②]因此企业对劳动者进行绩效考核并无不当，但在考核过程中仍需遵守法定程序，《劳动合同法》第40条规定：劳动者不能胜任工作，经过培训或者调整工作岗位，仍不能胜任工作的，用人单位提前三十日以书面形式通知劳动者本人或者额外支付劳动者一个

---

① 王林清. 劳动争议裁诉标准与规范[M]. 北京：人民法院出版社，2014：356.
② 王林清，杨心忠. 劳动合同纠纷裁判精要与规则适用[M]. 北京：北京大学出版社，2014：178.

月工资后,可以解除劳动合同。由此可见,如果劳动者不胜任工作岗位的,必须经过培训或者调整工作岗位这一法定程序,如果企业直接以"末位淘汰""竞争上岗"解除劳动合同,将承担违法解除的不利后果。

(二)倾斜保护原则对企业用工管理权实体性限制实证分析

1. 企业对劳动者行使处罚权

案例三:丙系C公司职工,公司规章制度规定:员工迟到一次罚款100元,一个月内累计迟到3次扣发该月奖金。丙在某月多次迟到,公司据此罚款。后双方因故解除劳动合同,丙要求公司支付该月工资差额。

1982年国务院颁布《企业职工奖惩条例》,其中第12条规定:"对职工的行政处分分为:警告、记过、记大过、降级、撤职、留用察看、开除。在给予上述行政处分的同时,可以给予一次性罚款。"之后,国务院在2008年公布的《关于废止部分行政法规的决定》中明确规定《企业职工奖惩条例》已被《劳动法》《劳动合同法》代替,但《劳动法》《劳动合同法》对企业能否享有处罚权则没有明确规定。依照《中华人民共和国行政处罚法》规定,只有依照法律规定有权实施罚款、拘留等行政处罚措施的机关,才能依法定程序和权限,对违法者采取罚款等强制措施,而劳动法上的用人单位不是行政执法机关,无权对职工进行罚款,因此,一般行政部门对企业行使处罚权持否定意见,例如《广东省劳动保障监察条例》第51条规定:"用人单位的规章制度规定了罚款内容,或者扣减工资的规定没有法律、法规依据的,由人力资源行政部门责令改正,给予警告。用人单位对劳动者实施罚款或者没有法律、法规依据扣减劳动者工资的,由人力资源社会保障行政部门责令改正;逾期未改正的,按照被罚款或者扣减工资的人数每人二千元以上五千元以下的标准处以罚款。"

但是一概否定企业的处罚权,将影响企业用工管理权正常行使,甚至在一定程度上会诱导员工不遵守企业规章制度,破坏企业正常生产经营秩序。实践中,企业以减少违纪员工工资、降低违纪员工待遇、免除职务,甚至终止劳动合同等劳动法许可范围内的措施,对其作出内部纪律处罚,是为了维持企业对员工进行正常管理所必要的,应当准许。因此,企业规章制度中涉及处罚的条款效力不能一概而论,关键要看企业对于劳动者的处罚,是否在劳动法许可的范围内,以及处罚与员工违纪程度是否大致相当:如扣发违纪员工工资的,则应当保留其最低工资作为生活保障；如果员工严重违纪而被终止劳动合同的，则不必保留。

由此可见，企业对劳动者行使处罚权，作为企业用工管理权的重要体现，是合法有据的，但是这种处罚必须限定在一定范围内，不能影响到劳动者的基本生活，而应该结合劳动者违纪行为的性质、严重程度、危害程度等因素综合判定。

2. 特殊岗位设定脱密期

案例四：丁系D公司员工，担任技术开发员一职，公司规章制度规定：公司技术岗位人员离职的，应提前90天向公司提出，公司安排其至其他岗位，待90天脱密期满后再准予辞职。后丁提前30天提出辞职，公司不予同意，拒不为其办理退工手续，双方遂起争议。丁以延误退工为由提出赔偿。

法律赋予劳动者单方解除劳动合同以较大自由权，《劳动合同法》第37条规定："劳动者提前三十日以书面形式通知用人单位，可以解除劳动合同。"相反，企业规章制度对劳动者不得规定长于该时间的期限。

但是，如果严格限定30天预告解除期，针对某些特殊行业，将不利于企业商业秘密保护，甚至严重侵害企业利益，因此，针对掌握企业商业秘密的特殊岗位，应当允许设立脱密期，但是必须对其进行严格限定：第一，必要性，必须针对涉及企业商业秘密的岗位，而不能做扩大解释；第二，时效性，脱密期限不能无限制，一般来说不应长于3个月，否则将严重影响到员工自由择业权，如果确有必要延长的，企业应当与劳动者直接约定竞业限制条款；第三，自愿性，脱密期的规定直接涉及双方切身利益，需要自愿协商，企业不得做格式化处理。

3. 工资包括加班费

案例五：戊系E公司员工，公司规章制度规定：企业实行做六休一作息制度，每月支付工资中已包含加班费，员工不得另行主张。后戊因故离职，要求公司支付休息日加班工资。

《劳动合同法》第31条规定企业不得强迫或者变相强迫劳动者加班，企业安排加班的，应当向劳动者支付加班费，但如果企业不支付加班工资的，第85条规定可要求企业补足差额并进行处罚。可见，支付加班工资是企业法定义务，其规章制度规定"工资包含加班费"属于典型的免除企业法定责任而排除劳动者合法权利的违法条款。同样，那些规定"职工每周工作6天，工资标准以每月26天计算""社会保险含在月工资中，因个人原因无法上保险，其后果自负""各种社会保险在试用期满后补上"的条款，同样属于免除企业法定责任而排除劳动者合法权利的违法条款,不具有法律效力。

4. 员工在一定期限内未休年休假的,视为自动放弃

案例六:己系F公司员工,公司规章制度规定:员工年休假应当在本年度内休完,确有特殊情况的,最迟应在下一年度三月前休完,如逾期未休的,视为员工自动放弃。己存在未休年休假,后双方劳动合同结束,己要求公司支付未休年休假工资。

《劳动法》第45条规定员工可享受带薪年休假,《职工带薪年休假条例》第5条规定:"单位根据生产、工作的具体情况,并考虑职工本人意愿,统筹安排职工年休假。单位确因工作需要不能安排职工休年休假的,经职工本人同意,可以不安排职工休年休假。对职工应休未休的年休假天数,单位应当按照该职工日工资收入的300%支付年休假工资报酬。"由此可见,享受带薪年休假是员工的法定权利,企业不得剥夺,同时,企业应当承担统筹安排员工年休假的义务,如果最终员工未休的,则应当支付未休年休假工资。结合本案,不管基于何原因,员工最终未休年休假的,企业都应当履行支付未休年休假工资的义务,而不得通过规章制度规定免除其法定义务。

三、倾斜保护原则下企业用工管理权行使边界总结

(一)倾斜保护原则对企业用工管理权的程序性限制

"没有程序正义就没有实体正义,如果权力的行使没有遵守法律所规定的程序,则主张权力的行使将不会得到法律的支持"。[1]为限制企业滥用用工管理权,《劳动合同法》从程序上作出严格规定,如果企业规章制度违反的,将直接给予否定性评价。

具体来说,企业行使用工管理权的程序性限制主要体现在以下几方面:第一,企业制定涉及员工切身利益的规章制度,根据《劳动合同法》第4条规定,必须经过职工代表大会或其他民主程序通过,未设职工代表大会制度的用人单位,由股东大会、董事会等权力机构或者依相应的民主程序通过制定,并且明确告知劳动者。第二,企业在无过失辞退劳动者情形下,根据《劳动合同法》第40条规

---

[1] 王林清,杨心忠.劳动合同纠纷裁判精要与规则适用[M].北京:北京大学出版社,2014:182.

定必须履行前置程序,例如对不能胜任工作的劳动者,必须经过培训或者调整工作岗位,且仍不能胜任工作的,劳动者患病或者非因工负伤,在规定的医疗期满后不能从事原工作,企业必须另行安排工作且仍不能从事的。第三,企业在解除劳动合同过程中,必须履行告知程序,包括告知劳动者本人,也包括通知工会,根据《最高人民法院关于审理劳动争议案件适用法律若干问题的解释(四)》第12条规定,如果在起诉前未通知工会的,将直接认定违法解除。

可见,《劳动合同法》通过程序规定对企业用工管理权进行了严格限制,企业必须遵守,其规章制度可以设定比法定程序更严苛的条件,但不得做宽泛化解释,否则将承担不利后果。

(二) 倾斜保护原则对企业用工管理权的实体性限制

倾斜保护原则对企业用工管理权的实体性限制主要体现在两方面:

1. 强制性条款对企业用工管理权的直接限制

《劳动合同法》强制性条款对企业用工管理权的限制主要体现在以下几方面:第一,企业不得扣押劳动者的居民身份证和其他证件,不得要求劳动者提供担保或者向劳动者收取财物;第二,严格限制约定违约金,只允许服务期违约金及竞业限制违约金,并对竞业限制违约金限定了两年期限,除此之外,企业不得再以任何形式要求劳动者支付违约金;第三,严格限制企业单方解除劳动合同的情形,《劳动合同法》第39条规定了6种可以即时解除的情形,并在第42条规定了不得解除的情形,对企业的解雇权进行严格限制;第四,针对劳务派遣用工,规定劳务派遣单位不得克扣被派遣劳动者报酬,不得向劳动者收取报酬,并严格执行同工同酬规定,不得作出对被派遣劳动者歧视性的规定。

2. 非强制性条款对企业用工管理权的原则性限制

如果劳动法对某一事项并无强制性规定,企业规章制度可进行自由规定,但是,在此种情况下,企业行使其用工管理权仍应受到《劳动合同法》第3条的原则性限制,企业规章制度不得违反合法、公正、平等自愿、诚实信用的基本原则。

综上,企业在行使用工管理权时,不得违反劳动法的倾斜保护原则:如果劳动法在程序上有明确规定的,企业必须严格遵守,其规章制度可以制定更严苛的条件,但不得做宽泛化解释;如果劳动法在实体上有强制性规定的,企业同样需要严格遵守,不得做宽泛化解释;如果劳动法规在实体上没有强制性规定的,企业规章制度可以自由约定,其行使用工管理权不受限制,但仍应遵守法律原则性规定,不得免除企业的法定责任、排除劳动者权利。

参考文献

[1]朱乾震,赵义.论我国企业用工管理权的法律规制[J].出国与就业,2011(5).

[2]杨继春.企业规章制度的性质与劳动者违纪惩处[J].法学杂志,2003(24).

[3]张祯.用人单位劳动规章制度适用研究[D].吉林:吉林大学硕士学位论文,2012.

[4]袁纲.论劳动法中的契约自由和国家干预[J].广东行政学院学报,2012(6).

[5]秦国荣.法律衡平与劳权保障:现代劳动法的价值理念及其实现[J].南京师范大学学报,2007(3).

[6]常凯.关于《劳动合同法》立法的几个基本问题[J].当代法学,2006(6).

[7]王林清.劳动争议裁诉标准与规范[M].北京:人民法院出版社,2014.

[8]王林清,杨心忠.劳动合同纠纷裁判精要与规则适用[M].北京:北京大学出版社,2014.

[9]董保华.劳动合同立法的争鸣与思考[M].上海:上海人民出版社,2011.

[10]江必新等.最高人民法院指导性案例裁判规章理解与适用(劳动争议卷)[M].北京:中国法制出版社,2013.

国家考试中经评阅的答卷不予公开之反思
——以教育答卷信息公开纠纷为例

林沈节[①]

摘要： 政府信息的构成要素有主体要素、职权要素和形式要素，经评阅的试卷符合上述三个要素，其属于政府信息的一种。法院的判决认可教育考试机构确认的经评阅的试卷属于保密事项，不宜公开。但为了提升考试结果的权威性和公信力，向考生公开经评阅的答卷应成为一种常态。

关键词： 国家考试试卷　评阅答卷　信息公开

一、问题缘起

2015年高考成绩公布后，江苏泰兴第一中学考生小闻发现，历史成绩竟然是C等。平时历史模拟成绩一向得A或A+的她，怀疑自己的考卷被评卷老师误判了，向江苏省教育考试院及其主管部门省教育厅提出申请，要求查看自己的考试答卷。考试院答复称，答卷、各学科在评卷时制定的评分实施细则按照国家秘密级事项管理，学生不能查看答卷。2015年10月，其向国家教育部提出了行政复议，教育部答复考卷"不属于国家秘密，但只限一定范围的人员掌握，不得擅自扩散和公开。"并要求撤销此前江苏省教育厅作出的"不予公开答卷"的行政回复，并要求其于15个工作日内对陈女士的申请重新作出回复，但在小闻向法院起诉之前，

---

① 作者单位：上海商学院文法学院。

江苏省教育厅仍然未作出答复。①

涉及试卷查卷纠纷的案件在各地都有被报道过,而在中国法院裁判文书网、北大法宝、Openlaw数据库查询到的相关案例有8起②:刘中锋诉河南省招生办公室要求公开试卷信息案③、张义诉湖南省教育考试院④、韩岑诉上海市教育考试院⑤、白燕诉天津市教育招生考试院⑥、白燕诉南开大学信息公开案⑦、马志尧诉中国注册会计师协会信息电讯行政管理⑧、郭文圣诉天津市教育招生考试院教育行政管理案⑨,在最高人民法院行政审判庭编写的《中国行政审判案例》(第3卷)第97号案例谷山龙川诉北京教育考试院不服不予公开高考试卷一案也属于此类型⑩。

上述9个案件中,白燕诉天津市招生考试院一案中由于白燕未向考试院提交申请被驳回起诉,白燕与南开大学一案的判决书中无法阅读出南开大学对白燕作出的信息公开答复的具体内容,张义诉湖南省教育考试院一案中,张义并未申请考试试卷公开,马志尧诉中国注册会计师协会信息电讯行政管理不属于教育考试类案件,本文分析基于其他5个案件的判决书。在这5个案件中,只有刘中锋诉河南省招生考试办公室案得到法院的支持,该案二审法院要求河南省招生办公室对刘中锋本人公开其2008年高考试卷,而其他案件都没有得到法院的支持。

---

① 冒群.学生要求查看高考卷被拒 将江苏省教育厅告上法庭[EB/OL].载新华报业网,http://js.xhby.net/system/2016/01/04/027538443.shtml,最后访问日期:2016-1-5.
② 笔者在上述数据库中搜索的关键词为"试卷""答卷""试卷公开""教育考试院""招生考试""教育厅""教育委员会""教育局"等,在排除了行政处罚、行政命令等案件之后得到上述三个与本文主题相关的判决文本。在梁艺撰写的《工作秘密不予公开的合法性反思——从杨婷婷高考试卷"调包"案切入》一文中参照了杨婷婷案件,但是笔者通过关键词"杨婷婷""福建省考试院""福建省教育厅"等关键词在中国裁判文书网、北大法宝、Openlaw等网站都未搜到相关判决。白燕诉大津市教育招生考试院一案中,由于白燕未向天津教育招生考试院提交信息公开申请,被法院驳回起诉。
③ (2009)郑行终字第1号。
④ (2014)长中行终字第00345号。
⑤ (2014)徐行初字第33号。
⑥ (2014)青行初字第2号。
⑦ (2014)南行初字第0072号。
⑧ (2014)一中行终字第1696号。
⑨ (2015)一中行终字第0046号、(2015)一中行终字第0048号,前一个案件诉请要求调阅语文答题卡和作文原文的请求,后一个案件诉请要求查询语文考试六项分项得分明细。
⑩ 最高人民法院行政审判庭.中国行政审判案例(第3卷).北京:中国法制出版社,2013:82.

国家考试试卷成绩如果与考生的预估有差别,考生可以申请复核查分,对复核查分结果有异议,考生依然无法进行有效救济。在上述案例中,法院支持行政机关不公开的依据是中华人民共和国教育部和国家保密局于 2001 年 7 月 9 日制定的《教育工作中国家秘密及其密级具体范围的规定》,多数案件依据是上述规定第五条的内容,即"教育工作中下列事项不属于国家秘密,但只限于一定范围的人员掌握,不得擅自扩散和公开。"

当行政机关以上述规定驳回考生的申请之后,随之而来的问题便是上述规定是否符合法律规定,是否合理?如果符合法律规定、合理,那么与知情权的保护是否有差距?

二、国家考试中经过评阅的试卷的性质

国家考试是指由国家机关设立的、由国家法定机关组织实施的,为达到特定的国家目的而进行的考试。国家考试是由国家设立的,往往是由特定的国家机关按照一定的程序,以一定的规范形式设立;国家考试的组织实施者是国家机关,或者法律授权的其他社会组织,这些机关担负着考试的信息发布、考场及考务人员的征用、考试的具体实施、考试结果的评定等职责。[1]国家考试包括国家教育考试、国家资格考试、国家公务员考试、国家水平考试等[2]。在国家考试中,考试试卷是不可或缺的要素之一,那么考试试卷是否属于政府信息呢?

(一)试卷是否属于政府信息?

在学理上,学者们从不同角度来界定政府信息,多数学者从政府信息的构成要素来进行判定,如有学者认为政府信息要素包括:信息主体要素、职责要素、来源要素、载体要素[3];有学者认为界定政府信息包括三个方面的要素:主体方面、内容方面、形式方面[4];有学者通过分析司法判决认为信息要素包括:行政职权的行使、行政机关的实际持有和信息的实际记载[5];有实务专家认为政府信息

---

[1] 邹荣.国家考试的法律调控制度[D].华东政法大学博士学位论文,2013:13.
[2] 邹荣.国家考试的法律调控制度[D].华东政法大学博士学位论文,2013:17-20.
[3] 王敬波.政府信息概念及其界定[J].中国行政管理,2012(8).
[4] 张岩.政府信息的认定[J].中国行政管理,2012(8).
[5] 王军."政府信息"的司法认定——基于86件判决的分析[J].华东政法大学学报,2014(1).

的界定,应包含三个基本要素:信息性质、产生方式和存在形式[①]。虽然上述学者对政府信息界定的要素有一些差异,但基本都包含了主体要素、职权要素、形式要素,这些要素包含在学者所归纳的几个要素之中,只是提法不同而已。

1. 主体要素

在前文所述及的案件中,法院都确认了案件中的被告(招生办公室、教育考试院、大学)是公开试卷及相关信息的主体,如在韩岑诉上海市教育考试院一案中,法院认为上海市教育考试院掌握了原告申请公开的答卷及其批阅内容,应当履行信息公开的职责。在谷山龙川诉北京教育考试院不服不予公开高考试卷一案中,法院也认定北京市教育考试院系法律、法规授权行使负责组织、管理北京市高考的职责,高考试卷系其在履行职责过程中制作、获取并以一定形式记录、保存的信息的载体。因此,教育考试机构(包括大学、教育考试院、教育招生办公室)构成在答卷是否成为信息中的主体要素。

2. 职权要素

政府信息是行政机关在履行职责过程中制定或获取的信息,教育考试院、招生办公室、大学等作为教育招生考试主体,是《教育法》[②]的授权实施国家教育考试的专门机构,负责考试考务工作,高考试卷的管理、保存属于上述机构履行法定职责的内容,试卷属于教育招生主体履行招生考试职责过程不可或缺的要素,故被申请公开的高考试卷原卷与答题卷应属政府信息无误。

3. 形式要素

《政府信息公开条例》规定,政府信息是以一定形式记录、保存的信息,这种形式通常是书面的形式,在互联网时代的当下,可以是纸版形式,也可以是电子版形式。考试试卷通常是书面形式,以纸版形式出现。当然,现在的考试也有以电子形式出现的,在马志尧诉中国注册会计师协会信息电讯行政管理一案中,考生通过机考形式参加考试,试卷即是电子版形式。

(二)经过评阅的答卷是否属于政府信息?

从政府信息的来源方面看,政府信息包括行政机关在履行职责过程中自行制作的信息,比如行政机关的职权职责、机构构成、人员组成等信息;还包括履

---

① 侯丹华.政府信息公开行政诉讼有关问题研究[J].行政法学研究,2010(4).
② 《教育法》第二十条国家实行国家教育考试制度。国家教育考试由国务院教育行政部门确定种类,并由国家批准的实施教育考试的机构承办。

行职责过程中从行政相对人处获得的信息。行政机关自行制作的信息完全处于行政机关自行掌握,而从行政相对人处获得的信息需要行政相对人提供,通过一定的程序转化才能成为政府信息。

空白的试卷符合政府信息的要素,可以推定属于政府信息。如果试卷经过考生的填写(撰写),成为答卷,那么答卷是否属于政府信息呢?考生的答卷经过评阅之后又增加了评阅痕迹,一份空白试卷经过考生的填写、评卷员的评阅之后是否还属于政府信息呢?

从政府信息的主体和职责要素来看,考生的答卷行为是考生参加国家教育考试的行为,是完成考试这一行政过程中的行为,评卷员是代表教育招生机关行使的评阅试卷的权力,是国家考试行为中的阶段行为。国家考试行为是考试机关履行考试职责的行为,在这一过程形成的信息当属政府信息。在形式上,经过评阅的答卷可能是纸版,也可能是电子版,如扫描后的高考考生答卷,在纸版保存期限之后即为电子版。①

三、经过评阅的答卷公开或不公开的理据

经过阅读前文所述的案件的判决书,只有刘中锋诉河南省招生办公室要求公开试卷信息案得到法院的支持,郑州市中级人民法院判决支持的理由从正反两个方面进行阐述。正方面的理由阐述刘中锋要求公开高考试卷符合《政府信息公开条例》第九条的规定②,认可了刘中锋在公开试卷信息一案中具有切身的利益,享有权利;反方面的理由认为河南省招生办公室提供的规范性文件《关于做好2008年普通高等学校招生工作的通知》及教考试[2008]2号文件不足以支持不公开高考试卷的主张,从而不予采信河南省招生办公室的答辩意见。

在其他法院不予支持的判决书中,法院支持教育考试机关的理由是考生答卷属于教育工作中的秘密,属于国家保密事项,不予公开,支持的规范性文件是教育部、国家保密局制订的《教育工作中国家秘密及其密级具体范围的规定》(以下简称《教育工作秘密规定》)。其中,在郭文圣诉天津市教育招生考试院的

---

① 《2015年普通高等学校招生全国统一考试考务工作规定》第三十四条规定:扫描后的答卷保存期为考试成绩发布后6个月。答卷扫描图像、评卷信息(含评卷过程数据)、考生成绩等保存期为考试成绩发布后3年。
② 《中华人民共和国政府信息公开条例》第九条规定:"行政机关对符合下列基本要求之一的政府信息应当主动公开:(一)涉及公民、法人或者其他组织切身利益的……"

两个判决书中，法院均认为，郭文圣申请调阅的作文原文和语文答题卡是2014年天津市高级中等学校招生考试语文答卷的一部分，该答卷经过评阅，其卷面反映出一定的评分标准，而评分标准涉及秘密级事项，因此该语文答卷已成为含有秘密级事项的载体，不予公开，适用的法律条文是《教育工作秘密规定》第3条第3项，而未适用第5条第5项。在郭文圣案中，法院通过认定经过评阅的答卷反映出评分标准，而评分标准又属于秘密级事项，从而不用考虑《教育工作秘密规定》第5条存在的漏洞。因为该规定第5条所列事项不属于国家秘密，但又不宜公开，常常被诟病。学者们将这一类不宜公开的信息界定为工作秘密，该类在法律、法规层面又欠缺规范，很难得出该类信息不公开的高级别的法律规范依据。[1]在谷山龙川诉北京教育考试院不服不予公开高考试卷一案中，法院判决依据了《教育工作秘密规定》第3条第3项和第5条第5项，也解决了考生答卷不属于国家秘密的问题。

而在韩岑诉上海市教育考试院一案中，法院适用的条文是仅《教育工作秘密规定》第5条第3项，直接将考生答卷认定为是不属于国家秘密，但只限一定范围的人员掌握，不得擅自扩散和公开。那么接下来还有一个问题不得不解决，即考生是否属于《教育工作秘密规定》第5条所限定的一定范围的人员。但笔者查询相关文件，没有查询到"一定范围的人员"具体是指哪些。对于是否包含考生，要么通过法律文件予以解决，要么通过司法案例来予以详细说明。但是，在目前的司法判例中，法院认可教育考试机关的观点，即"一定范围的人员"不包含考生本人。[2]

四、未来可能发展的方向

一个相对完善的法治社会，公民的任何权利都可以得到救济。虽然目前法律赋予考生可以复核考试成绩，但是复核考试成绩仅仅是重新计算考生各项题目的得分，实际上仍然无法消除考生对于答卷评阅的疑问。因此，考生只有在面对答卷时才能消除疑虑。那么经过评阅的答卷能否公开，教育考试机构不能简单地以答卷涉及国家秘密而不能公开。

---

[1] 章剑生.政府信息公开中的"国家秘密"——《政府信息公开条例》中"国家秘密"之解释[J].江苏大学学报(社会科学版),2012(6).梁艺.工作秘密不予公开的合法性反思——从杨婷婷高考试卷"调包"案切入[J].时代法学,2015(2).

[2] (2014)徐行初字第33号。

随着社会法治环境的改变及公民对考试公正、公开的诉求的增强,也随着我国信息公开制度的逐渐完善,公民越来越注重涉及自己未来发展权利的关注,不希望有任何黑箱操作发生的可能,政府在条件成熟的条件下,完全可以将考生答卷向考生本人公开,答疑解惑。这不仅可以给予考生救济的权利,同时也可以提高考试结果的权威性,因为考试结果的透明,成绩评定才更具有公信力。

参考文献

[1] 章剑生. 政府信息公开中的"国家秘密"——《政府信息公开条例》中"国家秘密"之解释[J]. 江苏大学学报(社会科学版), 2012(6).

[2] 梁艺. 工作秘密不予公开的合法性反思——从杨婷婷高考试卷"调包"案切入[J]. 时代法学, 2015(2).

[3] 王敬波. 政府信息概念及其界定[J]. 中国行政管理, 2012(8).

[4] 张岩. 政府信息的认定[J]. 中国行政管理, 2012(8).

[5] 王军. "政府信息"的司法认定——基于86件判决的分析[J]. 华东政法大学学报, 2014(1).

[6] 侯丹华. 政府信息公开行政诉讼有关问题研究[J]. 行政法学研究, 2010(4).

[7] 邹荣. 国家考试的法律调控制度[D]. 华东政法大学博士学位论文, 2013.

[8] 最高人民法院行政审判庭. 中国行政审判案例(第3卷)[M]. 北京:中国法制出版社, 2013.

论"续写"的正当性与合法化

张克伟　袁　博[①]

摘要：续写作品，是指对现有作品在时间上和空间上进行延伸和拓展，借用现有作品的主要角色及情节线索等进行延伸和拓展而成的与原作品一脉相承的新作品。续写作品具有对原作的依附性，与原作相互影响，但较之演绎作品有相对独立的独创性。续写作品不侵犯原作的保护作品完整权，应当属于对原作的"合理使用"，但是，不恰当的续写可能构成不正当竞争，应当通过立法规定"续写优先权"予以预防。

关键词：续写作品　演绎作品　合理使用

一、问题的引出：《幸福耙耳朵》与"续写"

2006年，四川电视台经济频道组织拍摄了20集方言短剧《幸福耙耳朵》（第一季），并在当年国庆节期间的《麻辣烫》栏目中播出。根据每集片头字幕所载明的编剧情况，20集短剧中有5集由马某单独担任编剧，其余剧集由电视台指派的工作人员单独或与马某共同担任编剧，马某因此获得了电视台支付的报酬。从2007年2月开始，上述频道又组织拍摄并播放了《幸福耙耳朵》第二季，至马某起诉时已拍摄到了301集，续集沿用了第一季中的故事背景、人物性格、人物关系等基本设定，但在情节安排、人物对白、剧情走向等方面与第一季并无相同。第一季以后的故事由电视台独立拍摄完成，马某没有参与剧本的创作。2012年马某起

[①] 作者单位：华东政法大学2014级博士研究生，上海市徐汇区人民法院；上海市第二中级人民法院。

诉称，其为上述方言短剧第一季的唯一原创著作权人，被告电视台未经其许可使用了该作品拍摄续集并播放，新增人物歪曲了原作品的主题和价值取向，侵害了其发表权、署名权、修改权、保护作品完整权、改编权、摄制权、获得报酬权、续写权、名誉权等合法权益，故诉请法院判令被告立即停止播放，不得在电视节目中使用涉案作品中的人物形象和故事背景幸福村，并赔偿损失162.5万元等。

法院一审认为，第一季以后的剧集系电视台独立拍摄完成，原告并没有参与剧本的创作，且续集沿用了以前的基本设定，人物形象虽经过艺术的夸张处理，但均没跳脱出原作所设定人物特征，能够与以前所具有的幽默基调相契合，并没达到偏离原作主题及价值取向的程度，呈现出了具有独创性的表达方式，构成新的作品。因此电视台沿用以前的基本设定创作新的剧本，不会侵害原告的合法权益，据此拍摄成电视剧并加以播放，也不构成对涉案作品著作权的侵害。故判决依法驳回原告的诉讼请求。一审宣判后，原告不服，提起上诉，二审法院依法驳回其上诉，维持原判。

本案中，被告的行为事实上属于"续写"，而法院认为被告的续写行为不会侵害原告的著作权。那么，什么是"续写作品"，它有怎样的法律性质呢？

二、"续写作品"的定义与特征

续写作品，是指对现有作品在时间上和空间上进行延伸和拓展，借用现有作品的主要角色及情节线索等进行延伸和拓展而成的与原作品一脉相承的新作品。[①]"续写"是文学创作中常见的一种形式，古已有之，例如《红楼梦》后40回就是高鹗对曹雪芹前80回的续写。但是，我国著作权法对"续写作品"并未作出明确规定，国外司法实践中对其法律属性也存在诸多分歧，那么，"续写作品"究竟有怎样的法律属性呢？

（一）续写作品具有对原作的依附性

顾名思义，续写作品是对原作的继续创作，因此，它与原作存在密切的依附关系，体现在三个方面：第一，对原作主要人物、故事环境、主要情节三要素的依附性。由于续写作品需要使得读者在阅读体验上实现从原作到续作的平稳过渡，因此，相同的主要角色、相似的故事环境和既存的主要情节成为故事衍生发

---

① 孙国瑞.续写作品及有关问题研究[J].科技与法律，1994(3).

展的必然基础。例如,《少年包青天》可视为对《包青天》的续作(时空背景向前拓展),包含了相同的基本角色(包拯、公孙策、展昭),有联系的故事环境(北宋时代),同类型的基本情节(审理奇案)。第二,对原作知名度和篇名的依附性。一般而言,对于一部作品的续写,除了作者本人,往往是因为这部作品已经达到相当高的知名度,读者的阅读需求催生了续写的市场基础,因此,作为续写基础的原作一般具有较大的市场号召力,相应地,续作为了实现对原作知名度的利用,必然需要在篇名上对读者有所指引,自然在篇名上也表现出各种依附形态,如《红楼梦》续作的篇名表现为《后红楼梦》《续红楼梦》《新红楼梦》《红楼复梦》《红楼梦补》等。

(二) 续写作品与原作相互影响

由于续写一般是以知名度较大和市场号召力较强的原作为创作基础,这就意味着,续作的市场推广不需要从零开始,其与原作的关联使得其从一开始就站在了原作知名度所搭建的平台上,这就是原作对续作的积极影响。相应地,续作对原作也会有影响,但这种影响存在两种可能性:一种是积极影响,即续作是对原作人物的进一步塑造,对情节的进一步延伸,能够合情合理地完成原作作者的创作脉络和理想。例如,高鹗后四十回的《红楼梦》虽然是对曹雪芹的续写,但由于续写得非常成功,公认为续作中的最佳之作,其中的"林黛玉焚稿断痴情 薛宝钗出闺成大礼"等回目更成为传诵至今的回目,被认为是最接近曹雪芹原意的续作。另一种,则是对原作的消极影响。例如,有些作者续写名篇名作,但只顾经济效益,全然不顾续作质量,导致文字敷衍,内容空洞,质量低劣,不但不能给原作锦上添花,反而令读者有狗尾续貂、画蛇添足之感,对于一些没有看过原作的读者,也会由于"恨屋及乌"的影响而对原作产生先入为主的偏见,从而对原作作者的艺术声誉和社会评价造成影响。

(三) 续写作品具有相对独立的独创性

由于续写只是借助原作的人物角色和故事背景,但要表达的是时空完全不同(向前或向后延伸)的故事情节,因此必然有完全不同的故事表达,而这与演绎作品是完全不同的。

著作权中的演绎权就是在保留原来作品基本表达的前提下,在原有作品基础之上创作出新的作品内容并加以后续利用的行为,具体包括翻译、改编、摄制和汇编等形式,由此产生的作品被称为演绎作品。[①]构成演绎作品,需要同时具备两个条件:第一个条件是必须利用了原有作品的表达。如果没有利用原有作品的表达,或者只是利用了原有作品的思想,则不属于著作权法意义上的演绎。第二个条件是在原作基础上加入了新的独创性内容,即在利用他人已有表达的基础上,演绎者进行了再创作,演绎的结果和原有作品相比具有独创性,符合作品的要求。换言之,一方面,演绎作品在表达方面与原有作品具有一脉相承的共同性和依附性,由于与原有作品具有相似的表达形式和共同的作品元素,因此演绎作品与原有作品具有紧密的联系和显著的依赖;另一方面,演绎作品具有再创作的性质,在原有作品的基础上加入了新的独创内容,这使得其区别于对原有作品的抄袭。

由于演绎作品一般都是在原作框架内进行,即改变原作的表现形式而保留其用途,从这个意义上,可以说,一部演绎作品同时存在两个著作权:原作的著作权以及演绎作品所增加独创部分的著作权。与之相对,一部续写作品则仅仅存在一个著作权,即续写作品本身的著作权,而续写作品所引用的原作的人物角色姓名、性格、故事背景、主要情节的简要交代等,要么属于著作权法不予保护的"思想"部分,要么单独不足以构成作品。续写作品对原作品文学三要素的利用,既不是原封不动的复制,也不是变更词汇的抄袭,而是在时空上对原作品中的情节进行延续,必然会衍生出新的具体故事内容、对白,甚至新的场景、人物、语言特征、主题思想等,凝结了其作者的智力劳动。[②]因此,从这一角度而言,续写作品与原作品是可以分离的,而演绎作品由于天生地就内含了原作的独创性内容,而无法与原作分离。[③]

---

① 王迁.知识产权法教程[M].北京:中国人民大学出版社,2009:160.
② 如果一部续写作品对原作内容引用过多超过了续写的合理限度,那么它就不是一部单纯的续写作品。
③ 陈洪宗,郭海荣.论续写作品的特性及其著作权问题[J].西北工业大学学报(社会科学版),1999(2).

三、"续写作品"不侵犯原作著作权

(一) 续写作品不侵犯原作作者"保护作品完整权"

根据我国著作权法,所谓保护作品完整权,是指保护作品不受歪曲、篡改的权利。一般认为,保护作品完整权关涉到两个方面的内容,其一是作品本身遭受了改动,其二是作品本身未被改动,但别人对作品进行了其他利用,从而损害了作者的精神利益。关于保护作品完整权,《伯尔尼公约》第6条第2项规定,不依赖于作者的精神权利,乃至在经济权利转让之后,作者均有权声称自己系作品的原作者,并有权反对任何有损作者声誉的歪曲、篡改或者其他改动或者贬抑其作品的行为。可以看出,从法条字面理解,"歪曲、篡改"针对的是作品本身,而"其他改动或者贬抑"针对的是作品本身未加改动的情形,[①]这说明,我国的著作权法中的保护作品完整权,对于没有改动作品本身的行为,并未予以明确,而续写行为是对作品的进一步延伸而非如改编一样对其本身内容的改动,因此并不侵害保护作品完整权。当然,质量低劣的续写作品可能会因为联想而降低原作作者的声誉或者影响原作的市场号召力,但这属于一般人格权和反不正当竞争法的范畴。

(二) 根据"三步检验法",续写他人作品属于"合理使用"

我国已经加入《伯尔尼公约》《与贸易有关的知识产权协议》和《世界知识产权组织版权条约》,负有将相关国际协议中相关的"三步检验法"落实于本国的国际义务。所谓"三步检验法",是指只能在特殊情况下作出、与作品的正常利用不相冲突,以及没有无理损害权利人合法权益情况下,可以对著作权进行例外的限制。[②]其构成要件体现于我国现行《著作权法实施条例》第21条中,即"依照著作权法有关规定,使用可以不经著作权人许可的已经发表的作品的,不得影响该作品的正常使用,也不得不合理地损害著作权人的合法利益"。

按照"三步检验法"的标准,一般意义上的"续写作品"(不包括假冒原作作者署名等不正当竞争行为)并不会"影响该作品的正常使用"或者"不合理地损害著作权人的合法利益"。这是因为:

[①] 日本学者加户守行观点。参见严正.论续写作品对原作品完整权的影响[J].河南图书馆学刊,2005(2).

[②] 王迁.知识产权法教程[M].北京:中国人民大学出版社,2009:225–226.

第一,"续写作品"的确会对他人造成损害,但这种"损害"不是"不合理"的。事实上,"合理使用"制度的出发点,就是为了公共利益而限缩著作权人的利益,而对权利的限缩本身就是一种损害,因此"合理使用"的各种法定行为多多少少都会对著作权人造成不利损害,因此立法者根据损害的程度划定了范围,将一些典型的可以容忍的行为纳入豁免范围,而将法定行为模式之外的行为才定为侵权。因此,不构成"合理使用"的行为,不但要对他人造成损害,而且这种损害必须是"不合理"的。从长期来看,续写作品在不同程度会对原作的潜在市场构成分流,会对原作作者声誉产生消极影响,会扭曲部分读者对原作的理解,即使如此,这种结果也是原作作者必须容忍的范围,因为续写本质上属于对原作的一种解构和对原作人物性格的重新解读,属于一种特殊的评论形式,而正当的对文艺作品的批评,属于公民的最为重要的宪法权利。表达自由具有增进知识、获取真理之价值,霍姆斯的"思想与言论的自由市场"理论甚至认为,至高之美德只有经过思想的自由交换才能较易获得,要判断某种思想是否为真理,最好的办法是将之置于自由竞争的市场上。思想的自由交换意味着公众获取信息的权利,表达自由最主要的体现是公民能以各种形式(包括言语形式、出版形式)发表意见的权利。[1]续写作品通过对他人作品的延伸达到完成原作作者创作理念或者重新演绎自己创作意图、向社会传播某种观念的目的,实为对作品内涵或者其他社会问题的解构、表达,属于表达自由的宪政权利范畴。因而具有很强的民主、自由意蕴。它否决了控制读者思维倾向的作品的威权,具有一定的政治、社会功能,是一个法治社会的必要基础,因而属于一种公共善品。[2]

第二,判断"影响该作品的正常使用"或者"不合理地损害著作权人的合法利益"最重要的依据就是在于是否产生了商业竞争意义上的"替代作用"。换言之,如果引用他人作品的结果是替代了原作品而不是创造了新作品或新产品,就不是合理使用。[3]所谓"替代作用"是指因为续写他人作品,导致对他人作品形成市场竞争,最终导致他人作品的市场销售量下降和利润减少。那么,"续写作品"会和原作本身形成竞争关系吗?答案是否定的。显然,遵循一般的认知规律,

---

[1] 梁志文.作品不是禁忌——评《一个馒头引发的血案》引发的著作权纠纷[J].比较法研究,2007(1).

[2] 李雨峰,张体锐.滑稽模仿引发的著作权问题[J].人民司法·应用,2011(17).

[3] 邓社民.数字环境下著作权合理使用与侵权的法律边界——由《一个馒头引发的血案》引起的思考[J].法学论坛,2006(6).

人们在阅读《水浒后传》前，往往会先阅读《水浒传》，否则会造成对情节延续上的阅读困难，同时，对作品续作的阅读，也难以取代对原作的欣赏体验。此外，根据美国法上的"转换性使用"理论，"续写作品"所产生的作品虽然使用了原作的某些元素，但却在表达形式、意义或传达的信息等方面进行了重新编排和剪辑，因此与原作相比具有了实质性的新颖性，具备了独立构成新作品的基础。因此，从本质上说，"续写作品"虽未规定在立法中，却属于"合理使用"的一种。

四、"续写作品"不正当竞争的可能性分析与立法规范

事实上，续写作品虽然沿袭了原作的许多专有元素（如篇名、人物角色名字、故事背景等），但在一般意义上，并不会对原作产生市场竞争，原因在于：第一，一般不存在相同的竞争时空。续写作品一般基于已经声名鹊起的成功作品创作，这意味着原作在市场上早已知名，其影响力不但先于续作，且一般要远远大于续作。第二，原作的巨大影响力，使得相关消费者对作品来源具有较大的识别力，如果续作没有其他的不正当竞争情节（如假冒原作者署名），消费者一般不会产生混淆。

那么，如何区分正当的续写行为与不正当竞争呢？最主要的判断要素，就是续写者有无混淆作品来源的主观恶意。例如，在王跃文诉叶国军、王跃文（原名王立山）、北京中元瑞太国际文化传播有限公司、华龄出版社著作权侵权、不正当竞争纠纷一案中，原告王跃文是国家一级作家，代表作《国画》知名度很高。而被告出版的《国风》，在封面表明作者为"王跃文"，在宣传彩页上有"王跃文最新长篇小说"、"《国画》之后看《国风》"字样，具有虚构二者之间的连续关系的主观意图。法院认为，"王跃文"署名在文化市场上已具有标识利益，能够直接指向原告本人，被告通过虚假宣传的行为造成了消费者在两个王跃文之间产生混淆，构成了不正当竞争。而本文第一部分述及的《幸福耙耳朵》一案，制作主体为相同的制片单位，并无混淆电视台观众的意图，属于正当的续写行为。

值得补充的是，尽管正当的续写行为是原作作者必须容忍的"合理使用"行为，但是，考虑到作为续写基础的原作一般都是在商业上获得成功的作品，具有潜在的经济价值，如果不加约束地完全开放，就会导致原作作者续写自己作品的优先权益得不到保障，同时其续作的潜在市场也会被瓜分。例如，《魔戒》系列电影正在热播的时段，如果有人以其中的主要人物等创作续集，显然会损害原作者

的权益。然而,绝对禁止续写他人作品,又会抑制创新。因此,可以在著作权法中增加条款规定原创作者对已完成作品的续写优先权,在一定期限内,任何人未经作者的许可不得续写该作品,但超过该期限后,原作者就不得限制他人对其作品进行续写。①

参考文献

[1] 孙国瑞. 续写作品及有关问题研究[J]. 科技与法律, 1994(3).

[2] 王迁. 知识产权法教程[M]. 北京: 中国人民大学出版社, 2009.

[3] 陈洪宗, 郭海荣. 论续写作品的特性及其著作权问题[J]. 西北工业大学学报(社会科学版), 1999(2).

[4] 严正. 论续写作品对原作品完整权的影响[J]. 河南图书馆学刊, 2005(2).

[5] 梁志文. 作品不是禁忌——评《一个馒头引发的血案》引发的著作权纠纷[J]. 比较法研究, 2007(1).

[6] 李雨峰, 张体锐. 滑稽模仿引发的著作权问题[J]. 人民司法·应用, 2011(17).

[7] 邓社民. 数字环境下著作权合理使用与侵权的法律边界——由《一个馒头引发的血案》引起的思考[J]. 法学论坛, 2006(6).

[8] 孙静. 续写作品著作权问题研究[J]. 电子知识产权, 2008(10).

---

① 孙静. 续写作品著作权问题研究[J]. 电子知识产权, 2008(10).

试论刑法第287条的修改对自首认定的影响

赵拥军[①]

摘要：在刑事立法（可能）在从严的刑事政策指引下扩张了一些犯罪圈的情况下，遵循罪刑法定的要求，本着宽宥的刑事政策理念，应当"设身处地"地尽可能从宽处罚。当行为人如实供述的犯罪事实符合自首制度的设置初衷及自首的本质要求，但却由于刑法在严惩信息网络犯罪的扩张之际，出于罪刑均衡的考量等因素所造成的一种想不到的"意外"而不被认可为自首时，便可以通过刑法解释具体展开宽宥的刑事司法政策，让从严的刑事立法与宽宥的刑事政策在双向互动的态势中此消彼长地寻求最优化的平衡，以实现防止犯罪，进而保障人权和保护社会的共同价值目标。

关键字：刑法扩张　刑法第287条　自首

2015年8月29日第十二届全国人民代表大会常务委员会第十六次会议通过的《中华人民共和国刑法修正案（九）》（以下简称《刑法修正案（九）》）突出了对网络犯罪的关注，多个条文涉及网络犯罪的规定，其中较为显著的是第29条对利用信息网络实施诈骗、传授犯罪方法等网络犯罪预备行为予以犯罪实行化，同时将明知他人利用信息网络实施犯罪，为其犯罪提供互联网接入、服务器托管等技术支持，或者提供广告推广等网络帮助行为予以正犯化。

可以说，上述修改是总结了一段时期以来与信息网络违法犯罪作斗争的实践经验，针对实践中出现的新情况、新问题而及时扩张了刑法的规制范围，进一步彰显了刑法的功能。为了严惩信息网络犯罪而使得刑法扩张已然成为现实的情形

[①] 作者单位：上海市徐汇区人民法院。

下，由于信息网络环境下的犯罪行为在很大程度上已经异化，或者已具有非典型性，其与刑法理论及司法实务之间日趋紧张的关系已是必然，特别是信息网络环境下，行为人犯罪后自首的认定。本文将以此为契机展开探讨，通过合理的刑法解释以增加刑法的公众认同感，更好地实现信息网络犯罪刑法扩张的目的。

一、信息网络犯罪的刑法扩张

当下的信息网络已不再仅仅是信息交流和传播的媒介，也不再仅仅是基本的生活和工作平台，它在很大程度上已经摆脱了工具理性的束缚，转而开始制约乃至建构人类社会的基本关系网络和组织形态。以信息网络为代表的现代科学技术的不断发展和深度社会化严重冲击着传统的制度体系，网络脱序、违法行为乃至网络犯罪行为纷至沓来。在此背景之下，犯罪的触角迅速地伸入了信息网络领域，同时信息网络也给传统犯罪行为开辟了新的渠道和领域，新的犯罪方法呈现出不断变异和复杂之势[1]。人们利用信息网络的时间和地点不再受到限制，同时利用信息网络实施违法犯罪也不再受到时间和地点等因素的约束，信息网络中的任何人都有可能成为犯罪行为人或者是被害人。由此导致了信息网络环境下的犯罪迅速蔓延和泛滥，使得信息网络环境下的违法犯罪行为极易在短时间内扩散并聚集多个现实地域中的不特定人员共同实施违法犯罪活动，同时也极易通过信息网络针对不特定的人实施犯罪。譬如，通过建立微信群、QQ群等即时通信平台或者建立专门的网站，可以随意地在即时通信平台及网站里发布违法犯罪的信息（或者进一步共同实施更为严重的犯罪活动），同时也可以针对即时通信平台或者网站里的人员实施违法犯罪活动。

但是，由于在信息网络环境下的违法犯罪活动具有较大的隐蔽性和跨地域性（也可以称之为无地域性差异）等特点，很难查实其全部的犯罪行为，并且一般也是在查实利用这些信息网络进一步在现实社会实施，甚至在有些情况下只有等到其"发展壮大"到一定的规模后才予以打击。同时，即便采用打击黑社会性质犯罪的"打早打小"的刑事政策，在信息网络环境下，有些违法行为仅处于传统犯罪行为的预备阶段，甚至连预备行为也不构成而无法用刑法予以评价。比如行为人为了实施诈骗犯罪而设立网站（设立网站的后续行为本身构成犯罪），如

---

[1] 于志刚，于冲. 网络犯罪的罪名体系与发展思路[M]. 北京：中国法制出版社，2013：前言.

果其设立网站后尚未实施诈骗行为,则对其行为只能评价为诈骗罪的预备。如果行为人是为了销售管制刀具等物品的(设立网站的后续行为本身不构成犯罪),则对其设立网站的行为也无法评价为犯罪预备。与此同时,如果行为人设立网站以销售管制物品,违禁物品甚至枪支弹药、毒品,或者发布招嫖、卖淫信息等为幌子而行诈骗之实,被骗者一般也不会报案,为后续侦查增添难度,因为被骗者的行为本身也可能构成违法犯罪。再如,行为人明知他人利用信息网络实施犯罪,为其犯罪提供互联网接入、服务器托管等帮助的,如果被帮助者没有实施后续的犯罪行为,根据目前共犯理论中的从属性说,也是难以对帮助者定罪处罚的。还有一些利用信息网络实施违法犯罪行为人之间的意思联络的弱化以及协作互动的弱化,甚至是意思联络以及协作互动的阙如,亦使得消极的帮助行为难以入罪。

而在上述之余,网络平台上信息传播的速度和广度极具扩散效应和聚变效应,使得一些一般的网络违法行为,或者一些犯罪预备行为通过信息网络的传播与聚集,极易聚变为更严重的犯罪行为,同时,也使得共同犯罪中的帮助行为在信息网络环境下侵害法益的严重程度显著提升,甚至超越了实行正犯。但实践中大量的非法利用信息网络实施的违法犯罪行为却得不到及时、有效的惩处。因此,刑法理论和实务均需调整变革,以应对这些违法犯罪行为,并有针对性地对预备行为或者独立帮助行为的网络犯罪行为单独予以刑法评价,而不是等待预备行为"发展壮大"后或者帮助行为有了实质性的法益侵害后果之后再予以刑法规制。

在信息网络环境下,随着利用信息网络违法犯罪问题进一步复杂化、多样化和危险扩大化等,古典刑法所处罚的实害犯原型,即以对法益造成现实侵害后果作为入罪(并既遂)的刑罚标准在信息网络环境下已然过于滞后。人们已经现实地感受到了信息网络犯罪无处、无时不在,为了降低或消除网络犯罪的危害,作为社会防卫最后一道防线的刑法,其介入的时点和范围理当提前和扩大,即刑法处罚范围呈现不断扩张的趋势。犯罪结果可以被扩张解释为对法益的侵害或侵害的危险,现实的法益侵害结果已经不再是构成犯罪的必备要件[①],从而通过将刑法介入的时间点逐步提前,刑法逐渐开始将法益发生之前的危险行为,或是实行行为着手前的预备行为当作独立的犯罪行为予以处罚,以此防止利用(或者帮

---

① 劳东燕.刑法基础的理论展开[M].北京:北京大学出版社,2008:18.

助)信息网络犯罪行为社会危害的深化和蔓延。由此,刑事立法便确立处罚预备行为的原则化(或者称之为预备行为实行化)、帮助行为正犯化。

正因如此,《刑法修正案(九)》在刑法第二百八十七条后新增二条,即第二百八十七条之一非法利用信息网络罪和第二百八十七条之二帮助信息网络犯罪活动罪。其实质都是将犯罪的标准前移,处罚尚未导致实害的行为,甚或是预备、预备前行为。这些规定对于加大对信息网络保护,促进互联网的健康发展,维护广大人民群众的合法权益,必将发挥重要作用。但与此同时,在信息网络环境下刑法第287条的修改对"自动投案"以及被采取强制措施的犯罪嫌疑人的如实供述的"本人其他罪行"等问题的不同理解,便影响到司法实务中对自首的认定。

二、被采取强制措施的犯罪嫌疑人的如实供述的"本人其他罪行"的理解

刑法规定的自首制度,是给予行为人从轻、减轻或免除处罚的奖励政策,目的在于鼓励行为人自动投案,如实供述犯罪事实,从而有利于节约司法资源,促进罪犯认罪悔过。其设置的初衷便是鼓励行为人悔过自新和减少司法运作成本,同时也有助于实现刑罚的目的。而自首的本质则是"犯罪人基于本人的自由意志而自愿接受国家审查和裁判"[1]。因此,在现实背景下,在"刑法运行机制上贯彻宽严相济的刑事政策,从总体上认真查纠、从宽发落多数轻微罪案,方能分化突显、有力打击少数严重罪案"[2],当行为人如实供述的犯罪事实符合自首制度的设置初衷及自首的本质要求,但却由于刑法为了严惩信息网络犯罪而进行的扩张之际,出于罪刑均衡的考量等因素所造成的一种想不到的"意外"而不被认可为自首时,便可以通过刑法解释具体展开宽宥的刑事司法政策。

根据刑法第六十七条第二款规定,被采取强制措施的犯罪嫌疑人、被告人和正在服刑的罪犯,如实供述司法机关还未掌握的本人其他罪行的,以自首论。即一般认为的特殊自首或者准自首。司法实践中关键在于如何理解"本人其他罪行"。在刑法本身没有进一步解释何为"本人其他罪行"的情况下,《自首解释》

---

[1] 最高人民法院刑事审判第一庭. 最高人民法院自首立功司法解释:案例指导与理解适用 [M]. 北京:法律出版社,2012:6.

[2] 储槐植. 解构轻刑罪案,推出"微罪"概念[N]. 检察日报,2011,10(13):3.

第二条将"本人其他罪行"解释为"与司法机关已掌握的或者判决确定的罪行属不同种罪行"。该解释看似对"本人其他罪行"进行了解释,但又牵涉出何为"同种罪行"与"不同种罪行"。因此,《自首意见》第三条又进一步解释,"本人其他罪行"与司法机关已掌握的罪行属"同种罪行"还是"不同种罪行",一般应以罪名区分。虽然如实供述的其他罪行的罪名与司法机关已掌握犯罪的罪名不同,但如实供述的其他犯罪与司法机关已掌握的犯罪属选择性罪名或者在法律、事实上密切关联,如因受贿被采取强制措施后,又交代因受贿为他人谋取利益行为,构成滥用职权罪的,应认定为同种罪行。

例如:行为人甲某因涉嫌贩卖毒品罪被抓获到案后,不仅如实供述贩卖10克毒品的犯罪事实,也如实供述了公安机关尚未掌握的乙某的犯罪事实,即乙某曾找到甲某,称自己刚建立一个微信群用于销售毒品、枪支等违禁物品,希望甲某能利用其人际关系帮忙介绍并拉人入群。甲某便如实照做(满足了情节严重的要求),后经查证属实。

甲某继续如实供述到,后来乙某告诉他,由于甲某的广告推广很成功,使得乙某在建立好微信群后不久便销售毒品7克,后经查证属实。

案例中的行为人甲某是以贩卖毒品罪被采取强制措施,如实供述了公安机关尚未掌握的帮助信息网络犯罪活动罪。不仅两者罪名不相同,且贩卖毒品罪和帮助信息网络犯罪活动罪不属于选择性罪名或者二者之间亦无法律、事实上的密切关联。因此,行为人甲某如实供述了司法机关尚未掌握的不同种罪行,即本人的其他罪行,理当认定为自首。

然而,当行为人甲某继续"坦白"更多内容的时候,即由于甲某的广告推广很成功,使得乙某在建立好微信群后不久便贩卖毒品7克。此时乙某被认为是利用信息网络发布销售毒品信息的行为与贩卖毒品行为之间存在牵连关系,从重以贩卖毒品罪处罚。基于网络的虚拟性,在网络共同犯罪的意思联络中,共同行为人因彼此之间缺乏了解,其共犯故意一般是概括的、模糊的和片面的,多数持一种放任的心态[1]。因为甲某事先对乙某建立微信群用于销售毒品、枪支等违禁物

---

[1] 于同志.网络犯罪[M].北京:法律出版社,2008:34.

品是明知①的，所以当乙某被认定为贩卖毒品罪的时候，甲某也应当认定为处罚更重的贩卖毒品罪。又因为甲某如实供述的罪名与被采取强制措施的罪名都是贩卖毒品罪，属于同种罪行。根据上述司法解释的规定，便不能认定为自首。可能有人认为这是法律的规定，只能这样认定。但笔者认为，如果这样认定的话，包括行为人甲在内的普通民众便会对法律的公正性产生质疑，失去对法律的信任，认为"多说多错"，最后可能会造成犯罪嫌疑人到案后尽量少说，增加了司法成本的同时也降低了司法效率。这明显违背了刑法设立自首制度的初衷。

在罪刑法定原则的制约下，具有正当性的刑事法律的安定性不应被随意突破，作为一种刑事政策的宽宥理应受其限制。对刑事案件的处理应当在裁量空间的范围之内寻找宽宥的合法性。但是在一些不合理规范仍然对现实造成冲击的时候，宽宥政策至少是通过消极性突破对于不正当危险的挽救，这就是合目的性的校正②。其实，刑法第六十七条第二款规定的也是"本人其他罪行"，而非"不同种罪名"，是司法解释在解释"本人其他罪行"的时候一步一步将其解释为主要以罪名是否相同来区别。

因此，当根据司法解释认定是否自首而产生了如上的实务冲突时，理当回到刑法规范本身，通过宽宥的刑事政策的指导，在一般情况下可以按照上述司法解释的规定认定。但毕竟司法解释也只是解释刑法，况且《最高人民法院关于处理自首和立功若干具体问题的意见》第三条只是确立了主要以罪名是否相同区分罪行是否相同。即认定是否是"同种罪行"一般应以罪名区分，而其后的例举便是从反面规定即便罪名不同，也可以认定是同种罪名。这似乎是在说明，同种罪行的认定可以是罪名相同，也可以是罪名不同。但并未就此认定如果罪名相同，就只能认定为（或者说只能得出）是同种罪行的结论。其实，前文所例举的案例完全可以反过来，即行为人甲某先是因为帮助乙某实施非法利用信息网络罪而以

---

① 刑法第287条之二规定的帮助信息网络犯罪活动罪中"明知"，应当是明知他人利用信息网络实施刑法第287条之一的信息网络犯罪行为，还是利用信息网络实施的所有犯罪行为？本文初步的意见是，关键是看其明知的程度，即明知到哪一步就认定到哪一步。如果仅仅明知他人非法利用信息网络犯罪，对他人利用信息网络实施的其他更为严重的贩卖毒品等罪行如果不能认定为明知则不能直接推导出贩卖毒品罪的共犯，原因在于缺乏主观的认识要素。案例中的行为人甲在乙找到其要求其帮助介绍并拉人入群的时候便已知晓乙并不仅仅非法利用信息网站犯罪，也知晓其利用信息网络贩卖毒品等违法犯罪行为。因此，当乙构成贩卖毒品罪的时候，可以认定为甲与乙构成贩卖毒品罪的共犯。

② 孙万怀. 刑事正义的宣谕——宽容［J］. 环球法律评论，2012（5）.

帮助信息网络犯罪活动罪被采取强制措施,然后如实供述了其曾经贩卖毒品罪的事实。后因为乙某被以更重的贩卖毒品罪论处,而甲某由于对乙某利用信息网络贩卖毒品的事实是明知的,最后也被认定为贩卖毒品罪(共犯)。此种情形下,将甲某认定为自首的阻力或许要比前文例举的要小一些,但二者的本质都是一样的。

所以,当行为人因为A罪被采取强制措施,如实供述了与A罪不属于选择性罪名,也没有法律、事实上的密切关联的B罪的时候,就应当认定为符合刑法第六十七条第二款规定的"本人其他罪行",即刑法第六十七条第二款规定的"本人其他罪行"侧重的应当是与A不属于选择性罪名,也没有法律、事实上的密切关联的"本人其他犯罪事实"。至于最终所供述的"本人其他犯罪事实"是否因为处断的原因而以A罪论处,完全是为了刑罚上的罪刑相适应等缘由,其与自首制度的设立本质是不相冲突的,如果满足自首的其他要素,就应当认定为自首。所以,前文例举的行为人甲某应当认定为自首。

三、被锁定IP地址的行为人"自动投案"的认定

根据刑法第六十七条第一款的规定,犯罪以后自动投案,如实供述自己的罪行的,是自首,即一般自首。根据《自首解释》第一条的规定,自动投案,是指犯罪事实或者犯罪嫌疑人未被司法机关发觉,或者虽被发觉,但犯罪嫌疑人尚未受到讯问、未被采取强制措施时,主动、直接向公安机关、人民检察院或者人民法院投案。在该条规定之后又以例举的方式规定了七种应当视为自动投案的情形。但这些都是在传统犯罪的基础上进行的解释,是在信息网络刚刚起步的1998年。由于信息网络环境下的犯罪行为在很大程度上已经异化,或者已具有非典型性,其与刑法理论及司法实务之间日趋紧张的关系已是必然。例如:

行为人戊某在淘宝网上出售其私自开发制作的"顶顶大名"恶意发帖软件。客户购买该软件后,在互联网论坛上恶意发帖,利用该软件恶意发帖灌水,造成某网站巨大经济损失。经查,行为人戊某非法销售上述软件共计四十余万元。后经报案,公安机关根据行为人戊某在淘宝网上的交易记录锁定其IP地址,并根据IP地址找到对应的物理地址,即戊某所在的某小区101室。戊某在公安人员的简单问话后便如实供述其全部犯罪事实。

对于戊某的如实供述是认定为坦白还是自首?第一种意见认为,戊某的行为

"体现犯罪嫌疑人投案的主动性和自愿性",最大限度地缩减司法成本,也能够鼓励他人投案,完全符合自首制度的设立目的及其旨趣,应当以2010年《最高人民法院关于处理自首和立功若干具体问题的意见》第一条中的"其他符合立法本意,应当视为自动投案的情形"而认定为自首。第二种意见认为,戊某只能认定为坦白。因为当网络IP地址被锁定后,戊某现实的物理地址便确定,且戊某有能力操作电脑,则可以直接认定戊某实施了犯罪行为。此种情形下,就如同司法机关已经掌握了犯罪嫌疑人的犯罪行为,其自动投案等已经失去意义。意即,犯罪嫌疑人不投案如实供述的话,司法机关也可以有充足的证据证明犯罪嫌疑人实施了网络犯罪行为。

可以说,不论是一般自首,还是特别自首,从刑法及相关司法解释中可以看出,当行为人没有自动投案并如实供述或者被采取强制措施而如实供述司法机关尚未掌握的其他罪行的,司法机关并没有在其本人和犯罪行为之间建立必然的关联性。也就是说,正是由于行为人的原因,才在其本人和犯罪行为之间建立了一种必然的关联性。在此种意义上讲,自首制度的设立主要是因为在行为人和犯罪行为之间不具有必然的关联性的时候,为了节约司法成本而进行的一种功利性的制度设定。否则,这种必然的关联性的建立或者建立的可能势必耗费大量的司法资源。

由于信息网络中的外网IP地址是独一无二的,通过外网IP地址一般可以确定行为人的网络位置,从而可以进一步查明其现实的物理位置。但是,一方面,虽然外网的IP地址是独一无二的,但是在内网中的IP地址却存在着多种可能性。比如在内网中,每台用户机所占有的IP地址是随机分配的,并且一般是不对外显示的(除非有的设备本身附带此功能)。也就是说,在此种情形下,很难将IP地址具体确定到某一台特定的用户机上。另一方面,即使是通过IP地址,锁定到某一台电脑,也无法直接推定该电脑的所有者或者使用者就是犯罪嫌疑人。要作出这样的推定,还需要结合其他证据(比如有证据可以证明在网络犯罪行为的时刻,其正在使用这台机器等)组成完整的证据链才行。即锁定IP地址并不意味着行为人与犯罪行为之间便具有了必然的关联性。

因此,在信息网络犯罪中,当犯罪行为与锁定的IP地址关联后,只是表明:第一,犯罪行为与现实地址建立了可能的关联,但并不意味着必然的关联。如果存在利用IP地址随机分配等情形,则不能得出犯罪行为与锁定的IP地址的现实地点之间的必然关联。第二，即便前述关联确立，亦不能直接建立现实地点与行为人之间的关联。即仍然需要在现实地点与行为人之间确定必然的关联性，以此才可以最终认定行为人与网络犯罪行为之间的关联性。由此可见，笔者认为上述第二种意见与自首的认定是两个方面的问题。"当IP地址锁定，戊某的物理地址确定，且戊某有能力操作电脑，则可以直接认定戊某实施了网络犯罪行为"，这其实是在诉讼过程中，当被告人不认罪，根据证据采信等证据规则来推定被告人是网络犯罪行为人的证明过程。其实质并不能直接根据"IP地址锁定，物理地址确定以及行为人有能力操作电脑"等因素直接认定，而是根据一般的社会观念等证据规则推定的诉讼证明过程。

综上，案例中的戊某的行为由于不具有自动投案的典型性，但正是由于戊某的如实供述才在其本人和犯罪行为之间建立的一种必然的关联性，能够"体现犯罪嫌疑人投案的主动性和自愿性"，并最大限度地鼓励他人投案和缩减司法成本，完全符合自首的设立目的及其旨趣。因此可以根据2010年《最高人民法院关于处理自首和立功若干具体问题的意见》第一条中的"其他符合立法本意，应当视为自动投案的情形"而认定为自首。

应当强调的一点是，在遇有难以确切判断凭借有关线索、证据是否"足以合理地将行为人确定为是某宗罪行的犯罪嫌疑人"时，则应当本着"疑案有利于被告"的理念和鼓励犯罪人自首的刑事政策精神，认定此时尚不足以合理地将行为人确定为犯罪嫌疑人，也即，这类行为人若能在接受盘查或者讯问时主动如实供述其罪行的，仍应当认定其成立自首。[①]

四、"依照处罚较重的规定定罪处罚"的认定

修订后的刑法第287条之一和之二条都分别规定了第三款，即"有前两款行为，同时构成其他犯罪的，依照处罚较重的规定定罪处罚"。如何理解其中的"依照处罚较重的规定定罪处罚"，也将会影响到对自首的认定。

例如，行为人丙某因为贩卖毒品5克被采取强制措施，后如实供述其曾经利用微信帮助丁某发布销售毒品信息的犯罪实施，并且也因此而使得丁某销售毒品2克。

---

① 高憬宏，杨万明．基层人民法院法官培训教材（实务卷·刑事审判篇）[M]．北京：人民法院出版社，2005：17.

根据刑法第二百八十七条之一的规定，行为人丙某在构成非法利用信息网络罪的同时，由于其对丁某贩卖毒品是明知的，其又可能构成贩卖毒品罪的共犯。此时，如果认为"依照处罚较重的规定定罪处罚"的规定是比较罪名的轻重，则毫无疑问贩卖毒品罪的罪名要重于非法利用信息网络罪，则行为人丙某应当从重以贩卖毒品罪论处，最终可能因为其前后两罪都是贩卖毒品罪而数量累计计算达到7克，法定刑三年。但是，如果认为"依照处罚较重的规定定罪处罚"的规定是比较法定刑，当法定刑相同且存在既遂、未遂以及自首等特殊量刑情节的时候，就应当将这些影响量刑情节的因素一并考量，以可能的刑罚量来比较何为处罚较重。因此，上述例举的行为人丙某在构成非法利用信息网络罪和贩卖毒品罪（2克）之间，从宽宥的政策出发，如果能够认定非法利用信息网络罪处罚更重，则可以该罪认定，最终由于供述的与因贩卖毒品罪被采取强制措施的罪名不同，而认定非法利用信息网络罪为自首，从宽处罚。可见，在"依照处罚较重的规定定罪处罚时，对于同时符合犯罪构成要件的数罪，如果其中某罪具备特有的量刑情节，我们就应当在比较重罪、轻罪，选择罪名定性的同时考虑此量刑情节"①。

参考文献

[1] 于志刚，于冲. 网络犯罪的罪名体系与发展思路[M]. 北京：中国法制出版社，2013.

[2] 劳东燕. 刑法基础的理论展开[M]. 北京：北京大学出版社，2008.

[3] 最高人民法院刑事审判第一庭. 最高人民法院自首立功司法解释：案例指导与理解适用[M]. 北京：法律出版社，2012.

[4] 储槐植. 解构轻刑罪案，推出"微罪"概念[N]. 检察日报，2011，10（13）.

[5] 于同志. 网络犯罪[M]. 北京：法律出版社，2008.

[6] 孙万怀. 刑事正义的宣谕——宽容[J]. 环球法律评论，2012（5）.

[7] 高憬宏，杨万明. 基层人民法院法官培训教材（实务卷·刑事审判篇）[M]. 北京：人民法院出版社，2005.

[8] 顾万炎. 对"依照处罚较重的规定定罪处罚"的重新理解[J]. 中国检察官，2011（4）.

---

① 顾万炎. 对"依照处罚较重的规定定罪处罚"的重新理解[J]. 中国检察官，2011（4）.

未签订书面劳动合同法律适用分析

戚垠川[①]

摘要： 劳动法规定用人单位应与劳动者签订书面劳动合同，并规定相应的法律责任。但受制于司法实践的复杂性，劳动合同未签订的原因是多方面的，如何对其适用法律存在较大争议，如果一概归咎于用人单位责任，则不利于用人单位正常用工管理权的行使，也超过倾斜保护必要限度，不利于和谐劳资关系构建。基于此原因，本文以司法实践中未签订书面劳动合同的典型案例为切入点，从未签订书面劳动合同的责任归咎、适用除外情形、法律责任三方面进行论述，以期为审判实践提供有益借鉴。

关键词： 书面劳动合同　双倍工资　法律责任

劳动合同是劳动者与用人单位之间确立劳动关系，明确双方权利和义务的协议，其主要目的在于确定劳资双方权利义务，保护劳动者合法权益，避免或减少劳动争议，构建和谐稳定的劳动关系。《中华人民共和国劳动法》（以下简称《劳动法》）在第16条规定"建立劳动关系应当签订劳动合同"，但由于未规定相应的法律责任，导致在实践中劳动合同签订率较低，一旦发生纠纷，对用人单位与劳动者的权利义务明晰造成困扰，因此《中华人民共和国劳动合同法》（以下简称《劳动合同法》）第82条设立了双倍工资制度，规定"用人单位自用工之日起超过一个月不满一年未与劳动者订立书面劳动合同的，应当向劳动者每月支付二倍的工资"，并在《中华人民共和国劳动合同法实施条例》（以下简称《劳动合同法实施条例》）第5、6、7条对具体适用情形做了明确。

---

① 作者单位：上海市徐汇区人民法院。

未签订书面劳动合同法律责任的规定,有效解决了劳动权利义务不明确所引发的一系列问题,但是,受制于司法实践的复杂性,未签订书面劳动合同的原因是多方面的,在某些特殊情形下如何适用该条款存在较大争议。本文以此为切入点,结合司法实践案例,从未签订书面劳动合同的责任归咎、适用除外情形、法律责任三方面进行论述,以期为审判实践提供有益借鉴。

一、未签订书面劳动合同典型案例分析

(一) 劳动者拒绝签订书面劳动合同,用人单位继续用工

案例一:徐某于2013年5月28日进入甲公司工作,入职后双方一直就劳动合同条件进行协商,甲公司多次要求徐某签订劳动合同,但徐某以种种理由推脱,最后双方未签订书面劳动合同。2014年5月31日,徐某辞职,要求甲公司支付未签订劳动合同的双倍工资差额。[1]

评析:用人单位履行了诚实磋商义务,由于劳动者原因未签订书面劳动合同的,用人单位应当及时终止双方劳动关系,但甲公司在明知双方未签订书面劳动合同的情形下仍继续用工,应当承担不利后果,故法院最终判决甲公司支付徐某2013年6月28日至2014年5月28日的双倍工资差额。

(二) 倒签劳动合同效力

案例二:孙某于2008年9月18日进入乙公司,双方于2009年3月4日签订书面劳动合同,合同期限为2008年9月18日至2011年9月18日止。后双方劳动合同因故解除,孙某要求乙公司支付2008年10月18日至2009年3月4日期间未签订书面劳动合同的双倍工资差额。[2]

评析:用人单位未在法定期限内与劳动者签订书面劳动合同,但双方均将劳动合同的签字日期倒签在法定期限之内或者双方约定的劳动合同期间包含了已履行的事实劳动关系期间,应视为双方自始签订了劳动合同,用人单位无须再支

---

[1] 参见(2014)徐民五(民)初字第681号民事判决书.
[2] 沈炬.倒签劳动合同可否免付二倍工资[EB/OL].载劳动法库,http://mp.weixin.qq.com/s?__biz=MzAwNTEzMTU5OQ==&mid=400178916&idx=1&sn=f8f16643eabcefac4ffe2870d2e9a3b4&scene=1&srcid=1119mAtbykxiJFTA372FlG0z&from=singlemessage&isappinstalled=0#wechat_redirect,最后访问日期:2015-11-19.

付未签订书面劳动合同的双倍工资差额。故法院最终驳回孙某的诉请。

(三) 代签劳动合同效力

案例三：杨某于2014年3月6日进入丙公司，在入职一个月内，丙公司通知杨某签订劳动合同，但杨某出差在外，丙公司遂请其同事王某代杨某在劳动合同上签上了杨某名字。杨某出差回来后，丙公司将代签的劳动合同交给杨某。2015年6月5日，杨某因故离职，其以代签劳动合同无效为由要求丙公司支付双倍工资差额。[1]

评析：用人单位履行诚实磋商义务，虽然劳动者未在劳动合同上签字，但其事后知晓了劳动合同内容，并未提出异议，且已工作一年多，应视为以实际行动履行合同主要义务并获得接受，杨某以实际行动确认了劳动合同，故法院最终驳回杨某的诉请。

(四) HR未签书面劳动合同

案例四：许某入职丙公司担任人事行政文员，其工作职责包括负责公司劳动合同的签订事宜。后许某因故离职，以未签订书面劳动合同为由，要求丙公司支付双倍工资差额。丙公司则抗辩许某的工作职责包括劳动合同签订，其未签订书面劳动合同系自身原因造成，无须支付双倍工资差额。[2]

评析：针对此类情形，实务界存在不同观点，一种观点认为劳动者存在明显过错的，不应当由用人单位承担责任；另一种观点认为《劳动合同法》并未对劳动者身份进行区别对待，也没有规定劳动者存在过错可以减轻或免除用人单位责任，用人单位仍需支付双倍工资差额。该案二审法院最终采纳后一种观点，以许某不能代表丙公司与自己签订书面劳动合同，而丙公司未提供证据证明其曾另行安排其他员工代表公司与许某签订书面劳动合同为由，判决丙公司支付二倍工资

---

[1] 艾小川. 同事代签的劳动合同是否有效 [EB/OL]. 载劳动法俱乐部，http://mp.weixin.qq.com/s?__biz=MzAwMTA1OTYxOA==&mid=400382750&idx=1&sn=653577b2e61b87026149008890079e3d&scene=0#wechat_redirect，最后访问日期：2015-11-19.

[2] 邢蓓华. HR未签合同可否获得二倍工资 [EB/OL]. 载劳动法库，http://mp.weixin.qq.com/s?__biz=MzAwNTEzMTU5OQ==&mid=400029390&idx=1&sn=a5ecc8d60503450a959570d0046ffa6c&scene=1&srcid=1119bsZlPtdbL8mHSFRjLnh5&from=singlemessage&isappinstalled=0#wechat_redirect，最后访问日期：2015-11-19.

差额。笔者对此持不同意见,许某的工作职责包括劳动合同的签订事宜,但最终其本人却未签订,应当认定许某存在严重失职,此时再要用人单位承担责任已超过了倾斜保护的必要限度。

(五)劳动合同到期后继续用工

案例五:高某与丁公司的劳动合同于2013年12月31日到期,到期后丁公司继续用工,双方未签订书面劳动合同,2014年6月30日丁公司表示同意按照原劳动合同条件与高某续签无固定期限劳动合同,但高某拒绝。2014年7月1日,丁公司以高某拒绝签订书面劳动合同为由提出解除劳动关系。高某认为丁公司违法解除,要求未签订书面劳动合同双倍工资差额及违法解除劳动合同赔偿金。[①]

评析:劳动合同到期后,法律给予一个月宽限期,如果用人单位继续用工的,应当及时与劳动者续签劳动合同;如果用人单位以劳动者拒绝签订书面劳动合同为由解除劳动合同的,也应当在这一个月内做出;如果超过一个月宽限期,用人单位再以劳动者拒签劳动合同为由终止双方劳动关系的,用人单位应当支付二倍工资及终止劳动关系的经济补偿,但无须支付赔偿金。该案二审法院最终判决丁公司支付高某2014年2月1日至2014年7月1日的双倍工资差额以及在职期间相对应的终止劳动关系经济补偿金。

二、未签订书面劳动合同责任归咎

《劳动合同法》创设双倍工资制度,该双倍工资差额的性质并非劳动者的劳动所得,而是对用人单位违反法律规定的一种惩戒。[②]在实践中,未签订书面劳动合同的原因是多方面的,除用人单位主观恶意逃避劳动合同签订责任外,还存在劳动者为获得二倍工资,以各种借口拖延或拒绝签订劳动合同的情形,如果在此情形下一概认定由用人单位承担不利责任,则有违公平。上海市高级人民法院《关于适用〈劳动合同法〉若干问题的意见》第二条也明确规定:"劳动合同的订

---

① 邢蓓华.用人单位超过一个月以劳动者拒签劳动合同为由解除劳动关系的法律责任[EB/OL].载劳动法库,http://mp.weixin.qq.com/s?__biz=MzAwNTEzMTU5OQ==&mid=400123588&idx=1&sn=f5837b7e7e86baf896c735978aad24ed&scene=1&srcid=1119T0Kn8WHVVMNRHFThplYE&from=singlemessage&isappinstalled=0#wechat_redirect,最后访问日期:2015-11-19.

② 王林清.劳动争议裁诉标准与规范(第二版)[M].北京:人民法院出版社,2014:99.

立和履行,应当遵循诚实信用原则。劳动者已经实际为用人单位工作,用人单位超过一个月未与劳动者订立书面合同的,是否需要双倍支付劳动者的工资,应当考虑用人单位是否履行诚实磋商的义务以及是否存在劳动者拒绝签订等情况。如用人单位已尽到诚信义务,因不可抗力、意外情况或者劳动者拒绝签订等用人单位以外的原因,造成劳动合同未签订的",不属于"未与劳动者订立书面劳动合同"的情形。

  由此可见,在司法实践中判断未签书面劳动合同法律责任承担时,必须综合考量用人单位是否履行诚实磋商义务以及劳动者是否存在拒签的情形。但在案件审理中,用人单位往往较难提供直接证据证明其履行了诚实磋商义务,已要求劳动者签订劳动合同,为免产生纠纷时面临举证不利的困境,用人单位可将磋商过程以谈话笔录或录音方式固定,或在交付劳动合同时让劳动者签收,以此证明其已履行诚实磋商义务。

  另外,在司法实践中大量存在用人单位履行了诚实磋商义务,劳动者拒绝签订书面劳动合同但用人单位继续用工的情形,在这种情形下用人单位是否需要支付双倍工资差额,存在较大争议:一种观点认为,签订劳动合同是双方自愿行为,用人单位无权强制,如果最终因为劳动者过错导致未签劳动合同,而要求没有过错的用人单位支付二倍工资,有失公平,劳动者不能因为自己的不诚信行为而获益;另一种观点认为,法律并未规定劳动者对未能签订书面劳动合同存在过错的,可以减轻或免除用人单位支付二倍工资的责任,《劳动合同法》第82条强调的是未签订书面劳动合同的客观结果,并没有对未签订书面劳动合同的原因或过错进行区分,只要用人单位在客观上自用工之日起超过一个月不满一年没有与劳动者签订书面劳动合同,就应当支付二倍工资,而不论过错如何。笔者倾向于第二种观点,根据《劳动合同法实施条例》第5条、第6条规定,劳动者拒绝签订书面劳动合同时,用人单位必须及时书面终止劳动关系,否则并不因劳动者拒绝签订书面劳动合同而免除用人单位支付二倍工资的责任。因此,只有在劳动者拒绝签订书面劳动合同而用人单位又在法定一个月内书面终止劳动合同的情形下,才能免除用人单位支付双倍工资的责任,在其他情形下,劳动者的过错并不构成免除或减轻用人单位支付二倍工资的法定情形。

  结合以上论述,在综合考虑用人单位是否履行诚实磋商义务以及劳动者是否拒绝签订的情形下,对未签订书面劳动合同的责任归咎做如下总结:

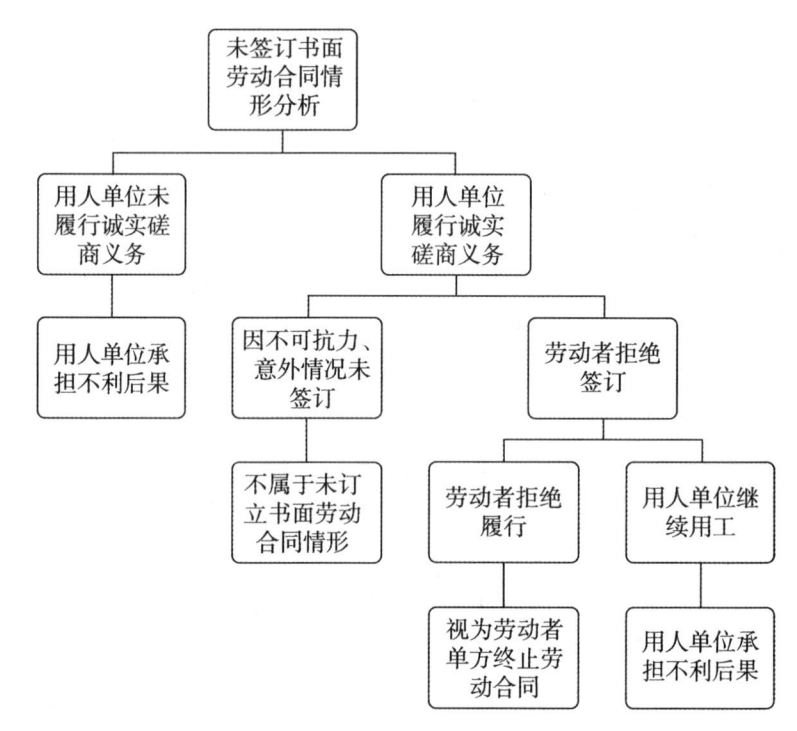

```
                    ┌─────────────────┐
                    │ 未签订书面      │
                    │ 劳动合同情     │
                    │ 形分析          │
                    └────────┬────────┘
              ┌──────────────┴──────────────┐
     ┌────────┴────────┐          ┌─────────┴────────┐
     │ 用人单位未      │          │ 用人单位         │
     │ 履行诚实磋      │          │ 履行诚实         │
     │ 商义务          │          │ 磋商义务         │
     └────────┬────────┘          └─────────┬────────┘
              │                   ┌─────────┴─────────┐
     ┌────────┴────────┐ ┌────────┴────────┐ ┌────────┴────────┐
     │ 用人单位承      │ │ 因不可抗力、    │ │ 劳动者拒绝      │
     │ 担不利后果      │ │ 意外情况未      │ │ 签订            │
     │                 │ │ 签订            │ │                 │
     └─────────────────┘ └────────┬────────┘ └────────┬────────┘
                                  │                   │
                         ┌────────┴────────┐ ┌────────┴───────────────┐
                         │ 不属于未订      │ │ 劳动者拒绝  用人单位继 │
                         │ 立书面劳动      │ │ 履行        续用工     │
                         │ 合同情形        │ │                        │
                         └─────────────────┘ └────────┬───────┬───────┘
                                                      │       │
                                             ┌────────┴──┐ ┌──┴──────────┐
                                             │ 视为劳动者│ │ 用人单位承  │
                                             │ 单方终止劳│ │ 担不利后果  │
                                             │ 动合同    │ │             │
                                             └───────────┘ └─────────────┘
```

三、未签订书面劳动合同适用除外情形

法律已对未签书面劳动合同的责任归咎做了原则性规定,但在某些特殊情况下,如果机械套用该原则,将过分加重用人单位责任,超越倾斜保护必要限度,为平衡双方利益,应允许适用除外情形。

(一)因不可抗力、意外情况未签订书面劳动合同

上海市高级人民法院《关于适用〈劳动合同法〉若干问题的意见》明确规定,如用人单位已尽到诚信义务,因不可抗力、意外情况或者劳动者拒绝签订等用人单位以外的原因,造成劳动合同未签订的,不属于用人单位未与劳动者订立书面劳动合同的情况。由此可见,如果用人单位履行了诚实磋商义务,因不可抗力、意外情况未签订书面劳动合同,用人单位无须承担不利责任。例如,用人单位将劳动合同交给劳动者,劳动者以需要考虑为由事后提交签字的劳动合同,后经鉴定,劳动合同并非劳动者本人签字,在该种情形下,用人单位就无须承担责任。

(二)特殊身份劳动者适用除外

实践中,经常出现担任重要岗位或者具备专业知识的特殊身份劳动者向用人

单位主张双倍工资的案例,例如法定代表人、人事管理人员等,这些劳动者往往掌握着签订劳动合同的主动权,如果最终未签订书面劳动合同,而一概判令由用人单位承担责任,则有失偏颇,与立法初衷有违,司法实践中针对法定代表人、人事管理人员未签书面劳动合同的情形,应当考虑其是否具有主观恶性以及是否怠于履行职责。

关于法定代表人,其代表企业法人行使相关职责,管理企业事务,其中就包括与全体员工签订劳动合同,虽然在实践操作中可能由人事部门具体负责,但仍不能免除其责任,如果最终其本人未签订劳动合同,应当视为其怠于行使职权,不应当得到法律保护。

关于人事管理人员,司法实践存在较大争议:一种观点认为,《劳动合同法》第82条规定只要未签订劳动合同,用人单位就要支付双倍工资,并没有允许例外情形出现;另一种观点认为,人事管理人员对劳动法律法规的熟悉程度远远高于一般员工,也知晓未签订书面劳动合同的法律后果,即使用人单位未主动与其签订,本人也应当提出,如果最终未签订,其主观上存在较大过错,应当承担不利后果。[1]笔者认为,以上两种观点都过于绝对,针对人事管理人员,应当根据其职位及职责进行具体区分:如果劳动者是人力资源经理、人事总监等高级管理人员,其总体负责企业的人力资源管理,包括员工招聘、培训、劳动合同签订及解除等事项,一般具有签订书面劳动合同的主动权,如果最终未签订的,应当认定其具有主观恶性,不应得到法律的保护,除非其能证明用人单位存在拒绝签订的情形;如果劳动者是一般人事管理人员,其与用人单位的议价能力较低,如果最终未签订书面劳动合同的,一般由用人单位承担责任;如果劳动者是具体负责劳动合同签订的人事管理人员,但最终未签订的,应当视为其怠于履行职责,不应得到法律的保护,除非能证明其存在要求用人单位签订书面劳动合同的情形。

四、未签订书面劳动合同的法律责任

如果未签订书面劳动合同责任归咎于用人单位的,应当依照《劳动合同法》第14条、第82条,《劳动合同法实施条例》第5条、第6条、第7条的相关规定,根据实际用工时间的长短对未签订书面劳动合同的法律责任进行区分。

(一)一个月之内未签订书面劳动合同

经用人单位书面通知后,劳动者不与用人单位订立书面劳动合同的,用人单位应当书面通知劳动者终止劳动关系,无须向劳动者支付经济补偿,但应当向劳

---

[1] 王林清.劳动争议裁诉标准与规范(第二版)[M].北京:人民法院出版社,2014:105.

动者支付相应劳动报酬。

(二) 超过一个月不满一年未签订书面劳动合同

用人单位应当向劳动者支付双倍工资,并与劳动者补订书面劳动合同,但是,如果劳动者不与用人单位订立书面劳动合同的,用人单位应当书面通知劳动者终止劳动关系,并支付相应经济补偿金。

(三) 超过一年未签订书面劳动合同

用人单位应当向劳动者支付自用工之日起满一个月的次日至满一年的前一日的二倍工资,并视为双方已订立无固定期限劳动合同,用人单位需与劳动者补订书面劳动合同。

(四) 劳动合同期满后未签订书面劳动合同

劳动合同期满后,劳动者继续为用人单位提供劳动,用人单位未表示异议,但当事人未续订书面劳动合同的,当事人应及时补订书面劳动合同。如果用人单位已尽到诚实信用义务,而劳动者不与用人单位订立书面劳动合同的,用人单位可以书面通知劳动者终止劳动关系,并依照《劳动合同法》第47条规定支付经济补偿;如劳动者拒绝订立书面劳动合同并拒绝继续履行的,视为劳动者单方终止劳动合同,用人单位应当支付劳动者已实际工作期间的相应报酬,但无须支付经济补偿金,具体情形包括以下4种:

时间	情形	法律后果
劳动合同到期后一个月之内	补签书面劳动合同	无
	用人单位已尽到诚实信用义务,而劳动者不与用人单位订立书面劳动合同的,用人单位可以书面通知劳动者终止劳动关系	支付经济补偿金
	劳动者拒绝订立书面劳动合同并拒绝继续履行	视为劳动者单方终止劳动合同,用人单位应当支付劳动者已实际工作期间的相应报酬,但无须支付经济补偿金
劳动合同到期后超过一个月	未签订	按时间长短等同于超过一个月不满一年未签订以及超过一年未签订的两种情形

参考文献

[1]董保华.劳动合同立法的争鸣与思考[M].上海:上海人民出版社,2011.

[2]《中华人民共和国劳动合同法》起草小组.《中华人民共和国劳动合同法》理解与适用[M].北京:法律出版社,2013.

[3]江必新等.最高人民法院指导性案例裁判规章理解与适用(劳动争议卷)[M].北京:中国法制出版社,2013.

[4]董保华.劳动法精选案例六重透视[M].北京:中国劳动社会保障出版社,2006.

[5]沈炬.倒签劳动合同可否免付二倍工资[EB/OL].载劳动法库,http://mp.weixin.qq.com/s?__biz=MzAwNTEzMTU5OQ==&mid=400178916&idx=1&sn=f8f16643eabcefac4ffe2870d2e9a3b4&scene=1&srcid=1119mAtbykxiJFTA372FlG0z&from=singlemessage&isappinstalled=0#wechat_redirect.最后访问日期:2015-11-19.

[6]艾小川.同事代签的劳动合同是否有效[EB/OL].载劳动法俱乐部,http://mp.weixin.qq.com/s?__biz=MzAwMTA1OTYxOA==&mid=400382750&idx=1&sn=653577b2e61b87026149008890079e3d&scene=0#wechat_redirect.

[7]邢蓓华.HR未签合同可否获得二倍工资[EB/OL].载劳动法库,http://mp.weixin.qq.com/s?__biz=MzAwNTEzMTU5OQ==&mid=400029390&idx=1&sn=a5ecc8d60503450a959570d0046ffa6c&scene=1&srcid=1119bsZlPtdbL8mHSFRjLnh5&from=singlemessage&isappinstalled=0#wechat_redirect.最后访问日期:2015-11-19.

[8]邢蓓华.用人单位超过一个月以劳动者拒签劳动合同为由解除劳动关系的法律责任[EB/OL].劳动法库,http://mp.weixin.qq.com/s?__biz=MzAwNTEzMTU5OQ==&mid=400123588&idx=1&sn=f5837b7e7e86baf896c735978aad24ed&scene=1&srcid=1119T0Kn8WHVVMNRHFTthplYE&from=singlemessage&isappinstalled=0#wechat_redirect.最后访问日期:2015-11-19.

[9]王林清.劳动争议裁诉标准与规范(第二版)[M].北京:人民法院出版社,2014.

论署名权的涵盖范围及其救济途径

徐晓颖　李翔[①]

摘要："署名"行为一般只是事实行为，只有当署名行为的意志要素和客体满足《著作权法》规定时，该行为才受到"署名权"的控制。假冒他人署名的行为，被假冒署名者依然可以寻求救济，但救济的途径是《著作权法》第48条第8款，而非"署名权"。"署名权"定义中"表明作者身份，在作品上署名"应作"以署名的方式借助作品表明作者身份的行为"的解释。因此，不以传递作者信息为目的的行为，如"不署名""表明权利管理信息"等不受"署名权控制"。署名权具有支配权能和禁止权能，因此，在物上署名需要得到物权人和署名权人的双重许可。署名行为具有昭示作者身份的公示作用，权利管理信息具有昭示权利人身份的公示作用，因此在实践中要将侵犯权利管理信息的行为和侵犯署名权的行为分开判断。

关键词：署名　署名权　权利管理信息　救济

一、问题的提出

司法实践中，对署名权的演绎远不似《中华人民共和国著作权法》（以下简称《著作权法》）中定义的那么简单，诉辩中，请求权基础常常错配。如：

案例1. 甲将一黄花梨木交给乙雕刻佛像，乙创作完成后欲在作品上刻写署名但遭甲禁止，甲的禁止行为是否侵犯乙的署名权？后乙未署名，他日成为名家，甲欲在佛像上刻写乙姓名，遭乙拒绝，甲以乙曾希望在雕塑上署名为要求撤回自己当初的禁止意思表示并自行在雕塑上刻写乙之姓名，甲的行为是否侵犯乙之

[①] 作者单位，华东政法大学知识产权学院；上海市徐汇区人民法院。

署名权？

案例2. 全某诉某影视公司、星某影城案。全某在《小某代》电影拍摄中司职"美术指导"工作,但其与制片方劳务合同中约定在电影影片末尾以"艺术制片人：全某"方式标记。电影在星某影城公映时,影片末尾显示"美术指导：全某"。全某诉至法院,要求制片人某影视公司和星某影城承担署名权侵权责任能否得到支持？如"署名权"不能成立,"劳动者表明身份的权利"能否获得支持？"合同违约"主张能否得到支持？制片人在电影末尾约定署他人之名是在行使"署名权"吗？

案例3. 仇某诉和某网、丁某网案。画家仇某创作画作并署名后上传至博客。和某网未经许可信息网络传播仇某作品(仇某案前公证和某网上传播作品PS删除了原作署名状态,且自动添加和某网水印),丁某网亦信息网络传播该作品(作品上无仇某署名且保留和某网水印)。仇某诉请两被告承担"署名权"侵权责任。和某网辩称作品来源于网络(但未能证明来源)本无署名；水印系自动添加。丁某网辩称作品来源于和某网,转载时未经修改(可以证明)。仇某署名权主张能否成立？若成立,两网站责任如何承担？

案例4. 作者甲与出版商乙约定了作品发行时的署名顺序,乙通过合同指派丙具体实施复制、发行行为但未告知丙署名方式,丙因不知甲乙之约定而未能按甲要求之顺序署名,甲向丙主张署名权侵权,丙应承担何责任？

以上案例涉及署名权、权利管理信息、姓名权、物权、合同约定的署名行为负担和署名权间接侵权责任等问题。这些问题在以署名权为案由的案件中十分常见,在一定意义上同属于署名权救济体系。厘清署名权概念,准确援引署名权相关救济体系是准确演绎署名权相关规则的前提。

二、署名权的涵盖范围

(一) 署名行为

与宪法保障的创作自由不同,在物上署名首先是一种事实行为,根据行为者的意志要素和客体物不同,署名行为可以是：非民事法律行为,如在试卷上署名；民事法律行为,如在合同上签名；侵犯物权行为,如在埃及神庙里刻写"某某到此一游"……只有当署名行为的意志要素和署名及于的客体满足《著作权法》

规定时,该行为才受到"署名权"的控制。

(二)署名权与姓名权的关系

《民法通则》第99条规定,民事主体基于"姓名权"享有利用和禁止他人冒用自己姓名的权利。对比《著作权法》第10条关于署名权的规定可以发现,所有署名权控制的行为均可被"姓名权"包含。此外姓名权概念还可涵盖《著作权法》第48条第8款关于"出售假冒他人作品"的行为,且《著作权法》之于《民法通则》是特殊法,得优先适用。由此可知,当署名行为满足"署名权"特殊要件:"1. 由作者实施或授权实施;2. 在作品上;3. 表明作者身份"时,受署名权控制。所以在案例2中,全某并非电影作品《小某代》的作者,不能就涉案影片主张署名权,虽然这并不妨碍其依据合同约定要求相对方承担署名行为负担。

而"假冒他人署名"行为由于仅满足上述条件2和3,因此不应受"署名权"调整,但由于此种行为规定在《著作权法》中,因此仍旧是"著作权侵权行为",笔者认为应属于第10条第17款所规定的"应当由著作权人享有的其他权利"。

我国著名案例"吴冠中与上海朵云轩、香港永成古玩拍卖有限公司著作权纠纷案[①]"中将假冒署名行为定性为"……严重的侵权行为……",并指明"应当按照《著作权法》第46条第7项……处理。[②]"后著作权法经过修订,此项内容现为第48条第8项[③],有学者认为假冒他人署名行为"应当认定为不正当竞争行为或侵犯民法中姓名权的行为"[④],该观点与德国著名案例"假冒埃米尔·诺而德姓名案[⑤]"所确立的以人格权方式救济的观点相似,对此类行为,德国纳入"边缘人格权"(angrenzende Persoenlichkeitsrechte)中的"知名人格保护(Beruehmtheitsschutz)",美国则纳入"形象权"(right of publicity)进行规制,并将其与商标权一起作为知识产权进行保护。[⑥]上述观点的共性在于——假冒他人署名行为不属于著作权法调整。

---

① (1995)沪高民终(知)字第48号.
② 最高人民法院关于吴冠中诉上海朵云轩、香港永成古玩拍卖有限公司著作权纠纷案的函,1995年7月6日.
③ 著作权法,第48条"有下列侵权行为的,应当……(8)制作、出售假冒他人署名的作品的".
④ 王迁. 知识产权法教程(第四版)[M]. 北京:中国人民大学出版社,2014:119.
⑤ Faelschungen von Emil Nolde. 参见:联邦法院民事判例集:384,(第107卷).
⑥ 李明德. 美国知识产权法(第二版)[M]. 北京:法律出版社,2014:708.

由于我国并未如法国等国家一样规定"不署名权"[①],所以就"假冒他人署名"虽不属于署名权调整[②],但该行为作为著作权侵权行为纳入《著作权法》调整亦当无异议,也符合《伯尔尼公约指南》[③]的要求。

(三)署名权的构成要件

根据署名权定义,署名权的构成要件有三:

1. 以表明作者身份为目的

署名权所控制的行为需以"表明作者身份"为目的。在德国著作权法中署名权被表述为:"对著作人身份的承认"[④],直接描述了接触作品者对署名行为结果的客观感受。因此,不以表明作者身份为目的的"署名"行为不受"署名权"控制。例如电影结尾时注明灯光师[⑤]等参与拍摄人员身份的字幕行为,当然字幕行为可能受到表演者表明身份权[⑥]或保护作品完整权[⑦]的控制,但一般被视为已经与电影作者达成了合同,本文不再论述。比较常见的不以表明作者身份为目的的署名行为还有以区分商品来源为目的的添加商标行为。此外,由于署名权是人身权,因此昭示著作财产权的符号、标记如版权标记"©"、发行人标记"‖"等权利管理信息不是署名权控制的署名行为——添加©、‖的行为一般不视为署名权侵权。此种署名行为虽然不受署名权控制,但其仍是署名行为,可以作为援引《著作权法》第11条第3款的依据。

当作者不希望自己与作品之间的联系在作品的传播过程中被他人感知时,作者可以通过禁止他人的署名行为而保持作品不署名状态。我国《著作权法(修订

---

① 法语"不署名权"为"deriot de non-paternité",参见:[德]M.雷炳德.著作权法.张恩民,译.北京:法律出版社,2004:274.
② 王迁.知识产权法教程(第四版)[M].北京:中国人民大学出版社,2014:119.
③ "Nor can anyone filch the name of another by adding it to a work the latter never created." 参见:伯尔尼公约指南(Guide to the Berne Convention)第41条.
④ 联邦德国著作权及有关保护权的法律(著作权法).第13条,"对著作人身份的承认,著作人有权要求承认对其著作的著作人身份并能决定著作是否标有著作人姓名和使用何种姓名".参见:http://china.findlaw.cn/chanquan/zccqfg/qtzccqf/29172.html,最后访问日期:2015-5-1.
⑤ (2002)二中民终字第5959号.参见:贺荣.北京市第二中级人民法院经典案例分类精解.知识产权卷[M].北京:法律出版社,2009:231.
⑥ 著作权法第38条第1款.
⑦ 著作权法第10条第4款.

草案送审稿)》(以下简称《草案》)中对署名权的定义也相应地拟修改为:"决定是否表明作者身份以及如何表明作者身份的权利"[1],可以清楚地看出,署名或者不署名均为作者行为的描述,对于接触作品的相对人,作者无权要求对方对已有的署名状态作变更,即虽然在作品上以表明作者身份为目的的署名行为受作者控制,但作者并无法定权利要求他人在作品上署名,只能通过委托的方式使相对方产生合同义务。

2. 行为对象为作者的作品

"在作品上"署名是署名权的另一个构成要件。署名行为是姓名权的权利内容,但"作品"是"署名权"产生的前提。所以,"在作品上署名"是指在"作者的作品上署名",其强调,作者与作品之间的身份关系必须借助作品的传播到达相对人。这一点上,日本著作权法中关于署名权的描述更明显:"作品向公众提供或提示之际……"这一"传播"要素在日本被作为署名行为的认定的前提。同时,在"作品上"一词应作广义理解,指在"作品创作的框架范围内"[2],即向公众传达作者身份信息需借助"作品的再现"。其不仅包括作品原件、复制件,还应包括作品原件、复制件上的附着物[3](如在陈列柜前摆放的作者铭牌,贴在作品上的作者姓名标签等)和"基于原作品而产生的演绎作品上"[4]。但这并不妨碍第三人不借助作品向公众公布作者信息[5]。

3. 需构成署名行为

在司法实践中,常见著作权人的代理人陷入如下逻辑困惑:一方面主张在作品上添加了水印构成署名,并援引《著作权法》第11条第3款主张权利人地位;另一方面又向法庭提供合同并依据《著作权法》第16条第2款主张特殊的职务作品试图巩固权利人地位。这种策略看似希望形成备位之诉,但提供与案外人的合同作为证据会导致其他当事人无法质证,证据效力存疑,同时提示案件标的可能涉及案外人利益,依法应追加第三人,否则适用第16条第2款将存在风险,无法排除他人中案外人对本案标的主张权利的可能。代理人看似陷入了举证陷阱,实为对

---

[1] 中华人民共和国著作权法(修订草案送审稿). 第11条,第2款. 颁布机关:国务院法制办公室,颁布时间:2014年6月6日.
[2] [德] M. 雷炳德. 著作权法 [M]. 张恩民,译. 北京:法律出版社,2004:277.
[3] [德] M. 雷炳德. 著作权法 [M]. 张恩民,译. 北京:法律出版社,2004:275(S242).
[4] 王迁. 知识产权法教程(第四版)[M]. 北京:中国人民大学出版社,2014:116.
[5] [德] M. 雷炳德. 著作权法 [M]. 张恩民,译. 北京:法律出版社,2004:276.

署名权与署名行为概念认识不清。

"署名行为"与"署名权所控制的署名行为"所包含的内容不同,前者范围包含后者,前者将为行为人获得程序利益,后者是作者的法定权利。《伯尔尼公约》第15条第3款确定了在作品上标注名称的出版者在作者身份查清之前可代行作者权利。代为行使著作权是一种程序利益,在我国,该条款被内化为《著作权法》第11条第4款和《关于审理著作权民事纠纷案件适用法律若干问题的解释》第7条第2款。实践中,特别是网络数字时代,原创作者往往难以在有限的诉讼周期内查清,将在作品上署名的主体视为作者为便利救济而制定的制度,并不排除真正的作者通过他案寻求救济。

在我国,署名行为可以同时构成商标、商号的使用,以及与此相关的添加"权利管理信息"或水印的行为。这些行为不受"署名权"调整,但在实践中均可作为认定作者的初步依据。这一观点,最高人民法院在裁判文书中给予了确认:"网站上的'署名',包括……权利声明和水印……[①]",并可以据此推定著作权人身份。该案中只确定了"水印"作为"署名行为"的性质,并指明该署名状态可以作为援引《著作权法》第11条第4款的小前提,并未说明该行为是行使"署名权"的行为。

4. 署名权定义隐含条件——借助作品的传播

从我国《著作权法》中关于署名权的定义来看,署名权控制的行为首先必须满足"表明作者身份"的目的,而"在作品上署名"只是实现手段,所以署名权定义的直接否命题是:不以向他人表明作者身份为目的的署名行为不满足署名权构成要件。而德国著作权法中,署名权的德文直译应为:"对作者身份的承认"(Recht auf Anerkennung seiner Urheberschaft am Werk),这实际上是一种对接触作品的人感知的描述,是署名行为的效果。这一观点的推论是:当作品原件持有人,无论其是不是作者,在不可能为他人知晓的情况下在作品上进行署名是不满足署名权所控制的署名行为定义的。这一推论在德国著作权法中是可以找到依据的——作者不能反对"他人在私人圈子内对作品进行更改(Veraenderung im privaten Kreis)[②]"这一推论的结果是,署名权中的署名效果必须经过传播。

---

① 参见(2014)民提字第57号,华盖创意(北京)图像技术有限公司与哈尔滨正林软件开发有限责任公司侵害著作权纠纷案.
② [德]M.雷炳德.著作权法[M].张恩民,译.北京:法律出版社,2005:279-280.

有些学者提出,"传播行为"是知识产权权利束的束点①,即"核心行为"。在著作权其他权利类型中,笔者没有深入研讨,但在署名权领域,笔者认同。著作权权能原本就是对作品利用方式的法定垄断,无论利用作品谋利(经济权利)还是利用作品扬名(人身权利)都需借助作品传播。

传播是行为目的的体现,把握传播这一要件,探讨不同作品传播者之间的行为是否可以构成结合,是直接结合还是间接结合,将为行为人侵权责任的认定提供依托。

(四)不署名行为性质

《著作权法》中并没有将"不署名权"规定为作者权利,作者不在作品上署名是作者的意思自由,作者禁止他人在自己作品上署名是"署名权"禁止权能的效果。因此,即便作者没有在作品上署名,他人也负有不作为义务。所以有观点认为"不署名"也是一种权利②是有待商榷的,如果"不署名"也是一种权利,则相对人无论是否在使用作品时署原作者姓名,都将侵犯"署名权"。

如案例3中"丁某网"虽然从前手"和某网"处获得了涉案作品并在自己网站提供,其行为本身构成信息网络传播权直接侵权无疑,但其获得作品时并不知作品上的作者信息。"丁某网"自己也没有实施《著作权法》中"署名权"所定义的行为,如果"不署名"也是作者权利,则"丁某网"将承担"署名权"直接侵权责任,这样的推论既没有法律依据,也并不合乎公众普遍感知。当然,"丁某网"若可以和"和某网"的行为间接结合,则是有可能构成"署名权"间接侵权的。作者对"和某网"署名权侵权行为结果的后续影响——被删除署名作品的后续传播,仍得援引署名权为救济,具体理由在后文中详述。

当然,规定"不署名权"的国家也有,如《日本著作权法》第19条第1款第1段中是明确将"署名不作为"规定为作者专有权利的③。该规定超出《伯尔尼公约》第6条第1款中对作者人身权利保护规定,在适用中有无冲突,笔者囿于语言能力未及考证。

---

① 何鹏.知识产权传播论——寻找权利束的"束点"[J].知识产权,2009(1).
② 周俊强.署名权问题探析[J].知识产权,2011(10).
③ 十二国著作权法[M].北京:清华大学出版社,2011:372.

三、署名权的效力

知识产权基于标的上的权利,具有专有性和非物质性;我国法律中也未显见如德国法中的"作品附着物接触权"[①]。所以署名权的效力并不能直接及于物,而只能依据作品载体(标的)上作者与作品之间的人身联系,对世主张绝对的不作为义务,并将这种表达信息的权利归于作者自己支配。由于表达信息的权利需要借助行为来实现,所以《著作权法》将署名权定义为一种针对作品载体行为方式,并指出署名权的正反两个效力[②]:其一,支配效力,即作者有权支配署名权定义的行为;其二,禁止效力,产生不作为义务,即未经作者许可不得实施署名权定义的行为(或称:不得擅自改变作品上的作者信息状态)[③]。前者确定了作者署名权权能处分性质——以权利行使为目的的信托[④];后者确定了署名权人和物权人之间的关系以及署名权的侵权(包括间接侵权)认定以及侵害性不当得利行为判断。

(一) 支配效力

知识产权具有支配权属性。支配权是"支配(Beherrschung)某种客体或支配其他的、某种无体的财产"[⑤]的权利,所以作者署名权所控制的"署名行为"也可以依据作者的意志通过合同设定"行为负担"[⑥],如:约定署名顺序或替他人代笔(署名权的放弃)——作者有署名权,但依据合同约定方式行使或不行使,使署名权上设有负担。有学者认为,"署名行为包括署真名、假名(笔名)和署名顺序等"[⑦],其实是混淆了"署名行为"和"设有负担的署名权行使行为"的区别。

合同不能成为署名权产生的依据,合同只能是署名权支配属性的体现。有实务界学者认为:"基于合同产生的知识产权对第三方有约束力"只是"主观上无

---

① [德] M.雷炳德.著作权法[M].张恩民,译.北京:法律出版社,2004:249.
② 郑成思.版权法(上)[M].北京:中国人民大学出版社,2009:167-168.
③ 我国《著作权法》中不作为义务是从署名权定义中推知,对于不作为义务,本文参考《意大利著作权法》中对署名权的不作为义务进行的具体的描述。参考:《意大利著作权法》第 21 条:"……擅自改变作者署名方式的行为。"
④ [德] M.雷炳德.著作权法[M].张恩民,译.北京:法律出版社,2004:387.
⑤ [德] 迪特尔·梅迪库斯.德国民法总论[M].邵建东,译.北京:法律出版社,2000:61.
⑥ [德] M.雷炳德.著作权法[M].张恩民,译.北京:法律出版社,2004:388.
⑦ 吴汉东.知识产权法(第三版)[M].北京:法律出版社,2009:71.

过错"的侵权人不承担赔偿责任①。这种观点笔者并不认同。合同的相对性决定了其效力只约束缔约双方，因此不可能成为知识产权这种具有对世效力权利产生的依据，但缔约行为可以是作者署名权行使的方式。

基于署名权的支配属性，作者可以通过授权方式"委托他人以自己的名义"行使署名权。"授权是单方行为，但被许可人如为代理行为，推定许可人与被许可人之间发生委托关系……被许可人因许可人之授权，发生代理权，可为代理行为"②，此时民法理论中的代理规则开始发挥作用，具体表现为：代理人的署名行为的法律效力归属于被代理人（作者）；代理人所为的署名行为视为作者亲为，并产生对世的不作为义务；基于合同相对性，即便代理人存在行为瑕疵，作者也不得要求非合同相对人承担署名权侵权责任；就代理人的行为瑕疵，适用代理规则，依据《合同法》第400条，承担过错责任。

如案例4中，作者甲是署名行为的被代理人，出版商乙为代理人，乙就署名行为向丙转委托，乙丙之间未就署名顺序作出正确约定，乙负有代理责任，但丙的错误署名行为依旧应视作甲亲为。故：甲不得向丙主张署名权侵权责任；丙依据合同在作品载体上所为的署名状态就是甲在作品上的署名状态，第三人仅对该状态承担署名权下的不作为义务。故案例4中，丙的行为并非《关于审理著作权纠纷案件若干问题的解答》中规定的"作者以外的第三人"，③而是作者甲署名行为的转委托人。可资对比的是案例3，由于仇某与和某网不存在委托代理关系，作者仇某可向丁某网主张署名权侵权责任。

（二）禁止效力

署名权对世性的另一个效力是对世产生不作为义务。由于署名权是专有的控制以署名权规定的方式利用作品的行为，讨论署名权的禁止效力就无法脱离对署名权与物权关系的辨析。

实施署名权定义的署名行为需要署名权与物权双重许可。在作品上署名的

---

① 贺荣．北京市第二中级人民法院经典案例分类精解．知识产权卷[M]．北京：法律出版社，2009：197．
② 李锡鹤．民法原理论稿（第二版）[M]．北京：法律出版社，2012：283-284．
③ 贺荣．北京市第二中级人民法院经典案例分类精解（知识产权卷）[M]．北京：法律出版社，2009：198．

行为不仅是在作品载体上表达作者身份信息,还构成对作品载体物的处分。前者受署名权控制,后者受物权控制。著作权和物权对具体行为的限制是并行的,[①]物权人行使权利不得规避附随物权的物上负担。[②]同时,署名行为也与物之处分紧密结合[③],由于无形的知识产权总是要借助客体物——作品来得到展现[④],当一个物同时构成著作权法保护的作品时,对该物的署名行为要同时受到物权和著作权两种权利体系的约束,在德国,圣母雕像案[⑤]和古堡拍摄案[⑥]就明确了这种约束。而由于我国《著作权法》并不像《德国著作权法》那样对作品的附着物[⑦]和其物之所有权[⑧]指向的客体进行区分,因此常常造成混淆。在案例1中,甲是物权人,乙是著作权人[⑨],乙雕刻署名的行为是针对黄花梨木这一客体物的,故而需要经过甲的允许,否则侵犯甲之物权。但当甲欲在佛像上署名时,其目的为通过署名向他人传播乙为作者的信息,该行为受署名权权能控制。甲虽有撤销禁止乙署名的意思表示,但对乙的署名权仍有不作为义务,未经乙允许,甲不得在自有的佛像上署名。

四、署名权的侵权救济

一般认为,未经作者许可实施了满足署名权构成要件的行为就是署名权侵权行为,无须考虑过错。在实践中,这样的标准无法区分基于故意实施的侵权与基于第三人无权处分而实施的落入著作权受控范围的行为,如案例3和案例4中

---

① 郑成思.私权、知识产权与物权的权利限制[J].法学,2004(9).
② 孟勤国.物权二元结构论[M].北京:人民法院出版社,2004(附件一:中国物权法建议稿).
③ 一般认为,署名行为在作品创作完成之后实施。但现实中也有争论,如"百度糯米诉大众点评团购图片著作权侵权纠纷案——(2015)徐民三(知)初字第 64-68 号",在拍摄菜品照片前将铭牌放在相机取景框范围内,形成作品后署名成为作品的一部分。此行为是否符合"在作品上署名"的行为,部分观点有学理争议,此处不再讨论。
④ 如在画作纸张上签名,在雕塑上雕刻姓名……
⑤ Apfel-Madonna 案,BGHZ44,288.雕像已无著作权存在,利用他人经该雕像所有人授权创作的样本制作雕像,并未侵害原件所有人的所有权。
⑥ Tegeler Schloss 案,BGH NJW 1975,1164.
⑦ 德语称 Werkstueck,通常指著作权法中承载作品美感之物,借助其把作品展示给外界。
⑧ 德语 Sacheigetum.
⑨ 《著作权法》第17条"受委托创作的作品,著作权的归属由委托人和受托人通过合同约定。合同未作明确约定或者没有订立合同的,著作权属于受托人。"

的情况;更无法界定在适用救济上的区别(是否需承担赔偿责任,适用侵权受损还是侵权获益抑或法定赔偿),因此界定侵权行为类型,将具有特殊情况的侵权行为在适用救济时区别对待对实现个案正义十分重要。

(一) 署名权间接侵权

"间接侵权"的含义在学术界多有表述,[1]其与"共同侵权"的争鸣也不再详述。一般来看,当某一行为触碰了某项著作权权能,但需与他人行为结合在一起方能满足所有构成要件时,对该行为就存在间接侵权评价的必要。

如案例3中,丁某网构成信息网络传播权直接侵权,同时符合了署名权侵权行为的"传播"要件。但丁某网在传播过程中并未实施改变"作品上的作者信息"的行为,不符合署名权直接侵权构成要件,但丁某网的行为传播了和某网的署名权侵权结果,丁某网的行为与和某网的行为结合可以满足完整的署名权侵权构成,故丁某网构成署名权"间接侵权",应承担除赔偿外恢复署名状态的责任,但无须承担赔偿责任。

(二) 不当得利返还请求权

有台湾学者将知识产权侵权行为纳入侵害型不当得利体系进行分析,[2]德国著作权法也规定著作权权利人可以以不当得利返还请求权对抗通过侵害自己权利而获得财产收益的人,[3]如Talkmaster-Foto案[4]。我国著作权法中的救济方式中的"侵权获益"[5]就是不当得利请求权救济的典型方式。以不当得利视角审视署名权侵权纠纷将为救济的适用提供有利引导。

当作者基于合同对自己的署名权设定负担后作品上的署名状态已经确定了,第三人借助此行为负担获利时作者得向其主张不当得利请求权。假如案例2中,全某是制片人(作者),但通过合同与发行方约定只署名"艺术指导",如全某发行后未能获得署名权负担的对价,此时发行方破产,由于播放影片的星某剧院

---

[1] 王迁. 知识产权法教程(第四版)[M]. 北京:中国人民大学出版社,2014:246.
[2] 王泽鉴. 不当得利[M]. 北京:北京大学出版社,2009:140.
[3] [德] M.雷炳德. 著作权法[M]. 张恩民,译. 北京:法律出版社,2004:586.
[4] 联邦法院判例,ZUM[M],1993:140.
[5] 著作权法第49条.

并未侵犯其署名权,全某不得对星某剧院主张署名权侵权。此时可援引"不当得利"为救济。

类似的真实案例有"灯光师孟繁远与内蒙古电影制片厂等署名权纠纷案[1]",裁判者以极具争议的"表明灯光师身份权"这一通过一般人格权推演而出的权利进行判决,表明了法官在面对原告代理人错配的诉请时进退维护的窘境,[2]此时尝试通过"不当得利"进行救济未尝不是一种选择。

(三) 作为权利管理信息救济

署名权与权利管理信息是不同的权利体系,当权利管理信息的标示方式符合署名权的定义时,当然可以适用署名权规则。当作者是单位时,权利管理信息和署名权就有可能构成竞合。

1. 权利管理信息的属性

"权利管理信息"的定义在《世界知识产权组织版权条约》(简称《WIPO版权条约》或"WCT")中作出了明确规定,指:"识别作品、作品的作者、对作品拥有任何权利的所有人的信息,或有关作品使用的条款和条件的信息,和代表此种信息的任何数字或代码,各该项信息均附于作品的每件复制品上或在作品向公众进行传播时出现。"从公约原文中可以看出,权利管理信息并非一定以"电子"形式存在。

但我国现行《著作权法》第48条第7款仅对"故意删除……权利管理电子信息"的行为规定了法律责任;与此相应,《信息网络传播权保护条例》第14条也只对"改变……权利管理电子信息"[3]的行为规定了责任,对"非电子"形式的权利管理信息疏于规范。对此疏漏,立法者在《著作权法草案(第二稿)》第64条后

---

[1] (2002)二中民终字第5959号。参见:贺荣. 北京市第二中级人民法院经典案例分类精解(知识产权卷)[M]. 北京:法律出版社,2009:231.

[2] 贺荣. 北京市第二中级人民法院经典案例分类精解(知识产权卷)[M]. 北京:法律出版社,2009:237.

[3] 《信息网络传播权保护条例》第14条"对提供信息存储空间或者提供搜索、链接服务的网络服务提供者,权利人认为其服务所涉及的作品、表演、录音录像制品,侵犯自己的信息网络传播权或者被删除、改变了自己的权利管理电子信息的,可以向该网络服务提供者提交书面通知,要求网络服务提供者删除该作品、表演、录音录像制品,或者断开与该作品、表演、录音录像制品的链接……"

段(《著作权法草案(第三稿)》66条后段)中已经修改,将保护范围扩大到了非"电子"领域,和WCT保持一致。否则,例如CSRC[①]、ISRC[②]、©[③]和||[④]这样显著的常见与音像制品包装上的非电子形式的权利管理信息将被排除在外。

由以上定义可以推出,权利管理信息(如果有)要求与作品一起传播。值得参考的是,美国版权法明确权利管理信息需与作品一起传播,[⑤]故意改变权利管理信息的行为将承担"破坏权利管理信息"的责任。当然,由于作者可以选择"署名"的方式,因此权利管理信息自然地可以成为"署名行为"实施的方式之一。当权利管理信息中载有"作者"信息时,破坏权利管理信息的行为可能竞合"署名权"侵权[⑥]。不可否认,"电子版权管理信息"在网络环境中具有独特的意义,但权利管理信息不是数字技术和网络技术的特有产物。[⑦]

当然,并非所有在作品上添加的信息都构成"权利管理信息",根据定义,添加信息者需享有合法的一项或多项著作权权利,具备权利人身份。如,美国版权法明确规定,有关作者"使用者"的信息不属于权利管理信息,[⑧]这是"权利管理信息"的应有之意。所以在案例3中,和某网并不具备添加版权管理信息的主体资格。当然,在本无版权管理信息的作品上添加虚假的"权利管理信息"表明作品来源构成《著作权法》第48条第7款所规定的"改变"行为,应当承担相应责任。所以在案例3中,和某网添加水印的行为构成"破坏权利管理信息"的行为。

同时,需要注意的是,与上文所述(2014)民提字第57号华盖创意(北京)图

---

① 中国标准音像制品编码。
② International Standard Recording Code—ISRC:国际标准音像制品编码。
③ ©是版权标志符号,"copyright symbol"或"copyright sign",一般被视为除录音以外作品的版权标志。详见:http://en.wikipedia.org/wiki/Copyright_symbol
④ ||一般被称为"录音著作权标志":"sound recording copyright symbol",它是为保护录音制品制作者利益,并将制作者利益与词曲作者权利区分开来的符号。详见:http://en.wikipedia.org/wiki/Sound_recording_copyright_symbol
⑤ 李明德.美国知识产权法(第二版)[M].北京:法律出版社,2014:428.
⑥ (2015)徐民三(知)初字第64-68号。百度糯米诉大众点评著作权权属、侵权纠纷案。案情:百度糯米团购网站将载有"百度糯米"字样的铭牌放在菜品边进行拍照,以期达到区分作品来源的目的;上述照片亦被大众点评团购网站用作产品宣传,但照片中"百度糯米"字样被PS虚化。百度糯米主张法人作品并主张署名权侵权。
⑦ 李明德.美国知识产权法(第二版)[M].北京:法律出版社,2014:426.
⑧ 李明德.美国知识产权法(第二版)[M].北京:法律出版社,2014:429.

像技术有限公司与哈尔滨正林软件开发有限责任公司侵害著作权纠纷案中不同的是，和某网并非如华盖创意（北京）图像技术有限公司一般是专业的图片网站，和某网添加水印的行为并不宜视为"表明作者身份"，该添加水印的行为是否构成署名权侵权还存在讨论的空间。

2. 权利管理信息遭破坏后的救济

现行《著作权法》第48条规定了"停止侵害、消除影响、赔礼道歉、赔偿损失等民事责任"等救济形式。由于条文表述的限制，只有电子形式的"权利管理信息"才可适用。公约明确规定了缔约国需对"权利管理信息"提供救济。由于在我国，公约本身不能直接作为请求权基础在诉讼中被援引，而需经过国内法内化，在现行法规没有修订之前，将《著作权法》第47条第11款"兜底条款"作为寻求对"破坏权利管理信息责任"救济的请求权基础应为宜。

署名权基于其著作人身权性质对作者行为的判定提出了较高要求；信息网络传播过程中作者信息的易删改特性也使得署名权间接侵权理论存在探讨价值；权利管理信息和表明身份信息等非署名权控制的信息样态与署名权一起构成了署名体系。众所周知，对作品利用行为的控制是著作权价值的核心，而民事行为类型的多样性，则决定了在进行著作权研究时必须结合民法基础理论谨慎推演。

参考文献

[1] 周俊强. 署名权问题探析[J]. 知识产权, 2011(10).

[2] 何鹏. 知识产权传播论——寻找权利束的"束点"[J]. 知识产权, 2009(1).

[3] 郑成思. 私权、知识产权与物权的权利限制[J]. 法学, 2004(9).

[4] 王迁. 知识产权法教程（第四版）[M]. 北京：中国人民大学出版社, 2014.

[5] 李明德. 美国知识产权法（第二版）[M]. 北京：法律出版社, 2014.

[6] 吴汉东. 知识产权法（第三版）[M]. 北京：法律出版社, 2009.

[7] 贺荣. 北京市第二中级人民法院经典案例分类精解（知识产权卷）[M]. 北京：法律出版社, 2009.

[8] [德] M.雷炳德.著作权法[M].张恩民,译.北京:法律出版社,2004.

[9] 十二国著作权法[M].北京:清华大学出版社,2011.

[10] 郑成思.版权法(上)[M].北京:中国人民大学出版社,2009.

[11] 李锡鹤.民法原理论稿(第二版)[M].北京:法律出版社,2012.

[12] 孟勤国.物权二元结构论[M].北京:人民法院出版社,2004.

[13] 王泽鉴.不当得利[M].北京:北京大学出版社,2009.

程序篇

民事诉讼当事人诉权保障制度之立案登记制度探讨

张向荣　吴越　胡歆婷[①]

摘要：推行立案登记制度的目的是充分保障诉权。这与之前实行立案审查制度的宗旨并不违背，只是过去立案过程中混淆了起诉条件和诉讼要件，在立案阶段已对案件实行一定程度的实质审查，为当事人起诉设置了过高的标准。具体落实立案登记制度，保障当事人诉权的实现，有赖完善的制度设计。本文对立案登记制度推行的背景、理论基础等进行探讨，深入分析立案审查制度的缺陷以及所引发的不良后果，从而论证登记制度推行的必要性，并试图对立案登记制度进行程序性设计，以充分保障当事人诉权的实现。

关键词：立案登记制　诉权保障　程序设计

《中共中央关于全面推进依法治国若干重大问题的决定》中规定，"改革法院案件受理制度，变立案审查制为立案登记制，对人民法院依法应该受理的案件，做到有案必立、有诉必理，保障当事人诉权。"2015年4月1日，中央全面深化改革领导小组第十一次会议审议通过了《关于人民法院推行立案登记制改革的意见》。5月1日全国法院全面实行立案登记。至此，"登记"将取代"审查"，立案登记制成为法院受理案件的新机制。

一、立案"审查"变立案"登记"的背景

在我国的诉讼制度中，立案是开启法律诉讼程序的第一步，也是相当重要

---
① 作者单位：上海市徐汇区人民法院。

的一个环节。对于当事人提起的诉讼,我们长期实行程序审查和实体审查相结合的立案审查制度,造成审查过严,当事人反映起诉条件过于严苛,妨碍诉权实现。在立案审查制度下,当事人普遍反映"起诉难"主要体现在如下几个方面:

(1)对起诉条件要求过高。如个别法官坚持从严审查原则,硬性要求当事人在起诉时提供被告的身份信息或组织机构代码、本人与本案有直接利害关系的证明材料、相关证据的原件等,若当事人无法提供,则以材料不全而不予立案。

(2)缺乏耐心,诉讼指引工作不到位。对于一些诉状格式不符、诉讼请求不明确、缺乏起诉要件的案件,个别法官给当事人释明不够,不能一次性告知当事人限期补正、修改。而是简单地拒绝、不予立案,导致当事人多次往返法院而无法立案,从而增加当事人诉累。

(3)敏感案件,不立不裁。对于一些敏感的群体性案件,由于害怕引起集体上访和群体事件,立案法官不愿接当事人诉状,以各种理由拖延当事人,既不立案,也不出具书面不予受理裁定,致使当事人无法上诉。

(4)不及时立案,将案件长期搁置。为追求结案率,对一些当事人提交的大量批量案件、当事人下落不明、诉讼文书难以送达、判决难以执行的案件,个别法官采取先调后立、先送后立、先执后立的方式,以各种理由拖延立案,仍无法处理的,就将案件材料长期搁置。

立案,是公民启动司法程序的第一道步骤。立案制度的设置科学与否关系到立案难的问题是否能够解决,公民的诉权行使能否得到保证,实体权益能否得以更好的实现。因而,在新机制的实施过程中,我们意在以科学的理论为基础,反思现有的制度缺陷,结合国外的经验及工作中面对的实际问题,设计出一套思路清晰、逻辑严谨的实施方案。

二、立案登记制度的理论基础

当公民的权利受到侵害而提起诉讼向法院寻求保护时,立案程序即启动,这是诉权理论存在的必然结果,而案件能否最终得到法院的裁决,就需要对当事人适格以及诉的利益等问题进行独立的判断。因此立案登记制度与民事诉讼中许多基础理论有着难以割舍的联系,在研究该制度之前,有必要将其涉及的诉讼理论问题进行梳理。

(一) 诉权理论

诉权理论是民事诉讼法上一个基本的问题,长久以来,也是一个颇具争议的问题。最早出现的诉权理论是以塞维尼为代表的私法诉权理论。私法诉权说认为,民事诉权具有私权性,是私权或民事实体权利被侵害后转换而生的权利,或者是实体请求权的强制力的表现。持此说的学者认为,实体请求权是本体,而诉权则是本体的影子,即人们按照实体法构成要件享有向他人要求某物的权利,而这个要求无法满足时就可以向国家提起诉讼。因此,私法诉权理论认为在案件受理之前法院就需要对原告的资格进行审查,如果原告没有实体权利则不予受理。私法诉权说建立在私法至上的时代,忽视了诉讼的公权性,因此难免具有局限性。伴随着自由国家主义观念的兴起以及诉讼法学理论体系的发展,出现了公法诉权学说。依据该学说,诉权是不依附于民事实体权利而独立存在的,它是纠纷当事人对国家公法上的请求权,并不具有实体权利的性质。公法诉权说主张诉权是一种公权,是当事人对国家法院的司法请求权或司法救济权。

诉权是一项通过审判程序而使权利受到损害者获得司法补救的权利。这种权利对于国家来说是一种应尽的义务,而对于公民来说是一种权利,是否行使,是否开启诉讼程序取决于权利人,因此代表国家的法院有义务接受来自公民的寻求司法救济的请求。诉诸司法的权利是审判权的基础,只有先诉诸司法,才能获得公正审判的机会。民事诉权具有程序和实体上的双重含义。从程序上讲,诉权的行使旨在启动诉讼程序和从程序上请求法院行使审判权;从实体上讲,诉权的内容构成了法院审判的对象和既判力的客观范围。但这并不意味着诉权开启诉讼程序就是完全任意的,诉讼程序的开启要符合诸多条件及法定的程式。[①]

20世纪,随着人权保护运动的兴起,诸多国家和地区开始重视宪法的权威性地位,开始将诉权或司法救济权规定为宪法基本权。每个国民都一律平等地享有,诉权的行使旨在启动诉讼程序并且请求法院行使审判权,这体现了诉权具有将民事争议引入到民事诉讼中的程序功能。作为提供司法救济的国家机关来说,法院如果随意拒绝当事人诉状,就构成了对公民的宪法性的基本权利的侵害,因此,作为当事人进入司法的第一道防线,立案登记制度也自然而然地是诉权理论的应有之义。

---

① [苏] M. A.顾尔维奇.诉权(第一版) [M].康宝田,沈其昌,译.北京:中国人民大学出版社,1958,256–263.

我国传统民诉法理论认为诉讼就是通过查明并肯定主体民事权利而使它得到真正保护的一种手段，民事诉讼法的作用就是保障和维护公民的权利。从而推导出诉讼法是作为实体法的实现手段，反映在诉权理论中，所谓实体意义的诉权和程序意义的诉权之分，无非是强调起诉的权利（程序意义上的诉权）是实现满足诉的权利（实体意义的诉权）的保障；而满足诉的权利是依据实体法律规范而产生的。归根结底，诉权是依据实体法产生的权利，而诉讼法只是实现这种诉权的手段或实体法的延长线。在这种情况下，由于程序上的起诉权空洞而没有标准，法院只能基于实体上的权利来判断当事人是否具有起诉的资格，因此不难理解为什么中国现行的立案审查制度会导致"起诉难"现象的出现。①

（二）正当当事人理论

正当当事人理论是大陆法系民事诉讼理论中十分重要的概念，与此相对应的是程序当事人的概念。正当当事人，是指对诉讼标的的特定权利或法律关系能够以自己名义进行诉讼，并且具有能够要求获得本案判决的资格的人，其关注的正是起诉的原告和应诉的被告与涉诉的诉讼标的之间的联系和利益，即在什么主体之间进行诉讼才是正当的。因此正当当事人也称为实体当事人。程序当事人，不论与本案的诉讼标的有无关联，只要起诉人提交的文件符合法律规定，起诉的人和被诉的人就成为民事诉讼当事人，亦称之为诉讼法上的当事人。程序当事人的确定是从实际存在的角度，基于诉讼的记载来确定，而无须从实体上对其与诉讼标的的关系加以考察，而正当当事人则是从对作为诉讼标的的法律关系有无管理权或者处分权来加以确定，这是从"应然"的角度来考察当事人与诉讼标的之间的实体关系而提出的概念。②从我们过去对当事人的认识来看，我们总是试图从本质上全面地来把握当事人的概念，这种做法虽然看似很理性，但是实际上却恰恰无助于我们更好地理解当事人的概念，因为当事人的确定只能也必须是在诉讼开始时加以确定，如果无法确定，也就根本无法使诉讼得以启动，所以，在立案阶段所指的当事人只能是诉讼法意义上的当事人，即脱离实体权利义务关系，不以是否为实体权利义务关系主体为标准的，仅以诉讼主体主观认识为根据，能实施诉讼法上的行为，产生诉讼法上的效果的主体。诉讼法上的当事

---

① 王健. 立案登记制度探讨 [J]. 社科纵横, 2013 (12)
② 谭兵. 民事诉讼法学（第一版）[M]. 北京：法律出版社, 1997: 149–163.

人,也即程序当事人,这种当事人的根据不是客观上该当事人是否具有权利或承担义务,而是以原告主观上的认识为依据。

在我国民事诉讼理论中并没有将正当当事人与程序当事人这两个概念加以区分。针对我国的民事诉讼理论中要求原告必须是"与本案有直接的利害关系",当事人是指实体法上的当事人,即指依据法律规定,与案件处理结果具有权利义务关联的主体,也称之为当事人适格。反映在司法实践中在原告的起诉阶段中,就需要审查原告或被告是不是"法律上直接利害关系人",即不仅要审查起诉状是否符合程序上的一些要求,还要审查起诉的人和被诉的人与诉讼标的有无实质的关联,原告所诉是否属实。但是这显然已经超出了原告起诉条件的程序范畴,在起诉环节上片面强调法院在发动诉讼方面的作用,忽视了审判权和诉权的协调,为当事人起诉设置了过高的条件限制,将那些本应当由法院保护的权利诉求拒之于司法的大门之外,这种状况无论从诉讼理论上还是司法实践上来讲都是不合理的。

(三) 诉的利益理论

诉的利益是大陆法系国家的民事诉讼界定法院裁判权的标准,它承载着连接实体法与程序法的桥梁的作用,既是法院裁判权获得的前提,也是当事人诉权行使的要件。诉的利益是当事人对于特定的民事权益争议需要运用诉讼加以救济的必要性。在"无利益即无诉权"的原则下,一般认为,作为诉权要件的"诉的利益"是法院为判决的前提,"诉的利益"是诉权的权利保护要件,只有具有诉的利益的当事人才能获得法院对案件的实体判决。日本学者山木户克己认为,"诉的利益乃原告谋求判决时的利益(诉讼追行利)——它是原告所主张的利益(原告认为这种利益存在而作出主张)面临危险和不安时,为了去除这些危险和不安而诉之于法的手段即诉讼,从而谋求判决的利益及必要,这种利益由于原告主张的实体利益现实地陷入危险和不安时才得以产生。"

由于新型纠纷(环境诉讼、公益诉讼等)的出现,必须对这些纠纷予以解决。因为其权利义务的内容及权利主体的外延未必清楚,基于扩大民事诉讼解决纷争和保护权益的功能,以及实现判决形成政策的机能,应当尽量扩大诉的利益的范围。对于诉的利益的衡量,不应仅从其消极功能也应由其积极功能的角度来进行。"诉的利益"不仅是确定当事人适格的标准,同时也是确定法院对民事案件审判范围的标准,由于立案登记制度采取形式审查的方式,对于公民的起诉条件要求较低,因此就有必要在案件进入诉讼程序之后,对于是否具备当事人适格以及诉的利益等诉讼要件进行审查,并对那些不符合要件的诉讼加以驳回,这样,不仅方便当事人诉权的行使,也可以避免司法资源的浪费。[1]

三、国外立案制度概览

我国现代法律制度起源于国外,诉讼制度也在很大程度上借鉴国外诉讼制度。西方国家所采取的立案模式对我国的这次民事司法改革的重点"立案制度改革"将起到很大借鉴作用。因此,有必要对各国的立案制度进行梳理。

根据诉讼理论,只要具备诉状符合法定的形式要求和诉状被有效送达两个条件,诉讼即告成立。诉讼成立要件与诉讼要件均属于诉的合法性要件。鉴于诉讼的起诉条件主要考虑起诉要件和诉讼要件,以下主要以起诉要件和诉讼要件两个元素为参考梳理各国的立案制度。

(一) 起诉要件

1. 德国

在德国,起诉通过向法院书记处递交起诉状和向被告送达起诉状两个行为完成。递交起诉状必须具备法定的形式要求。诉状中必须指出法院和当事人、载明对象和理由。当事人即包括其与法定代理人的准确姓名、身份、职业以及可以传唤他们的通信地址等;对象和理由,即必须对标的和所提起请求权的理由进行具体说明,对对象的说明必须达到使法院和被告能够确定原告要求什么及其范围,对理由的说明则只要是使诉讼请求得以特定所需的最低限度的案件事实即可。原告起诉后,案件进入"诉讼系属"的状态,表明诉讼已经开始但尚未结束,对诉讼能力的审查依据《德国民事诉讼法》的规定进行,不具备一定条件,会导致起诉行为无效、驳回等。起诉的适法、当事人能力、管辖、代理权、法律保护之必要性等都属于诉讼要件,具备诉讼要件才产生诉的有效性,诉的有效性属于实体判决要件。

2. 日本

在日本民事诉讼中,起诉是指原告要求法院就针对被告的特定请求予以裁判

---

[1] 邵明. 论诉的利益 [J]. 中国人民大学学报, 2000 (4).

的诉讼行为,这一诉讼行为一般是通过向法院提出记载一定事项的诉状来完成的,即日本法上的起诉仅仅意味递交起诉状的行为,那么起诉条件即仅仅指递交起诉状所需要合法要件的总称,大体包括以下五个方面:

一是记载必要记载事项,包括当事人和法定代理人的表示以及请求的目的和原因。当事人的记载要求达到能特定原告和被告程度的表示。请求的目的要求是通过诉讼请求所欲获得之判决内容的结论性、确定性的表示。请求的原因要求必须在诉状上记载必要的最低限度的权利关系发生的原因事实以将诉讼标的特定;二是需要做成诉状的原告及其代理人的记名盖章(《民事诉讼规则》第21条第1款); 三是粘贴对应诉额的定额印花;四是为送达被告而准备对应被告人数的诉状副本;五是必须预交送达费用。

在日本民事诉讼实务中,诉状的受理是由书记官负责。虽然书记官也会针对诉状中上述起诉条件的错误或欠缺要求起诉人补正,但是这种要求是任意的、不具有强制性,在起诉人并未按照要求补正的情况下,书记官仍然必须受理诉状,并做好登记、编号等前期工作。但这并非意味着书记官要对起诉条件中存在的错误或欠缺视而不见,在日本,书记官将之书写于附笺上交由对诉状进行审查的裁判长处理。如果裁判长对起诉状进行审查,发现诉状存在违反必要记载事项的瑕疵时,指定适当的期限,命令原告补正;未缴纳提起诉讼的手续费的,亦同。如果其间经过原告仍然未予补正的,命令驳回诉状(第137条)。

大陆法系除了作为起诉条件的形式条件之外,还要对个别诉讼关系重大的实质条件进行审查(诉讼要件),比如德国要求审判长对一审法院是否缺少职能管辖权、是否是向不受德国审判管辖的人提起诉讼、当事人有无当事人能力、当事人有无诉讼行为能力以及是否具备法定代理权等事项进行审查;日本则允许在诉讼要件明显欠缺又无法补正的情况下,不经口头辩论即可以判决驳回诉讼,同样将诉讼要件纳入诉讼成立之前的审查阶段。

3. 英国

英国民事案件的立案由诉讼的提起与答辩构成。当事人填写法院提供的格式化文本,法院审查签发后完成案件的受理,法院只对当事人的起诉是否符合格式要求进行形式审查。[1]

---

[1] 宋旺兴.论民事诉讼立案审查制度[J].西南政法大学学报,2008(2).

4. 美国

美国民商事案件审查程序主要由诉答程序组成。美国法律认为,诉讼是当事人的私事,程序问题由当事人协商处理,法官仅审查诉状是否符合格式并作出裁决,体现了当事人自治原则。

(二) 诉讼要件

诉讼要件本身并非民事诉讼法上明文规定的制度,而是将民事诉讼法上具有共同特征的若干独立制度通过理论研究加以体系化后的结果,因此,关于诉讼要件究竟应该包括哪些类别的问题不仅在不同国家,而且在同一国家内部也是存在争议的。

在德国,诉讼要件包括法院必须对被告具有审判权、国际管辖权、法律途径的合法性以及地域管辖权、事务管辖权和职能管辖;当事人必须存在、当事人能力、诉讼能力、法定代理权和诉讼实施权;还有涉及诉讼标的的诉讼要件包括:提起的请求权必须是可诉的、诉讼标的不能在已经有其他相同目的之程序中发生诉讼系属、必须尚未对该请求权作出有既判力的裁判、诉讼标的必须能够被法律保护和需要法律保护以及诉讼必须合法提起。

在日本,诉讼要件至少包括诉之提起和诉状送达合法;受诉法院对案件具有管辖权;案件属于司法权的范围;当事人实在且具备当事人能力;当事人具有诉讼能力,而如果不具有诉讼能力,则要求其法定代理人具有代理权;当事人适格;对诉讼请求认可诉之利益;未有同一诉讼另行系属,不属于再诉之禁止、另诉之禁止,仲裁契约不存在等。

综上,各国对起诉的案件的审查大都集中于程序的事项,包括对诉讼文书格式以及记载内容是否符合法律的要求的审查,对于实体事项也都是在案件立案受理之后在审判过程中进行审理。在各国民事诉讼法中,只要纠纷起诉到法院,诉讼程序即启动,法院一般不得拒收当事人的诉状,在诉状不符合法律要求时,法院一般也只会驳回起诉状。有的国家,例如法国,虽然有规定诉讼不予受理,但是其属于在案件审理过程中的诉讼防御手段,而非在案件未进入到审理阶段即被裁定不予受理。国外各国所适用的起诉制度是为了能够尽可能地将纠纷纳入法院的审判范围内,更好地保护当事人的诉权。

四、我国现行立案审查制度存在的问题及弊端

我国实行的是形式审查和实体审查相结合的立案审查制度,我国民事诉讼法第119条[1]对起诉方式进行了明确的规定,起诉状应包括的内容规定于第120条、121条[2],这些规定符合起诉条件的要求。同时,又规定了起诉必须符合的条件,这也是立案庭在对不予受理案件出具裁定书时适用的法律依据[3]。这些规定对原告当事人适格、管辖、民事审判权的界限、不构成重复诉讼、不存在仲裁协议等构成民事诉讼中的诉讼要件。因此,我国立案庭一直是既审查当事人提交的诉状是否符合起诉条件,又审查相关诉讼请求、诉讼内容及证据材料是否符合诉讼要件。只有当起诉人提交的诉状及证据材料完全符合上述起诉条件及诉讼要件时,案件方可进入司法审理程序,计入审限。

(一) 起诉条件与诉讼要件的混同

民事诉讼法的相关规定没有将起诉条件与诉讼要件区分开来,当事人提起诉讼必须满足起诉要件和诉讼要件的全部要求。实质上上述所谓的诉讼要件都是包含在起诉条件内,并且对于这两个要件的审查也都是集中在诉讼启动前的立案审查阶段,这样的制度设计其实是由于我国对民事诉讼基本构件理论的误识而导致的,其直接后果便是在诉讼还没有开始时就对涉及案件的实体问题进行审查,而这些要件审查本应当是在诉讼开始以后,双方当事人都参与的情况下进行。诚然,法院在诉讼开始之前就对案件的实体判决要件进行审查对于诉讼经济的要求来说有其积极的一面,它能够使那些不属于法院主管或管辖、当事人不适格、有仲裁协议而排除法院管辖的案件尽早剔除在司法程序之外,这样不仅可

---

[1] 《民事诉讼法》第一百一十九条:"起诉必须符合下列条件:(一)原告是与本案有直接利害关系的公民、法人和其他组织;(二)有明确的被告;(三)有具体的诉讼请求和事实、理由;(四)属于人民法院受理民事诉讼的范围和受诉人民法院管辖。"

[2] 《民事诉讼法》第一百二十条:"起诉应当向人民法院递交起诉状,并按照被告人数提出副本。书写起诉状确有困难的,可以口头起诉,由人民法院记入笔录,并告知对方当事人。第一百二十一条:起诉状应当记明下列事项:(一)原告的姓名、性别、年龄、民族、职业、工作单位、住所、联系方式,法人或者其他组织的名称、住所和法定代表人或者主要负责人的姓名、职务、联系方式;(二)被告的姓名、性别、工作单位、住所等信息,法人或者其他组织的名称、住所等信息;(三)诉讼请求和所根据的事实与理由;(四)证据和证据来源,证人姓名和住所。"

[3] 《中华人民共和国民事诉讼法》第一百二十四条。

以防止公民滥诉造成司法资源的浪费，还能够为被告减少因应诉而产生的损失。但是，在看到其积极意义的同时，我们还必须清醒地看到这种起诉条件的设置也同样给我国民事诉讼理论的发展带来了影响。

(二) 弊端

诉讼要件作为法院受理之前提条件对待，事实上造成了我国诉讼要件制度的缺失，弊端表现：

(1) 导致对诉讼要件事项的审查缺少必要的程序保障。由于我国立案审查制度中包含的部分诉讼要件事项涉及案件的实体问题，因此，立案审查本应具有如审判程序一般相应的程序保障机制，而实际情况却是立案审查时只存在一方当事人，当事人程序参与性不足，根本无法满足民事诉讼辩论原则的要求；作为审查对象的证据也只来源于一方当事人，有违当事人诉讼权利平等原则，也无法实现法官的中立审判；法官对起诉证据的审查在无当事人在场的情况下依职权进行，又与公开审判的民事诉讼基本要求相违背。总之，缺乏必要程序保障的立案审查程序严重影响了审查结果的程序公正性。

(2) 导致后续诉讼审理产生与立案审查不一致的境况。我国现行的立案审查制度使案件在立案阶段已经进入实体审查的阶段，而很多审查内容到调解及庭审阶段必然再审一次。由于立案阶段只来自于当事人一方的陈述及证据，不可能达到程序上全面审理的标准，结果也很有可能存在偏差（如实务中某一个体因疾病与数家医院发生医疗纠纷，并将数家医院作为共同被告到不同的法院提起民事诉讼，在立案阶段，除非起诉人告知，否则立案法官基本没有办法了解到这个事实，只有在开庭审查时才能发现相关的事实）。若法官在立案阶段作出的判断在庭审的进一步审理中被否定，则意味着之前所实施的程序都是违法的，从而使现行起诉条件制度下已经开始的诉讼程序处于合法与非法之间的不确定状态。

(3) 导致司法实践中"起诉难"问题得不到根本解决。虽然，"起诉难"是由多种因素造成的，但民事诉讼法将诉讼要件置入立案条件之中，必然抬高诉讼开始的门槛；尤其在我国并没有建立律师强制代理制的情况下，相比较律师代理的案件，公民本人提起诉讼的情况更为广泛，对专业人士并不高的门槛，对大众来说可能"难于上青天"，从而对大众心理产生消极的影响，使起诉人产生"起诉难"的心理感受。

五、立案登记制度的程序设计

综上理论依据及各国的司法实践,我国将立案审查制改为立案登记制,意味着改革的决心与目标已非常明确,即要将诉讼要件从立案条件中剥离出来。符合诉讼条件的案件即符合立案的要求,应当登记在案,进入第一步司法程序,开始计算审限。对当事人而言,只要书写(包括口头)符合形式要件的起诉状,并向法院立案部门递交了起诉状,即可以获得法院口头或者书面的答复。立案登记制确立了保障诉权、便民利民、有利审理三方面的原则,但是人民法院受理的案件为"依法应当受理的案件",即当事人到法院"要告"的纠纷是否符合法院受理案件的条件,仍旧需要法律的独立评价。设计一套完整的立案登记流程的目的是要在法律框架下,保证法院在收到当事人起诉到立案之间操作的规范化与透明化。因此,新的立案登记程序除了明确法院如何对收到的材料进行登记外,还要解决两个问题:一是对当事人递交的起诉材料审查期限的问题;二是明确审查程度的问题。具体制度设计为:

(1) 接受诉状——法院收到起诉状后,对起诉状上必须记载的事项进行形式意义上的审查。必须记载的事项包括当事人基本情况、诉讼请求、事实和理由。当事人的记载要达到法院能确认特定原被告身份的程度;诉讼请求的记载应当具体、明确,表达所要通过诉讼达到的目的;事实、理由应当叙述清晰、完整,必须最低限度记载权利关系发生的事实及诉讼的依据。

(2) 立案登记——法院收到符合规定的起诉状后,可使用现有系统中的"收"字号对案件进行登记。由于基层法院窗口的日收案量较高,考虑到窗口的工作效率,登记的系统设置应做到最大限度的简便,主要由起诉人、未立案的理由及办结结果三大块组成。

(3) 诉讼要件审查——依照《中华人民共和国民事诉讼法》等有关规定,对案件进行诉讼要件的审查。根据我国的实际情况,法院专门配备具有审判职称的法官从事立案工作,由具有审判经验的法官对案件主体适格、主管与管辖、当事人有无诉讼行为能力、委托代理权限等进行尽职审查。

(4) 判断结果——符合诉讼法规定的案件,从登记字号转入调解系统("调"字号)或审判系统("民"字号);欠缺诉讼要件的,法院应当给予指导和释明,除当事人可以当场补正外,应当出具《补正材料告知书》,一次性告知需要补正的内容以及不按时补正的后果。材料需补正的,计算审限的时间从当事人补交证据材料之日,即法官将登记字号案件转为调解案件或诉讼案件开始。当事人拒绝补正或补正后仍不符合诉讼要件的,依法作出不予受理的裁定。另,对于当场判定不符合条件的案件,根据法律规定,先向当事人作口头释明工作,若当事人提出异议的,出具不予受理裁定。

(5)明确滥用诉讼的惩罚机制——立案登记制在化解"立案难"问题的同时,也带来了违法诉讼、滥用诉权等新问题。《最高人民法院关于人民法院登记立案若干问题的规定》第十六条规定:对干扰立案秩序、虚假诉讼的,根据民事诉讼法、行政诉讼法有关规定予以罚款、拘留;构成犯罪的,依法追究刑事责任。但虚假诉讼、恶意诉讼尚未明确定义,以及虚假诉讼、恶意诉讼是否属于滥用诉讼未有明确规定。因此,建议在诉讼法中以列举的形式将随意起诉、一事多诉、恶意串通、欺诈牟利等诉讼行为列为恶意诉讼、虚假诉讼,从而按规定对上述案件当事人进行惩罚,防止浪费司法资源。

参考文献

[1] [苏] M. A. 顾尔维奇. 诉权(第一版)[M]. 康宝田,沈其昌,译. 北京:中国人民大学出版社,1958.

[2] 江伟,邵明,陈刚. 民事诉权研究(第一版)[M]. 北京:法律出版社,2002.

[3] 顾培栋. 法学与经济学的探索(第一版)[M]. 北京:中国人民公安大学出版社,1994.

[4] 王健. 立案登记制度探讨[J]. 社科纵横,2013(12).

[5] 谭兵. 民事诉讼法学(第一版)[M]. 北京:法律出版社,1997.

[6] 邵明. 论诉的利益[J]. 中国人民大学学报,2000(4).

[7] 宋旺兴. 论民事诉讼立案审查制度[J]. 西南政法大学学报,2008(2).

鉴定人出庭作证制度在医疗损害责任纠纷中的运作困境及制度细刻

张雪梅　王朝莹[①]

摘要： 司法实践中，医疗纠纷案件中鉴定人的实际出庭作证率不容乐观，究其原因主要在于民诉法对于鉴定人出庭作证制度仅仅只做了原则性的规定，造成当事人滥用其申请出庭的权利，而鉴定人则多方规避其出庭义务，最终使得民诉法七十八条的规定流于形式。为提高医疗损害责任纠纷案件中鉴定人的有效出庭率，需从鉴定人出庭的权利、义务、责任三方面来设计出庭规则，明确民诉法第七十八条的可操作性和启动的条件、程序、鉴定人出庭所享有的权利、义务，拒绝出庭所需承担的责任等问题。

关键词： 医疗损害责任纠纷　鉴定人出庭作证　制度细刻

《中华人民共和国民事诉讼法》第七十八条引入了鉴定人出庭作证制度，该项制度的运用在法官缺乏医学专业知识的医疗损害责任纠纷案件的审理中，对案件事实的厘清及鉴定意见的抛光均有着重要的意义，本文结合该项制度在司法实践中面临的运作困境，在框架式的制度设计文本下进行细节化的制度设计。

一、医疗损害责任纠纷中鉴定人出庭现状及成因分析

S市X区医疗资源丰富，其中三级甲等医院即有八家，X区亦成为医疗损害责任纠纷类案件的高发区。2013年度X区法院共以判决形式审结医疗损害责任纠纷

[①] 作者单位：上海市徐汇区人民法院。

案件78件，2014年度则以判决形式审结此类案件共计88件，本文以上述案件为研究样本，从法院、当事人、鉴定人三个不同的视角来观测鉴定人出庭作证制度的施行现状及背后潜藏问题的成因。

（一）法院视角：当事人上升的申请率与鉴定人恒定的低出庭率形成对比

2013年，在X区法院以判决形式审结的78件医疗损害责任纠纷案件中，共有13件案件中的当事人申请鉴定人出庭，实际出庭的仅1例。2014年，在以判决形式审结的88件医疗损害责任纠纷案件中，有29件案件中的当事人申请鉴定人出庭，实际出庭亦仅有2例。

究其原因，在于法院对鉴定意见的依赖性使其超出书证范畴。根据民事诉讼法第七十八条的规定，启动鉴定人出庭程序的方式有两种，一为由持有异议的当事人申请启动，二为由法院依职权启动。然而根据上述数据显示，其中并无一例系由法院依职权要求鉴定人出庭作证，而面对当事人的申请，法院亦无强烈意愿希望鉴定人出庭。产生上述现象的原因在于法院过度迷信鉴定意见的权威性，即认为只需有鉴定意见足矣，无须苛求鉴定人出庭，实践中亦存在不少将"鉴定意见"称为"鉴定结论"的现象，由此也折射了鉴定意见在医疗损害责任纠纷案件审理中的决断性地位。然而"鉴定意见"仅仅是证据形式的一种，而非最终结论，从形式上看，鉴定意见作为一种意见证据，与裁判者作出的事实认定一样都是在一定事实基础之上运用判断力得出的结论，只是因鉴定人在医学领域相对于普通人占有知识上及经验上的优势，因此使得鉴定意见具有较高的权威性，但是它绝不能取得与裁判者作出的事实认定那样有同样的终局性的效力。因为，一方面，事实认定是司法权的一部分，只能由享有司法权的主体作出，鉴定人非司法权主体；另一方面，鉴定意见大部分都是建立在科学知识的基础上，这是其作为证据的优势，但同时也使它难以摆脱科学本身的局限性。

（二）当事人视角：对"持有异议"作泛化认识增大申请随意性

当事人在申请鉴定人出庭时具有较大的随意性，即只要鉴定意见不符合其最初预期，其即可以泛化的异议理由向法院申请鉴定人出庭作证。在张某诉某医院医疗损害责任纠纷一案中，其主张鉴定意见系各大医院医生作出，故"鸟儿不啄同类鸟儿的眼睛",以此推定鉴定意见缺乏公正性,故申请鉴定人出庭作证。

这种现象也表明,鉴定人出庭条件的细化设定缺失。我国民事诉讼法仅规定了当事人对鉴定意见持有异议时,鉴定人即需出庭作证。但并未对异议的构成要件作出细化的规定,这就使得当事人对"异议"作出日益扩张的泛化解释,并使得鉴定人针对此般缺乏必要审查和滤删的形态各异的"异议"最终丧失重视度。因此,如何去细化设定异议的类型或构成条件,从而真正使得当事人不滥用其基于"异议"的申请出庭权,并使得此类"异议"对于鉴定人的最终出庭具备合理的约束性,这一细化具有重要的意义。对异议类型进行筛选、甄别,亦可以在审判人员释明权所及范围与鉴定人出庭作证范围之间作出合理的划分。故,笔者亦将在后文针对这一问题做进一步的研究。

(三)鉴定人视角:多种顾虑挫败鉴定人出庭意愿

鉴定人出庭的主要顾虑包括:担心出庭后受到当事人骚扰;日常工作繁忙,容易和开庭冲突;鉴定意见系多位专家合议作出,个人观点与鉴定意见不一致会推翻鉴定意见;个人意见已经融入鉴定意见,出庭亦只是对鉴定意见的赘述,无实质意义等。

这些顾虑也反映出对鉴定人出庭权利的保护及自身义务觉知的双向缺失。在医疗损害责任纠纷中,因鉴定周期普遍较长,大部分当事人因其最终对鉴定预期的落空,容易产生焦虑、激愤情绪。对这类情况,鉴定人对其个人权利保护的担忧确实有其合理性,如何设定相应的规则来切实保护出庭的鉴定人的人身权及财产权,需要作出进一步的探讨和论证。另外,现阶段,大部分鉴定人对其出庭作证的性质并没有清晰的认识,并视其自身的出庭作证为一种选择性的服务,因此在面临其他工作、生活安排时,均将出庭作证置于其行程列表的最末项,并最终导致鉴定人的出庭作证率无法得到切实的保障。

二、理论规则对医疗损害责任纠纷中鉴定人出庭制度设计的原则性护航

(一)重新鉴定的审慎启动原则为鉴定人出庭制度设计培育生长土壤

重新鉴定是法律规定的正当程序,同时亦可通过聘请鉴定能力更强的鉴定

人，利用更先进的鉴定设备，对更完备的鉴定检材进行重新鉴定，增加鉴定意见的客观性，且在不同鉴定人对同一鉴定事项进行不同的多角度分析、判断的过程中，形成对鉴定事项的全面认识，减少鉴定错误，最终保障当事人的合法权益。[①] 然而若对重新鉴定的启动条件不加限制，那么就会造成重新鉴定启动的随意性，并最终影响诉讼的公正和效率。因此在《最高人民法院关于民事诉讼证据的若干规定》中对重新鉴定的条件作了明确的规定，即在当事人提出证据证明存在鉴定机构或者鉴定人员不具备相关的鉴定资格、鉴定程序严重违法、鉴定结论明显依据不足、经过质证认定不能作为证据适用的其他情形时，法院应当准许重新鉴定。由此可见我国法律对于重新鉴定启动条件的应然性规定是比较严格的，然而在实务操作中重新鉴定的启动却具有随意性，以X法院为例，若首次医疗损害责任鉴定由区医学会作出，只需当事人对鉴定意见持有异议，而无论异议种类，法院均准许该案由S市医学会作出重新鉴定。纵观审慎启动重新鉴定的应然性规定与实践中重新鉴定启动的随意性之间的差距，究其原因在于尚无有力措施可以替代重新鉴定来保障当事人对鉴定意见的深度知悉权及异议权。鉴于此，对鉴定人出庭制度进行细化设计则有其存在的必要性，在当事人的异议尚未达到重新鉴定的启动条件时，可以对申请鉴定人出庭的条件做略宽松于重新鉴定启动条件的规定，使得部分重新鉴定可以通过鉴定人的出庭作证予以化解，如此一方面有助于恪守重新鉴定的审慎启动原则，确保诉讼效率，另一方面亦可通过鉴定人的出庭陈述答疑当事人或法院对鉴定意见的困惑，确保诉讼公正。

（二）直接言辞原则为鉴定人出庭制度设计提供学理基础

直接言辞原则是国际上普遍承认的诉讼原则，它包括直接原则和言辞原则两个方面。直接原则强调证据方法的直接性，要求法官必须亲自听取鉴定人的鉴定意见；言辞原则要求鉴定意见应由鉴定人口头陈述，而非书面化的鉴定意见。[②] 直接言辞原则强调法官的亲历性，只有法官与当事人、鉴定人"面对面"，通过鉴定人对鉴定涉及事项的说明、答疑等活动传递的信息，法官才能对鉴定意见的可靠性作出判断，一方面，因为鉴定意见的专业性使得法官、当事人易对鉴定意见所体现的书面陈述存有认知盲点；另一方面，有研究表明，人与人之间的沟

---

① 黄维智. 鉴定证据制度研究[M]. 北京：中国检察出版社，2005：226.
② 郭华. 鉴定意见证明论[M]. 北京：人民法院出版社，2008：102.

通有50%以上是靠身体语言,例如眼神、声音、小动作、身体姿势等有关身体语言影响人们心证的生动描述。①因此,直接言辞原则有助于法院发现真实和提高效率。对鉴定人出庭制度进行细化的设计也是直接言辞原则的内在需求。

(三) 程序正义为鉴定人出庭制度设计树立价值追求

正当程序制度起源于英美法系,但其在保障裁判的公正性与效率性上的作用则日益受到大陆法国家的重视。"正当程序发挥作用主要通过确立法的空间内的角色和保障理性判断的具体制度来实现"。②因此,根据正当程序的要求,制度的设计应该满足对理性判断的保障。在医疗损害责任纠纷案件的审理中,其所呈现的专业度高的特点使得鉴定意见对于最后事实的认定具有关键作用,但鉴定意见不可取代法官的裁判权而直接作为定案依据。如何使得法官对鉴定意见作出理性的判断对实现程序正义有着重要意义。威格莫尔曾经断言:"如果不考虑政治制度等更加广泛的因素,则交叉询问制度,而不是陪审团审判制度,才是英美法系的法律制度对于改善审判程序的方法所做的最伟大、最长久的贡献。"③交叉询问制度为控辩双方提供了平等质证与辩论的机会,控辩双方平等沟通,充分发表自己的意见,审判真正成为诉讼的中心,从而保障了程序正义。④对鉴定人出庭制度进行进一步的设计从而切实提高鉴定人的出庭率,可以使得鉴定人接受对方的交叉询问,使法庭能够通过一种更加理性、民主的方式去发现、确认事实真相,最终确保裁判结果的正当性。

三、国内外立法对医疗损害责任纠纷中鉴定人出庭制度设计的细节性借鉴

(一) 鉴定人出庭制度的程序性规定

1. 信任与威慑:担保方式之选取

鉴定人出庭如实作证是法庭发现案件事实真相的基础,也是对其出庭作证的基本要求。因此,各国对鉴定人出庭作证的担保方式作出了不同的规定,大致

---

① [美]盖瑞·史宾塞.最佳辩护[M].北京:世界知识出版社,2003:61.
② 徐继军.专家证人研究[M].北京:中国人民大学出版社,2004:19.
③ 易延友.中国刑诉与中国社会[M].北京:北京大学出版社,2010:165.
④ 杨立新.证人、鉴定人出庭作证制度研究[J].人民检察,2012(5).

可以分为三种：第一种系不含惩罚性后果的单纯宣誓保证。此以法国为代表，"如有必要，鉴定人应宣誓以自己的荣誉和良心协助公正审判以后，当庭宣誓他已进行的技术鉴定结果……"第二种系法官告诫融合证人宣誓。此以意大利为代表，"询问鉴定人和技术顾问遵循有关询问证人的可适用的规定。""在询问之前，庭长告诫证人有义务说实话……还告诫证人承担哪些刑事法律为虚假证明或沉默行为规定的责任，并要求证人发表以下声明：'我意识到作证的道德责任和法律责任，保证全部讲实话并且不隐瞒任何我所知晓的情况'"。①第三种系书面具结保证。《俄罗斯刑事诉讼法典》第269条规定："审判长应向鉴定人说明本法典第57条规定的权利和责任，对此鉴定人应进行具结保证，其保证书应归于审判庭笔录。"

2. 职权主义与当事人主义

鉴定人质询方式之对抗。大陆法国家采取职权诉讼模式，将"鉴定人"视为"法官的助手"，将鉴定人出庭作证作为对国家所尽的一项法定义务，在鉴定人接受质证程序中一般采用"以法官询问为主、当事人询问为辅"的职权主义模式，鉴定人在质证程序中不必然导致与当事人的直接对话，其沟通一般通过法官进行，只有进行法官安排，鉴定人与当事人之间的对质才有可能发生。英美法系采取当事人主义，法官处于消极、被动的地位，对鉴定人的质询主要通过提供鉴定人一方当事人的主询问、对方当事人的反询问、提供鉴定人一方当事人的复主询问及对方当事人的再次交叉询问进行。法庭只需要对询问和提证的方式和顺序进行合理的控制即可。②

3. "分治认证"与"并合认证"

认证模式对鉴定人出庭的影响。大陆法国家，由于案件事实认定与法律问题的判断均属于法官的职权，且鉴定人被视为法官的"助手"，因此大陆法国家将鉴定意见证据能力与证明力在审判中进行并合认证。英美法国家，由法官对鉴定意见的证明能力进行预先认证，这包括对鉴定意见的程序合法性、必要性、生成方法的可靠性等进行认证，其后则由陪审团对鉴定意见的证明力进行认证，最后由法官通过自由心证决定采信与否，由此形成了分治认证模式。在并合认证的模

---

① 郭华. 鉴定意见证明论[M]. 北京：人民法院出版社，2008：251.
② 《美国联邦证据规则》第611条（a）款："法庭应当对询问和提证的方式和顺序进行合理的控制，以便于①使得询问和提证的效果有利于发现真实，②避免不必要的时间耗费，以及③保护证人免遭骚扰和免受不适当之尴尬。"

式下,鉴定人可能只需要出庭一次,然而其在出庭前的准备工作涉及范围较为庞杂。在分治认证模式下,鉴定人则可能需要出庭两次,然而鉴于两次认证有其明确的针对对象,鉴定人的准备工作可更具针对性。

(二) 鉴定人出庭制度的实体性规定

1. 必要性与可能性:鉴定人不予出庭的权利

现有国内外立法多以逆向排除的方式来确定鉴定人出庭的可能性,经笔者归纳,鉴定人不能到庭的情形主要包括如下几种:(1)鉴定人死亡或者居所不能查明;(2)年迈体弱不能到庭;(3)路途遥远不能到庭;(4)不可抗力导致其无法出庭。然而确立鉴定人出庭的必要性则是探讨出庭可能性的前提,四川省成都市高新区法院《关于鉴定人出庭作证的若干规定(试行)》第8条规定:"下列情形,司法鉴定人可以不出庭:(一)所作鉴定结论经过法庭质证,控辩双方均无异议,仅是标点、校对或语言不当方面的失误;(二)鉴定结论由两人以上共同作出,且鉴定意见无分歧的,已有一鉴定人出庭;(三)鉴定结论已经被新的鉴定结论所取代,且该鉴定结论对案件事实的认定、法律适用不起决定作用……"上述规定则涉及对鉴定人出庭必要性的认识。

2. 直接拒绝与法官限制:鉴定人拒绝回答询问的权利

国外立法通过设定鉴定人可拒绝回答询问的范围并赋予法庭限制的权利,从而使得鉴定人在法庭的控制保护下可对相关询问不予答复,《美国联邦证据规则》第611条(a)规定法庭应当对询问证人和出示证据的方式和次序加以合理的控制,做到:(1)使询问和出示证据能有效地帮助确定事实真相;(2)避免不必要的浪费时间;(3)保护证人不受折磨或不正当的非难。德国亦有规定,法官在必要时可以依职权随时阻止、限制、制止当事人对鉴定人的询问。[1]因此,在国外立法中,鉴定人若要拒绝回答询问多需要通过法官限制来实现。我国《司法鉴定人登记管理办法》第21条则规定:"司法鉴定人享有下列权利:……(五)拒绝解决、回答与鉴定无关的问题……"该规定即明确鉴定人可对相关属于拒绝询问范围内的问题予以直接拒绝而无须通过法庭。

3. 经济保障权与诉讼法责任:鉴定人出庭作证的保障

国内外立法对于鉴定人出庭的经济权利都予以肯定式答复,《美国联邦证

---

[1] 郭华.鉴定意见证明论[M].北京:人民法院出版社,2008:186.

据规则》第706条（b）规定："指定的专家证人有权在法庭允许的数额内获得补偿……"我国的《司法鉴定人管理办法》第21条规定："司法鉴定人有下列权利：……（八）获得合法报酬……"针对拒不到庭的鉴定人，国外立法规定了罚款、拘留等强制措施，亦规定可以逮捕或以藐视法庭罪给予处罚。我国《中华人民共和国民事诉讼法》第78条规定："……经人民法院通知，鉴定人拒不到庭作证的，鉴定意见不得作为认定事实的根据；支付鉴定费用的当事人可以要求返还鉴定费用。"

（三）对我国医疗损害责任纠纷中鉴定人出庭制度细化设计的借鉴意义

医疗损害责任纠纷中的鉴定人有着一般鉴定人的共性，但又有其一定的特殊性。这类鉴定人多是各大医院中某个医学领域的知名专家，具有丰富的临床实践经验，其并不全职隶属于某个鉴定机构，其参与医学会组织的医疗损害责任鉴定系其在履行本职医疗工作之外的附加性工作，考虑其职业特性，在借鉴相关立法实践时应该作出一些适应性改变，从而使得最后的细化性制度设计能够发挥积极有力的作用。

关于担保方式的选取，结合医疗损害责任纠纷鉴定人作为一名高级知识分子的职业特性，且考虑在我国的司法实践中，医疗损害鉴定大多由法院委托医学会进行，因此鉴定人并非作为一方当事人的证人出庭，具有一定的中立性，故对该制度的设计可在更大程度上本着信任、尊重的态度，以维护鉴定人的个人尊严。笔者认为可以借鉴法国的做法，即由鉴定人作出不含惩罚性后果的单纯宣誓保证，从而使得担保方式能更好地体现鉴定人基于认识、理解而产生的自主意愿。

关于质询方式，笔者认为可以将职权主义与当事人主义做适度的融合，这样既有助于双方当事人在适度的对抗中充分质询，从而发现事实的真相，亦可以保证其对抗不致拖延、反复、冗长。

关于认证模式，从本文第一部分可以得知，鉴定人日常医务工作的繁忙度亦是影响其出庭率的一个重要因素，因此若采用分治认证模式，由法官对鉴定意见的证明能力进行庭前认证，就避免了庭审时间的相对固定性对鉴定人出庭造成的影响。且根据司法实践，鉴定意见实质内容的专业性决定了大部分当事人的异议主要针对鉴定依据、鉴定程序合法性展开,而这类异议多属于对鉴定意见证明能力的异议,均可在庭前进行认证。

关于鉴定人出庭条件,笔者认为应该综合考虑鉴定人出庭的必要性及可能性,从正向的必要性条件设定与逆向可能性条件排除来确定鉴定人出庭条件。

关于鉴定人拒绝回答询问的范围与方式,应综合国内外立法规定,进行全面设定。

关于鉴定人法律责任的承担,笔者认为我国民事诉讼法第七十八条规定的诉讼法责任并未对鉴定人造成约束力,即便鉴定人本身具有一定替代性,但现状会使得最终没有任何替代性的鉴定人出庭作证,故笔者认为应考虑在细化的制度设计中引入国外的制裁性措施。

四、以"权、责、义"为核心的三维化制度设计

(一)医疗损害责任纠纷鉴定人出庭作证的权利构建

1. 拒绝、延期出庭的权利

(1)实体性规则。除了需明确鉴定人必要出庭的情形外(以下第二部分将详细论述),亦需探索鉴定人出庭的可能性,该问题关涉鉴定人拒绝出庭、延期出庭的权利的明确,通过正向列举及反向排除两方面的论述,方可全面设立鉴定人出庭的基础性条件。笔者认为,鉴定人可拒绝出庭的情况如下:①当事人仅对鉴定意见中的标点、笔误、用语不当存在异议。②当事人的异议内容仅基于个人主观推测而无实质客观依据。③鉴定人因重病、死亡、失踪而无法出庭。鉴定人可申请延期出庭的情况如下:①因自然灾害等不可抗力导致鉴定人无法按时出庭。②鉴定人因临时性紧急诊疗任务、科研任务等而无法按时出庭。③其他无法按时出庭的特殊情况。

(2)配套同位。①程序性规则:鉴定人若因存在拒绝出庭或延期出庭事项,应在收到法院的出庭通知之日起五日内向法院提交不予出庭或延期出庭申请,法院应在收到申请后五日内作出是否准予的决定。②特别备注:鉴于医疗损害责任纠纷案件中鉴定人多系各家医院的知名专家,若其系因重病而拒绝出庭,应提供更为全面的病历资料,例如摄片、诊断报告等客观病史材料。其中"其他无法按时出庭的特殊情况",应该由法院根据实际情况做较为严格的解释。

2. 出庭方式的选择权

（1）实体性规则。当事人的异议若只针对鉴定意见的证明能力提出（例如鉴定人的资质、回避等问题），可采用"分治认证"模式，即在庭前进行公开式的电话询问，因为这类问题通常不涉及鉴定意见的实质内容，较易作出答复，故采取这种变通的出庭方式可有效缓解鉴定人的出庭负担。当事人若对鉴定人有暴力倾向或对鉴定人曾有过骚扰行为，可采取音频隔离的方式对鉴定人进行质询。

（2）配套同位。①程序性规则：鉴定人若申请以电话质询的方式出庭，应在接受质询前十日将相关书面证明材料提交法院，由法院寄交双方当事人阅看。鉴定人若申请音频质询，则应在收到出庭通知后五日内向法院提交申请，以便法院及时调整法庭安排。②特别备注：若以电话方式进行询问，应事先由鉴定人填写通信电话确认书。采用电话、音频方式进行质询应制作介质资料予以保存。

3. 特定问题的拒绝回答权

（1）实体性规则。有以下情形之一的，鉴定人有权拒绝回答：①发问内容与鉴定无关；②发问内容重复；③以威胁恐吓的方式进行发问；④发问内容有损鉴定人合法利益；[①]⑤发问内容在鉴定意见里有明确答复，且以一般人的理解能力可以认知。

（2）配套同位。①程序性规则：当事人发问内容若属于上述鉴定人有权拒绝回答事项中的二至四项，鉴定人可以直接向当事人表示拒绝回答并说明拒绝回答的理由。若当事人发问内容属于鉴定人可拒绝回答事项中的第一项及第五项，鉴定人应向法官提出申请，由法官决定是否予以限制。②特别备注：若鉴定人拒绝回答或经法官限制后，当事人再次以同样方式、内容发问，该方当事人将失去提问权。

4. 人身、财产不受侵犯权

（1）实体性规则。对恐吓、威胁、打击报复出庭作证的鉴定人及其近亲属的，人民法院应该及时采取有效保护措施。必要时迅速移交公安部门进行处理，并依法追究法律责任。鉴定人有权取得因出庭作证而产生的含交通、食宿、误工损失等合理费用在内的出庭作证费。

（2）配套同位。①程序性规则：鉴定人出庭费用应该由申请鉴定人出庭的一方当事人垫付，由法院依职权通知鉴定人出庭的则由法院垫付，若患方申请鉴定

---

① 郭华. 鉴定意见证明论[M]. 北京：人民法院出版社，2008：186.

人出庭但生活困难，应由医方垫付。鉴定人出庭费用的最终承担方式：若异议成立改变鉴定意见，则根据修正后的鉴定意见以鉴定费的负担确认原则来处理鉴定人出庭费用；反之则根据原有鉴定意见以鉴定费的负担确认原则来处理鉴定人出庭费用。当事人无故不预交鉴定人出庭费用的，人民法院不再通知鉴定人出庭。②特别备注：一方面，业务部门应与内设财务部门做好沟通，申请专项经费，用以司法鉴定人出庭作证的经济补偿；另一方面，业务部门应与内设法警队、司法装备部门协同开庭，对人身、财产安全可能受到威胁的鉴定人，在出庭日联系法警陪同、警车接送，预防当事人及亲属围攻谩骂鉴定人的现象发生。出庭费用中的误工损失应综合考量鉴定人的一般工资收入及其外出会诊收入，笔者在对S市医学会的鉴定专家进行问卷调查后认为，鉴定费用设定为1000元左右较为合理。

（二）医疗损害责任纠纷鉴定人出庭作证的义务设定

1. 必要情形下出庭的义务

（1）实体性规则。若存在以下情形，经当事人申请或经法院依职权通知，鉴定人有必要出庭：①当事人对鉴定意见中影响案件事实认定的关键内容或对影响鉴定意见采信的鉴定程序存在异议，且提供一定的客观依据；②两次鉴定意见存在实质性的变化或冲突，需要两次鉴定的鉴定人员各自说明理由的；③专家合议书显示鉴定人员内部存在重大意见分歧，需要说明达成目前结论的理由；④鉴定意见的字面表述语焉不详，影响正常理解；⑤双方当事人对鉴定意见均存有异议，且尚不足以启动重新鉴定。

（2）配套同位。①程序性规则：当事人应在收到鉴定意见后五日内向法院提出书面申请，申请书内应载明异议内容及异议的依据。法院在收到当事人的异议申请后五日内作出是否通知鉴定人出庭的决定，若符合上述情形，法院应通知鉴定机构安排鉴定人出庭，若不符合上述情形，应以口头或书面的形式驳回当事人的申请。②特别备注：鉴定机构在收到法院的鉴定人出庭通知后，应该协助法院在五日内确定出庭的鉴定人员名单。

2. 如实作证的义务

（1）实体性规则。鉴定人在法庭上应当客观、公正、全面、如实地陈述鉴定过程与意见，不得作虚假的陈述或片面地表达意见。

（2）配套同位。①程序性规则：鉴定人出庭时，应忠实法律向法庭宣誓。宣誓内容为：我愿以我的荣誉、良心及所掌握的专业知识，尽已所能协助法院的公正审判。②特别备注：法院可在庭前告知鉴定人根据民诉法解释第一百一十九条的规定，证人出庭应该签署保证书，并需要明确做伪证的法律后果。对比其自身的担保方式，可使得鉴定人认识到司法对其信誉、专业的充分信任。

3. 全面接受质询的义务

（1）实体性规则。鉴定人应在其于庭前收到的异议申请书所列问题的范围内全面接受当事人、法官对其所进行的质询。

（2）配套同位。①程序性规则：当事人申请鉴定人出庭的，应先由申请人一方向鉴定人进行质询，再由对方当事人结合申请方的提问内容及鉴定人的回答向鉴定人做进一步质询，随即再由申请方对对方当事人提出的事项以动摇、削弱对方主张为目的对鉴定人进行询问，最后由对方当事人对鉴定人再做询问。此中若任何一方一旦出现重复另一方提问的情形时，法院即可终止这一询问程序，而由法院进行补充询问。若法院依职权通知鉴定人出庭，则由法院对鉴定人进行质询，当事人经法院许可可对鉴定人进行质询。②特别备注：若有多名鉴定人出庭接受质询，则质询应该分别进行，防止鉴定人之间互相影响。

4. 做好出庭准备的义务

（1）实体性规则。鉴定人在收到出庭通知书后应认真做好出庭准备，一方面准备好包括身份证、医师执业证、医师资格证、鉴定人资格证书等在内的相关证件及证明文件；另一方面应根据当事人的异议内容做好针对性准备。

（2）配套同位。①程序性规则：鉴定人若有书面辅助证明材料需提交法院，应在开庭前十日内将上述证明材料的复印件提交法院。法院应将书面培训材料在开庭前十日内送达鉴定机构。②特别备注：在鉴定人正式出庭前应对其进行恰当的培训从而使其明确知晓自身所享有的权利及需履行的义务。可结合鉴定人的主观意愿、学历水平，并考虑法院的工作状况，通过书面培训的方式将相关权利、义务及法庭上的注意事项等在庭前对鉴定人进行培训，从而使得鉴定人能更好地协助审判。

（三）医疗损害责任纠纷鉴定人出庭作证的责任构建

1. 应当出庭而拒绝出庭的责任

（1）实体性规则。经人民法院通知，鉴定人无正当理由拒不出庭作证的，鉴定意见不得作为认定事实的根据,鉴定人收取的鉴定费应予以返还。人民法院对经依法通知出庭作证的鉴定人没有出庭的,除对违反法庭规则的可以依法处理外,应当将有关情况及时移送其所在的管理部门处理。

(2)配套同位。①程序性规则:卫生行政部门或省级司法鉴定管理部门在接到人民法院移送的材料后,对材料进行审查,对首次收到人民法院作证通知书而不出庭的鉴定人,予以警告,责令改正;对经人民法院依法两次传唤无正当理由拒不到庭或者出庭后拒绝回答与鉴定有关的问题的,给予停止鉴定业务三个月以上一年以下的处罚,并在业内进行通报;对经人民法院依法三次以上传唤无正当理由拒不到庭或者到庭后经警告仍然拒绝回答与鉴定有关问题的,将其从专家库中除名或撤销登记,并在业内通报。卫生行政部门或省级政府司法行政部门应当依法及时作出处理,并将处理决定抄送人民法院。②特别备注:鉴于医疗损害责任纠纷中的鉴定人较大部分系各大医院医务人员,故在作出处理决定时亦应指明其所就职的单位及任职情况,详细列明处理事由及处理决定,并将处理决定告知鉴定人的供职单位,并建议录入个人奖惩信息。

2. 出庭时未如实作证的责任

(1)实体性规则。鉴定人出庭故意弄虚作假,隐匿事实真相,妨碍司法活动的,应追究其诉讼法责任,亦可追究其民事责任。

(2)配套同位。①程序性规则:鉴定人出庭未如实作证,人民法院可以根据情节轻重对其进行罚款、拘留;一方当事人若认为鉴定人未如实作证造成其民事权利受到损害,亦可向法院提起民事诉讼,要求鉴定人承担相应的侵权赔偿责任。②特别备注:人民法院应将对鉴定人的处罚决定告知卫生行政部门或省级司法鉴定管理部门,由其进行业内通报。

参考文献

[1]郭华.鉴定意见证明论[M].北京:人民法院出版社,2008.

[2]徐继军.专家证人研究[M].北京:中国人民大学出版社,2004.

[3]易延友.中国刑诉与中国社会[M].北京:北京大学出版社,2010.

[4]杨立新.证人、鉴定人出庭作证制度研究[J].人民检察,2012(5).

[5][美]盖瑞·史宾塞.最佳辩护[M].北京:世界知识出版社,2003.

破产案件简化审理的程序设计与机制保障

段宝玫　孙建伟[①]

摘要： 破产案件简化审理在提高破产审判效益、优化司法资源配置、促进市场经济发展等方面具有重要的现实意义。破产案件简化审理方式既是基于实践的需求，以最大化发挥破产法社会功效的现实考虑，亦对我国破产简易程序立法具有一定的参考价值。本文在借鉴域外破产简化审理程序立法模式的基础上，立足于我国现有小额诉讼制度，对我国破产案件简化审理在适用范围、启动模式、具体事项、费用负担等方面提出可操作的建议或思考，并分析了相应的保障机制。

关键词： 破产　简化审理　程序设计　机制保障

企业破产程序是维护市场经济秩序，确保市场经济持续健康发展的制度保障。2007年6月1日施行的《中华人民共和国企业破产法》是我国市场经济发展的重要进步，其对优化资源配置、化解市场风险有重要意义，然而其中所规定的破产程序复杂、耗时长、经济成本高，难免使一些中小微企业[②]望而却步，使破产法律制度未能充分发挥其社会功效。据统计，《企业破产法》实施以来，每年有近100万家中小微企业倒闭，但全国法院每年受理的破产案件数量却呈逐年下滑趋势。[③] 究其缘由，破产案件程序复杂，成本高，审理时限长是重要原因之一。

2013年《中共中央关于全面深化改革若干重大问题的决定》提出，要健全优胜劣汰市场化退出机制，完善企业破产制度。其中，一个重要方面就是要建立健

[①] 作者单位：上海商学院；上海市徐汇区人民法院。
[②] 王政. 中小微企业占企业总数99.7%[N]. 人民日报，2012-5-31.
[③] 徐建新. 破产案件简化审理程序探究[M]. 北京：人民法院出版社，2015：1.

全市场化、简易化、法治化的企业破产法律制度,以更好地适应和满足高速增长的中小微企业破产保护的需要,促进混合制经济发展,推动经济转型升级。

遗憾的是,我国现行破产法并未设立简易破产程序。因此,在我国积极推动中小微企业发展的背景下,设立破产案件简化审理程序,是保障中小微企业有序退出市场的客观需要;在"执行转破产"制度逐步完善的前提下,设立破产案件简化审理程序,是积极应对大量企业破产案件涌入法院的现实需要。一言以蔽之,破产案件简化审理因时而需,势在必行。本文拟对破产案件简化审理的现实意义、模式借鉴及简化审理的适用范围、启动模式、简化事项等进行深入分析,并对破产案件简化审理的保障机制进行详细论证,以期形成破产案件简化审理的可复制模式,并对我国破产简易程序的立法构建提供参考。

一、破产案件简化审理的现实意义

(一) 提高破产审判效益的客观需要

当事人利益诉求的多元化、纠纷类型的多样性、司法资源的有限性等因素决定了民事诉讼程序的多元性。"程序相称"是构建多元化的民事诉讼程序的基本原理。据此,程序的设计应当与案件的性质、争议的金额、争议事项的复杂程度等因素相适应,由此使案件得到妥当处理。[①]在法律的众多价值目标中,公正应当是最重要的,但公正必须是有效率的,迟到的公正不是真正的公正。如果案件久拖不决,公正迟延,则在某种意义上相当于公正被剥夺。评判中小微企业破产案件处理效果的基准不是被拯救的企业个数,而是看破产程序的适用是否有效并快速解决问题。然而,按照现行破产法之规定,一般破产案件从申请到程序终结,最快也需要半年时间。就中小微企业破产案件而言,平均审理期限也在300日以上,且平均审理天数总体呈逐年递增趋势。[②]破产程序每延长一天,破产财产有形损耗、无形损耗及流失的风险就大一分,当事人的诉讼成本也会随之增加。破产案件审理周期长,显然不利于保护债权人、债务人的合法权益,这是许多债权人不愿意申请债务人破产的一个重要原因,也是近年来破产案件数量逐年下滑的症结所在!

---

① 刘敏. 论我国民事诉讼法修订的基本原理[J]. 法律科学, 2006 (4).
② 对上海法院审判管理系统2010—2014年破产案件的相关数据进行统计、分析得出该结论。

"公正作为诉讼程序唯一价值目标的历史已离我们远去,效益无可争辩地成为诉讼程序的另一个重要价值目标。"[①]因此,我们应当根据破产案件的繁简程度设计不同的破产程序,以最大限度地满足负债程度不同的债务人清理债务或者债权人实现债权的要求,特别是对于中小微企业而言,适用简化审理程序更能减少当事人的投入,实现破产法的效益价值。

(二) 优化司法资源配置的客观需要

《最高人民法院关于适用〈中华人民共和国民事诉讼法〉的解释》第513条规定:"在执行中,作为被执行人的企业法人符合企业破产法第2条第1款规定情形的,执行法院经申请执行人之一或者被执行人同意,应当裁定中止对该被执行人的执行,将执行案件相关材料移送被执行人住所地人民法院。"该司法解释第514条、第515条、第516条的规定,则进一步细化了民事执行程序和破产程序的衔接要素,明确不能清偿全部债务的企业法人如果不能进入破产程序,则按照采用执行措施的先后分配财产,排除"参与分配制度"对企业法人的适用,以实现"倒逼"不能受偿的债权人及时申请债务人企业破产的目的。此外,根据《最高人民法院关于正确审理企业破产案件为维护市场经济秩序提供司法保障若干问题的意见》《最高人民法院关于债权人对人员下落不明或者财产状况不清的债务人申请破产清算案件如何处理的批复》等法律文件,以及最高人民法院第九批指导性案例确定的规则,已经明确了清算义务人的责任,这客观上对企业投资者不履行清算义务、不走市场退出程序形成了压力,一定程度上也会倒逼清算义务人履行清算义务。此外,部分不掌握企业控制权的中小股东,也会因无法摆脱自身被诉或被申请强制执行,而请求启动原本无意推动的企业市场退出程序,免除自身责任,提起破产申请。上述种种促成了债务人意图通过市场退出程序彻底摆脱自身责任的局面。故今后破产案件将会呈现逐步递增的态势,人民法院"案多人少"矛盾将更加突出。

司法资源是有限且紧缺的,破产案件亦具有复杂和简单之分,且简单破产案件居于多数。若这些企业的破产均须按复杂的一般程序审理,必然会造成司法资源浪费。相反,将破产案件繁简分流,复杂案件适用严格的一般程序审理,简单案件适用简便、快捷的简化程序审理,充分适用"程序相称"原则,如此一来,

---

① 李祖军.民事诉讼目的论[M].北京:法律出版社,2000:81-82.

可以大幅度降低司法资源消耗，化解人民法院"案多人少"的矛盾，进一步优化司法资源的配置。

(三) 促进市场经济发展的客观需要

改革开放以来，民营经济迅速崛起，市场经济主体呈多元化发展。在新的经济主体涌入市场的同时，必然有部分丧失了经营能力的经济主体要退出市场，这是市场经济优胜劣汰的客观规律。让丧失了经营能力的经济主体及时退出市场，是维护市场经济健康有效发展的必然要求。现行企业破产法明确其不仅适用于所有企业法人，而且企业法人以外的其他组织破产清算亦参照适用该法，但是其中并未设立简易破产程序。据不完全统计，我国中小微企业占到企业总数的99.7%，小微企业占到企业总数的97.3%；但我国中小微企业的平均寿命仅为2.9年，每年有近100万家中小微企业倒闭。[①]这些企业资产数额较小，结构简单，债权债务关系明确。而现行破产程序耗时长、程序繁杂，导致大量实际已经结束经营的中小微企业宁可落下一个烂摊子也不愿意主动进行破产清算。事实上，现行破产法实施以来，我国每年破产案件的收案数量一般稳定在3000件左右。[②]这就意味着有大量中小微企业在倒闭或实际停止经营后并未进入破产程序进行破产清算。这些企业的存在必将成为抑制市场经济健康发展的毒瘤，阻碍经济前行和社会进步。破产案件简化审理，可以让那些资金数额小、债权人数少、债权债务清晰的企业消耗最少的时间和经济成本，依法完成破产清算，有序退出市场。通过清查破产企业账册，可以发现和掌握企业经营情况，对转移企业财产和逃避债务的企业主追究其法律责任；同时对诚实守信的企业主予以保护并依法豁免其债务，这有助于引导企业建立规范的财务制度和内部管理制度。

此外，破产案件简化审理对社会信用体系的建立也具有重要意义。社会信用体系是市场经济发展的基石。破产案件简化审理在一定程度上，必将推动被淘汰的中小企业主动通过破产程序退出市场，可以大量减少"三无情形企业"[③]存在而带来的信用陷阱，维护市场经济健康稳定发展。

---

① 王政. 中小微企业占企业总数99.7%[N]. 人民日报，2012-5-31.
② 徐建新. 破产案件简化审理程序探究[M]. 北京：人民法院出版社，2015：61.
③ "三无情形企业"指的是无账册、无人员、无财产的企业，也称为"僵尸企业"。

二、破产案件简化审理的域外模式参考

(一) 破产案件简化审理的域外立法模式

目前，主要发达国家、地区基本上都设立了简易破产制度。1922年《日本破产法》对小破产的程序[①]设有专章，规定认为属于破产财产的价值不满100万日元时，法院必须作出小破产的决定。[②]其简易性体现在：债权人会议日期和债权调查日期的合并、不设置监察委员会、法院裁定代替债权人会议决议、一次性分配、公告的简单化等方面。2004年《日本破产法》又进行了一次大规模修改，程序的简约化和合理化成为修改的主要目标，缩短了法院审理破产申请的时限，增加了简易分配和同意分配。《德国破产法》在其第九章"消费者破产程序和其他小型破产程序"中的第三节专门规定了破产案件简化审理程序，其核心内容为一般程序简易措施和简易分配两大方面。《英国破产法》也确立了破产案件简易审理程序，根据该法的规定，破产案件简易审理程序的主要内容涉及适用破产案件简化审理程序的条件，即无财产担保债务总额少于两万英镑、债务人在其破产的前五年未曾受到破产宣告或经历资源重整程序、破产案件的申请应由债务人提出等。[③]《美国破产法》的简易破产程序主要针对小企业的重整程序。该法明确"小企业债务人"是指从事商业或企业运营所欠债务总额不超过200美元的债务人，并通过简化听证程序、严格提交重整方案的期间等途径，减少其在重整程序中费用和时间的消耗，以增加重整成功的可能性。[④]此外，瑞士《联邦债务执行与破产法》、2002年《俄罗斯破产法》也对破产简易程序作出了相关规定。

综上，无论是大陆法系国家，还是英美法系国家，都普遍设立了简易破产制度。这些简易程序设计，均以"破产财产价值或债务总额小"作为适用条件，凸显简易、快捷、经济的制度理念，对破产制度的完善起到了重要作用。即便在美国，设立更加完备的简易破产程序的呼声也越来越高。域外先进的立法经验必将推动我国破产案件简化审理的制度设计和司法实践，并为我国破产审判制度的完善提供模式参考。

---

① 小破产的程序类似于本文所述的破产案件简易审理程序。
② [日] 石川明. 日本破产法 [M]. 何勤华, 译. 北京：中国法制出版社, 2000: 242.
③ 徐建新. 破产案件简化审理程序探究 [M]. 北京：人民法院出版社, 2015: 176.
④ 殷慧芬. 美国破产法2005年修正案述评 [J]. 比较法研究, 2007 (2).

(二) 我国民事诉讼程序的理念借鉴

我国民事诉讼的一审程序不仅有普通程序,而且还有简易程序。2012年修订后的《民事诉讼法》又在简易程序中设立实行一审终审的小额诉讼程序。新增设的小额诉讼程序不仅缺乏必要的权利救济机制,而且缺少明确的适用范围,其公正性受到一定的质疑。《最高人民法院关于适用〈中华人民共和国民事诉讼法〉的解释》又设专章对小额诉讼进行制度完善:首先,在适用方面采用正面列举、反面排除相结合的模式,且适用案件类型限于金钱给付纠纷,充分体现了限制适用、消除人为因素、保障裁判公正的原则。其次,增设了程序告知制度。人民法院受理小额诉讼案件,应当向当事人告知该类案件的审判组织、一审终审、审理期限等相关事项。再次,增设了程序异议制度,但应当在开庭前提出。最后,明确了小额诉讼的再审制度。

小额诉讼的建立不仅是基于对民事案件进行分流处理,减轻法院负担的一种构想,也在于实现司法的大众化,通过简易化的努力使一般公众普遍能够得到具体的有程序保障的司法服务。[1]可见,在破产案件日益增多时,对破产案件进行分流处理,实现"司法大众化"也是必然、客观的发展趋势。其中,首先区分普通破产程序与简易破产程序,是一个关键、必经的环节和过程。待时机成熟时,亦会呈现普通破产程序、简易破产程序与小额破产程序三大程序并行的态势。如前文所述,设立简易破产程序在当下具有客观紧迫性和必要性。就其程序设计而言,应克服小额诉讼制度设计之初的弊端:不能为了彰显效率而无视公正,也不能为了保障公正而牺牲效率。破产案件简化审理的程序设计与制度构建,应坚持效率与公正兼顾的原则,当减则减,当繁须繁,完善适用范围,构建体系化审理机制。

三、破产案件简化审理的程序设计

(一) 破产案件简化审理的适用范围

就我国目前破产案件受理现状而言,破产主体及案件类型多样,仅以某条单一标准作为简化审理程序的适用条件显然不能满足破产审判实践需求。对于适用范围,可以参照民事审判简易程序、小额诉讼适用范围"正面列举+反面排除"

---

[1] 范愉.小额诉讼研究[J].中国社会科学,2001(3).

的立法模式。

我们认为,下列案件可以适用简化审理程序:第一,简单小额案件,即事实清楚、债权债务关系明确、争议不大的小额案件。司法实践中,对具体案件是否属于"事实清楚、债权债务关系明确、争议不大",可能存有争议,从而导致适用上的不统一。因此,有必要增加"小额"的标准。破产清算程序,是对债务人财产进行资产清理的程序,故"小额"指的是债务人的财产总额小。我国在修订破产法过程中,曾提出将债务人的财产总额不足50万元作为适用破产简易程序的标准,我们认为符合客观实际。以简单、小额作为适用简化审理的条件,在立法和司法实践中都已得到广泛的应用。第二,破产财产不足以支付破产费用的案件。《企业破产法》第43条第4款规定:"债务人财产不足以清偿破产费用的,管理人应当提请人民法院终结破产程序。人民法院应当自收到请求之日起十五日内裁定终结破产程序,并予以公告。"由此可见,一旦确认债务人的财产不足以清偿破产费用,就无须进行破产法规定的其他环节,可以直接裁定终结破产程序。因此,对此类案件适用简化审理程序具有合理性。债务人申请破产清算的案件,此种情形在立案审查时即可有所判断、预见。第三,债务人无法提供账簿的破产案件。在破产案件中,若债务人没有账册的,管理人无法全面掌握公司的资产负债情况,无法进行资产清理工作。即便债务人有财产,只需围绕处理分配现有财产开展工作即可。依据《公司法司法解释(二)》的相关规定,对于账册灭失,导致无法进行清算的,债权人可以另行向怠于履行义务的股东、董事主张对其公司债务连带清偿责任。因此,对于债务人无法提供账簿的破产案件,适用简化审理,既不会损害债权人的利益,也不会减轻债务人股东、董事的责任。相反,适用简化审理程序,有利于债权人及时向股东、董事主张权利,实现债权。第四,其他应予适用的破产案件。立法设计应具有一定的前瞻性和预见性,为应对今后一段时期内司法实践可能面对的其他新类型案件,正面列举的同时可以采用兜底性规定。

此外,对于执行转破产、强制清算转破产清算等案件,是否适用破产简化审理程序,仍应从实体方面判断是否属于上述四种情形。而对企业成立并存续时间在十年以上的,或者有重大社会影响的,或者主要债权人或者债务人不同意适用简化审理并愿意承担破产费用的,可以作为简易审理机制的排除情形。

(二) 破产案件简化审理的启动模式

在各国立法例中,对破产简易程序的启动通常存在两种模式:一是以日本破产法为代表的职权模式,即由受理案件的法院主动启动,无须征得当事人或管理人的同意。[①]二是以瑞士破产法为代表的当事人自治模式,亦可称半职权模式,即由当事人或者管理人向法院提出适用破产简易程序的要求,法院依据当事人的申请而审核并决定是否启动简易程序。[②]

我国有深厚的大陆法系职权主义传统,我国的破产法律体系是在计划经济向市场经济转型的过程中逐渐建立起来的,我国的企业破产法虽经过了多次修订,但破产法律制度实施时间较短,相应配套制度体系尚未完善,且多数当事人对破产案件审理程序不甚了解。为切实提高审理效率,有效提升审判效果,破产案件简化审理可以参照民事审判简易程序的立法模式,对于符合上述正面列举范围的破产案件,采用依职权启动模式,但应明确告知申请人、被申请人及其他破产参与人。当然,申请人、被申请人及其他破产参与人可以就破产案件简化审理提出异议,异议成立的,转为一般程序审理。程序异议制度的构建,保障了简化审理公正与效率的价值平衡。对于不属于正面列举范围,又不在排除范围之列的破产案件,采用当事人自治模式,即债务人、债权人协商一致,且管理人向受理的人民法院提出适用简化审理申请的,可以在后续的程序中适用破产案件简化审理程序。上述以职权主义为主,以当事人主义为辅的启动模式,符合程序设计原理,有利于扩大破产案件简化审理的范围,提升破产案件审理质效。

基层人民法院适用简化审理程序审理破产案件,可以由审判员一人独任审理;中级人民法院应当遵守《民事诉讼法》的相关规定,组成合议庭审理破产案件。此外,须说明的是,适用简化审理程序系在裁定受理破产申请后,对破产申请的受理程序一般不简化,仍需按照《企业破产法》的相关规定,进行严格审查。对于债权人申请破产清算的,充分保障债务人的程序异议权;对于债务人申

---

① [日] 石川明. 日本破产法[M]. 何勤华, 译. 北京: 中国法制出版社, 2000: 242.
② 《瑞士联邦债务执行与破产法》第231条第1款、第2款。

请破产清算的,严格把控"假破产、真讨债"的企业行为。

(三) 破产案件简化审理的具体事项

在我国《企业破产法》对破产简易程序尚无明确规定的情况下,司法实践中不宜突破现有破产法律规定创设新的制度,但是可以在现有法律规定的框架内进行灵活变通,利用简化审理模式提高破产案件审理工作的效率。

笔者认为,以下事项可予以简化:第一,关于通知已知债权人和债权申报的期限。《企业破产法》第14条第1款、第45条[①]分别对通知已知债权人和债权申报的期限作出了弹性规定,人民法院对于简化审理的案件可以合理利用该弹性期,确定通知已知债权人和债权申报的期限分别为十日、三十日,有效缩短破产案件审理期限。第二,关于债权人会议。第一次债权人会议可以在债权申报期限届满后五日内召开;债权人会议表决的事项,管理人应当予以提前披露,保障债权人的知情权;债权人会议决议的事项,人民法院一般应当当场裁定并宣布;经审查认为符合宣告破产条件的,一般应当在第一次债权人会议召开之日起三十日内裁定宣告债务人破产;第一次债权人会议后仍须债权人表决的事项,可采取由全体债权人书面表决并签字盖章的方式形成有效的债权人会议决议,该方式不受现场到会表决的限制;赋予债权人会议更多程序性事项的决定权,[②]债权人会议确认或认可的缩短时限、简化或合并手续及处分权利的事项,不违反法律禁止性规定的,法院应予以认可。第三,关于公告事项。在简化审理案件中,除受理破产案件、宣告债务人破产和终结破产程序这三类必须公告外,其他公告可以采用合并公告、预公告、指定后续公告等方式。[③]其中,对受理破产申请和指定管理人、宣告破产和终结破产程序均可以合并公告;对于可能无破产财产的案件,可以在受理破产申请公告中,以一定期限内未收到通知且未发布新的公告,视为宣告破产和终结破产程序的形式,预公告宣告破产和终结破产程序,或者指定下次简便公

[①] 《企业破产法》第14条第1款规定:"人民法院应当自裁定受理破产申请之日起二十五日内通知已知债权人,并予以公告。"第45条规定:"人民法院受理破产申请后,应当确定债权人申报债权的期限。债权申报期限自人民法院发布受理破产申请公告之日起计算,最短不得少于三十日,最长不得超过三个月。"

[②] 徐阳光,等.论简易破产程序的现实需求及制度设计[J].法律适用,2015(7).

[③] 徐建新.破产案件简化审理程序探究[M].北京:人民法院出版社,2015:254.

告形式的方法（如在债务人住所地、人民法院公告栏等张贴公告）。第四，关于财产分配。破产财产以实行一次性分配为原则，但不妨碍管理人实施追加分配；对于财产变价费用可能高于财产变价收入的，可在债权人会议一致通过的情况下，变通采用实物分配、债权分配或产权分配等形式，以便高效、便捷地处分破产财产，最大限度保护债权人的利益。第五，关于审理期限。人民法院应当自收到终结破产程序申请之日起五日内作出是否终结破产程序的裁定；压缩破产案件审理期限，一般在裁定受理后六个月内审结，对其中无任何财产且可以向债务人或其法定代表人、股东直接送达相关文书的破产案件，一般在裁定受理后三个月内审结。

破产简化审理程序与一般程序的主要差异

事项	破产一般程序	破产简化审理
通知已知债权人	受理日起二十五日内	受理起十日内
债权申报期限	公告日起三个月内（不少于三十日）	公告日三十日内
第一次债权人会议召开时限	债权申报届满日起十五日内	债权申报届满日起五日内
债权人会议表决方式	现场表决	可以书面表决
债权人会议表决次数	未规定	原则上以一次为限
宣告破产审查时限	未规定	原则上首次债权人会议召开日起三十日内
送达方式	送达方式参照民事诉讼普通程序	参照民事诉讼简易程序
公告简化	未规定	可以合并公告、预设公告、指定后续公告方式
财产分配次数	未规定	原则上以一次为限
重整或和解次数	未规定	原则上以一次为限
终结裁定期限	申请日起十五日内	申请日起五日内
破产案件期限	未规定	六个月或三个月[①]

① 笔者考虑可以对"三无情形企业"（无账册、无人员、无财产的企业）审限控制在三个月，对适用破产简化审理程序的其他债务人企业控制在六个月。

(四) 破产案件简化审理的费用负担

除破产案件周期长外，破产费用高也是导致债权人望而却步，放弃申请债务人破产清算的重要原因。因此，破产案件简化审理，应坚持程序简化和费用缩减并重的原则，以切实减少当事人诉累，发挥破产制度的功能优势。在破产案件简化审理中，以下破产费用可以缩减或者应当缩减：第一，管理人报酬。管理人报酬是管理人付出劳动的对价。因适用简化审理的破产案件事实清楚、债权债务关系明确、争议不大，破产财产较少，需管理人付出的劳动时间较少，因此管理人报酬可以由受理法院按照减半付酬的原则，结合管理人工作时间合理确定。此外，可以借助债权人会议灵活确定管理人报酬的实现方式。例如经债权人会议和管理人同意，可以将债务人部分财产不经拍卖，直接折抵管理人部分或全部报酬；并可以将对债务人股东的出资追索权转让给管理人，折抵管理人部分或全部报酬。第二，公告费用和申请费用。破产案件的审理，具有公益性质和社会效益，不宜简单比照普通民事案件的做法。简化审理的破产案件，可以减半收取公告费和申请费；对于无任何财产的破产案件，可以免收公告费和申请费。当然，若有破产费用专项基金，亦可从该基金中支出相关公告费和申请费。第三，审计费、评估费和拍卖费。审计费、评估费和拍卖费，金额一般较大。简化审理的破产案件，可充分尊重当事人的意思自治。若债务人申请时已提供了审计报告，经债权人会议同意，宣告破产前可不予再行委托审计、评估；对于财产变现，应尽可能由当事人协商确定财产变现价值，缩减拍卖费用。

四、破产案件简化审理的机制保障

破产简化审理的程序设计须与健全、科学的保障机制相结合，方能彰显其程序价值。我们认为，可以从以下几个方面切入，健全破产案件简化审理的机制保障。

(一) 完善管理人制度，充分发挥管理人作用

管理人全程参与债务人企业破产处理，管理破产程序中各项具体事务，维护债权人、债务人和其他利害关系人的合法权益，在破产程序中发挥着至关重要的作用。破产案件简化审理，注重程序简化，对管理人的业务素质和职业操守提出了更高的要求。为充分发挥管理人在破产程序中的职能作用，今后可以在以下方

面继续探索创新：一是完善管理人指定机制。现行管理人的选任机制，上海法院均采用摇号确定的方式，仅区分一级管理人和非一级管理人。这种管理人的指定方式显然无法适应破产案件简化审理的专业化需求。对此，我们建议改变一级管理人和非一级管理人的简单划分，强化与破产案件简化审理对应的管理人队伍建设，该类管理人应具有简化审理的操作经验，业务素质较高，时间和精力有保障。破产案件一般程序管理人与破产案件简化审理管理人应当分类管理；同时，分别确定管理人的级别、考评及升降级机制，逐步实现管理人名册的动态管理。此外，在摇号确定管理人时，应赋予受理法院一定的选择权，对于首次摇号确定的管理人，受理法院可以综合案件情况及该管理人专业能力、职业操守、勤勉程度、履职情况等选择接受或建议调整。对再次摇号确定的管理人，受理法院除涉及回避情况外，不得再次提出调换建议。二是要强化管理人准入、考评和保障机制建设。审判实践中发现，管理人履职绩效差异大。对此，应强化管理人的考核培训、级别评定和日常管理等，避免管理人出现"边做边学"的情形。考核培训可分为准入培训和业务培训，业务培训也可因管理人的级别不同有所区分、侧重。受理法院对管理人的履职绩效掌握得最为全面、准确，应充分发挥受理法院在管理人日常管理方面的优势和经验，建立管理人个案跟踪、考评机制，为级别评定提供依据和参考。

随着我国管理人制度的发展和完善，建立独立的行政归口部门应纳入制度体系建设的考虑之中。对此，上海也可以探索成立省级以下的破产管理局，[①]专门负责管理人的考核培训、级别评定和日常管理事务等。

（二）设立破产专项基金，保障破产程序有序进行

为保障破产案件简化审理的有序进行，切实维护职工和相关利害关系人利益，避免引发群体性事件，确保社会和谐稳定，建议地方政府设立破产专项基金，并委托专门机关管理，或成立破产管理局具体负责基金的运作、管理以及与法院的协调和配合。破产专项基金可包括两个部分：一是破产费用基金；二是破产维稳基金。

破产案件处理中，公告费、审计费、评估费、调查费等是进行资产清理、推动

---

① 李曙光．两套机构设计助力经济解困——关于成立金融国资委和破产管理局的设想［J］．国家智库，2010（33）．

破产程序顺利进行的必要费用,但诸多破产案件无充分的资金可以保障上述费用的支付,若申请人、债务人、股东等也不愿意垫付费用,将事实上导致破产程序难以顺利推进。此外,管理人报酬也是管理人勤勉履职的必要保障。对于破产财产足以支付破产费用的案件,管理部门可以收取一定比例的费用,纳入破产费用基金。对于破产财产不足以支付破产费用的案件,可以通过破产费用基金解决管理人的后顾之忧,进而充分发挥管理人的积极作用,为其勤勉履职提供必要支撑。对于涉及职工安置的破产案件,极易引发职工闹访、信访。涉及职工欠薪事宜的,可以积极利用政府欠薪补助机制尽可能填补;对于职工下岗问题,可以通过社会保障制度尽可能解决。若通过现有的机制、制度仍无法予以妥善、全面解决,或者因社会保险金操作(主要是失业保险金)不规范、不完善导致无法利用,可在符合一定条件的情况下,启动破产维稳基金予以填补,以应对不时之需,切实避免或减少群体性、突发性事件的发生。

(三)建立破产联动协调机制,确保破产程序顺利推进

从破产案件司法实践情况来看,部分破产企业内部管理较混乱,机器设备、车辆等资产手续不全,不动产则往往来源于计划经济时代的划拨或征用,权属不明,破产企业资产变现需房屋、土地、公安等部门的大力支持;涉职工安置及欠缴社保金的破产案件,需社保等部门的协调配合;终结破产程序的,均需向工商、税务等部门办理注销登记手续。然而在司法实践中,管理人办理上述相关事宜,职能部门设定的手续繁杂,收费较多,门槛较高;有时管理人依法履职,但相关职能部门经办人员因不熟悉破产法律、法规而不予办理。为此,人民法院在推进破产案件简化审理过程中,应积极争取党政部门支持,推动党政部门成立由相关职能部门参加的破产工作领导小组,建立联动协调机制,妥善协调各方利益诉求。

首先,明确对接部门和人员。相关行政部门应指定对接部门和人员,明确人民法院破产审判法官、法官助理可与该对接部门、人员联系咨询。此外,可以通过联席会议、业务培训等方式,加强人民法院法官、法官助理与行政部门对接人员的日常联系、沟通。此外,规范管理监督。工商、税务等部门应加大对企业规范经营的监管力度,减少或避免账册不全、"外账"与"内账"并存等现象的发生;社保部门应加强对企业缴纳社保金的监管,并及时向人民法院申报债权;等等。

其次，开辟绿色通道。对重整成功企业，税务可给予税收方面的优惠；对无产可破的企业，可免收税费、免除罚款，并及时为相关企业办理税务注销登记手续；对于管理人无法控制的破产企业的车辆牌照，车管部门可予以简化报失程序，使得车辆牌照可以折现；等等。最后，强化失信惩戒机制建设。充分利用司法资源，通过提供失信股东名单等方式，配合工商、税务、银行等部门健全失信惩戒机制。同时，对于破产重整后的企业，银行等部门应当尽快消除其在征信系统的不良记录，恢复其在贷款融资等方面的信用度。

另需说明的是，建立破产联动机制不应是人民法院的职责和义务。对此，我们建议参照国外经验，尽快设立企业破产管理局。破产管理局除管理破产管理人、破产专项基金、协调相关行政部门外，还可以担任特殊破产案件的公共管理人。

（四）加强破产审判专业队伍建设，保障简化审理的职业化和规范化

日前，我国尚未成立破产审判庭[①]，破产案件仍由普通民商事法官审理。破产案件的程序复杂、周期长等特点，严重影响法官的绩效考评。在司法实践中，民商事法官对审理破产案件存有一定顾虑，这也直接反映在破产案件普遍存在"受理难"的现状上。此外，破产案件简化审理难度大、专业性强、要求高，需要有较高专业审判水平和综合协调经验的法官、审判辅助人员专事破产审判工作。对此，人民法院应当加强破产案件审理的内部专业化队伍建设，以促进和保障破产案件简化审理的职业化、科学化和规范化发展。具体来看，一是组建专门化审判队伍。法官的专业水平、职业素质在很大程度上决定着破产案件的审理质效，决定着简化审理程序的最终效果。应针对破产案件审理的特质，组建一支素质高、综合协调能力强、经验丰富的审判队伍，专门从事破产、强制清算及衍生诉讼案件，并适时区分破产案件简化审理和普通审理人员分类。二是完善破产案件绩效考核评价机制。以设置合理的破产案件权重系数为基础，改善符合破产案件特点的考评机制，建立破产案件、强制清算案件与普通民事案件相区分的绩效考评机制，科学评价破产案件审理工作质效，充分调动和保护审理破产案件法官的积极性，从根本上保障绩效考评公平、公正的问题。三是加强审判业务培训。针对破产审判专业性强的特点，应加强对破产案件法官、法官助理队伍的专项培训，通

---

① 据了解，最高人民法院已经于2014年着手启动成立破产清算合议庭试点工作。

过案例讲解、经验交流、走访考察等形式，培养和提升法官善于应用法律解释、法律推理、法律论证等方法及时解决复杂问题的能力，培养法官助理对破产案件简化审理的程序把控能力、推动能力。四是加强破产审判保障。破产具有通过法律手段公平清理债权债务，优化社会资源配置和使用的功能。在破产及衍生诉讼案件审理过程中，有时需要及时采取财产保全（含解除）、执行措施，以维护债权人的合法权益，但若须由破产审判部门移交执行部门采取相关措施，势必有流程限制和周期上的延长，不利于破产案件的及时、快速审理。故可以考虑由人民法院向破产审判法官、法官助理颁发公务证，为破产审判组织配备法警，并开通执行查询系统，以保障破产案件简化审理的顺利进行。

五、结语

本文所探讨的破产简化审理程序更多是基于司法实践需求的考量，在相关法律规定的范围内，对目前的破产案件审理程序进行"简化"，是对现有审理模式的探索与创新。目的在于通过设置多元化的破产程序来提高破产程序的效益，更好地发挥《企业破产法》的功能和价值。毋庸置疑，在司法实践中简化审理程序，有助于降低破产申请门槛，缩短审理期限，减少当事人诉累，但是其不能够真正弥补我国破产简易程序制度设计的空白。唯有在立法上真正确立破产简易程序，辅之以相应的保障机制，方能最大限度地提高破产案件审理实效，实现简繁分流，充分发挥破产法律制度的社会功效。需要说明的是，无论本文所探讨的破产案件简化审理程序，还是我国今后可能在《企业破产法》或相关司法解释中确立的破产简易程序，均须把握一个基本原则，即效率与公正的合理平衡、科学统一。破产案件涉及利益群体广泛、参与主体众多，处理各方权益均需要在公平公正的前提下进行，在具体破产程序推进中区分繁简需要适度、均衡，充分发挥债权人会议的作用，赋予其更多的在程序简化方面的处分权。在强调效率的情况下，不能对程序公正产生冲击，须坚持二者的有机统一。

参考文献

[1] 徐建新. 破产案件简化审理程序探究[M]. 北京：人民法院出版社，2015.

[2] 刘敏. 论我国民事诉讼法修订的基本原理[J]. 法律科学，2006(4).

[3] 李祖军. 民事诉讼目的论[M]. 北京：法律出版社，2000.

[4]王政.中小微企业占企业总数99.7%[N].人民日报,2012-5-31.

[5][日]石川明.日本破产法[M].何勤华,译.北京:中国法制出版社,2000.

[6]殷慧芬.美国破产法2005年修正案述评[J].比较法研究,2007(2).

[7]范愉.小额诉讼研究[J].中国社会科学,2001(3).

[8]徐阳光,等.论简易破产程序的现实需求及制度设计[J].法律适用,2015(7).

送达地址确认书破解民事诉讼送达困境的路径探析

曹庆 毛成[①]

摘要： 送达是民事诉讼中的重要环节。我国《民事诉讼法》对送达并未作出详细规定，实践中，送达也一直成为制约诉讼进程的瓶颈，耗费大量诉讼资源。针对民事诉讼中的送达问题，各地法院陆续推出解决措施，送达地址确认书制度即是其中之一。送达地址确认书建立于当事人自认的送达地址之上，通过当事人的自认明确送达地址，从而达到提高送达效率的目的。然而，实践中送达地址确认书制度并未能彻底解决送达困境，该制度在实施过程中依旧存有诸多难题有待商榷。需要区分当事人是否未填写送达地址确认书的不同情况，探索破解送达困境的不同路径。

关键词： 送达 有效地址 诉讼进程

送达是连接民事诉讼各环节的纽带，实现民事诉讼的阶段衔接，在民事诉讼中具有承上启下的重要作用。就送达本身而言，我国理论界并未能引起足够重视，仅是由于随着实务界"送达难"现象的进一步加剧，理论界才对送达引起适当注意。[②]当前法院送达存在诸多难题，一方面耗时费力无法完成，另一方面送达不到也对诉讼进程产生消极影响（即使通过公告的方式完成送达，缺席判决之后的执行往往又成为难题）。"送达难"的现象与我国当前诉讼爆炸式增长不

[①] 作者单位：上海市徐汇区人民法院。
[②] 廖永安，胡军辉. 试论我国民事公告送达制度的改革与完善［J］. 太平洋学报，2007(11)；王建平. 邮寄送达制度研究［J］. 政治与法律，2010(1)；姜福晓，崔兴岩. 民事送达制度的现状与路径选择［J］. 山西省政法管理干部学院学报，2013(9).

无关系,本文从实证主义角度出发,就实践中遇到的送达难题加以探讨并分析其成因,以期对缓解"送达难"的现象有所裨益。

一、民事送达的诉讼意义及实体价值

送达贯穿民事诉讼始终,不仅对推进诉讼进程具有重要意义,对诉讼实体也会产生实质性影响。

从程序方面的效力看,送达实现诉讼环节的逐层递进。法院收到原告诉状后,依法将诉状及证据副本送达被告,自送达被告之日起,即与被告之间形成民事诉讼法律关系,被告可应诉并提交答辩状及证据等材料。法院自收到被告提供的材料后依法将副本发送原告并根据预留给双方的答辩期发送开庭传票。开庭传票送达后,受送达人即有义务到庭参加诉讼。若原告无正当理由拒不到庭,可按撤诉处理,被告反诉的,可以缺席判决;若被告无正当理由拒不到庭,法院可缺席判决。庭审后,法院据此作出的法律文书应及时送达双方当事人,一经送达,即产生送达的效力。诉讼期间自当事人签收之日起计算,如判决的上诉期为自当事人签收之日起十五日内,裁定的上诉期为自当事人签收之日起十日内(涉外、涉港澳台诉讼不在本文讨论范围,故不予另述)。从实体方面的效力看,诉讼文书送达后产生一定的实体权利义务方面的法律后果。自法律文书送达当事人并生效后,诉讼当事人的实体权利义务即依照该法律文书的内容确定,如以判决方式结案的,当事人签收该判决书并使其生效后,双方当事人之前悬而未决的权利义务关系即因该判决书的生效而确定。

送达具有保障诉讼顺利进行的实际意义,同时送达本身也蕴含着诉讼之外的普适价值。在法哲学层面,首先,送达告知双方当事人在诉讼中的权利与义务,以实现诉讼透明。庭前,法院分别向原、被告发送受理通知书与应诉通知书,告知双方当事人在诉讼中的权利与义务,以及当事人在庭前需准备的工作,同时法院还向双方当事人发送举证通知书,告知双方的举证期限,明确当事人举证不能的后果,使双方当事人在庭前对诉讼有明确预期。其次,送达告知双方当事人在诉讼中可实施的各种诉讼行为,确保诉讼公平公正。诉讼中一方当事人提供的证据材料,需依法向另一方当事人发送该证据副本,以便当事人及时根据对方的诉讼行为提出答辩意见或补充材料。诉讼中双方地位平等,在公平的基础上进行诉讼对抗,而送达则是实现诉讼公平的一种重要衡平手段。再次,送达本身蕴含诉讼效率原则。我国民事诉讼法第七章第二节专门规定了送达，并对送达的种类做了详细规定，充分考虑到了不同情况下法院将诉讼文书送达当事人的可能。囿于审限，法院应根据案件当事人的具体情形，尽量缩短文书的送达时间，以增加有效审理期间。同时，公告送达的规定使得在被告缺席的情况下也可进行诉讼，避免了纠纷的悬而未决。

二、我国民事诉讼送达的性质及原因分析

从世界范围看，民事诉讼模式可分为当事人主义和职权主义两种。[①]根据依附诉讼模式的不同，送达的性质也有所区别，分为当事人送达与法院职权送达两种。[②]

大陆法系国家的民事诉讼建立在职权主义基础之上，送达被视为是法院运用公权力、依自身职权完成的行为。如德国《民事诉讼法》第二百七十条规定："若无其他规定，送达依职权为之。"日本《民事诉讼法》第九十八条第1款也规定："送达，除另有规定外，依职权进行。"在大陆法系国家，送达系法院自身职责，送达行为被视为是法院行使审判权的体现，送达主体为法院。

英美法系国家的民事诉讼建立在当事人主义基础之上，送达也被视为私人行为。以美国为例，依据美国联邦法律规定，文书送达是原告的责任，原告有义务在提交起诉状之日起120天内将起诉状和传唤书送达被告。美国法院或任何法院的分支机构并不对该送达行为负责。原告律师需准备好传票，传票上面需要有"经办人签字、加盖法院印章、主管的法院名称和一方当事人、原告律师的联系方式、被告必须出庭答辩的时间，并且要告知被告如果不出庭答辩会有缺席判决的结果。"送达也可以交由专门的私人送达公司负责。同时，送达程序不再是个人管辖权抗辩的充分依据。

我国民事诉讼承继了大陆法系的职权主义模式，故民事送达体现出浓厚的职权主义烙印。根据我国《民事诉讼法》第一百二十五条，送达是法院自身依职权采取的行为，原告向法院起诉并受理后，并不对被告的文书送达负有责任，而是法院依自身职权或委托专业的快递送达公司进行送达。实践中，由于法院送达队伍薄弱，法院仅对本地域的诉讼文书进行法警送达，对其他诉讼文书则以

---

① 江伟.民事诉讼法[M].北京：中国人民大学出版社，2004：61.
② 张艳.民事送达制度若干问题探讨[J].河南财经政法大学学报，2013(2).

EMS的方式邮寄送达。即使在委托送达中，受托主体也是以法院为主，监狱、部队等机关为辅。[①]因此，我国民事诉讼的送达虽可采取委托方式，但依旧坚持职权主义，送达主体是法院而非当事人。由于我国民事诉讼的送达属于法院单方面的职务行为，故送达不到的后果亦由法院单方面承担。当事人在送达中只居于辅助地位，为法院提供受送达人联系方式等，以便利送达。

与英美等国家的送达不同，我国之所以坚持法院为送达主体，主要基于如下原因：

（一）当前我国民事诉讼主要以解决社会纠纷，化解群众矛盾为重点

出于保护当事人诉讼利益与维护社会稳定的方面考虑，当前我国民事诉讼在制度配置方面依旧以方便群众起诉，解决社会纠纷为首要目的。在社会矛盾大量凸显的今天，解决群众"立案难"的现象是我国地方各级法院致力解决的重点问题。在此背景下，各地法院首先考虑的是方便群众立案，减小当事人立案难度。若将送达主体变更为原告，由原告承担送达不到的责任，则大大增加当事人的起诉难度，且由于当事人在诉讼中的弱势地位，由当事人通过送达推动诉讼，很容易导致大量民事案件处于无法顺利推进的尴尬境地。因此就目前而言，将送达主体定位为法院，由法院运用公权力推进送达，能够最大限度保护起诉人的诉权，使纠纷能够及时进入诉讼程序。

（二）从国情考虑，将送达责任归于原告方不符合实际

我国诉讼长期坚持职权主义模式，法院在诉讼中处于主导地位，推进诉讼进程。在送达责任分配方面，我国当事人显然尚未做好承担送达任务的准备。一方面，我国当事人普遍法治意识并未健全，起诉对其而言，与其说是对法制的遵守与维护，毋宁说是对自身利益的看重和保护。当法制的设计使当事人意识到维权成本过高时，会迫使当事人选择其他路径解决纠纷，包括非正常途径；另一方面，当事人承担送达工作缺乏相关制度予以配合，坚持当事人送达可能导致一系列后果，包括但不限于受送达人拒收、逃避送达以及签收不规范时，送达人可采

[①] 根据我国民事诉讼法第八十八、八十九、九十条的规定，直接送达诉讼文书有困难的，可以委托其他人民法院代为送达，受送达人是军人的，通过其所在部队团以上单位的政治机关转交。受送达人被监禁的，通过其所在监所转交。受送达人被采取强制性教育措施的，通过其所在强制性教育机构转交。

取应对措施的种类、方式等。在此情况下将送达由法院的公权行为变为当事人的私权行为,易进一步引发送达人与受送达人之间的矛盾,对双方纠纷的解决产生不利影响。

三、当前民事诉讼送达遭遇的现实问题

法院受理案件后,送达的首道难关即是联系被告。由于我国对民事立案只作形式审查,故原告提供的被告身份信息未必是当前被告的联系方式。大部分的案件在最初的诉状及证据副本的送达中即耗费大量资源,以普通邮寄方式为例,法院邮寄一份EMS平均耗费数十元。具体至案件中,假设原、被告双方各一人,则至案件结束至少需邮寄五份文书(送达被告的诉状及证据副本、原被告双方的开庭传票以及最终的法律文书)。法院自身送达队伍薄弱,面对大量案件不得不以邮寄送达为主,每年法院邮寄诉讼文书都需投入大量资金。同时,送达在诉讼中虽不占据主导地位,但却是承上启下的重要环节,占据了法院很大一部分的审判资源,特别是在送达不到的情况下重复送达,该部分增加的诉讼成本完全由法院承担,进而转嫁给全体纳税人。从经济学角度分析诉讼成本,由无过错的纳税人为当事人之间纠纷的重复送达埋单,显然有违财政支出的公平与效益原则。①

当前法院的文书送达经常遇到送达不到的问题,主要表现为如下三个方面:一是联系不到受送达人,无法送达。如前所述,我国对民事立案只做形式审查,只要原告起诉时有明确被告与诉讼请求即可立案。法院立案后,往往发现被告户籍地无人、实际居住地址不明的情况,造成送达难的现象。二是虽然能够联系到受送达人,但受送达人拒收。一般而言,拒收的当事人主要是法律意识不强的自然人,出于对法律的不了解导致对诉讼文书送达产生天然的抵触与畏惧感。此外,也存在恶意逃避诉讼的受送达人,面对法院送达的诉讼文书拒绝签收或避而远之。三是法院以EMS的方式邮寄诉讼文书时,签收人不合格。受送达人是自然人的,签收人并非是受送达人本人或者受送达人的同住成年家属;受送达人是法人的,签收人并非是单位收发章或法定代表人。上述两种情况造成送达无效,法院不得不再次送达。

---

① 财政支出的公平原则是指社会收入分配的公平,包括社会成员参与分配的权利平等与分配结果合理化双重含义,而效益原则是指以最小的投入获得最大的产出。法院自身的诉讼成本固然属于公共支出的一种,但对于重复诉讼行为的支出显然并不符合有效使用公共收入的本意。

在此背景下，最高人民法院于2004年9月7日颁布《最高人民法院关于以法院专递方式邮寄送达民事诉讼文书的若干规定》，随后一些地方法院陆续推出送达地址确认书制度，以书面方式将当事人的送达地址予以确认。送达地址确认书系当事人在诉讼中对自身送达地址的确认，法院可依据当事人填写的地址送达诉讼文书，无论当事人是否签收以及何人签收均视为送达，受送达人应承担相应的法律后果。送达地址确认书制度的建立极大提高了法院送达工作的效率，对推进诉讼进程具有积极意义。

虽然送达地址确认书具有上述优势，但实践中当事人未必会配合填写。诉讼中有些当事人出于对法院工作的抵触、对法律的不了解或者无赖缠讼，往往拒绝填写送达地址确认书。根据《最高人民法院关于以法院专递方式邮寄送达民事诉讼文书的若干规定》第五条，当事人拒绝填写送达地址确认书的，自然人以其户籍地为送达地址，法人或其他组织以工商登记或其他依法登记的地址为送达地址。因此，该司法解释对当事人拒绝填写送达地址确认书的情形并未规定相应法律后果。当前由于我国社会人口流动的加剧以及企业注册地与实际经营地的不一致，往往使得法院寄往户籍地和注册地的文书送达效率低下。在多次送达不到的情况下法院不得不选择成本最高的公告送达。

四、送达地址确认书视角下的送达困境破解路径

送达地址确认书制度颁行已有多年，各地法院也各有做法。然而，诉讼中关于当事人送达难的情况依旧屡见不鲜，究其原因，诉讼文书之所以无法送达主要集中在当事人拒收与无法联系到当事人两方面。为使送达工作更好地推动诉讼进程，送达地址确认书制度在具体细节方面有待进一步完善。实践中，针对当事人是否填写送达地址确认书，可作分类探讨。

（一）当事人未填写送达地址确认书情况下的送达完善路径

1. 法院前几次文书送达均为有效，若之后的法律文书无人签收或拒收，可视情况留置送达

法院在收到原告诉状后，需将原告的诉状副本送达被告，此时被告尚未填写送达地址确认书。若根据原告提供的被告非户籍实际居住地址，法院数次发送的

诉状及证据副本等材料均由该当事人亲自签收，是否可以将该地址视为被告以行为方式确认为送达地址？实践中，若之后寄往该地址的诉讼文书无人签收或拒收，法院出于谨慎考虑，往往会将相关文书再次向受送达人的户籍地或注册地邮寄，邮寄不到的情况下选择公告送达。此种情况下的公告等同于将之前法院的送达工作完全推翻，尤其浪费司法资源。

从确保诉讼进程的角度考虑，笔者认为，若当事人未填写送达地址确认书，但前几次文书送达均为有效，则可以认定当事人以行为方式签署了送达地址确认书。当事人自收到法院诉讼文书之日起，出于保护自身诉讼权利考虑，应主动与法院保持联系。若在此期间当事人变更地址而未通知法院，可视为当事人怠于行使自身权利，法律不应保护权利懈怠者。需指出的是，根据我国民事诉讼法规定，诉讼文书的有效签收人包括受送达人的同住成年家属，但法院初期送达诉讼文书时由于并不知晓受送达人的实际居住地址，亦无法确认签收人是否确实为受送达人的同住成年家属。因此，出于保护受送达人的诉讼权利考虑，在当事人未填写送达地址确认书的情况下，有效送达不包括受送达人的同住成年家属签收，应仅限于受送达人本人签收。

至于法院有效送达几次方可视为当事人以行为方式签署了送达地址确认书，可以结合案件的具体情况而定，笔者认为应以三次为宜，且该三次须为连续有效送达。至于该三次是否应为最初三次则不应苛求，亦可为诉讼中间的连续三次文书送达。若连续三次文书送达均为当事人本人签收，可将该地址视为当事人在本案中的有效送达地址。反之，不可将其视为有效送达地址，对确实无法送达的，仍应选择公告送达方式。

2. 赋予送达法警以身份确认权，对当事人拒收的法律文书进行留置送达

在当事人未填写送达地址确认书的情况下，法院邮寄诉讼文书因拒收被退回的，限于程序，法院会向被送达人户籍地或注册地再行送达，若送达不到则进入费时费力的公告程序。此种做法不仅无益于解决纠纷，且往往在判决之后受送达人突然出现，通过信访等途径进行"维权"。从法律角度看，虽然在此情况下的公告程序无瑕疵，当事人的"维权"并不能实现其目的，但从效果看，对法院而言，公告程序费时费力；对当事人而言，胜诉方不能及时获得胜诉利益，败诉方往往并非自愿履行判决。实际效果并不理想。

要改变此种状况,可以考虑赋予送达法警以确认权,即在明确受送达人身份的情况下,对拒收的诉讼文书当场留置送达,同时明确告知受送达人留置送达的法律后果,法院即可据此进行缺席审理和判决。至于确认身份的具体方式,送达法警可以要求受送达人出示身份证件,经核对证件确认受送达人的身份;受送达人拒绝出示有效身份证件的,法警可通过当地居委会或村委会对受送达人的身份予以确认,形成工作记录后留置送达。

此种途径避免了耗时长久且效果不佳的公告程序(实践中当事人的实际居住地与户籍地往往并不一致,在当事人户籍地公告以及登报公告当事人通常并不知晓,故公告的形式意义大于实质意义),同时明确告知受送达人案件的进展情况。与公告程序相比,此种情形下作出的判决也可使当事人及时知晓并提高当事人对判决的认可度。

3. 原告仅提供被告的联系电话但无被告实际住址的,可进行电话或短信送达

实践中,原告有时仅有被告联系电话而无法提供被告实际居住地址。迫于纸质文书送达的局限性,法院会采取电话通知的方式告知被告来法院领取诉讼文书。我国《民事诉讼法》第八十七条肯定了法院可以采取传真、电子邮件等能够确认当事人收悉的方式进行送达,同时,《最高人民法院关于适用简易程序审理民事案件的若干规定》第十八条及第十九条也明确指出开庭通知以及当事人的诉讼权利义务可以通过捎口信、电话、传真、电子邮件等方式送达。但是,实践中电话通知往往会产生如下后果:一是当事人对法院的电话通知置之不理或不按照法院规定的时间领取诉讼文书,造成诉讼拖延;二是虽然当事人到法院领取诉讼文书但拒绝在送达回证上签字。上述两种情况使得法院的送达工作非常被动,法院不得不重新采取其他方式送达,拖延了诉讼进程。有时为了使这种迟延送达符合法律规定,法院的送达人员可能会让受送达人倒签时间(实践中为了使整个诉讼程序合法,不少法院存在倒签送达回证的情况),此种情况在增加诉讼成本的同时,也为法院增加了诉讼程序风险。

若原告无法提供被告实际居住地址或根据原告提供的被告地址无法有效送达,可以考虑参照公告送达的方式,通过被告的联系电话进行开庭传票等文书送达。公告送达的基础是假设受送达人的户籍地为实际联系地,送达至户籍地视为受送达人知晓了该送达行为,同理,可在确认该电话号码属被告所有的前提下进行文书送达。至于确定的具体方式，可通过查询该电话号码注册登记的信息进行核实，若该号码系以被告身份登记注册，则可以认定该号码为被告所有并实际使用（此即类似于确定被告"户籍地"）。确定此前提后，可以通过打电话或发短信的方式将诉状及证据副本、开庭传票等信息通知被告。以电话方式告知的，可在电话中确认对方身份，得到肯定答复后，将相关情况告知被告即可视为送达；以短信方式告知的，无须对方回复确认，将诉状及证据副本、开庭传票等信息发送至被告手机后，短信回执显示的时间即可作为送达时间。但需注意的是，根据《最高人民法院关于适用简易程序审理民事案件的若干规定》，只有简易程序审理的案件才可以通过电话或短信等方式告知当事人开庭时间及诉讼权利义务，故适用普通程序审理的案件必须以书面传票的方式送达当事人，不得以电话或短信的方式通知。

（二）当事人填写送达地址确认书基础上的送达完善路径

1. 对送达地址确认书的性质及附加条件等进行明确

从送达地址确认书本身来看，该确认书由当事人或其代理人填写，为当事人自认的送达地址，一旦填写，视为当事人自愿承担对该地址送达不到的法律后果。该确认书制度的推行对诉讼中送达不到以及当事人恶意拒收的现象进行有效规制，极大提高了送达效率。但是，在当事人填写了送达地址确认书的情况下，依旧存在诸多细节有待商榷。

第一，当事人变更代理人的，代理人之前确认的送达地址依旧有效。鉴于委托合同的性质，虽然我国《合同法》规定委托人与受托人均可随时解除委托合同[1]，但出于维护受托人处理受托事项的稳定及保护善意第三人的利益，解除行为并不具有溯及力。故即使当事人诉讼中途变更代理人，只要变更后的代理人或者当事人本人未对之前填写的送达地址确认书进行变更，则之前确认的送达地址依旧有效，当事人本人应对送往该地址的法律文书承担相应法律责任，即相关诉讼文书如开庭传票、裁定书、判决书等，一经送往该地址，无论是否签收、何人签收，均视为送达。

---

[1] 《中华人民共和国合同法》第四百一十条：委托人或者受托人可以随时解除委托合同。因解除合同给对方造成损失的，除不可归责于该当事人的事由以外，应当赔偿损失。

第二，调解书签收前允许当事人以拒收的方式反悔。以调解方式结案且民事调解书自当事人签收后生效的案件，此前当事人填写了送达地址确认书，那么当事人在签收民事调解书之前是否可以反悔？根据《民事诉讼法》第九十七条，以调解方式结案的，调解书经双方当事人签收后，即具有法律效力。同时，《最高人民法院关于适用简易程序审理民事案件的若干规定》第十五条与《最高人民法院关于人民法院民事调解工作若干问题的规定》第十三条均规定，经双方当事人同意，调解协议可以自签名或捺印之日起生效。然而，实践中不乏当庭达成调解协议后又反悔的当事人。若当事人约定调解协议自调解书签收之日起生效，法院通过邮寄方式向当事人送达调解书的，无论何人签收以及是否签收，均视为送达，故不存在当事人达成调解协议后反悔的情况，此种做法似有悖当事人意思自治及送达地址确认书制度的本意。

送达地址确认书制度的颁行本为推进诉讼顺利进行，避免当事人滥用权利。滥用的权利固然不应受到法律保护，但亦不能过分追求诉讼进程而损害当事人的合法权益。根据《最高人民法院关于以法院专递方式邮寄送达民事诉讼文书的若干规定》第十一条，若因拒收导致文书被退回的，文书被退回之日视为送达之日。但受送达人能够证明自己在诉讼文书送达的过程中没有过错的，不适用前款规定。笔者认为，民事调解书与判决书、裁定书不同，属于意思自治的范畴。在民事调解书生效前，当事人并无签收使之生效的义务。当事人拒收民事调解书的，应属于受送达人在文书送达中没有过错，不应被视为送达。故以调解方式结案且自当事人签收文书之日生效的案件，不应参照判决等其他结案方式的文书签收模式，而应遵从当事人意思自治，允许当事人以拒收的方式在调解协议生效前反悔。

第三，允许送达地址确认书附加条件。若当事人在送达地址确认书中明确附有条件，如仅限某段时间的送达，则超过限定时间的文书送达不应再以该确认书为依据。送达地址确认书系当事人对自身送达地址的意思自治，应允许当事人在该送达地址中附加条件，包括但不限于邮寄期限、方式、送达的特定时间等，只要附加的条件符合公序良俗，法院就应予以考虑。不按照送达地址确认书的送达要求进行送达的，不应以送达地址确认书为依据，除非当事人本人或其同住成年家属签收，否则应为无效送达。

2. 对同一当事人在他案中的送达地址进行跨案移植

在同一时期或相近时期内,当事人在法院有两个或两个以上的民事诉讼。当事人仅在其中一个或几个对其有利的案件中填写了送达地址确认书,进而导致其他案件的送达工作产生阻滞。法官可否依据已填写送达地址确认书的其他案件中的送达地址来确定该当事人在本案中的送达地址?实践中有两种观点,一种观点认为,不能以其他案件的送达地址确认书来确定本案的送达地址。认为将当事人在其他案件的送达地址移植到本案中会侵犯其在本案中的合法权利,且两案分属不同法律关系,不能推出当事人自愿将另一案件中的送达地址作为本案的送达地址。另一种观点认为,可以将其他案件的送达地址移植到本案中。一方面是由于时间相同或者近似,当事人在同一时期内的有效送达地址不可能在两案中自相矛盾。且即使两案分属不同法律关系,但对于送达工作而言并无本质影响。另一方面是由于实践中送达难的现象长期存在,将他案中的送达地址进行移植,有利于提高法院的送达效率,有效推动诉讼进程。

笔者认为,对同一当事人在他案中的送达地址进行跨案移植的,必须明确如下三个问题:一是多个案件的受理法院是否有限制,即是否仅限于同一法院内部受理的同一当事人的多个案件。同时,同一当事人在不同法院有多个案件的,若对该多个案件的送达地址进行移植,法院地域及层级之间应以多远为限。二是送达地址确认书是否须为当事人本人填写。三是多个案件的时间间隔应以多久为限。

针对以上问题,笔者认为,第一,以地级市为单位,上下级之间、同级法院之间进行跨案移植。当事人在数个法院同时存在多个民事案件的,从提高送达效率的角度考虑,不宜将送达地址的移植局限于同一法院内部,但同时考虑到现实操作性,亦不应忽视法院之间的距离及层级(距离太远或层级相差过大的法院之间很难就彼此的案件情况进行有效沟通),故可将跨案移植的法院局限于某一适当区域及层级内。纵观我国法院体系,在最高人民法院之下,各省市分别设有高级、中级及基层人民法院,各级法院依法独立行使审判权,上级法院对下级法院依法享有监督权。从各地法院的联系看,可考虑将范围限于基层法院至中院之间,即以地级市为单位,在此区域内当事人在多个法院同一时期或近似时期有民事诉讼的,可以跨案移植送达地址。之所以将范围限于基层与中级法院之间,一方面是由于基层法院一审案件收案量最大,二审案件往往移送至中院审理,故二者之间业务联系较多,可以就具体案件进行有效沟通;另一方面同一中级法院下辖的基层法院之间地域间隔较近,在业务往来方面也有较多联系,彼此之间进行送达地址移植的可行性较高。

第二,跨案移植所依据的送达地址确认书须为当事人本人填写。从文书签收的实际效果看,当事人在他案中的委托代理人未必同时代理本案,且代理人填写的送达地址往往是代理人自身的联系地址,当事人本人并不能收到相应文书。从授权委托书的性质看,他案中当事人的授权仅指向该案本身,不具有普适效力,故他案中的委托代理人签署的相关文件在本案中并无法律效果,将他案中的送达地址移植到本案中缺乏法理依据。因此,对跨案移植所依据的送达地址确认书应仅限于当事人本人填写。

第三,跨案移植的两案在时间方面应保持无缝衔接。进行跨案移植的两个案件间隔应以多久为限?间隔过久,前案中的送达地址可能未必适用后案,依照前案地址送达可能侵害当事人的诉讼权利;间隔过近,必将加大跨案移植的难度,从而降低跨案移植的可操作性。笔者认为,两案时间间隔的设定基础在于案件的效率与公平的价值衡平。诉讼的进行既要考虑到成本的支出,又要考虑最终判决的公正,即诉讼程序公正与实体公正的均衡,二者不可偏废。从适用对象看,送达地址确认书是当事人对特定案件的送达地址的确认;从适用时间看,送达地址确认书是当事人在该诉讼期间即特定时间内对送达地址的确认。易言之,在该案结束之前法院送往该地址的文书均为有效。前案结束后,当事人填写的送达地址确认书自然失效,同时当事人对送达地址的确认亦无法律效力。因此,后案对前案的送达地址进行跨案移植,应在前案持续期间。

参考文献

[1]姜福晓,崔兴岩.民事送达制度的现状与路径选择[J].山西省政法管理干部学院学报,2013(9).

[2]张艳.民事送达制度若干问题探讨[J].河南财经政法大学学报,2013(2).

[3]高研秋,张坤.我国民事诉讼诉前送达制度刍议[J].宁夏大学学报(人文

社会科学版),2012(11).

[4]刘翔.试论民事诉讼中公告送达制度的完善[J].湖北警官学院学报,2012(9).

[5]廖永安.在理想与现实之间——对我国民事送达制度改革的再思考[J].中国法学,2012(4).

[6]谭秋桂.德、日、法、美四国民事诉讼送达制度的比较分析[J].比较法研究,2011(4).

[7]王建平.邮寄送达制度研究[J].政治与法律,2010(1).

[8]王福华.民事送达制度正当化原理[J].法商研究,2003(4).

[9]江伟.民事诉讼法[M].北京:中国人民大学出版社,2004.

以体系化建构发挥专家辅助人独立价值

刘 婧[①]

摘要：专家辅助人制度规定分散且单一，在适用与操作上较为模糊，常参照"鉴定人"或"证人"等类似概念，缺乏独立的体系建构。以体系化建构发挥专家辅助人独立价值成为回归专业意见二元结构的关键所在。在"身份授权"上明确专家辅助人的地位与诉讼能力，并据此厘清相关概念的边界；通过"申请—必要审核—资质审核"程序严格把控专家辅助人的"能力认证"，从程序上规范专家辅助人出庭，进一步通过对权责与道义规范的研讨，明确其在庭上行为的"四权利"与"三责任"，最终通过裁判文书制作，反映案件审理中法官对专家辅助人制度的运用与采纳过程。

关键词：民事诉讼 专家辅助人 体系化构建

一、析样本：对上网裁判文书样本的考察

（一）抽样基础

我国相关立法中将专家辅助人制度的主体定义为"具有专门知识的人""专业人员"等，故在对该项制度进行分析研究之前，笔者在中国裁判文书网上，通过高级检索，输入关键词"具有专门知识"，将裁判时间设置为从2015年1月1日至2015年5月31日，选取2015年上半年上网裁判文书情况，共检索出37条裁判文书记录，在文书制作中相应地引入了"具有专门知识"的相关概念。同时，在37条检索

[①] 作者单位：上海市徐汇区人民法院。

记录中,以25份对该项制度存在具体分析论证的裁判文书作为研究样本,以裁判文书为基础对专家辅助人制度适用情况进行分析,试从该样本基础中探索当前专家辅助人制度适用的特征及凸显的问题,为进一步发挥专家辅助人制度的意义价值奠定基础。

(二) 样本特征

以上述抽样样本为基础,对25份涉及"具有专门知识"表述的法律文书进行梳理分析,得出如下三方面特征:

1. 民事领域适用率高,故以民事诉讼研究为行文导向

25份裁判文书样本中,民事领域对"具有专门知识"人员适用率较高,共有23件案件,占样本总数比例的92%。而刑事案件仅2件,占样本总数比例的8%。民事案件在审理过程中普遍存在涉及专业鉴定和科学领域,对专业知识掌握水平要求较高,当事人在诉讼过程中或通过评估鉴定、或通过专家辅助人制度,以帮助案件事实的查明。因此,本文拟以民事诉讼研究为行文导向,进一步研究探讨专家辅助人制度的体系化。

2. 概念指向差异大,通用定义下易造成概念混淆

抽选的25份裁判文书样本中,虽然都在文书制作中使用了"具有专门知识"的概念,但存在概念指向上的差异,有的是指专家型辅助人员,表现为专家辅助人制度的适用,有的则是指鉴定机构或鉴定专家,表现为鉴定制度的适用。据统计,共有16件案件"具有专门知识"仅指代鉴定人员,占样本总数的64%,该类指代通常在文书制作中表现为"指派或委托具有专门知识的人员,对专门问题进行检验、鉴别和评定活动"、"须由具有专门知识的鉴定机构出具意见供法院参考"等。另外9件案件"具有专门知识"的人员特指对鉴定意见提出质询或对专业问题提出意见的专家型辅助人员,占样本总数的36%,该类指代通常在文书制作中表现为"由具有专门知识的人对鉴定报告进行质询"、"由具有专门知识的人对涉专业问题提出意见"等。9件案件中,8件参与事由为对抗鉴定机构出具的鉴定意见,1件参与事由为对涉及专业问题提出意见建议。

上述数据一定程度上反映出专家辅助人与鉴定人员存在概念混淆。诉讼法规定,鉴定机构出具的鉴定意见属于单独的证据来源方式之一,而专家辅助人提供的意见建议显然与鉴定意见不同。因此,对专家辅助人制度的研究有必要划清

二者界限,从概念上对鉴定人、专家辅助人以及其他类似概念进行准确界定。

3. 不被采纳概率较高,意见采纳出现"一边倒"现象

在所抽选的9件适用专家辅助人制度的案件中,仅有2件专家意见被采纳,占总数的22%,其余7件专家意见均不被采纳,占总数的78%。究其原因,主要在于专家辅助人制度规定分散且单一,在适用与操作上常存在不明地带,表现为诉讼地位不明确、意见效力不清晰、权利义务较模糊,常参照"鉴定人"或"证人"等类似概念,缺乏独立的体系建构,在司法实践中证明效力较低。故诉讼地位明确、意见效力清晰、权责范围明晰的鉴定意见往往被倾向采纳。因此,如何在鉴定制度已经十分成熟的基础之上,通过完善专家辅助人制度,在体例上形成能够与鉴定制度对抗的实质效力,平衡两类制度的适用,达到对专业意见证明上的互相补充、纠偏防漏,强化专业意见证明的科学性与合理性是研究的关键所在。故需进一步思考专家辅助人制度的体系化与制度化,发挥其独立价值与作用,通过客观科学的质证论证,帮助查明案件事实。

二、梳法理:确立专家辅助人独立价值的理论基础

(一)法理基础:专家辅助符合当事人主义的诉讼模式

当事人主义的诉讼模式强调民事审判以当事人双方积极地参与诉讼活动为核心展开,依据当事人双方的主张举证而进行,当事人可以按照自己的意志处分权利,并以此影响甚至主导诉讼,法官仅以双方举证和辩论过程中查明的事实为依据作出裁判。这种诉讼模式最大的优势在于"当事人为了维护自己的利益,将不遗余力地去揭示那些有利于证明自己主张成立的事实,由于利益的对立,使充分揭示案件事实成为可能,当事人利益对立和维护就成为展示案件事实的基本机制和内动力。"[1]相较于职权主义而言,当事人主义能够通过控辩双方诉权的充分行使,最大限度地查明案件事实,保障案件审理的公平公正。以医疗纠纷案件审理为例,患方当事人由于医疗专业知识的缺乏,对于医院一方出示的证据以及相关医学会或司法鉴定中心出具的鉴定意见,并不能充分地行使诉讼权利,显得有心无力。专家辅助人参与诉讼程序,可以辅助当事人充分实现在诉讼程序中

---

[1] 张卫平. 转换的逻辑——民事诉讼体制转型分析(修订版)[M]. 北京:法律出版社, 2007: 27.

的主体地位，利用专业知识的优势，平等地与对方当事人开展质证与法庭辩论，贯彻当事人主义诉讼模式。

(二) 现实呼应：专家辅助是扭转鉴定制度"一枝独秀"的需要

从前述样本分析不难看出，当鉴定意见与专家辅助人制度同时适用时，法院审理往往倾向于已渐成体系的鉴定意见，造成了专家辅助人制度成为形式的"过场"，其设立的初衷与价值并没有得到有效发挥。没有有力对手的对抗，鉴定制度难免遭遇质证不充分的质疑，严重影响案件事实认定与公正审判。而实践中，我国鉴定制度确实存在一定的漏洞，缺乏相应制度监管。以我国的医疗技术鉴定为例，医疗鉴定施行双轨制，鉴定主体既包括各级医学会，也包括社会上的司法鉴定机构。对于两类鉴定主体的具体实践操作，我国法律法规并没有相关明确的规定。《司法鉴定管理问题的决定》也没有明确将医疗鉴定纳入其管理之中。当前医疗鉴定模式也暴露出一些问题：首先，鉴定机构的组成具有地方性色彩。尤其表现在医学会为主体的医疗鉴定中，组成专家往往来自当地机构，与涉诉医方存在一定程度上的牵连，从主观上易给人偏向性指向的误解。司法鉴定机构中的鉴定人员，由于资质的参差不齐易受到当事人的质疑。其次，鉴定机构问责机制的缺乏。司法鉴定所出具的鉴定意见尚需鉴定人的签字盖章，对于有异议的意见需出庭接受质证，实行个人负责制；医学会出具的鉴定结论不需要专家个人在鉴定意见书上签字盖章，仅需以医学会的名义作出即可，同时对于不同意见也无法在鉴定意见书上反映出来，多名专家共同出具的鉴定意见也无法落实鉴定人出庭制度。问责机制上的漏洞导致鉴定人对于所出具鉴定意见缺乏必要的制约。再次，司法鉴定途径公开透明度不高。从提出鉴定申请到出具鉴定意见，当事人对鉴定程序中的具体信息无法有效了解，对于鉴定人资质、具体操作流程等缺少必要的监督，导致当事人对鉴定意见缺乏信任。

专家辅助人制度的引入，在一定程度上通过对抗的方式制约了我国医疗鉴定模式的规范运行，对出具的鉴定意见进行了把关和监督，强化了专业意见证明的科学性与合理性。

(三) 立法趋势：专家辅助贯穿于国内立法规定及国外相关制度

1. 国内立法

新民诉法司法解释对"具有专门知识的人"规定并非是我国立法的首次，实

际上很长一段时间以来,司法审判一直在探索专家辅助人制度的运用,在以往相关法律法规中亦出现过这一概念,具体参考如下表:

民事领域相关规定	内　容
2001年12月21日最高院颁布的《关于民事诉讼证据的若干规定》(以下简称《民事证据规定》)	第六十一条第一款:"当事人可以向人民法院申请由一至二名具有专门知识的人员出庭就案件的专门性问题进行说明。人民法院准许其申请的,有关费用由提出申请的当事人负担。"
2012年《民事诉讼法》	第七十九条:"当事人可以申请人民法院通知由专门知识的人出庭,就鉴定人作出的鉴定意见或者专门问题提出意见。"
2015年《最高人民法院关于审理环境民事公益诉讼案件适用法律若干问题的解释》	第十五条:"当事人申请通知有专门知识的人出庭,就鉴定人作出的鉴定意见或者就因果关系、生态环境修复方式、生态环境修复费用以及生态环境受到损害至恢复原状期间服务功能的损失等专门性问题提出意见的,人民法院可以准许。前款规定的专家意见经质证,可以作为认定事实的根据。"
其他领域相关规定	内　容
2012年《刑事诉讼法》	第一百九十二条:"公诉人、当事人和辩护人、诉讼代理人可以申请法庭通知有专门知识的人出庭,就鉴定人作出的鉴定意见提出意见。法庭对于上述申请,应当作出是否同意的决定。有专门知识的人出庭,适用鉴定人的有关规定。"
2002年最高院颁布的《关于行政诉讼证据若干问题的规定》	第四十八条:"对被诉具体行政行为涉及的专业性问题,当事人可以向法庭申请由专业人员出庭进行说明,法庭也可以组织专业人员出庭说明。必要时,法庭可以组织专业人员进行对质。当事人对出庭的专业人员是否具备相应专业知识、学历、资历等专业资格等有异议的,可以进行询问。由法庭决定其是否可以作为专业人员出庭。专业人员可以对鉴定人进行询问。"

2. 域外制度

(1) 英美法系:专家证人制度

《美国联邦民事诉讼规则》第702条规定:"如果科学、技术或其他专业知识将有助于事实审判者理解证据或确定争议事实,凭其知识、技能、经验、训练或教育够格专家的证人可以用意见或其他方式作证。"①《英国民事诉讼规则》第35.2条规定:"专家证人系为法院诉讼程序之目的指定提供或准备证据的专家。"②从相关法条可以看出,专家证人主要是指凭借自己的专业知识和技能,参与法院诉讼程序并提供意见的证人。鉴于专家证人属于证人的一种,其在诉讼地位、权利义务、证据效力等方面和普通证人保持一致,同时也存在自身的特殊性。

(2)大陆法系:以日本为例的诉讼辅佐人制度

日本《民事诉讼法》第60条第1款规定,"当事人或诉讼代理人得到法院的许可,可以与辅佐人一同出庭"。③第3款规定,诉讼辅佐人的陈述应被视为当事人或者诉讼代理人自己所做的陈述,除非当事人或者诉讼代理人及时地更正或撤销辅佐人的发言。由此可以看出,日本的诉讼辅佐人制度中,辅佐人是指和当事人或者诉讼代理人一同参与诉讼,同时具有陈述上的补充以及地位上的附属双重特征的人。

3. 参考借鉴

英美法系与大陆法系在这项制度上的差异源于二者不同的诉讼模式倚重。英美法系在诉讼过程中强调当事人主义,通过对抗式的程序力求查明案件事实,提供客观科学的审判依据。大陆法系则侧重职权主义,更加注重鉴定人制度的运用,以鉴定结论来弥补法官审理中专业水平的缺失,诉讼辅佐人制度相对处于弱势地位。二者都是试图通过专业制度的引入,解答专业问题,查明专业事实,以提供专业裁判。但是任何一项制度都不可能是完美而能够直接照搬借鉴的,在制度的借鉴和引用中,要注重去糟粕、取精华。

首先,专家证人制度的中立性难以保障。专家证人受雇于当事人本人,并由当事人提供报酬,在一定程度上有为当事人谋利之嫌。在对专业问题提出质疑和出具意见的过程中,作出隐瞒、歪曲或编造等滥用权力的行为,不但有违制度设立的初衷,影响案件的公正审判,而且一定程度上拉长了诉讼战线,极大地浪费了诉讼成本。

其次,诉讼辅佐人制度的价值难以突出。日本的制度虽然试图通过辅佐人参

---

① 转美国联邦民事诉讼规则证据规则(第一版)[M].白绿铉,卞建林,译.北京:中国法制出版社,2001:181.
② 徐昕.英国民事诉讼规则(第一版)[M].北京:中国法制出版社,2001:181.
③ 白绿铉.日本新民事诉讼法(第一版)[M].北京:中国法制出版社,2000.

与庭审以强化当事人主义诉讼模式，充分保证当事人诉讼权利的行使，形成有力的对抗和质证，但是由于辅佐人诉讼地位上的非独立性，其言论面临被当事人或诉讼代理人更改或撤销的情形，严重影响了这一制度价值的充分发挥。

我国相关制度的设计和构建中，在程序设计和权利义务方面，需要充分吸收专家证人在证据彻查、庭审充分、优化鉴定等方面的优势，最大限度平衡双方当事人的诉讼权利，此时凸显的是"专家性"；在诉讼地位和意见效力方面，需要具体衡量权利给予的范围和界限，明确专家的辅助地位，避免一味强调专业性而造成的诉讼冗长、资源浪费等弊端，此时凸显的是"辅助性"。因此，在探索建立适合我国国情和审判实践的专家辅助人相关制度时，既要凸显专家专业背景的科学性，也要明确辅助人参与诉讼基础的合理性。

三、建体例：以"程序—实体"的体系建构专家辅助人的独立"堡垒"

当前我国对专家辅助人的界定仅存为几条单薄的法律法规，规定了可以申请专家辅助人出庭参与诉讼的事实情况，但对于如何出庭、意见效力、质证规则等程序问题并没有体系化的规定。司法适用中，对未明晰事项常通过参照类似证人、鉴定人等制度加以适用，虽然是保障诉权的一种进步，但是缺乏制度化的规范，易造成一纸空文不知何用的局面。因此，应在新民诉法司法解释的基础之上，对我国专家辅助人制度进行探索，从程序上通过"身份授予"+"能力认证"保障专家辅助人出庭；从实体上进一步明确"权"与"责"，以充分保障专家辅助人价值的实现。

（一）程序保障专家辅助人出庭

1."身份授予"：专家辅助人享有类"当事人"诉讼地位

新民诉法司法解释第一百二十二条规定，"具有专门知识的人在法庭上就专业问题提出的意见，视为当事人的陈述"，实际上是明确了专家辅助人意见应视为"当事人陈述"从而作为证据种类之一，经查证属实，可作为认定事实的根据。这是在立法上对专家辅助人的意见效力进行了规定。因此，在裁判文书的写作中，对于专家辅助人意见的分析可在"当事人诉称"中予以说明。将专家辅助人意见视为当事人陈述也引申出一个问题，当事人与专家辅助人之间的关系如何？当事人是否对专家辅助人所作出的意见具有撤回的权利？

首先，专家辅助人是基于当事人的委托出庭的，二者之间是一种委托与被委托的代理关系。这一关系类似于诉讼代理人，当然诉讼代理人与专家辅助人之间是存在差异的，这已经在前文中有所论述，此处不再赘述。其次，当事人实际上是将其一部分的诉讼权利让渡给专家辅助人，让其凭借专业背景和知识，更好地帮助当事人行使诉讼权利。关于诉讼权利的转让范围，也可通过委托合同进行约定。因此，笔者认为在权利转让范围内，当事人不得对专家辅助人作出的发言和意见行使撤回权；对于专家辅助人超范围的陈述，当事人可通过事后的更正或撤回，避免自身权益的损失。同时为保障当事人权利，在委托合同中可就专家辅助人的权利义务进行详细说明，并对违约责任作出约定，促使专家辅助人恰当地行使权利，辅助当事人完成诉讼。[①]

专家辅助人的出庭实际上也是为了弥补当事人在某一领域的专业欠缺，以便当事人能够更好地对鉴定意见等涉专业问题进行质证。从"视为当事人陈述"的表述中也可以看出，专家辅助人并不具有独立的诉讼地位，其对当事人本人具有较强的依附性。

明确了专家辅助人的类"当事人"身份地位，前述样本分析中反映的概念混淆也就得到了解决。鉴定人是指对诉讼中争议的专门问题作出鉴定结论的机构或者自然人。在参与诉讼方式方面，鉴定人可以由当事人申请提出，也可以由法院依据案件审理情况决定；而"具有专门知识的人"仅能通过当事人申请并经法院同意方能参与诉讼。在人员选任方面，鉴定人是由双方当事人协议，协议不成由法院指定；[②]"具有专门知识的人"是当事人基于自身诉求的需要，委托相关具有专业资质的人员参与到诉讼中。在主体资格方面，2005年9月29日司法部颁发的《司法鉴定人登记管理办法》对鉴定人资格作出了明确的规定，鉴定人以鉴定单位的名义出具有个人签名的鉴定意见书方有效力；而"具有专门知识的人"在现行法律规定下仅为一个笼统的概念，并没有硬性的资格条件，在诉讼过程中仅就个人意见发表观点。[③]另外，鉴定人出具的鉴定意见和"具有专门知识的人"就专业问题提出的意见分属于不同的证据类型，前者为鉴定意见，后者为当事人陈述。

---

① 浅析专家辅助人的价值与诉讼地位[N].法制生活报，2014-8-26（3）.
② 邹明理.专家辅助人出庭协助质证实务探讨[J].鉴定制度，2014（1）.
③ 李丹.浅析专家辅助人的价值与诉讼地位[N].法制生活报，2014-8-26（3）.

2."能力认证":专家辅助人的出庭资格和选任

新民诉法司法解释第一百二十二条规定,"当事人可在举证期限届满前申请具有专门知识的人出庭","法庭准许当事人申请的,相关费用由提出申请的当事人承担",由此可以看出专家辅助人的出庭方式表现为"申请+许可"的形式,其中许可又可分为"必要审核"与"资质审核"。

(1)申请:当事人可通过申请的方式提出由具有专门知识的人出庭参与诉讼,这也是赋予当事人充分参与诉讼的权利,实践中可能存在当事人并不知这一权利而错失提出申请的机会,因此,同其他权利一样,法庭应当进行告知。以医疗纠纷为例,若案件审理过程中,存在鉴定的情况下,应当在鉴定提出时即告知当事人享有申请专家辅助人的权利;不存在鉴定的情况下,应当在提交证据材料之时告知当事人享有申请专家辅助人的权利。

(2)必要审核:并非当事人提出了申请,专家辅助人就必然出庭,还需要经过法庭的许可。只有根据案件情况,确有必要引入专家辅助人制度的,法庭才进行许可。一般认为,在存在鉴定的案件中,为保障准确有效地对鉴定意见进行质证,若当事人有申请的需求,法庭一般予以准许,尤其在医疗纠纷案件中,可能出现医学会或者司法鉴定机构出具的多份鉴定意见,为了更好地保证鉴定意见的证明效力,有必要让专家辅助人参与到诉讼中来;在不存在鉴定的案件中,为防止滥用专家辅助人权力,拖延诉讼时间,浪费司法成本,法庭应进行充分考量。法院对专家辅助人申请进行审核中,笔者认为可参照"三个有利于"进行认定:一是专家辅助人的参与要有利于案件事实的查明;二是专家辅助人的参与要有利于双方当事人平衡权利充分质证;三是专家辅助人的参与要有利于诉讼纠纷的解决。只有符合了以上三项标准的案件,才可适当考虑专家辅助的出庭质证。[①]

(3)资质审核:在明确案件是否需要介入专家辅助人的前提下,还需要进一步确认哪些人有条件成为专家辅助人参与到诉讼中来,即成为专家辅助人的"资质"。笔者认为应当从如下几个方面进行考虑:①专家辅助人必须是具备一定专业资质的人,可通过资格证书、从业经验等材料证明本人所具备的专业资质和能力,但所提供材料均为身份证明之用而非必要条件。否则非专业的普通人通过此途径参与诉讼不但不能达到制度设置的初衷,相反造成诉讼时间的不必要延

---

① 王戬."专家"参与诉讼问题研究[J].华东政法大学学报,2012(5).

长。①②专家辅助人必须具备当事人所欠缺的某种能力。若当事人对涉诉专业问题已经足够掌握,有能力对涉专业的事实问题进行质证,专家辅助人对于案件的审理即为非必要的。③专家辅助人的专业资质为案件审理焦点领域,以医疗审判为例,即便是一位在外科经验丰富的老医师,可能也无法较好地对一些涉及内科的知识进行诉讼辅佐。②因此,专家辅助人的专业资质还需与案件审理焦点所契合。

(二) 实体明确专家辅助人的"权"与"责"

新民诉法司法解释第一百二十三条规定,人民法院和当事人可以对出庭的具有专门知识的人进行询问,具有专门知识的人可以就案件中的有关问题进行对质,这一规定实质上是对专家辅助人的出庭程序及权利进行相关解释。同时亦从禁止性角度对专家辅助人进行了限制性规定,"具有专门知识的人不得参与专业问题以外的法庭审理活动"。为了更好地发挥专家辅助人参与庭审的价值,对专家辅助人的权利内容及责任进行具体梳理分析。

1. 专家辅助人享有的权利

专家辅助人所享有的权利主要表现为:(1)监督权,主要是指对鉴定意见的监督。专家辅助人可以就鉴定意见的产生过程及程序要求鉴定机构或鉴定人进行说明,通过了解鉴定出具的途径、样本采集的方法、仪器设备的配置等,对鉴定进行程序上的监督,从而保障鉴定意见的科学性与合理性。(2)质询权,主要是指在法庭上可以对鉴定意见或涉专业问题进行质证。具体来说鉴定人先对出具的鉴定意见进行简要说明,或者在不出庭的情况下提供书面意见,接着专家辅助人可就鉴定意见向鉴定人或申请鉴定方提问,然后进行交叉询问,在交叉询问过程中充分对鉴定意见形成的结论及案件中存在争议的焦点问题进行对抗。(3)专业解释权,主要是指对案件中涉及的专业术语进行解释说明的权利。(4)获得报酬的权利。相关法条中规定,专家辅助人的相关费用由申请人负担。但是这样的规定难免会造成专家辅助人为更多地获得有偿报酬而想方设法地为当事人谋利,中立性难以保障。因此,这里的获得报酬的权利笔者认为应当有所限制,应根据专家辅助人的工作时间和相应报酬,对专家辅助人参与诉讼所付出

---

① 赵杰.论专家辅助人出庭质证制度[J].中国司法鉴定,2013(4).
② 江琪琪,肖菊.浅析医疗纠纷专家辅助人制度[J].中国卫生人才,2014(10).

的时间成本进行补偿，严禁以当事人是否因此胜诉为标准界定专家辅助人的报酬。

2. 专家辅助人的法定责任及道义规范

除了以上权利以外，专家辅助人还应当承担如下责任：（1）程序上，严格按照程序规则，遵守法庭纪律，履行出庭义务，如实以自己的专业知识进行陈述。对于违反相关程序规定的，可按照《民事诉讼法》相关程序规定进行警告或惩戒。（2）实体上，对于提供虚假意见的专家辅助人，可以比照《关于司法鉴定管理问题的决定》第13条对鉴定人的行政责任，给予相应行政处罚。（3）除了程序上和实体上对专家辅助人作出相应规定以外，专家辅助人还应当基于基本的职业道德和诚信原则，承担诚信义务。[1]主要表现为专家辅助人根据专业背景和行业操守，应当诚实、客观地对相关问题进行陈述并提出意见。对于违反诚信义务的相关法律后果，可以考虑建立专家辅助人诚信档案，同时该诚信档案可作为法庭对专家辅助人出庭资格审查的标准之一进行考量。

3. 文书制作充分反映"权责"效果

庭审中，专家辅助人通过权利的行使帮助当事人更好地发挥诉讼权利，同时根据义务及责任的相关内容规范专家辅助人的行为，防止权利的滥用。最终专家辅助人的意见是否被法庭采信，通过何种方式表明采信的过程也是保障案件公正审判的一个重要环节。通过在裁判文书中载明采信的理由能够更为有效地反映法官自由心证的过程。因此，裁判文书中应当对专家辅助人提出的相关问题及意见进行释明，对于不予采纳的应给出相应理由，对于给予采纳的也应当就其对抗的鉴定意见或者相关事实问题进行分析阐述，将查明的理由与依据充分展示在文书当中，从而更为有力地支持审判结果。

综上，专家辅助人参与庭审应当得到当事人的授权和法庭的许可，以当事人的名义作为辅佐人出庭参与诉讼。专家辅助人的选任必须达到一定的条件，以充分保障能够以专业水平帮助审判，同时法庭也应当结合案件具体情况对专家辅助人做必要性的审查。在庭审过程中，专家辅助人可根据其身份享受权利和承担责任。法庭对于其提出的意见、建议进行分析、采纳，并据此作出最终裁判。

---

[1] 张纵华. 专家辅助人如何出庭[N]. 人民法院报，2014-7-27（2）.

参考文献

[1]张卫平.转换的逻辑——民事诉讼体制转型分析(修订版)[M].北京:法律出版社,2007.

[2]美国联邦民事诉讼规则证据规则(第一版)[M].白绿铉,卞建林,译.北京:中国法制出版社,2001.

[3]徐昕.英国民事诉讼规则(第一版)[M].北京:中国法制出版社,2001.

[4]白绿铉.日本新民事诉讼法(第一版)[M].北京:中国法制出版社,2000.

[5]李丹.浅析专家辅助人的价值与诉讼地位[N].法制生活报,2014-8-26(3).

[6]邹明理.专家辅助人出庭协助质证实务探讨[J].鉴定制度,2014(1).

[7]王戬."专家"参与诉讼问题研究[J].华东政法大学学报,2012(5).

[8]赵杰.论专家辅助人出庭质证制度[J].中国司法鉴定,2013(4).

[9]江琪琪,肖菊.浅析医疗纠纷专家辅助人制度[J].中国卫生人才,2014(10).

[10]张纵华.专家辅助人如何出庭[N].人民法院报,2014-7-27(2).

民事立案登记适用中滥诉问题研究

汤景桢[①]

摘要： 立案登记制的正式实施，在充分保障当事人行使诉权的同时，也带来了滥用诉权的新问题。滥诉有违立案登记制的本质和设立目的，必将影响立案登记制的有效运行。现行的民事立案登记制缺乏对滥诉的规制，这就需要在民事立案登记的适用中，进一步规范立案登记中的审查问题，建立对滥诉行为的规制，引导当事人对诉权的理性行使。

关键词： 立案登记　诉权保护　滥用诉权　滥诉规制

党的十八届四中全会通过的《中共中央关于全面推进依法治国若干问题的决定》中规定"改革法院案件受理制度，变立案审查制为立案登记制，对人民法院应该受理的案件，做到有案必立、有诉必理，保障当事人的诉权。"至此，我国法院立案制度的改革拉开了帷幕。从立案审查制到立案登记制，不仅有利于当事人诉权的行使，也为解决"立案难"问题提供了切实的保障。然而，立案登记制的实施，在强化当事人权利意识的同时，也使得滥用诉权的现象日渐增多。最典型的一个案件便是在立案登记实施的第一个月，某当事人到法院起诉演员赵薇，要求其赔偿精神损失费，理由是赵薇在电视中一直瞪他，为此受到了伤害。[②]怎么将这种令人哭笑不得的"奇葩"案件拒之立案登记制的门外，如何规制因降低起诉门槛而引发的滥诉，这些都是立案登记适用中应当思考的问题。

[①] 作者单位：上海商学院。
[②] 立案登记制能否拦住"滥诉"[EB/OL]. 载 http://news.ifeng.com/a/20150613/43966103_0.shtml，最后访问日期：2016-01-10.

一、立案阶段诉权滥用的表现形式

当今社会是一个关注和尊重权利的时代，对诉权的保护成为衡量一国法治文明与进步的标识。作为宪法性基本权利的民事诉权，极易受到侵害，因此需要提供必要的便利条件以便其得到充分行使。然而，任何权利都有被滥用的可能。对于诉权而言，法律虽然赋予当事人享有纠纷解决的请求权，但并不意味着其可以不顾他人的利益而任意妄为地提起诉讼。当事人是否有合法利益提起诉讼、寻求司法救济，是区别诉权是否正当行使的一个重要前提。所谓滥诉，即滥用诉权，是指"行为人向法院起诉，通过民事诉讼的方式达到非法目的或者追求不正当结果的行为"。[1]诉权包括起诉权、反诉权、撤诉权、上诉权以及申请再审权等权利，因而滥用诉权的表现形式也包含了对以上权利的滥用。但是，在标志诉讼开始的立案阶段，由于当事人进行起诉是行使诉权最主要、最直接的方式，滥用起诉权往往成为这个阶段滥用诉权最为常见和集中的表现形式。

权利人滥用权利不再限于传统的实体权利范畴，而往往通过诉讼利益的侵害具有程序性色彩。在立案阶段，当事人向法院提起诉讼，如何认定这个起诉有可能构成滥诉呢？从司法理论和实践来看，滥用起诉权主要有以下两种表现形式：

（一）非善意诉讼

非善意诉讼就是当事人恶意提起诉讼来损害其他当事人合法权益的一种滥用诉权的行为。在实践中，当事人企图通过起诉来诋毁他人的名誉或信誉，破他人之财，又或者寄希望一场官司带来媒体的炒作扩大影响，使自己扬名天下而获利，又或者双方恶意串通进行起诉，共同损害第三方的合法权益等，这些诉讼行为并不一定追求最终胜诉的结果，而是在一定程度上将被告或者第三方卷入诉讼而使其受到物质、精神等方面的损害。判断非善意诉讼，一方面要看行为人主观上是否是出于故意，是否存在通过起诉达到损害他人合法利益的目的；另一方面，行为人应当具有非善意的诉讼行为。在学术界，有学者认为非善意诉讼的主观要件中，除了故意外，因重大过失而盲目对他人提起诉讼的行为也应当纳入滥用诉权中。[2]笔者认为，如果将重大过失作为非善意诉讼的主观要件，这就使得

---

[1] 汤维建，沈磊. 论诉权滥用及其法律规制[J]. 山东警察学院学报，2007（3）.
[2] 相庆梅. 论诉权滥用[J]. 社科纵横，2012（7）.

非善意的范畴过于宽泛,直接影响到当事人正当诉权的行使,尤其是在立案阶段去判断当事人是否具有重大过失提起损害他人利益的诉讼,操作具有一定的难度。因此,把非善意诉讼仅限于主观故意不仅易于判断是否形成滥诉,而且不会对民众行使诉权过分苛刻,有利于保障正当诉权的合理行使,也与立案登记制设立和实施的目的一致。

(二) 欺诈性诉讼

欺诈性诉讼通常是指当事人虚构事实和理由或伪造证据而提起诉讼,从而达到损害他人合法利益的目的。与非善意诉讼行为相比,欺诈性诉讼更强调行为人对胜诉的渴望和期待。有学者将欺诈行为分为逃避债务、转移财产、侵占财产、推卸责任以及规避法律等情形。比如,原告伪造借据起诉被告,其目的在于通过诉讼谋取非法利益。认定欺诈性诉讼,行为人首先应当有主观故意,即有损害他人利益和获取非法权益的意思表示,这与非善意诉讼对主观方面的要求较为一致。其次,行为人应当有虚构事实、理由或者伪造证据的行为,并且以此为基础提起了诉讼。值得注意的是,当事人这种虚构和伪造行为应当是发生在提起诉讼阶段,而不包括诉讼进程中所实施的欺诈行为,不属于滥用诉权的情形。

(三) 重复性诉讼

根据民事诉讼法的规定,法院受理案件有一定的范围,有的起诉不属于法院管辖,比如有书面仲裁协议的或者应当由其他机关处理的;有的案件已经由法院作出了具有既判力效力的判决;有的起诉已经被法院驳回。对于这些已经不属于法院受理范围的纠纷,当事人如果故意对此反复提起诉讼,不仅违背诚实信用原则,而且违背了程序的安定性,显然已经逾越了诉权正当行使的界限,实质是对起诉权的滥用。当然,实践中当事人由于基本法律知识的缺乏而进行重复性诉讼是需要区别对待的。

二、滥用诉权对立案登记实施的影响

长期以来,立案难是社会公众对司法诟病的一大难题。随着民事诉讼的司法改革,从立案审查制到立案登记制的转变,使得起诉条件降低了,纠纷进入司法程序寻求救济的门槛变低了,这对于当事人诉权的保障和发挥司法的应有功能意义重大。然而，在民事诉讼中，作为纠纷进入司法程序的初始和必经阶段，案件受理采取何种制度，不仅直接影响进入诉讼大门的案件数量，短期内导致法院登记立案数量大幅增加，而且其中不乏具有欺诈诉讼、非善意诉讼、重复诉讼等滥用诉权的起诉。[1]最高院姜启波曾经指出："在对滥诉的制裁存在制度缺失的现状下，弱化立案受理审查功能，必将使司法成为宣泄私愤的工具。"[2]毫无疑问，立案登记制的实施并不会容忍滥用诉权，它只能接受具有正当合理目的的起诉。立案阶段作为判断诉权是否滥用的起点，滥诉本质上与立案登记制是违背的。然而，放下身段后的立案登记制能否拦得住诉权滥用呢？这无疑是实施立案登记后面临的新问题和新挑战。

（一）滥用诉权有违立案登记制的设立初衷

立案登记制设立目的就是解决立案难的问题，以期通过"有案必立、有诉必理"来保障当事人的诉权，从而实现程序正义和社会公正。当事人的起诉和法院的立案在一定程度上标志着其他当事人将受到法律的评价甚至制裁，有时甚至因为被动卷入诉讼使得其名誉、精力、经济等直接受到负面影响。因此，当事人诉权的合理行使，既是对自身合法利益的保护，也是对他人合法利益的维护。只有合理合法正当的起诉，才能开启正当程序之门，所获结果自然具有正当性基础，也容易为当事人所接受。然而，在立案阶段的滥用诉权，无论属于何种形式，其启动的诉讼程序从根本上侵害了他人的实体利益和程序利益，所获结果必然缺乏正当性理由，毫无疑问个案正义也无法实现，长此以往必然危害整个司法在国民心中的权威，这与立案登记制设立的目的背道而驰。

---

[1] 据媒体报道，立案登记制实施首月，全国法院共登记立案1132714件，同比增长29%。其中，全国三分之一以上的高级人民法院登记立案增幅超过30%。参见：立案登记制改革首月，立案超百万件［EB/OL］，载 http://news.xinhuanet.com/legal/2015-06/05/c_127880663.htm，最后访问日期：2016-01-10；参见：立案登记制实施满月虚假诉讼滥用诉权情况增多［EB/OL］，载 http://news.sohu.com/20150610/n414734902.shtml，最后访问日期：2016-01-10。

[2] 姜启波．人民法院立案审查制度的必要性与合理性［EB/OL］，载 http://www.chinacourt.org/article/detail/2005/10/id/181461.shtml，最后访问日期：2016-01-10。

(二)滥用诉权有损立案登记制的功能实现

立案登记制的实施,是为了在立案环节为当事人提供方便,并不是鼓励民众随意起诉,更不允许滥用诉权无谓占用或浪费有限的司法资源。弗里德曼曾说过,"从理论上说,诉讼理由是无止尽的。但是国家只提供一定数量的法官、律师和法庭。如果诉讼人数突然增加,制度会被严重打乱,供应和需求的缓慢相互作用将不再行得通。排长队和拖延可能引起紧张和埋怨,甚至可能引起重大改革或调整。"[①]因此,司法资源的有限性要求排除少数人的无理侵占,使需要寻求司法救济的当事人能够得到更好的保护。立案登记制的实施导致法院案件大幅上升,其中不乏以非法侵害他人利益为目的的滥诉,这就不可避免地造成有限的司法资源和滥诉之虞之间的冲突。正如有学者所说的:"立案登记制改革为破解'立案难'等司法实践中的顽疾提供了新思路和新契机,但其预设功能的真正实现,有赖于对诉权保障与诉权理性行使、依法登记立案与滥诉行为规则等关系的科学平衡,有赖于制度自身的完善细化和配套机制的协作合力。"[②]

(三)滥用诉权不利于立案登记制的有效运行

在现代法治社会,诉权是当事人提起诉讼,要求法院作出公正判决,来保护其权益的一种私权利;而审判权是法院所拥有的被动化解矛盾、处理纠纷的一种公权力。任何一项诉讼的顺利完成都是依靠诉权和审判权的双向互动、通力合作得以实现,要最大限度地完成诉讼价值,达到司法公正目的,就必须在诉权和审判权之间寻求必要的平衡。作为民事诉讼的一项新制度,立案登记制在实施过程中也不例外,同样需要遵循诉权和审判权之间的权限合理配置原理。审判权应当以诉权为基础,应当给予当事人如何行使诉权以足够的尊重。但是,过分强调司法的被动性容易导致审判权的缺失,其直接后果便是滥用诉权的发生。因此,立案登记制的有效运行,应当将保护诉权和防止诉权滥用看成是一个统一体,不能一味地强调对审判权的制约和对诉权的保护,不能仅仅依靠对法院立案登记行为的规范,还需要加强对当事人滥用诉权的防范和规制。只有将那些试图借立案登记之便、滥用诉权的行为给予防范和打击,才能维护正当的诉讼秩序,树立良

---

① [美]弗里德曼.法律制度[M].李琼英,林欣,译.北京:中国政法大学出版社,1994:270.
② 潘剑锋.立案登记制与理性诉讼观的培育[N].人民法院报,2015,4(23):2.

好的社会诚信，才能让更多的民众享受到立案登记制带来的制度便利和温暖。

三、我国民事立案登记适用中缺乏对滥诉的规制

长期以来，由于司法实践中对起诉和受理把关过于严格，将起诉条件与诉讼要件相混同，立案难问题得不到解决，立案审查制受到广泛的质疑和批判。从立案审查制到立案登记制的改革，确实能够使民众更亲近司法，能够充分感受到程序的正当性和正义性。但是，正如前文所述，我们也要清醒地认识到，在立案登记制改革和实施的初期，滥诉随着涌入法院的大量案件而有所增加，这违背了设立立案登记制的根本目的。2015年年初，最高人民法院根据四中全会通过的决定，当即拟定了《关于适用〈中华人民共和国民事诉讼法〉的解释》第208条，"人民法院接到当事人提交的民事起诉状时，对符合民事诉讼法第一百一十九条的规定，且不属于第一百二十四条规定情形的，应当登记立案……"，该条款将登记立案写入其中，但是却没有考虑到如何应对滥诉问题。2015年4月1日，中央全面深化改革领导小组第十一次会议通过了《关于人民法院推行立案登记制改革的意见》（以下简称《意见》），该《意见》中规定，"违法起诉或者不符合法定起诉条件的"属于不予登记立案的情形之一。同时，《意见》第五项规定了制裁违法滥诉，指出"对虚假诉讼、恶意诉讼、无理缠诉等滥用诉权行为，明确行政处罚、司法处罚、刑事处罚标准，加大惩治力度。"2015年4月15日，最高人民法院发布了《最高人民法院关于人民法院登记立案若干问题的规定》（以下简称《规定》），第十六条规定："对于干扰立案秩序、虚假诉讼的，根据民事诉讼法、行政诉讼法有关规定予以罚款、拘留；构成犯罪的，依法追究刑事责任。"从以上相关内容可以看出，立案登记制的设计者和改革者们已经意识到，立案登记制实施后应当加强对违法滥诉的制裁。但是，这些规定并没有对滥用诉权行为的认定标准、认定程序、处罚标准等内容进行明确，容易导致立案庭法官在面对和处理滥诉行为时"无法可依"。由此可见，立案登记制虽然已经正式实施了，但是由此带来的不可避免的滥诉问题，并没有在立法层面得到相应的规制。因此，对于立案登记这样一项新生制度，要想更好地发挥出预设功能和效用，不仅需要完善立案登记制在司法实践中的具体实施方案，进一步细化和明确立案登记制的具体实施细则，而且需要对滥诉行为进行规制，推动立案制度的不断改革，从而确保法院依法进行立案登记。

四、完善立案登记制度，规制滥用诉权行为

立案登记制指的是，法院对当事人的起诉不进行实质审查，仅仅对形式要件进行核对。除了规定不予登记立案的情形外，当事人提交的诉状一律接收，并出具书面凭证。起诉状和相关证据材料符合诉讼法规定条件的，当场登记立案。立案登记制代替立案审查制，虽然各界予以积极正面评价，但笔者认为，要想在立案登记适用中使滥诉行为得到规制，还需要进一步梳理以下两个问题。

（一）规范立案登记中的审查问题，排除滥诉行为

实施立案审查制，当事人向法院提起诉讼，法院对诉讼要件进行实质审查后再决定是否正式立案。法院对起诉的审查位于立案之前，从逻辑上来讲，立案前并不存在案件，却实实在在地进行审查，这种立案方式对当事人的行使诉权形成了较大的限制，属于典型的案外程序，完全不符合正当程序的理念。立案登记制则不然，法院收到当事人起诉后，不再进行实质性审查，只要起诉符合形式要件就要登记立案。因此，立案审查制与立案登记制最大的一个区别就是关于对当事人起诉如何进行审查的问题。毫无疑问，立案审查制中，在立案之前就对案件进行实质性审查的做法已遭摒弃。那么，新的立案登记制实施后，法院对当事人的起诉是否仍应进行审查，何时进行审查，进行何种形式的审查以及如何开展审查等问题，将直接影响到起诉立案阶段能否在制度层面遏制当事人滥用诉权的行为。也就是说，滥用诉权能否被排除在法院大门之外，在很大程度上取决于法院对起诉如何进行审查，是否能够在立案登记中建立起科学合理的审查程序。

1. 立案登记仍应对起诉进行审查

立案登记制降低了案件进入整个司法程序的门槛，这是否意味着法院对起诉不再需要进行审查呢？在回答这个问题前，我们可以先看下其他国家的立案制度。比如，在德国，原告起诉需向法院书记处递交诉状，诉状形式上应当具备法定的要求。原告起诉后，案件进入"诉讼系属"的状态，表明诉讼已经开始但尚未结束。法官在接到起诉状后，需要对起诉状进行形式审查，并确认原告是否缴纳了费用，诉状是否包含了强制性规定的内容等。在日本，当事人提起诉讼应向法院提出诉状，诉状应记载法律所规定的必要事项。当事人起诉后，法院不仅对诉

状是否具备必要记载事项进行审查，还会对是否张贴了印花税进行审查，只有符合这些起诉要件的，诉讼才会进入审理程序。在英国，民事案件立案由提起诉讼与答辩构成，原告提起诉讼应当填写格式化文本，法院审查后签发即完成案件的受理。签发之时，诉讼提起。同样，在实施立案登记制比较典型的美国，民事诉讼从原告提交诉状时开始，由法院的书记官对当事人提交的诉状进行格式审查，书记官的职责便是找出其中的错误。在我国台湾地区，根据"办理民事诉讼事件应行注意事项"的规定，第一审法院于定言辞辩论期日前，应先依起诉状调查原告之诉是否合法。[1]由此可见，"审查是不同立案制度的共同要素。无论是立案审查制还是立案登记制都是围绕案件资格的审查建立的，都强调立案审查程序，以发挥过滤作用，将不具有案件资格的社会纠纷排除在诉讼程序外。"[2]因此，立案登记制代替立案审查制，并不意味着简单粗暴地将立案简化为登记工作，更不是从根本上否定法院对当事人起诉的审查。"有案必立、有诉必理"的前提是针对"人民法院依法应当受理的案件"，哪些属于应当受理的案件，哪些不属于应当受理的案件，显然需要凭借法院的审查。正如张卫平教授所说的，"立案审查制改革的实质不是对于起诉要不要审查，而是应当审查什么的问题"。[3]

2. 在立案登记制中构建正当的审查程序

在民事诉讼中，任何纠纷进入审理程序的过程是诉讼转变为案件的过程，其间需要获得法院的立案。然而，社会纠纷纷繁复杂，当事人的诉讼目的和能力千差万别，这就导致有些诉具有诉讼价值，需要利用国家资源、通过诉讼予以解决，而有些诉虽然符合诉的形式要求，但却因缺乏可诉性或者不属于法院解决范围或者是当事人滥用诉权试图进入审理程序，这就要求法院通过正当的立案程序，审查筛选出那些适合并应当进入审理程序的诉。那么，如何在立案中对起诉进行审查呢？有的观点认为，在立案登记制度下，法院对当事人的起诉，只要对起诉状进行形式审查，起诉状必须记载事项符合要求的即可立案，对案件进行登

---

[1] 国外立案制度的相关内容参见：[德] 汉斯－约阿希姆·穆泽拉克. 德国民事诉讼法基础教程 [M]. 周翠, 译. 北京：中国政法大学出版社, 2005；[日] 中村英郎. 德新民事诉讼法讲义 [M]. 陈刚, 林剑锋, 郭美松, 译. 北京：中国政法大学出版社, 2001；包剑平. 实行立案登记制　依法保障当事人诉权——民事诉讼法司法解释解读 [J]. 人民司法, 2015(11)；刘思娇. 我国民事立案登记制度建构 [J]. 法制博览, 2015(8)；宋旺兴. 论民事诉讼立案审查制度 [J]. 西南政法大学学报, 2008(2).

[2] 许尚豪, 瞿叶娟. 立案登记制的本质及其建构 [J]. 理论探索, 2015(2).

[3] 张卫平. 民事案件受理制度的反思与重构 [J]. 法商研究, 2015(3).

记后就可以进入审理程序。还有的观点认为,"立案登记制的精髓在于,通过诉状登记的方式,使'诉'快速简便地进入诉讼程序,将立案审查制下对'诉'的程序外审查内容纳入到诉讼程序之中进行审查。"[1]该观点将立案登记制下的立案审查分为案前审查和案后审查两阶段,并以立案为前后分界点。案前审查重点是对起诉状的形式要件进行表面、直观的审查;案后审查是通过对实体要件的审查,判断立案登记后的诉是否具有可诉讼性。[2]

对此,笔者更倾向于后面这种观点,原因有二:其一,这样设计审查程序符合立案登记制的本质要求,保证立案前对当事人起诉的审查不再是实质审查,只要起诉状符合形式要求即可立案,这就能充分保障当事人诉权的行使。其二,案前审查的目的是原告提起的是否是一个诉,这个诉能否立案登记,因此只要起诉状具备了诉的全部形式要素即可立案。但是这样的案前审查存在的一个很大的问题便是如何应对滥诉问题。正如前文笔者所分析的,在立案阶段滥诉虽然有不同的表现形式,却通常在形式上是满足诉的基本要素,从而能轻易而又顺利地跨过立案大门。然而,将不具有诉讼价值的纠纷纳入审理程序,不仅浪费司法资源,而且有损司法威望,并不是现代法治程序所期望的。通过案后审查,确定登记后的案件是否具备进入审理程序的条件,是否具有应当排除在审理程序之外的情形,比如当事人不适格,不属于法院受理的案件,重复起诉,不属于在一定期限内不得起诉的情况,不存在仲裁前置程序等,保证滥诉行为不能进入审理阶段。

当然,值得注意的是,这样的案前审查和案后审查并不是绝对分开的,也不是完全割裂的。举例来说,对赵薇提起的瞪眼诉讼,这类明显欠缺可诉性的纠纷,即使当事人提起的诉状符合形式要件,也无须先立案登记,再通过案后审查予以排除,完全可以不予登记,直接排除出民事诉讼程序,从而使有限的司法资源利用到更需要得到司法救济的纠纷中去。另外,还应当注意的是,如何确保案后审查的程序正当性,尤其是对于一些滥诉行为需要法院通过职权调查来判断该纠纷是否是一个正确的诉时,当事人在案后审查中的参与性应当确保。

---

[1] 许尚豪,欧元捷.有诉必案——立案模式及立案登记制构建研究[J].山东社会科学,2015(7).
[2] 该观点也受到实务界人士的支持,参见:张化冰.立案登记制的五个问题[J].贵州法学,2015(1).

(二) 建立对滥用诉讼的制裁机制

立案登记制作为一项崭新的制度并非完美,就对滥诉问题而言,虽然《意见》和《规定》都明确规定了对滥诉行为的民事、行政和刑事制裁措施,但要进一步发挥其作用,仍需进一步建立对滥诉的制裁机制。

1. 落实贯彻"诚实信用原则"

2012年民诉法修订时,诚实信用原则新增为民事诉讼法的基本原则。该原则被誉为帝王原则,是市场经济活动中形成的道德准则,它要求人们在市场活动中讲究信用、恪守诺言、诚实不欺,在不损害他人利益和社会利益的前提下追求自己的利益。[1]因此,不得滥用诉权、正当合理行使诉权是诚实信用原则的应有之义。在日本,滥用诉权就属于违反诚实信用的范畴,对滥诉也多从诚实信用原则的角度进行规制,即非公正和非善意的行使诉权或者滥用纠纷解决请求权便违反了诚实信用。在阻止滥用诉讼权利方面,诚实信用原则之所以能发挥独特的作用,是因为在当事人不以正当目的行使法律授予的权利时,利用抽象原则比具体的法律条文更能降低立法和司法的运行成本,而且更能激发当事人自觉的行为,有利于形成诚实信用的诉讼文化。

2. 规定滥用诉权之侵权赔偿责任

我国已经明确对侵权引起的精神损害要进行赔偿,那么滥用诉权是否属于一种侵权行为呢? 在英国法中,滥用诉权即提起"恶意和无根据的民事诉讼",主观上要求原告有恶意,以妨碍他人权利为目的的"挑拨诉讼"和以胜诉后分得利益为目的的"帮助诉讼"均属于不法。《英国最高法院诉讼规则》规定,如果诉讼文件是骇人听闻的、荒谬的、折磨人的,这种起诉就是不可接受的,构成了滥用诉权。美国1977年的《侵权法重述(第二次)》规定,为了非法的目的滥用诉权要承担因此而产生的损害责任。[2]法国立法在各个诉讼阶段均设置了滥诉规制条款,规定构成滥诉的条件应当包括主客观两个方面,行为人在主观上须存在故意,客观上行使了拖延诉讼等滥诉行为。同时,法国司法按照滥诉的多发情形和行为人的主观恶性程度,设置对不同类别滥诉行为的认定标准,并课以不同程度的惩罚。[3]由此可见,无论是英美法系还是大陆法系对诉权的滥用均予以规制,都倾

---

① 梁慧星. 民法解释学[M]. 北京:中国政法大学出版社,1995:301.
② 潘建兴. 立案登记与规制滥诉. 人民法院报(第二版)[N]. 2015,8(16):2.
③ 王艳. 法国民事滥诉的规制——以法国司法判例为考察对象[J]. 法律适用,2014(12).

向把滥用诉权定位为侵权案件。因此，根据国际上的通行做法，我国对滥用诉权的行为也应当认定为侵权行为，明确其构成要件：滥诉者必须有进行滥诉的故意，实施了滥诉的行为，该行为给相对人造成了损害，并且这种损害与滥诉行为之间有因果关系。具备这些条件的，滥诉行为人就要承担滥用诉权的侵权赔偿责任。

此外，对滥用诉权的行为还可以课以民事罚款，并且不影响侵权损害赔偿；如果触犯了刑律，还应当让其承担刑事责任。只有这样，才能更有力地对滥诉者进行惩戒，从而更好地维护其他当事人的合法权益。

结语

立案登记制代替了已经实行多年的立案审查制，对当事人诉权的保障有目共睹。然而，立案登记制适用过程中存在的滥诉问题同样不可回避。在司法实践中，已经出现了一些有益的探索，如借鉴上海自贸区的负面清单管理模式，公示受案范围负面清单等。本文只是对立案登记实施中的滥诉相关问题做了粗浅的思考，规制滥诉行为不仅需要制度上的完善和配套，更需要创造诚实信用的诉讼文化和氛围。

参考文献

[1]许尚豪，欧元捷.有诉必案——立案模式及立案登记制构建研究[J].山东社会科学，2015(7).

[2]柯阳友.起诉权保障与起诉和受理制度的完善[J].民事程序法研究，2013(9).

[3]张卫平.民事案件受理制度的反思与重构[J].法商研究，2015(3).

[4]许尚豪，瞿叶娟.立案登记制的本质及其建构[J].理论探索，2015(2).

[5]张化冰.立案登记制的五个问题[J].贵州法学，2015(1).

[6]包剑平.实行立案登记制 依法保障当事人诉权——民事诉讼法司法解释解读[J].人民司法，2015(11).

[7]汤维建，沈磊.论诉权滥用及其法律规制[J].山东警察学院学报，2007(3).

[8]张培.民事诉权滥用界说[J].湖北社会科学，2012(1).

[9]相庆梅.论诉权滥用[J].社科纵横,2012(7).

[10]周良慧.论我国立案登记制度适用中的恶意诉讼防治机制[J].江西师范大学学报(哲学社会科学版),2015(7).

[11]王艳.法国民事滥诉的规制——以法国司法判例为考察对象[J].法律适用,2014(12).

[12][德]汉斯-约阿希姆·穆泽拉克.德国民事诉讼法基础教程[M].周翠,译.北京:中国政法大学出版社,2005.

[13][日]中村英郎.德新民事诉讼法讲义[M].陈刚,林剑锋,郭美松,译.北京:中国政法大学出版社,2001.

财产保全在审执分离模式中的实现路径

何爱华[①]

摘要： 财产保全制度在我国司法实践中难以发挥应有的作用固然有其制度自身方面的原因，但也不可否认与其在我国民事诉讼审执模式中的构建模式也不无关系。本文在分析该制度在司法实践中存在问题的基础上，重点结合司法改革背景下我国审执分离模式这一背景，探索财产保全制度在该模式中的实现路径。

关键词： 财产保全　审执分离　审执合一　实现路径

一、财产保全制度概述及其现状

民事财产保全作为民事诉讼程序中一个重要的保障制度，其对于保证人民法院生效判决的最终执行进而为更好地维护当事人的合法权益具有重要的意义。因此，无论是在以注重成文法的大陆法系还是在以判例法为特色的英美法系中，尽管可能对该制度的称谓有所不同，但是理论和实践中都有该制度的存在。作为以大陆法系为特点的我国也不例外，从1991年的《民事诉讼法》到最新2013年《民事诉讼法》都有关于该制度的明确规定。

（一）财产保全制度的概述

关于财产保全概念，在我国，不同的学者从不同的角度，对其做过不同的阐述。例如："财产保全是指人民法院在案件受理前或者诉讼过程中，为了保证判决的执行，或避免财产遭受损失对当事人的财产或争议的标的物采取的强制措

---

① 作者单位：上海商学院。

施。"[1]"财产保全是人民法院在对民事案件和经济纠纷案件作出判决前,为确保将来作出的判决在发生法律效力后能够得到全面履行,采取限制当事人对该财物或者争议的标的物进行移转、消费性使用或者处置。"[2]"财产保全是指人民法院根据利害关系一方或当事人的申请,或者依职权对当事人的财物采取保全措施,以确保未来的生效判决得以顺利执行的一种制度。"[3]根据上述定义,我们可以发现财产保全制度主要有以下特点:首先,财产保全是人民法院在案件起诉前或者作出判决前,采取的限制有关财产处分或者转移的强制性措施;[4]其次,财产保全的目的是保障将来的生效裁判能够执行或避免财产遭受损失;[5]最后,财产保全是根据当事人的申请或依职权,由人民法院采取的。[6]

此外,在上述定义中还可以发现,在民事诉讼程序中设置财产保全制度的主要目的是保障将来人民法院生效判决得以执行,最终及时有效维护当事人的合法权益。当然,对于财产保全这一制度的功能,学者们各行己见,先后提出了"临时救济说""权益担保说""措施说""方便执行说"等,[7]实践中,财产保全作为我国民事诉讼程序中的重要制度,对于解决我国长期以来"执行难"的问题本应可以发挥其应有的重要作用,但实践并非如此。笔者认为,在司法实践中,财产保全制度主要具有以下功能:首先,有利于判决的及时、有效执行。应该说,财产保全天然就是为了执行并保障当事人的合法权益而生,因此,其主要是为了防止实务之中,不少的债务人一旦发现案情对其不利,甚至是在诉讼之前,便会采取隐蔽、转移、低价处理或转让财产等手段,以规避将来生效的判决。其次,在一定程度上可以弥补诉讼制度滞后性的特点。诉讼作为解决纠纷的机制,由于其具有严格的规范性和程序性,从而也不可避免存在滞后性的弊端。而正确采用财产保全措施可以有效弥补这一弊端。最后,有利于维护当事人的合法权益,有助于加速民事纠纷的解决。从根本上说,设立财产保全的目的就是确保当事人将来胜诉的判决得以顺利执行。正因为采取财产保全措施也会加重相关当事人的负担,而

---

[1] 王怀安.中国民事诉讼法教程(新编本)[M].北京:人民法院出版社,1992:190.
[2] 马原.民事诉讼法适用意见释疑[M].北京:中国检察出版社,1994:237.
[3] 常治.民事诉讼法学[M].北京:中国政法大学出版社,1994:329.
[4] 柴发邦.民事诉讼法学新编[M].北京:法律出版社,1992:259.
[5] 陈桂明.民事诉讼法[M].北京:中国政法大学出版社,2007:161.
[6] 江伟.民事诉讼法学[M].上海:复旦大学出版社,2002:227.
[7] 廖中洪.民事诉讼改革热点问题研究综述(1991—2005)[M].北京:中国检察院出版社.

这在一定程度上也会促使当事人解决纠纷。

(二) 我国财产保全制度的现状

当前我国适用的《民事诉讼法》是第十一届全国人民代表大会常务委员会第二十八次会议于2012年8月31日通过，自2013年1月1日起施行。因此，当前我国财产保全制度主要规定在上述《民事诉讼法》的第九章"保全和先予执行"，其中从第100条至第105条是关于"财产保全"的规定。根据上述条文的规定，在我国，财产保全的措施可分为两大类：一类是诉讼财产保全；另一类是诉前财产保全的措施。

诉讼财产保全，是指在诉讼过程中，人民法院对于可能因一方当事人的行为或其他原因，而有可能致使将来判决不能执行或难以执行的案件，依另一方当事人申请或人民法院依职权而对诉争财产采取扣押等保护性措施的总称。诉讼财产保全制度的适用必须满足以下三个条件：第一，须是具有财产给付内容的案件。一般而言，不具有财产给付内容的案件，就不存在财产执行问题，因而也就没有适用财产保全的必要。只有有财产给付内容的案件，才有适用财产保全的可能。第二，须具有采取财产保全的必要。第三，一般由另一方当事人申请或在必要时由人民法院依职权主动启动诉讼保全程序。实务之中，诉讼财产保全程序主要依另一方当事人的申请启动；人民法院采取财产保全措施，可以责令申请人提供担保；申请人不提供担保的，驳回申请。申请有错误的，申请人应当赔偿被申请人因财产保全所遭受的损失。人民法院在收到当事人的申请后，对情况紧急的，须在48小时内作出裁定；裁定采取财产保全措施的，应立即开始。此外，《民事诉讼法》第95条还规定，在财产保全开始执行后，被申请人提供担保的，人民法院应当解除财产保全。当事人对于财产保全的决定不服的，可以申请复议一次，复议期间不停止裁定的执行。

诉前财产保全，是指由于情况紧迫，在诉讼程序开始之前，利害关系人在提供必要的担保的情况下，向人民法院申请并由人民法院采取的财产保全措施。一般而言，诉前财产保全的适用条件较为严格，主要有以下几条：第一，情况紧迫，即如果人民法院不立即采取保全措施将会使利害关系人的合法权益遭受难以弥补的损害；第二，申请人必须同时提供担保，实践中，所提供担保的数额与请求保全的数额相当；第三，在人民法院采取保全措施后15日内，申请人必须起诉，否则人民法院应当解除财产保全。与诉讼财产保全相比,诉前财产保全的适用条件大致是相同的,但在以下三方面有其特殊性:第一,是否只能应利害关系的申请采取保全措施;第二,通常向财产所在地的人民法院提出申请;第三,裁定作出的时间,在人民法院接受诉前财产保全的申请后,均须在48小时内作出裁定,裁定采取保全措施的,应当立即开始执行。①

由此可以看出,财产保全制度设立的初衷便是将来生效的判决得到及时有效的执行,然而在我国司法实践中,该制度是否真正发挥出了其应有的作用,是值得商榷和研究的,正如我国已有学者指出"财产保全制度存在的一个重要的理由是保障当事人民事权利的实现,从而有效实现财产保全的功能,对于解决当前执行难的困境,维护司法的严肃性起着明显的作用。但是目前财产保全程序在实施过程中遭遇到一系列的困境,有的是财产保全措施实施后到终审生效判决执行时,当事人发现保全措施落空;部分法院在作出财产保全裁定与实施保全措施过程中也存在一些无法逾越的障碍。"②综上,下文主要就财产保全制度在我国司法实践中存在的问题予以分析。

二、财产保全制度在我国当前审执模式中存在的问题

民事诉讼法中设置财产保全制度就是为了"确保当事人的合法权益,为了保证权利人的权利能得到有效的实现。"③然而在我国的司法实践中,财产保全制度并未按照预期一样发挥其应有的作用,这一方面存在该制度自身设置和固有方面的问题。但是,另一方面,与我国民事诉讼的审执模式也有十分紧密的联系。例如,财产保全作为民事诉讼的程序之一,其也同样包括两个层次的结构——保全审判程序和保全执行程序。而保全审判程序也叫保全命令程序,指保全程序执行依据取得的程序。保全执行程序则是指保全裁定作出之后,法院为执行保全裁定书事实控制性执行行为的程序。④由此可见,我国民事诉讼程序中的审执模式也会直接影响到财产保全的作用的发挥。

---

① 参见2013年《民事诉讼法》的第100条至第105条以及2015年《最高人民法院关于适用〈中华人民共和国民事诉讼法〉的解释》的第152条至第168条的规定。
② 沈达明. 比较民事诉讼法初论(下册)[M]. 北京:中信出版社,1991:221.
③ 潘剑锋. 民事诉讼原理[M]. 北京:北京大学出版社,2001:225.
④ 肖建国. 民事保全程序中的审执分立[N]. 人民法院报,2005,1(5):5.

(一) 财产保全制度自身设置方面的缺陷

（1）立法体例方面的不合理。无论是在现行的《民事诉讼法》还是在1991年的《民事诉讼法》，财产保全制度都是被置于其总则编的第九章中，这固然可以在一定程度上提高财产保全制度的地位，但是，正因为该制度在诉讼程序中属于个别或局部性的问题，并不是所有的民事案件都应采用的程序，因此，采取这种立法模式有违立法技术原则，有很大的不合理性。因为财产保全程序的审理与执行与民事诉讼的审理对象无论在程序性质上还是在审理的内容和方式上都存在着迥然差异。[①]

（2）有关财产保全管辖的法院规定不明确。根据我国民事诉讼法的规定，并没有将财产保全的管辖设置为专属管辖，而仅从立法的条文来看，未对财产保全的管辖法院作出明确规定。司法实践中，一般受到双方当事人关于案件争议管辖的约束。最为突出的问题，当争议双方当事人在争议解决条款中订有仲裁条款或存在仲裁协议时，最为普遍的做法是，法院会拒绝该类案件的当事人直接向法院提出的诉前财产保全，一般会告知当事人先到仲裁机构申请仲裁，同时在该仲裁机构申请财产保全，然后由仲裁机构将当事人财产保全的材料移送至相关法院予以审查。从这一程序来看，这一过程耗时耗力，这对因情况紧急需提起诉前保全的当事人而言，往往会使其的保全申请完全失去意义。此外，在诉讼财产保全的管辖规定中，只能在本案所在地法院提起，《民事诉讼法》也未规定其他法院可以管辖条件。尽管这一规定是从便利当事人诉讼的角度予以考虑，但是其忽略了财产保全制度本身具有紧迫性的特点，从而使得有些采取财产保全的案件，获得了裁定，但是同样存在执行难的问题，导致申请人财产保全目的无法实现。在此方面，《德国民事诉讼法》规定，"关于假扣押命令，由审判本案的法院，以及假扣押标的物所在地的初级法院，或人身自由应受限制的人所在地的初级法院管辖之"。

（3）财产保全的担保规定仍不完善。我国民事诉讼法中主要规定了三种情形的担保，即财产保全制度中的担保、先予执行制度中的担保和执行过程中的担保。而对于财产保全制度中的担保，法律也仅仅是区分诉前财产保全与诉讼财产保全的区别。对于诉前财产保全，法律规定申请人必须提供担保，而对于诉讼中

---

① 在此方面，日本较为特别，日本1989年实施《民事保全法》，民事保全程序完全脱离民事诉讼法与民事执行法而独立成为法典。

的财产保全,则只规定可以责令其提供担保,除此之外,例如关于担保应适用何种程序,应如何进行,法律并未作出详细规定,而由法官自由裁量。

(二) 财产保全制度在审判方面的缺陷

(1)关于财产保全程序的启动不合理。前文已述及,根据我国民事诉讼法的规定,财产保全程序的启动主要有两种途径,当事人的申请和法院依职权采取。纵观英美法系或者是大陆法系的主要国家的立法规定,例如英国、美国、日本以及我国的台湾地区相关的法律,基本都是采用依当事人申请的原则。正如不告不理的原则已为许多国家所认可,因此,笔者认为,法院依职权采取这一做法并不合理,体现出了较为厚重的超职权主义特点。既违反了民事诉讼法中的司法中立的原则,同时也违反了当事人处分的原则。因此,本文认为,财产保全程序属于诉讼程序,也应遵循不告不理原则,在当事人没有主动提出财产保全的情况下,法院不应当主动依职权提起。

(2)财产保全的审理程序不明确。根据我国立法规定,财产保全程序"如果情况紧急,人民法院应当于48小时内作出裁定"。从这些条文的规定中我们看不出人民法院在财产保全程序中应如何审理以及在审理过程中的审理结构怎样。然而,这些完全会直接影响到财产保全裁定的作出与否。不可否认,在对财产保全程序审理过程中,法官拥有很大的自由裁量权。司法实践中,较多的情形是一般只对当事人的申请书进行书面的审查,只要当事人提供担保,便会裁定准许采取财产保全措施。而无论是在英美法系还是大陆法系中,一般是采用单方参与审理结构和对审结构相结合的混合审理结构,从而可以解决财产保全制度的紧迫性和当事人的程序保障之间的矛盾。因此,在我国关于财产保全的审理程序仍有待明确。

(3)关于财产保全的申请条件也不明确。民事诉讼法只是规定了"判决可能无法执行或难以执行"作为财产保全申请的必要条件之一。但是没有具体化地细致规定申请人对诉讼标的应有请求权,导致司法实践中法院处理保全申请上有很大的随意性。相比之下,不少大陆法系国家将财产保全称为假扣押,其规定了两个申请假扣押的条件,其一为金钱请求权或可易为金钱请求权的请求权;其二存在有假扣押的必要性,即如不实际假扣押的话,判决难以执行。与此同时,立法也明文规定申请人要申请假扣押的话,必须对上述两个条件予以说明。比较之后,我们发现,这样规定不仅有效维护了当事人的合法权益,同时也可以有效避免申请人滥用财产保全程序。

(三) 财产保全裁定在执行方面的缺陷

从民事诉讼法的规定来看,该法并没有对财产保全的执行程序予以相关的规定,从而在实践中,这也导致不同的法院甚至不同的法官采取的执行方式也可能不同。于此,最高人民法院在1998年7月8日通过《最高人民法院关于人民法院执行工作若干问题的规定(试行)》(以下简称《执行规定》),并于公布之日起施行。在该《执行规定》中,有关于财产保全执行问题的规定,从而也为人民法院执行财产保全裁定提供了指引和依据。但是该司法解释关于财产保全执行的规定仍不系统,有的存在法规衔接的问题,从而这也在一定程序上会影响到财产保全的执行。总的来说,在财产保全制性方面,仍存在以下问题。

(1) 财产保全裁定执行程序的启动主体不恰当。对于一般生效的判决或者裁定作出后,便开始要启动执行程序,而启动执行一般有两种方式,即申请执行和移送执行。申请执行主要强调对案件当事人处分权的尊重,在判决或者裁定作出后,由当事人向人民法院申请,人民法院根据当事人的申请启动执行程序,正如审判程序一般,遵循的是不告不理的原则。而移送执行与申请执行的根本区别在于在移送执行程序中,人民法院可以根据案件的具体情况依职权直接启动执行程序。根据我国法律规定,对于财产保全裁定的执行程序的启动主要是采取申请执行的方式。笔者认为,考虑到申请执行主要强调对案件当事人处分权的尊重,而在执行财产保全裁定时当事人已经表明了其在处分权上的态度,即在财产保全的程序中,申请人申请财产保全的条件之一就是出现了被申请人转移、隐匿财产的紧迫情况,申请人申请财产保全的目的就是希望财产保全的裁定能予以迅速有效执行。因此,一般不会出现申请人主动放弃权利的情况,更不会出现被申请人主动履行财产保全裁定的情形。从而没有必要在财产保全的裁定执行程序中,规定当事人申请执行,直接规定由人民法院依职权启动财产保全裁定的执行可能会更加合理。

(2) 对财产保全裁定的执行主体的规定不合理。对于财产保全裁定的执行主体,《执行规定》在第3条中作出了明确规定:"人民法院在审理民事、行政案件中做出的财产保全和先予执行裁定,由审理案件的审判庭负责执行。"这一规定一改之前的财产保全裁定的执行工作由执行庭来担任的做法。尽管这一改变是为了简化财产保全的执行过程,提高执行效率,从而满足财产保全时效性的要求。但是由于其未能兼顾其他方面的因素,也会带来相应的弊端和问题。首先,这一改变并不符合我国"审执分立"的发展趋势,依然是传统的"审执合一"的方式;其次,把执行权交给审判机构,尽管简化了执行启动的程序,但是并不一定会带来相应的效率,因为审判机构与执行机构的工作性质有很大的不同。

综上,随着市场经济的发展和深入,我国的市场经济出现了一系列的问题,加之民事保全制度的法律规定本身过于原则、简单,该制度在实践中并没有发挥出其预有的功能,需要立法者以及司法工作者结合司法实践完善该制度。而在完善该制度的同时,首先需要结合当前我国的司法改革的大背景。

三、司法改革背景下推动我国审执模式改革的思考

司法改革主要包括立案、审判和执行的改革,这几个方面是司法改革的重要内容,对社会的影响较大,认真处理好三者之间的关系,做好改革工作,具有重大的理论意义和实践价值。而优化司法职权配置则是2014年十八届四中全会通过的《中共中央关于全面推进依法治国若干重大问题的决定》(以下简称《决定》)确定的重要司法改革目标。《决定》不仅提出"优化司法职权配置。健全公安机关、检察机关、审判机关、司法行政机关各司其职,侦查权、检察权、审判权、执行权相互配合、相互制约的体制机制。"而且还提出"完善司法体制,推动实行审判权和执行权相分离的体制改革试点"。因此,优化司法职权配置,实行审判权和执行权相分离的体制是当前我国司法改革的一项任务。

应该说,新中国成立以来,我国法院的执行工作经历了两个阶段——审执合一与审执分离。新中国成立后的相当长的一段时期,我国人民法院是实行审执合一的机制,直到改革开放以后,随着市场经济的发展和深入,我国司法工作中出现了一系列的问题,从而,审执合一的机制也日渐不适应社会形势的发展。2014年《人民法院第四个五年改革纲要》明确了"推动实行审判权和执行权相分离的体制改革试点"。到目前为止,我国的执行制度通过改革已经基本形成了以各高级人民法院的执行局为组织架构,以高级人民法院为单元的执行工作统一管理和协调的体制,以贯彻审执分离原则为特征,以区分执行裁决权和执行实施权为线

索,在执行机构内部实行分权制约机制。①

由于《决定》没有直接说明"审判权和执行权相分离"(以下简称审执分离)改革的具体方向和路径,因此,在理论界与实务界对审判权和执行权相分离的体制改革试点进行了截然不同的解读。有的学者通过区分"体制改革"与"机制改革",含蓄地指出决策者暗示着"将执行权从法院的职能中分离出去。"②也有学者则从文义解释和体系解释的角度认为无法从《决定》相关表述得出"审判权与执行权相分离就是要推行执行机构脱离人民法院"的结论,并从理论上分析执行机构不应当脱离人民法院。③对此,最高人民法院审判委员会专职委员、执行局局长刘贵祥将这些不同观点归纳为三种模式:一是彻底外分,认为应将整个执行工作划分给审判机关以外的机关负责。二是深化内分,认为在法院内部已经实现审判权和执行权适度分离的基础上,应进一步强化和深化这种分离,如把执行权中的执行裁决权、执行实施权进一步分离。三是深化内分,适当外分。这是对前两者观点的中和,认为应当将一部分执行权转移到法院外部,如刑事执行统一由司法行政机关负责,行政执行按执行内容分别由行政机关和法院执行,④或者也总结为是要绝对分离还是相对分离。

在《决定》通过半年后,中共中央办公厅、国务院办公厅下发《关于贯彻落实党的十八届四中全会决定进一步深化司法体制和社会体制改革的实施方案》(以下简称《实施方案》),就审执分离改革进一步提出"在总结人民法院内部审执分离改革经验的基础上,研究论证审判权与执行权外部分离的模式"。由此,审执分离改革的目标与任务逐渐清晰。⑤

可以肯定的是,审判权和执行权分离是大势所趋,关键是如何分离,这是改革试点中普遍关注的热点问题。同时,优化司法职权配置,推动实行审判权和执行权相分离的体制改革试点,关键要厘清法官与执行员的职能定位,正确定义执

---

① 张坚. 审判权和执行权相分离改革的路径选择[N]. 法制日报,2015,7(1):9.
② 汪红等. 执行权应从法院职能中分离[N]. 法制晚报,2014,10(29):6.
③ 谭秋桂. 执行机构脱离法院违反民事执行基本规律[N]. 人民法院报,2014,12(3):7.
④ 单一良. 专访刘贵祥:解题"执行难"法院执行在行动[EB/OL],载人民法治网 http://www.rmfz.org.cn/shendu/tebiebaodao/2015-01-20/4006_4.html,最后访问时间 2015-03-10. 转引自褚红军等. 推动实行审判权与执行权相分离体制改革试点的思考[J]. 法律适用,2015(6).
⑤ 褚红军等. 推动实行审判权与执行权相分离体制改革试点的思考[J]. 法律适用,2015(6):33.

行权。当前法院执行中的很多业务都属于法官的职能范围,分离审判权和执行权时要注意防止把应该由法官负责的业务也划给了执行员。①

就我国当前而言,为保证司法公正和提高司法公信力而营造良好的外部条件是推动审执分离改革的目的。同时,在改革的过程中,一并解决民事司法实践中长期存在的执行难和执行乱的问题。就审执分离改革试点的工作而言,首要的应当将所有执行事务进行详细区分,根据"审判的归审判,执行的归执行"原则,分清审执分离后审判机关和执行机关在执行程序中的具体权责,从而解决审判权和执行权在执行事务中的具体分工。这一分工是否恰当,可能将决定审执分离之后的执行工作是否会比先前的执行更加规范和进步的关键。

审执分离是一个高度复杂的问题。执行中的制度协调、程序衔接难题,只有在实践过程中才能真实展现,人们也才有机会探索解决问题的具体思路。科学合理的执行制度和法律规则也需要经过较长时间的实践调整才能逐步形成。随着我国审执分离改革试点工作的展开,新的审执分离制度将逐步进入实践阶段,不少理论构想、制度建议将会付诸实施。各种理论建议也只有付诸实践方能检验其效果,人们才能把握其可行性。可以说,审执分离问题的复杂性和新的制度实施效果的不确定性,也是十八届四中全会的《决定》提出审执分离改革试点而不是直接全面铺开实施的原因之一。②

审执分离应当是一个渐进的过程,应当确定路径选择,需要从机制到体制加以设计;机制在于解决审判权与执行权既分离又衔接的运行方式,体制应当是在此基础上的审执分离的组织架构。渐进性基于当前我国审执机制的制度与实践的现状,它是以审执分离为原则,审执合一为例外。③

应该说,审执合一与审执分离在我国不同的发展阶段所起的作用不同。在特定的年代,即执行权作为审判权的自然延伸时,审判人员兼做执行员的审执合一模式起过积极的作用。随着我国经济的发展和人民权利意识的增强,民事案件的数量也在逐年增长,一再坚持审判人员兼做执行员的模式会带来不少的弊端,从而应逐渐形成专设执行员的审执分离模式。同时,由于进入执行程序的民事案件也日渐增多,人民法院需要的执行员的数量也会相应增加,出于对人员和案件的

---

① 张永红. 审判权和执行权相分离体制改革中应当注意的问题——基于英国模式的思考[J]. 法律适用,2015(5):85.
② 郑金玉. 审执分离的模式选择及难题解决[J]. 西部法学评论,2015,(5):90.
③ 洪冬英. 论审执分离的路径选择[J]. 政治与法律,2015(12):153.

管理需要,法院内部开始探索设立执行庭、执行办公室、执行局和执行指挥中心等执行机构,由此,也就形成了执行机构和审判机构,即法院内部分离的一种审执分立的模式。此外,由于民事执行事务与民事审判工作在诸多方面存在不小的差异,尤其是采取执行措施方面更是有许多方面与民事诉讼程序的规则有很大的区别,理论界和实务界的许多学者开始呼吁单独制定强制执行法,并且多次列入了不同层次的立法规划。综上,随着与审执分离的理论研究和实践探索的不断深化,人们对执行权的内涵进行结构性的分析,尽管理论上存在着多种的不同学说,但是执行权与审判权的适当分离且相互协调和兼顾已是大势所趋。[①]

四、财产保全制度在我国审执分离模式中的构建

毋庸置疑,财产保全制度对于有效维护当事人的合法权益、切实保证法院生效判决的有效执行具有不可替代的作用,是民事诉讼程序的重要组成部分,但在司法实践中,我国财产保全制度还存在这样或那样的缺陷。随着依法治国理念的加强和我国司法改革的不断深入,就如何完善我国财产保全制度,使得财产保全制度在我国司法实践中发挥其应有的作用,对解决实践中的执行难具有重要的意义和作用。

应该说,在理论中,对于在具体的制度层面就如何完善我国财产保全制度的缺陷和不足,学者们已是见仁见智,提出了不少有益的观点和建议,对于这些观点和建议,本文基本持赞同观点,对此本文便不再阐述。鉴于本文主要解决的是财产保全在审执分离模式中的实现路径,笔者认为,在解决完善财产保全制度的基础之上,如何实现财产保全制度在我国审执模式中的作用至关重要。正如前文已有分析,随着我国法制的进步和依法治国理念的加强,我国司法改革步伐也会逐渐加快,从而也会带来法律制度方面的完善,就审执模式而言,当前无论是理论界还是实务界,都一致认为,我国将来的方向是采用审执分离的模式。本文认为,在这一背景之下,为了更好地利用财产保全制度的功能和作用,有必要从以下两个方面入手。

---

① 肖建国. 论司法职权配置中的分离与协作原则——以审判权和执行权相分离为中心[J]. 吉林大学社会科学学报,2015(6):35.

(一) 确立财产保全的审判程序与执行程序的分离

前文已对民事诉讼程序中的审执分离予以阐述,而在财产保全制度中,同样,在财产保全审判即裁定的阶段,法官需要遵循自然公正和正当程序这些审判的基本准则,在制度上为财产保全的申请人和被申请人提供参与财产保全裁定作出的程序上的保障。在这一过程中,法官需要听取申请人和被申请人的意见以及申辩,对于这些申辩,法律应予明确哪些是可以排除之外的,例如,听取到被申请人陈述影响保全效力或保全目的实现的申辩。当然,在裁定的过程中,从审理"一面之词"的保全申请开始,接着要尽可能地维护被申请人的利益,即财产保全裁定作出之后,保全裁定要尽快送达被申请人,以便被申请人及时行使撤销保全裁定救济的权利。由此可见,从财产保全裁定作出的程序和过程来看,其审理方法较普通的审理程序简便,因此,在性质上可以界定为一种特别的诉讼程序,在适用法律时应当适用民事诉讼普通程序法,但是不能适用民事诉讼非诉程序法的相关规定。

就财产保全的执行而言,其在性质上属于控制性的执行行为,正因如此,日本和德国并不针对财产保全执行的措施和程序作出特别规定,而是参照终局执行的规定。对于执行程序的性质,学理上一直存在着诉讼事件说和非讼事件说之争。由于执行程序中包含着许多性质迥异的事件类型,一般既有诉讼事件,也有非讼事件,笔者认为,不能笼统地将执行程序性质简单化,而应针对特定类型事件的各自特点加以区分,再根据其特点确定其性质。例如,在执行程序之前,就生效法律文书(如仲裁裁决书)能否作为执行依据,需要有审判机构对此进行审查,而这一审查程序必须遵循诉讼程序的一般原理,于此,这一事件应为诉讼事件;而针对执行程序中单纯的查封、扣押等行为则可以划归为非讼事件,但是如果是当事人或案外人对于查封、扣押不服的救济程序则为诉讼事件。因此,执行程序是诉讼事件和非讼事件的统一体。尽管确定财产保全的审判程序与执行程序分离,但正如民事诉讼的审执分离一样,在分离的过程中还需要相互协调和兼顾。

因此,财产保全的审判程序和保全的执行程序应当分别交由不同的机构来实施。同时,财产保全程序中审执分离,不仅要实质上的分离,也要形式上的分离,及立法上也要分离。财产保全程序在立法上要将审判与执行相区分仅仅是在形式上区分了财产保全审判程序和财产保全执行程序,审执分离的财产保全程序立法属于形式上的审执分离,这将有助于直观上区分两种程序类型的界限,有效让人们明确诉讼法理与非讼法理在财产保全程序中的交叉适用。尽管将财产保全程序的两个层次和阶段加以分离,但是并不会损害其统一性。当然真正发挥决定作用的还是财产保全制度实质上的分离,即保全审判程序和其执行程序之间的内在不同法理。只要抓住保全程序的这一关键点,就可以对不同类型保全程序的合理设置提供理论支持。总而言之,保全程序中审执分离的意义主要不在于形式,而在于实质,在于保全执行依据的取得程序所遵循的法理不同于保全执行程序,在于保全审判权的主体与保全执行权主体的不同分工。①

(二) 审判实务之中应强化财产保全措施

总体而言,在我国的司法实务之中,采取财产保全来维护自身合法权利的并不是很多。前已述及,一方面,与该制度自身的弊端有关;另一方面,就我国当前的民事司法体制而言,立案庭、审判庭和执行局皆各司其职。一旦出现了案例人少的情况,难免会有部门本位主义情形的出现,于此,一般而言,立案庭和审判庭对于及时采取财产保全措施的积极性普遍不高。毋庸置疑,案件进入了诉讼程序后,在很多情况下,被告便会想方设法着手转移案件争议的标的物或者转移潜在的责任财产,使得将来确定的裁判沦为"一纸空文"。

对此,我国民事诉讼法规定申请人在提起民事诉讼之前或者在民事诉讼的过程中可以向人民法院申请财产保全。依据"实际控制原理",一旦被申请人的财产处于申请人的实际控制之下,双方当事人通过诉讼外的途径来解决纠纷或自动履行义务的可能性将会大大增加。②对此,在我国司法实务中,已有不少地方法

---

① 肖建国.民事保全程序中的审执分立[N].人民法院报,2005, 1(5):5.
② 根据孟河法庭统计,该院对 222 起案件采取保全措施,其中 183 件在审理阶段就自觉履行。李银等.孟河法庭立审执一体化的微标本[N].人民法院报,2011, 12(5). 2008 年 8 月至 2010 年 7 月,陕西省西安市莲湖区人民法院立案保全中心共保全各类财产纠纷案件 1605 件,其中,209 件案件当天立案、当天保全、当天调解,有效实现了案结事了,其余保全成功的案件为此后的审判和执行奠定了良好的基础。参见孙剑博,吕艳红.让胜诉者的权益快速实现——西安市莲湖区人民法院立案保全机制建设的调查,人民法院报,2010 年 9 月 30 日。《最高人民法院关于执行权合理配置和科学运行的若干意见》(法发〔2011〕15 号)第 10 条规定,执行权由人民法院的执行局行使;人民法庭可根据执行局授权执行自审案件,但应接受执行局的管理和业务指导。第 11 条第 2 款规定,人民法庭经授权执行自审案件,可由其自行办理立案登记手续,并纳入执行案件的统一管理。

院已逐渐强化财产保全措施的及时运用。例如，为了提高立案庭和审判庭对财产保全的积极性，云南省、陕西省、四川省等地的高级人民法院通过印发规范性司法文件的方式在辖区内推定立案、审判、执行衔接机制。的确，在我国当前司法实务中顶着案多人少并且结案率指标的背景下，仅仅靠上述提倡很难真正提高立案部门和审判部门人员对财产保全的积极性。于此，有的地方法院通过制度建设要求立案部门和审判部门人员适当提醒当事人及时申请财产保全措施，还有地方法院通过制作宣传册、宣传画报等方式引导权利人查找义务人的存款、财产线索并指导权利人如何采取财产保全措施。当然，还有的地方法院执行局在业务庭和派出法庭派驻执行小组负责执行本庭审理的案件和财产保全案件，并对庭长实行审执捆绑式的年终考核。① 就最后一种方案而言，这使得业务庭与派出法庭的业绩考核与执行结案率相关，不再将执行工作可以直接甩给执行局负责从而对财产保全制度的适用不积极，也摒弃了审判人员相互推诿应付的狭隘思想。从而一旦案件进入到执行程序之后，审执人员会相互交流和配合，信息共享，立足现实，找准时机，一起将案件及时执行终结。为了缓解弱势群体在申请财产保全时面临的提供担保困难，有的地方法院还引入担保公司为申请保全的当事人提供担保机制，对于提供担保有困难的案件，由担保公司向法院提供担保，申请人只需要缴纳很少的费用，便能让担保公司为其提供信用担保。②

结语

依法治国，建设社会主义法治社会是我们的目标。财产保全制度作为民事诉讼的重要一环，对于保护当事人合法权益具有深远意义，是法治社会建设的应有之义。

我国现行民事诉讼法关于财产保全制度的规定是有缺陷的，缺陷产生的原因一方面是法律条文过于简单，对很多事项都没有进行细致的规定，另一方面是对财产保全制度的理论研究还不够深入，同时还与我国民事诉讼的审执模式不协调，甚至存在矛盾与冲突，这些在一定程度上会影响其功能的发挥，但是我们应当认识到任何制度都不可能是完美无缺的，我们应当在肯定财产保全制度的

---

① 雷德亮等．提升执行公信力的有益探索［N］．人民法院报，2013，7（15）．
② 孙剑博等．让胜诉者的权益快速实现——西安市莲湖区人民法院立案保全机制建设的调查［N］．人民法院报，2010，9（30）．

同时，不断地对财产保全制度进行完善，使其更好地维护公平和正义。

本文较为简明扼要地介绍了财产保全制度，并且结合了司法实践中的一些问题进行精简提炼，从而抽象出了财产保全制度在我国司法实践中存在的一些突出问题。结合司法改革背景对我国民事诉讼的审执模式进行思考和总结，探讨财产保全的实现路径，并且与实践联系紧密，使之具有可操作性，对完善我国财产保全制度具有一定的积极意义。

参考文献

[1]张卫平.民事程序法研究[M].福建：厦门大学出版社，2011.

[2]江伟.民事诉讼法学[M].上海：复旦大学出版社，2002.

[3]汤维建.民事诉讼法学[M].北京：北京大学出版社，2008.

[4]李浩.民事诉讼法学[M].北京：高等教育出版社，2007.

[5]常怡.民事诉讼法学[M].北京：中国政法大学出版社，1994.

[6]柴发邦.民事诉讼法学新编[M].北京：法律出版社，1992.

[7]王怀安.中国民事诉讼法教程（新编本）[M].北京：人民法院出版社，1992

[8]陈桂明.民事诉讼法[M].北京：中国政法大学出版社，2007.

[9]沈达明.比较民事诉讼法初论[M].北京：中国法制出版社，2002.

[10]杨良宜等.禁令[M].北京：中国政法大学出版社，2000.

[11]谢怀轼.德意志联邦共和国民事诉讼法[M].北京：中国法制出版社，2000.

[12]潘剑锋.民事诉讼原理[M].北京：北京大学出版社，2001.

[13]陈桂明.程序理念与程序规则[M].北京：中国法制出版社，1999.

[14]孙剑博等.让胜诉者的权益快速实现——西安市莲湖区人民法院立案保全机制建设的调查[N].人民法院报，2010，9(30).

[15]肖建国.民事诉讼程序价值论[M].北京：中国人民大学出版社，2000.

[16]李银等.孟河法庭立审执一体化的微标本[N].人民法院报，2011，12(5).

[17]郑金玉.审执分离的模式选择及难题解决[J].西部法学评论，2015，(5).

[18]洪冬英.论审执分离的路径选择[J].政治与法律,2015(12).

[19]肖建国.论司法职权配置中的分离与协作原则——以审判权和执行权相分离为中心[J].吉林大学社会科学学报,2015(6).

[20]汪红等.执行权应从法院职能中分离[N].法制晚报,2014,10(29).

[21]谭秋桂.执行机构脱离法院违反民事执行基本规律[N].人民法院报,2014,12(3).

综合篇

徐汇滨江地区文化产业创意保护机制研究

许祥云 李 翔[①]

摘要：知识产权法保护表达，不保护思想。具有巨大商业价值的创意属于知识产权法中的"思想"，不受知识产权法的保护，这成为上海市徐汇区发展滨江创意文化产业面临的问题。为保护创意的商品化，促进徐汇滨江地区创意产业的整合，增强徐汇滨江地区创意产业的地缘竞争优势，宜从推动行业自治、引导行业制衡、培育行业自决等角度，在现有制度内为创意保护提供自助式救济途径。

关键词：创意保护 自助式救济 徐汇滨江文化产业

一、"创意产业"司法保护现状

文化产业中的"创意"在知识产权法领域中称为"思想"，包括：技术方案、操作方法、工艺、构思[②]、剧情梗概等内容。"思想"不受知识产权法保护，但在合同中（如技术委托开发合同，委托创作合同等）以技术方案、操作方法、工艺、构思、剧情梗概等为载体的"思想"却是常见的标的，作为对价的创意具有经济价值。如何利用徐汇滨江创意园区的优势资源和市场规律的内在特性，创造以国家强制力保护创意的条件，通过市场定价，把无形的文化创意内容商品化、资产化，使"创意"价值得以进入市场流通，从而达到借助供求关系推动创意产业发展的目的是本文研究的核心。

从国内创意产业司法保护的现状来看，创意保护存在如下难点：

---

① 作者单位：上海市徐汇区人民法院。
② 王迁. 知识产权法教程（第三版）[M]. 北京：中国人民大学出版社. 2011.

(一) 创意遭窃难救济——"少年不可欺"案

2014年11月29日,一封"少年不可欺"的道德谴责声明引爆网络,少年NIKO EDWARDS团队一个使用气球拍摄地球的创意被"优酷-陌陌"公司看中。"优酷-陌陌"公司计划以此创意为蓝本拍摄服务于本公司业务的宣传视频。双方在磋商过程中,NIKO EDWARDS团队向"优酷-陌陌"公司披露了该创意的具体实施细节,随后"优酷-陌陌"终止了磋商,并依据该创意单方面拍摄了宣传视频。由于创意本身并无对世的效力,《著作权法》中的"著作权不保护思想原则"阻却了少年寻求救济的道路,在双方并未缔结合同的情况下,少年们的创意无法获得法律的保护,面对剽窃行为,NIKO EDWARDS团队只能以谴责的方式表达自己的愤怒。

(二) "创意比对"专业性高——"琼瑶诉于正"案

2014年年底,琼瑶以电视连续剧《宫锁连城》剧本系抄袭其早期作品《梅花烙》为由将编剧于正告上法庭。法庭对涉案作品中五个层级,27个争点进行了比对,最终确认其中7个争点构成相似,判决认定被告于正存在抄袭行为,判令被告于正赔偿原告琼瑶经济损失500万元。

该案中涉及两部影视作品在编剧视角下的比对,法庭在事实查明过程中启用了专家证人制度并在"相似性"的认定上采用了"摘要层次法",这一判断标准源于美国判例"尼克斯诉环球影业"[①],对该规则的把握对审理法官提出了极高的编剧行业背景知识要求,这一判断标准并不为普通文化创意产业从业者所掌握,甚至一般的代理律师也难以企及。可见,创意产业的专业性客观上增加了普通创意从业人员维权的难度。

(三) 成文法不保护创意的立法考量

"著作权法不保护思想"原则的存在有其自身的制度考量。由于著作权保护的客体上载有对世权,可以阻却任何未经许可以法定方式利用的行为,所以该权利过于强大,必须对其范围进行严格限制——只有具备较高的独创性并已经借助载体物存在的作品才能受到保护。如果著作权保护"思想",则意味着他人不能有与权利人相同的"想法"(思想),反而会导致限制创新的结果。

---

① Nichols v. Universal Pictures Corp. , 45 F. 2d 119, 7USPQ 84 (2d Cir. 1930) .

此外，随着科技的发展，"创意产业"早已经过了仅靠"一个人""一个点子"就可以改变世界的时代。文化创意的商品化要整合各方的创意成果就需要借助强大的金融、渠道等产业力量，这必然涉及多种力量博弈。以国家强制力贸然介入，修改强行法赋予创意者对创意的绝对控制权将对创意资源的整合设置不必要的藩篱。要促进徐汇滨江地区创意产业的整合，催生创意产业的集团化，增强徐汇滨江地区创意产业的地缘竞争优势，在现有制度内为创意保护寻求一种恰当的救济途径就显得十分必要。

二、国外创意保护方式

（一）好莱坞的创意保护

以好莱坞电影电视产业创意保护为例，和我国版权法一样，美国版权制度对电影产业中的创意——"故事梗概（story）"也不提供强制保护，但好莱坞在美国法律的框架内探索出了一条独特的创意保护模式——自治。

1. 创意自治

在美国司法制度中，"创意"的来源与归属属于事实认定，一般应交由陪审团确定，但由于该部分认定工作需要较高的专业知识背景，与我国的专家证人制度和委托鉴定制度相似，美国法院将其交给行业工会认定（如全美作者工会[1]下属的西部作家工会[2]WGAW对好莱坞地区编剧的创意内容进行判定，美国导演工会[3]DGA对导演的创意内容进行判定）。具体来说，行业工会下设仲裁机构，对纠纷中涉及的知识产权原始归属认定，对包括创意人的权利人地位、贡献大小等问

---

[1] 全美作者工会 The Authors Guild 前身是1912年成立的美国作家联盟（Authors League of America），是美国作家领域规模最大、历史最悠久的行会组织，致力于保护作者的自由表达权和著作权，为会员提供免费的法律咨询和与出版相关合同指导。参见：www.wikipedia.com，最后访问日期：2015-7-22，笔者翻译。

[2] 西部作家（编剧）工会 Writers Guild of America, West（WGAW），是由包括银屏工会 Screen Writers Guild 在内的五个代表作者利益的组织于1954年合并而成的代表电影、电视、广播和新媒体作者的行业工会。参见：http://www.wga.org/，最后访问日期：2015-7-22。

[3] 美国导演工会 The Directors Guild of America（DGA）是维护美国境内电影电视行业中导演（无论国籍）利益的工会，它的前身是1936年成立的荧屏导演协会，在1960年与广播电视导演工会合并后成为现今的形式。参见：http://www.dga.org/，最后访问日期：2015-7-22。

题作出裁决，裁决结果将作为法庭审理的依据。

以美国导演工会DGA为例，其具体操作方式为：工会一方面与电影、电视制片公司签订集体合同（最低限度保护合同），要求制片公司承诺尊重和保护导演在编导电影中独立表达的权利（包括对潜在知识产权纠纷约定工会仲裁管辖）。另一方面以合同（Basic Agreement）限制会员只能接拍接受集体合同的制片公司所筹拍的影片（总成本低于300万美元的影片除外，以保障创新的灵活性）并接受工会仲裁。依据以上合同组成的法律框架，美国导演工会可以对会员的"创意权（creative rights）"，"创意者身份"①，"二次获酬权（residuals）"②作出判断，根据实际创作情况确定著作权法意义上的"作者"身份（defining the director's role）。至此，美国导演工会DGA通过合同的形式将原本著作权制度不提供救济的道德义务上升为可以由司法调整的合同义务。既赋予创意以强制力保护，又将该强制力限制在不影响他人创意的范围内。

反观"少年不可欺"一案，少年NIKO EDWARDS团队提供了拍摄创意及实施方案，但完成详细剧本的应另有其人，其也付出了创造性劳动。此外，投资方的意志也无疑会加入影片之中。这时，多种"创意"便会共存，谁是真正应该享有影片著作权的人？根据我国《著作权法》，享有此影片著作权的是"制片人"，剧本作者可能仅对剧本享有著作权或在构成职务作品时仅享有"署名权"。而少年，由于没有将创意实体化，并无著作权法上任何权利。而如果在好莱坞的制度下，美国导演工会将通过仲裁的形式，让同处电影编剧领域的仲裁员根据自己的专业知识对各方创意贡献的大小进行评判，然后依据"唯一作者原则"（the principle of "one director to a picture"）确定著作权归属。如果某人确实作出了创造性贡献，但是因为创造性不如他人巨大而未被确定为作者，其依然可以援引工会的集体合同获得经济救济。

以自治形式对创意进行的保护并非一成不变的。好莱坞电视真人秀（Reality TV）节目（如《幸存者》"Survivor"、《美国偶像》"Idols"等）中的"创意"（包括摄制计划，游戏规则，关卡设置等）均属于"思想"范畴，和前文提到的"少

---

① 美国版权法中，电影的著作权归属从合同约定，但是参与电影创作的人员可以通过所在工会与制片方（通常为著作权人）的约定获得相应的身份，如创意者（story by）、编剧（written by）、导演（director）并获得相应报酬。

② DIRECTORS GUILD OF AMERICA, INC. BASIC AGREEMENT OF 2011，参见www.dga.org，最后访问日期：2015-8-30。

年不可欺"案件一样,美国知识产权法亦不提供强制保护。为了维护相关创意者的权利,2005年6月,"西部作家工会WGAW"发起了一场名为"未来榜样（America's Next Top Model）"的罢工运动来扩展创意保护范围。工会通过谈判、罢工和诉讼威胁迫使"制片方"作出如下妥协:提供创造性工作的,①已经成为导演的享有导演相关权利,②未构成导演的享受经济补偿（补偿标准与工会约定）,这部分内容构成了创意权（Creative Right）的主要内容。

2. 金融、行会和司法的三角创意保障

知识产权是一种法定垄断权,阻却抄袭的同时也对同质创意进行限制。比较典型的是著作权法中的"改编权"[①]及与之相关的"双重许可"[②]制度和专利法中的"改进发明"[③]及相关的"交叉许可"[④]制度。在美国,虽然存在反对知识产权保护制度的声音[⑤],但从目前状况来看,基于美国知识产权制度中的惩罚性赔偿规定和无过错归责原则,电影行业在美国的侵权风险变得不可预知,由此伴生了创意金融和保险业。

一方面,法律的强制效力和行业工会的内部规章确保了电影从创意开始就具备了"财产"性质,这种由法律制度确保的"价值"被金融行业认可,产生了以电影预期利益为目标的"风险投资",从此,创意插上了资本的翅膀,而资本获得了创意的"期权"。

另一方面,为对冲电影上映后的侵权风险,保险行业介入了创意成长。好莱坞导演工会要求成员只能接拍经过投保的电影。而好莱坞保险公司基于降低风险的考量只投保美国导演工会会员执导的电影。

可以看出,好莱坞借助金融保险制度[⑥]和自身的行会制度,与司法制度一起形成了独有的三角创意保障制度。在这个制度下,创意者即便不懂知识产权法,只要其创意具备市场价值就会得到应有的回报。

---

① 改编权,即改编作品,创作出具有独创性的新作品的权利。
② 以著作权法规定的方式利用改编后的作品需要经过改编作者和原作者的双重许可。
③ 对已有的发明专利进行技术改进。
④ 对经过改进的专利如果符合专利申请条件可以申请新的专利,但是实施该新专利仍需要原专利人许可,因此实践中,新旧专利权人常通过交叉许可的方式允许对方使用自己的专利。
⑤ 参见: Lawrence Lessig, The US's broken political system, Sept. 2007, TED.
⑥ 在美国,投资与保险业的财税政策属于各州的权利。好莱坞的金融保险辅助作用有赖于加州议会政策支持。

试将"少年不可欺"案放在好莱坞创意保护制度中分析：少年透露创意后，"优酷-陌陌"公司拍摄了影片，对于该影片的著作权归属，少年可以申请行业工会仲裁，由电影行业从业人员判断"优酷-陌陌"公司是否构成剽窃以及少年创意占整个影片创造性工作的比例。如果少年创造性工作较多，则将被认定为作者，"优酷-陌陌"公司将面对知识产权侵权的高额赔偿，但保险公司会降低赔偿风险。如果少年创意所占比例低，不足以成为作者，工会会保障少年的应得报酬由"优酷-陌陌"公司支付。如果少年自己拍摄影片，可以通过行业融资获得资金支持后完成影片拍摄，获得完整的著作权。

（二）追续权和二次获酬权制度

1. 追续权

"追续权"也称"后续权"，是德国、法国著作权法中的一项制度，指美术作品作者有权从作品原件继续出售行为所获取的收益中获取报酬。[①]

德、法等国立法者发现，美术作品在作者生涯早期常常不被市场认可。当作品的艺术价值逐渐被市场认可后，画作原件早已不为原作所有，原作者无法公平地获得自己作品应有的对价。为了鼓励创作，德、法立法者设立了"追续权"，当作品被二次出售时，无论价格高低，作者有权在价款中再次主张部分金额作为补偿。这一制度弥合了创意价值实现的时间鸿沟，衡平了创意持有者和资本持有者之间的利益，是德、法立法者对创意保护的有益尝试。我国《著作权法草案（第二稿）》中有类似尝试性规定。

2. 二次获酬权

二次获酬权（Residual）是指：参与电影创作的导演、编剧在其参与创作的影片被二次利用时所享有的再次获得报酬的权利。[②]二次获酬权是好莱坞特有的制度，也是美国工会力量强大的体现。通常情况下，在电影创作完成时，所有参与电影创作的人员都通过合同的形式向电影制片方转让了所有的知识产权，并获得了相应的报酬，此后的电影发行和传播的收益都归电影著作权人享有。但在美国好莱坞，如果电影在影院放映后，又在付费电视网络播出或制作成VCD、录影带

---

① ［德］M. 雷炳德. 著作权法［M］. 张恩民，译. 北京：法律出版社，2004：286.
② ARTICLE 20, Minimum Salaries and Residual Compensation forDirectors of Motion Pictures Produced Mainly for the Pay Television and Videodisc/Videocassette Market, DIRECTORS GUILD OF AMERICA, INC. BASIC AGREEMENT OF 2011.

出售,则参与电影创作的导演有权在付费电视网络的授权费和VCD、录影带的销售额中获得分成。①

"二次获酬权"是在一系列合同的基础上产生的,以导演工会(DGA)为例,工会通过强大的力量迫使电影公司接受包含"二次获酬权"条款的合同,再将该权利授予所有在该工会注册的导演,任何人(即便不是工会会员)只要在美国导演工会官网上(www.dga.org)完成注册就可以享有该权利。由于"网上注册"就像申请邮箱一样简单,好莱坞的"二次获酬权"制度吸引了来自全世界各地的优秀导演和编剧,包括中国大陆的许多知名导演,②为好莱坞电影产业的发展提供了源源不断的创意。

为了深入了解创意保护制度,笔者赴坐落于上海徐汇滨江文化产业园的"中国梦工场"实地调研。"中国梦工厂"是"美国梦工厂"在中国的合资企业。以"中国梦工厂"正在制作的电影《功夫熊猫3》为例,电影的剧本完全来自好莱坞的"美国梦工厂","中国梦工厂"的工作人员仅仅负责3D背景的计算机建模与渲染和部分人物的面部表情动画,对该剧剧情并无单独贡献,也无权获得好莱坞制度所规定的"二次获酬权"。在相同情况下,"美国梦工厂"将比"中国梦工厂"更具比较优势,而在电影行业中,把握"创意"人才,就是把握了核心竞争力。

中国的创意制度不能有效保护电影的思想。在我国,电影一旦上映,以电影思想为基础演绎出的各种"续集"就会层出不穷,比较典型的是以好莱坞动画电影《汽车总动员》续编出的国产动画《汽车人总动员》,进而产生"抄袭"驱逐"创意"的市场环境。只有当抄袭的成本远高于独创的成本,创意产业才会有生存空间。

三、现有制度下徐汇滨江创意保护思路创新

国外创意保护方式均根植于各国、各地区的政治、法律制度之上,经过创意要素主体之间长期的博弈发展而来,并在经济规律的指引下实现自我矫正。

由于政治制度上的差异,在徐汇滨江地区照搬照抄国外成例并不可取,但"法律框架内自治"的保护模式作为他山之成例或许可以为徐汇滨江文化创意保

---

① ARTICLE 20, DIRECTORS GUILD OF AMERICA, INC. BASIC AGREEMENT OF 2011.
② 参见:优酷脱口秀:《晓松说——强大的美国工会》[EB/OL]. www.youku.com,最后访问日期:2015-8-30。

护的破题提供有益的参酌。

(一) 推动行业自治

自治不是撒手不管，而是以有约束力的行业道德规范行业内的经济活动。道德的本质是公共契约（合同），如何在现有体制下建立行业道德并赋予其强制约束力，是文化创意产业自治工作的突破点之一。

1. 以合同方式保护创意的优势

合同是在法律没有明文规定时对"创意"提供保护的良好途径。一方面，作为债之成因，合同可以在创意要素主体之间创设权利义务，对未来可能产生的利益约定分配方式，如果"少年不可欺"案件中少年与优酷双方就少年创意的利用方式和违约责任进行了约定，即便少年的创意不被著作权法保护，在合同违约时，少年方依然可以依据合同主张侵权责任。

另一方面，合同的相对性特征也使创意保护的约定不会延及第三人，既不会使创意的保护范围过大而造成对创意产业的影响，也不会对使用创意结果的第三方造成不可预见的法律风险。更重要的是，合同还可以为将来产生的知识产权设定负担（例如：版权预售行为，署名权约定等），从而将创意行为期权化，基于合同而产生的债权可以作为商品元素进入市场流通，为创意在初期获得投、融资支持提供法律依据。

2. 创意合同的普及化壁垒

创意产业合同的特征同时也是其难以普及的原因，它对合同的缔结技巧提出了较高的要求。

(1) 概念专业化

创意产业从种子到孵化的各阶段可能会涉及不同类型的知识产权，其中仅著作权一项就涉及17项权能，所以"创意"产业相关合同制定要求专业化的法律服务，此类服务的价格通常不菲，创意交易中，创意提供方往往不具备经济优势，在创意服务合同中容易处于劣势，无法保障自己的未来成果获得公平的对价。

(2) 对价期权化

"创意"在合同中常常体现为"设计""开发""编剧"等费用。而国内商业活动中习惯将"设计""开发"费用纳入后续的生产或工程款项中，在合同中通常不单独约定对价或约定对价明显较低。其核心的原因是需方倾向于确认"设计""开发"切实可行时才支付费用,这使得"创意"的对价常常具备"期权"特征,当约定条件不成就或者合同被解除后,创意对价无法实现。

3. 解决方案

在现有制度下,既要利用合同在设定权利义务上的灵活性优势,又要破除创意合同的壁垒,保护缔约双方的交易平等地位是创意产业保护的破题方向。

解决此问题可以借鉴国际商会在解决跨国贸易纠纷时利用国际贸易术语便利交易双方规范权利义务的经验,探索制订"创意贸易术语"。

（1）贸易术语

贸易术语又称"国际贸易术语"。是由国际商会（International Chamber of Commerce）为了解决各国法律规则不统一而影响跨国交易而定义的标准海运术语。国际贸易术语一般由3个英文字母组成,不同的字母组合代表买卖双方约定了不同的权利义务[1],权利义务的具体内容约定在《国际贸易通则》中。《国际贸易通则》对外公布,为各国交易者周知。交易时引用该术语,则视为交易双方对包括货物交付地点、价格、运费、保险费、进出口清关和风险转移等交易基本内容进行了约定,该约定视为合同的一部分,无论纠纷在哪国解决,国际贸易术语在诉讼中都将作为裁判依据。

（2）创意贸易术语

"创意贸易术语"也可用字符或汉字组合的方式组成,不同的组合代表创意交易双方的不同权利义务。权利义务的具体内容约定在《创意贸易通则》中。《创意贸易通则》可以由行业自治组织、政府或社会团体共同参与制定,《创意贸易通则》对外公布,为一定范围内交易者周知。交易时引用该术语,则视为交易双方对包括创意交易中主要权利义务作出约定（如尊重创意者的署名,创意被利用后支付对价等）,该约定视为合同的一部分,无论纠纷在哪里解决,创意贸易术语中双方的约定在诉讼中都将作为裁判依据。

创意贸易术语本质是合同,交易双方可以在合作中通过缔结新的合同将其取代。这样创意贸易术语既可以在交易初期为交易双方建立基础信任,又不会变成对世权而阻碍他人的创意活动,从而起到促进创意贸易,规范创意相关交易的作用。

---

[1] Black's Law Dictionary (8th ed. 2004), Page 2242.

（3）创意贸易术语的内容

创意贸易术语的特点是在缔约双方正式签署合同之前将部分道德义务上升为合同义务，由于创意贸易术语的设置还需照顾双方合作中出现变化的可能，给交易双方留下足够的缔约自由。因此创意贸易术语中只应约定最基本的权利义务。结合司法实践中创意产业纠纷主要涉及的问题来看，"创意贸易术语"至少应包含以下几方面的内容约定：

A.创意的交付

虽然创意本身属于无形的思想范畴，但是仍得以以有形的方式（采取录音、录像或文字等方式记载）固定在有形的介质上。当该有形介质在创意需求方控制之下时，应视为创意交付完成。

B.署名方式负担

与著作人身权相似，创意者应有在创意的实现及后续利用过程中表明创意者身份的权利，但由于此种权利仅具有合同相对性，无法成为如"署名权"一般的对世权，因此创意贸易术语只能为创意需求方设定"署名方式负担"——创意需求方有义务依据创意者的选择在创意的利用过程中公开或隐匿创意者的身份。

C.对价和追续

创意的对价如何保障是创意保护的核心问题，也是实现创意资产化的决定性因素。因此，创意价值谁决定、创意的对价谁来支付、创意流转后如何保护创意者的经济利益是创意贸易术语要解决的关键问题。

结合好莱坞行会保障方式和德法版权制度中的"追续权"制度，创意贸易术语可以约定"创意者在创意实施的任何阶段主张对价的合同权利"。该规定基于以下基本原则：

a.创意的价值由市场决定

创意的价值不宜采取固定方式规定，而应该充分尊重市场对创意价值的认可程度，以市场博弈的方式完成创意价值的实现。因此应当赋予创意者随时在创意产生的价值中主张应有份额的权利。

b.应促进创意贸易双方对创意价值达成具体的合同

创意者可以随时主张对价的权利会引起创意利用成本的不确定性，这种不确定性可以促使创意需求方倾向于就创意对价达成一揽子合同条款；创意方也许考虑市场的波动对创意对价的影响，选择恰当时间以合同形式明确创意的对价。

c.保护创意贸易的市场化流转

创意的市场化流转需要完整的创意资产化（受法律强制力的保护）。因此，将创意对价限定为具有相对性的合同责任就使得创意利用方在继受创意后没有后顾之忧（排除创意人的追溯），享有完整、清洁权利。这样的规定相对于德法的"追续权"制度有促进交易的作用。

（二）引导行业制衡

创意行业需要怎样的发展环境，创意行业从业者自己最清楚。

在好莱坞的案例中，影视相关行业工会已经成为独立的政治力量（在美国，工会享有较多数量的选票）。行业工会通过游说，向联邦和州议会争取包括"审查制度"和"税制"等方面的优惠政策（lobbies at the national and state levels on censorship and tax concerns），从而为自己争取更大的发展空间。同时，立法权也对行业工会的自治形成制约，前文述及的"一些总成本低于30万美元的小成本制作电影"不受行业工会内部规章的调整就是行业工会向立法权作出的妥协（反垄断机制和机会平等机制），目的是给低成本电影制作注入灵活性，保护其竞争空间。

在我国，从改革开放近40年的经验来看，创意行业的竞争必然导致资源向专业化集团集中。产业的集团化有利于提升我国创意产业在世界范围内的竞争力。但集中也将不可避免地导致垄断，致使创意者的合法利益受到侵蚀。创意贸易术语在政府主导下由行业协会参与制定，从宏观的行政视角保障竞争的公平，同时发挥创意行业各竞争主体的积极性，促使创意贸易各要素主体间在相对公平的基础上展开博弈，维护行业良性发展。

（三）培育行业自决

创意行业的自决包括游戏规则自定和内部纠纷化解。

1. 游戏规则自定

游戏规则是一个行业的准入门槛。以电影行业为例，在诸多电影评比活动中（如柏林国际电影节、戛纳国际电影节、威尼斯电影节），我国（此处不包括港澳台）电影都取得过不错的成绩，但唯独未能问鼎以好莱坞电影为核心的"奥斯卡

(The Academy Awards)"奖,其原因与奥斯卡的评选游戏规则有关。奥斯卡奖的评选规则由美国电影工业利益集团共同制定,对电影的公映时间、地点进行限定,对影片来源地进行划分,通过独特的游说制度对分布在选举人手中的5783张选票进行争夺,单纯地将影片提交参选是不可能获得任何奖项的。美国电影工业设定的奥斯卡奖背书了行业声誉,该声誉将提升获奖影片商业价值,商业价值本身又会反哺美国电影行业声誉,从而达到良性循环。

这一经验有助于引导徐汇滨江创意行业产业集群声望的建立,将创意的优劣评判权交给创意行业本身,这些评判结果也会受到市场的检验,行政和司法退居中立地位,从而保障创意产业自决的良性运行。

2. 内部纠纷化解

文化创意领域的创作需要极高的专业技巧,因此创意领域的纠纷裁判者也需要对纠纷涉及的领域有大致相当的了解,否则就必须依赖他人的观点进行价值判断。

例如前述"琼瑶诉于正"案中,法官借助了原告申请的专家证人的观点完成了对案件事实的判断,但出于公平起见,法庭也建议于正可以寻找自己的专家证人提供反驳意见,但并无专家愿意出庭,可见,无论该案在法理层面有怎样的争议[1],在编剧行业一般从业人员心中已经有了以道德为基准的价值判断。

行业自决,是以行业道德为衡量标准的自我判断。从于正案中可以看出,行业道德若无强制力则无法达到规制行业风气的目的。参考好莱坞经验,其编剧工会(WGAW)和导演工会(DGA)本身兼具解决纠纷的功能(自设仲裁机构,以工会总协议和会员基础协议的方式要求会员和制片方接受其仲裁管辖),而司法权对工会的裁决(award)结果[2]进行监督[3]。

创意的保护与创意行业的自决息息相关,仅凭行政和司法的强制约束并不能精准地对创意进行保护,引导创业行业萌生自决机制,并对创意行业妥善监督,应是值得尝试的促进徐汇滨江创意产业发展的路径之一。

---

[1] 该案审理时,在版权领域纷争观点很多,其中版权实务界持"于正改编行为属于思想借鉴"的观点很多。
[2] 参考判例: Eoice NTCHOLLS, an Individual, Plaintiff, vs. WRITERS GUILD OF AMERICA, West, Inc.
[3] 由于行业协会的监督权力本身源自合同,所以司法机关以合同之诉的形式进行监督。

四、徐汇滨江创意保护的实施步骤

徐汇滨江兼具创意保护的物质优势和制度优势。在国家"十二五"规划中提出的"大力发展文化创意产业"的国家战略背景下,徐汇区文化创意产业迎来了巨大的发展,划定了徐汇沿黄浦江岸线8.4公里,面积7.4平方公里的地区作为创意产业的空间依托,实施"西岸文化走廊"品牌工程,全力打造 "西岸传媒港",已有一批音乐制作、电影电视制作、数字娱乐、艺术品交易等文化创意产业进驻区内,硬件实力可谓强劲。创意"梦中心"也将在2017年完成建设。为了配合徐汇滨江地区文化创意的发展,徐汇区制定了《徐汇区滨江地区发展第十二个五年规划》,制定了针对创意产业的一系列补贴政策。

徐汇区人民法院知识产权庭受理的与创意相关的常见纠纷类型为:技术委托开发合同纠纷、委托创作合同纠纷、著作权侵权纠纷和不正当竞争纠纷等。大多数纠纷诱因与前述"少年不可欺"案、"琼瑶诉于正" 案有相似之处:创意提供方付出了创造性劳动,披露了创意内容(包括交付设计思路,图纸,技术方案)希望获得报酬;但创意需求方希望市场认可创意后(盈利后)再支付创意对价。由于市场的好恶具有不确定性,创意在实施过程中需要不断矫正,因矫正的方式具有不确定性,故相应的矫正成本无法在合同中具体约定。一方面,创意提供方希望增加报酬以覆盖新增工作量,就新增的工作量的评判需要较高的专业知识,为法官司法造成困难;另一方面,创意需求方在获得创意方案后倾向于另觅在生产环节更具有价格优势的生产者具体实施,常借机解除合同。可见,此类纠纷的本质诱因在于:"创意"的保护常处在既无法律规定,又无合同约定的盲区。既有规则会诱导通常处在交易强势地位的创意需求方采取不公平的交易方式。

徐汇区要发挥强大的物质基础和财税优势,发挥市场竞争对创意产业的推动作用,以创意资产化铺平金融配置对创意产业的扶植道路,培育和发展具有世界竞争力的地缘创意产业集群,还需从以下几个方面入手:

(一)加强司法保护

1. 创意资产要素化

严格的执法和司法是创意资产化最好的背书,它意味着国家公权力对创意作为商品要素的确认。无论徐汇滨江地区的创意保护是采取国家立法保护(目前

《著作权法（修改草案第二稿）》已经将"二次获酬权"公示讨论，但来自制片业的反对声音较大[①]），还是通过本文建议的行业自治模式保护，保护的效果均需要国家司法的强制力予以确认。因此需要加大知识产权侵权行为的行政处罚力度，增加知识产权侵权行为司法赔偿数额，加强司法执行力度，以国家强制力保护创意资产价值，大幅提高侵权成本，使创意的资产价值获得国家权力的背书。

2. 创意金融保障

加强司法保护还将为创意金融服务铺就道路。在司法强制力高的国家，以法院生效裁判文书标价的资产则具有较高的商品要素价值，从而吸引社会资本服务于权利人资产的变现，在从事此类业务中比较有名的有Burford Capital, IBM Bentham, Harbour Litigation Funding等公司，其中Burford Capital已经在伦敦证券交易所上市，真正做到了创意与金融行业的融合。

（二）发挥工会作用

我国工会的权利并不像美国工会一般强大，但是作为我国政治制度的组成部分，工会至少可以在以下几个方面发挥作用：

1. 创意登记

知识产权领域中，登记制度服务于权利的固定。目前我国已有著作权登记制度、商标权注册制度和专利权申请制度，且已形成成熟的运作机制，相关机构颁发的登记证明文件在诉讼中具备极强的程序优势。但对创意登记机关还是空白。由于创意的类型很多，为维护创意者的合法权益，鼓励和吸引创意人才聚集，建议以工会为主导，创建类似于美国导演工会（DGA）的创意登记制度。

好莱坞的创意登记在工会网站进行（采取鼓励登记制而非强制登记制），任何人在注册后均可将创意在工会网站上传登记，登记时间不可更改，登记数据可以在纠纷发生时作为原始权利证据获得诉讼程序优势，便利创意者维权。

2. 引导创意自治

创意自治不会自发地形成，事实上创意产业从业人员参与自治组织一般会受到既得利益集团的阻碍，前述我国《著作权法（修改草案第二稿）》中规定的"二次获酬权"引发的制片行业集体反对就是一例，在这次争论中，几乎没有来自创

---

① 武惠忠．"二次获酬权"成影视行业发展绊脚石［J］．中国知识产权报，2012（10）．

意者的声音,根源在于创意者作为个体,很少有机会获得话语权。

工会的组织与引导在创意保护中的作用十分重要。一方面,工会可以参与上文所述的"创意贸易术语"的制定,代表创意者利益与创意产业集团就创意产业进行沟通协调;另一方面,工会可以发挥其中间人身份,就创意纠纷的化解起到民间调解机构的作用。当条件成熟时,可以设立创意产业相关的专门仲裁机构,对创意领域中较为专业的领域组织该领域专业人员参与仲裁。

(三) 发挥政府作用

我国有我国的国情,徐汇有徐汇的优势。在创意保护的问题上,一方面应当看到美国好莱坞以行业协会为中心创意保护模式的自治优势,另一方面也应注意到我国社会主义体制下政府大局思维的后发优势。好莱坞行业协会模式下创意保护的缺陷在于工会强大的力量会不断压迫创意产业集团的盈利空间,使大型的制片机构有向外区转移的意愿;我国创意保护的问题在于,对创意者的保护仅仅依靠成文法,从而导致创意保护程度过低,创意者创造意愿受损,后无从救济,进而一方面引发恶性抄袭竞争,使得短时间内低端制造加工产能过剩,创作动力受到打击,另一方面大量创意者采取将作品在国外登记的方式,将创意产品的首发放在国外,导致行业国际话语权缺失。如何利用徐汇区既有优势,同时借鉴国外创意保护的先进经验就成为徐汇区政府的重要课题。在坚持以市场为中心进行创意保护的思路下,至少可以从以下几个方面发挥政府作用:

1. 培育行业道德

道德,并不总是法外之地。在创意领域弘扬社会主义道德就是政府的责任之一。在上文所述"创意贸易术语"的制定过程中,政府应当起到方向引导的作用。在条款制定时,应着力体现市场竞争中的"诚实信用"和"等价有偿"规则,将法律并无明文规定但却有切实经济价值的创意价值通过公约的形式体现。在对重要创意机构进行引导时,应坚持有所为,有所不为的原则,将"鼓励原创反对抄袭"纳入招商思路,将培育弘扬中国优良传统文化的创意机构做大做强。

2. 依托市场优势加快建立本土游戏规则

好莱坞虽然仍旧是全球最具影响力的电影产业的中心,但需见到,好莱坞的强大一方面是由于其惊人的创造力,但更重要的是其依托美国电影市场,向全世界推销其行业标准：如，"本地播放原则"和"本地用人原则"导致没有好莱坞工会会员参与执导、执编的电影无法在好莱坞参与评选竞争。

我国的创意产业，特别是电影产业近几年在井喷式增长。在"中国梦工厂"建立之初，投资方"美国梦工厂"就预计到2025年，中国将成为世界第一大电影消费市场。巨大的市场需要与其匹配的创意领域话语权，而话语权的具体体现就是游戏规则的制定和传播。但目前来看，大多数中国创意企业还处于蒙昧阶段。游戏规则的制定则需要强烈的前瞻意识，此时，政府的宏观引导作用就十分重要。

五、结语

综合世界范围内的经验看，创意的保护与创意产业的发达程度成正相关关系。创意保护的制度涉及商事、司法和金融等多个领域，是个环环相扣的系统工程，其中的核心是"公平"与"竞争"。这一核心恰恰是社会主义市场经济的核心。

徐汇滨江文化创意园区坐拥强大的物质基础，背靠丰富的人才资源，更有长三角地区金融行业作为依托，创意产业发展前景广阔。但囿于现有法律制度，创意产业保护仍存在空白地带，但正是这些空白地带给了改革者以创新发展的施展平台。只要坚持以社会主义文化道德为导向，依托现有制度，充分发挥市场竞争机制和行业自治机制在创意产业发展中的作用，定能在徐汇滨江地区打造出具有世界影响力的创意产业集群。

参考文献

[1] 武惠忠. "二次获酬权"成影视行业发展绊脚石[J]. 中国知识产权报, 2012, 8(3): 10.

[2] 王迁. 知识产权法教程（第三版）[M]. 北京：中国人民大学出版社, 2011.

[3] [德] M. 雷炳德. 著作权法[M]. 张恩民, 译. 北京：法律出版社, 2004.

[4] Nichols v. Universal Pictures Corp., 45 F. 2d 119, 7USPQ 84（2d Cir. 1930）.

[5] Lawrence Lessig, The US's broken political system, Sept.2007, TED.

[6] ARTICLE 20, Minimum Salaries and Residual Compensation for Directors of Motion Pictures Produced Mainly for the Pay Television and Videodisc/Videocassette Market, DIRECTORS GUILD OF AMERICA, INC. BASIC AGREEMENT OF 2011.

[7] ARTICLE 20, DIRECTORS GUILD OF AMERICA, INC. BASIC AGREEMENT OF 2011.

[8] Black's Law Dictionary (8th ed.), 2004.

[9] Eoice NTCHOLLS, an Individual, Plaintiff, vs. WRITERS GUILD OF AMERICA, West, Inc.

[10] DIRECTORS GUILD OF AMERICA, INC. BASIC AGREEMENT OF 2011, www.dga.org, 最后访问日期: 2015-8-30.

"职业打假"类履职诉讼问题探析
——以上海市某基层法院近两年审判实践为样本

孙海虹　叶晓晨[①]

摘要：食药品和服装面料关系百姓的生活，司法实践中此类涉诉案件多为原告以商品有瑕疵或缺陷为由要求商家赔偿，如难以达到要求即起诉至法院，要求行政机关履行法定职责。该类案件中的部分原告并非纯粹消费者，包含了"职业打假人"。"职业打假人"要求行政机关履职诉讼属于新类型案件，文章以上海市某基层法院近两年审判实践作为样本，展开履职类诉讼案件基本特征、处理困境的分析研究，并针对性地提出问题解决的建议。

关键词：履职诉讼　职业打假　市场监督

一、"职业打假人"带来消费市场格局之嬗变

（一）"职业打假人"之含义

市场经济迅速发展的同时，对于市场的监督管理存在一定的滞后现象，某些行业的假冒伪劣商品大量出现，已成为阻碍经济和社会发展的一个突出问题。打击和惩处这种制造贩卖假冒伪劣商品的违法行为的全过程，一般统称为"打假"。

"职业打假人"则指以一定程度制止与打击伪劣产品为目的而存在的群体，其伴随着假冒伪劣产品的泛滥而产生，随着《食品安全法》《产品质量法》《消费

---
① 作者单位：上海市徐汇区人民法院。

者权益保护法》的颁布、实施而不断成长壮大,部分以盈利甚至勒索为生,利用钻营法律和商家息事宁人的心理来获得可观的收益。

"职业打假人"的身份并不能和普通消费者完全割裂:从法理层面,最高人民法院发布了《最高人民法院关于审理食品药品纠纷案件适用法律若干问题的规定》的司法解释(2014年3月15日起施行),曾明确"知假买假"应当获赔,暗含"职业打假人"属于"广义消费者"之意;[1]在司法实践中,"职业打假人"亦实际推定为举证能力较为低下的消费者,一般在庭审时提供购物小票或者发票即认定合同关系的存在,应受到《消费者权益保护法》等保护。

但是"职业打假人"亦非普通消费者:狭义的消费者必须以实际消费商品为目的,在消费过程中若是购买到假货,大多选择不去追究,在其看来维权周期长且未必有胜算;"职业打假人"则具有超出一般消费者的证据收集意识和能力,在购买产品时即"希望"所买产品有瑕疵甚至缺陷,从其购买的目的而言,系为获得数倍惩罚性赔偿,而非真正使用消费品。

(二)"职业打假人"之影响

从全国井喷的"职业打假人"维权案例中,可以看出社会潜移默化受到其影响,改变了消费市场的格局:如对产品的生产、销售产生了一定的影响,在生产环节,使生产商,不敢肆意生产假冒伪劣的商品,客观上提高商品的质量;在销售环节,商家也会注重挑选质量好的厂家产品,减少危害健康的产品出现。

与此同时,"打假"力促消费者渐渐树立维权意识,懂得通过法律途径来维护属于自己的权利。在市场经济条件下,运用利益机制调动和鼓励群众同违法行为作斗争,是正当和需要的。[2]"职业打假人"具有一定示范作用,促进形成市场经济内在的监督制约机制,发挥消费者作为市场主体的作用。

另外,"职业打假人"对我国产品的质量、消费领域的立法、执法也起到了重要的作用,虽然惩罚性获赔制度会带来副作用,"职业打假人"以营利为目的而似乎也违背了商业上的诚实信用原则,与"生活消费目的"亦有不符之处,但是立法者所注重的是惩罚性制度会鼓励人们与制假卖假的恶意制造者和销售者进行

---

[1] 第三条规定:"因食品、药品质量问题发生纠纷,购买者向生产者、销售者主张权利,生产者、销售者以购买者明知食品、药品存在质量问题而仍然购买为由进行抗辩的,人民法院不予支持。"

[2] 李学寅.公民个人打假的兴起和社会意义[J].企业与法,2016(1).

斗争，[①]故从法理到实践中逐渐认可了其作为消费者的地位和享受的权利。一位"职业打假人"曾表示："未来几年职业打假人将迎来黄金时代，中国的法律和执法结构正日趋完善。"

二、"职业打假"类履职诉讼案件特征

近年来，"职业打假"类履职诉讼成为行政诉讼的热点和难点，案件数量也急剧上升。所谓"职业打假"类履职诉讼，系指"职业打假人"以"消费者"为身份，以"买假"为手段，有目的地投诉超市、商店的商品存在质量瑕疵或者缺陷，先自主与商家协商、谈判，如果达不到其索赔的目的，则申请工商部门、食药监部门、物价部门和质监部门（现为市场监督管理部门）等进行查处，如果认为行政机关未履职或者履职不充分则诉诸法院，进而"曲线"达到获赔的目的。

从各地的案例来看，"职业打假"的对象主要是食品，另有部分服装和医疗产品等，而并不针对服务。究其原因有以下两点：一是利润驱动力。1993年10月通过的《消费者权益保护法》第四十九条规定了1+1退赔制度，2013年10月新修正的《消费者权益保护法》强化了这一规定，提高到1+2退赔，而《食品安全法》则是10倍惩罚性赔偿。因此食品类产品打假具有更大的利润空间。二是食品、药品质量瑕疵或者缺陷较为"显性"，固定证据亦较为方便（如购买产品时通过拍照方式等突出产品批次等信息），同时有相对明确的质量标准。服务质量虽然良莠不齐，但是具有一定主观性，法律法规或者规范性文件对于具体的服务标准无法硬性规定，存在"留白"现象，除非因为服务失误造成人身伤害等特殊情况，故维权难度系数较大。

当前，职业打假的案例屡见不鲜，其中不乏典型案例，如：有些法院打假案件的原告主要针对当中的产品预包装配料标示方式不规范，使用"极品""最优"等不规范用语以及擅自使用"绿色食品""有机产品"等称号的情形向法院提起诉讼，针对此类案件不难总结出打假案件的主要特征。

（一）投诉对象集中

打假者投诉、举报对象多为价格高昂、知名度高、举证方便、有固定售卖场

[①] 曹三明. 解读消费者权益保护法[M]. 北京：中国社会出版社，2011：176.

所的商品，主要集中在驰名食品行业（如被投诉产品为龙华素食、Godiva歌帝梵巧克力等），鲜见于服装（如被投诉产品为丽婴房专卖店服装）、医疗产品（如被投诉产品为欧姆龙电子血压计）、数码产品（如被投诉产品为上海申为科技平板电脑）等其他行业，其购买途径也从实体店向网络店有所延伸。投诉举报事项主要为标签违反规定、违法添加、无生产许可、虚假折扣等。总体来说，打假范围具有一定的局限性和固定性。

(二) 专业化趋势明显

目前，职业打假已呈现出组织化、专业化趋势，打假者分工明确，专攻某一领域（如饮料、服饰等），对于产品的营养数值、食品添加剂、标签通则、原始配料、衣服色牢度等专业问题研究透彻，对证据材料的收集、保存技巧完备，对国家食品安全标准、生产许可证审查规则、食品标签通则、相关申诉处理办法等较为熟悉，庭审质证、辩论等环节准备充分，庭审抗辩性强，其专业知识不逊于执法人员。

究其原因，消费者针对这些假冒伪劣产品向有关行政机关举报或者是向法院提起诉讼，渐渐地开始熟悉打假的流程；在这期间，部分人分流为"职业打假人"，通过购买或者消费假冒、不合格产品后依据法律获得惩罚性赔偿；其在为获取赔偿的过程中逐渐熟悉了打假的流程、各种法律知识等。因此，职业打假开始迅速发展，其打假手段与专业知识也越来越熟练。[①]如：从举报内容看，从过去简单的国企食品逐渐过渡到如今的食品标签、食品安全标准等较为专业的方面，以及采取EMS、挂号信等更容易保存证据的方式等种种行为，也彰显着其专业水平的提高。

(三) 调解意愿强烈

根据《消费者权益保护法》的规定，对行政争议可以采取调解、和解、仲裁、诉讼等方式解决。"职业打假人"为降低成本、缩短周期、提高效率，在与商家协商未果后，径行向行政机关投诉、举报，该方式成本低、周期短，只需提供一定举

---

① 钱金华，李凯．浅议职业打假行为的特点及应对．载苏州市工商行政管理局，http://www.szsgsj.gov.cn/suzhoubaweb/show/sj/bawebFile/201326.html，最后访问日期：2015-12-13。

报线索,即有可能在行政执法程序中获得赔偿,或者获取相关证据便于日后提起民事诉讼。因此,反映到诉讼中,绝大多数"职业打假人"都表现出强烈的调解意愿。在某基层法院受理的12件"职业打假"类履职诉讼案件中,2件裁定准予原告撤回起诉的案件中,原、被告均达成了和解;10件判决的案件中,原告基本都表达了希望被告协助原告和商家协商解决的意愿。

三、"职业打假"类履职诉讼案件数量增多之成因

(一)新法修正明确法律依据

对于"职业打假人"是否构成法律意义上的"消费者"并且能否获赔,曾一度引起社会争议和关注。新修正的《消费者权益保护法》第40条规定[①]以及最高人民法院相关司法解释都对"知假买假受保护"进行了确认,经修正并于2015年5月1日起实施的新《行政诉讼法》也进一步明确了对原告诉权的保护,"职业打假"类履职诉讼已被明确纳入受案范围,为案件受理裁判提供了明确的法律依据。

(二)赔偿收益成为直接诱因

"职业打假"现象的产生和发展从根本上源于立法在消费领域,尤其是食品安全领域确立了"惩罚性赔偿"制度。如《食品安全法》第96条第2款规定,生产不符合食品安全标准的食品或者销售明知是不符合食品安全标准的食品,消费者除要求赔偿损失外,还可以向生产者或者销售者要求支付价款十倍的赔偿金,即俗称"退1赔10",立法规定为"职业打假人"提供了较高的收益基础,出现了低投入高产出的"经济效益"。[②]法律确立"惩罚性赔偿"制度的初衷在于加强对处于弱势的消费者的保护,但高额的赔偿让一部分人产生了以此赚取收益的想

[①] "消费者在购买、使用商品时,其合法权益受到损害的,可以向销售者要求赔偿。销售者赔偿后,属于生产者的责任或者属于向销售者提供商品的其他销售者的责任的,销售者有权向生产者或者其他销售者追偿。消费者或者其他受害人因商品缺陷造成人身、财产损害的,可以向销售者要求赔偿,也可以向生产者要求赔偿。属于生产者责任的,销售者赔偿后,有权向生产者追偿。属于销售者责任的,生产者赔偿后,有权向销售者追偿。消费者在接受服务时,其合法权益受到损害的,可以向服务者要求赔偿。"

[②] 一中院课题组. 涉食品安全"十倍赔偿"买卖合同案件情况分析[J]. 上海审判实践,2015(7).

法,从而使"职业打假人"不再是为了保护消费者的权益而打假,反而一定程度上演变为牟利的一种手段,事实上使立法目的和初衷发生了改变。

(三) 市场混乱提供打假土壤

在经济社会转型期,确有部分商家过分追求经济利益,制假售假,部分商家不了解商标标示、产品质量、食品安全等有关法律法规,以及生产销售市场不规范、日常监管缺失等因素导致问题产品的不断出现,为"职业打假人"提供了生存"土壤",这也是能通过"知假买假"获得高额赔偿的缘由所在。同时,商家的惧怕心理也为"职业打假人"获取利益提供了便利,不少商家因自身存在的问题,唯恐被工商等行政部门查处或被媒体曝光从而影响声誉,因此,选择与"职业打假人"私下和解,并主动提供高额赔偿。

(四) 执法失范引发履职诉讼

"职业打假人"的涌现与行政机关监管不到位密切相关,因此相关部门需要加强行政执法:一是执法程序的规范性。在某基层法院审理的12件案件中,10件案件的争议焦点为行政机关程序是否存在瑕疵,占此类案件的83.33%。程序失范表现形式多样:如按照规定,执法人员与被调查人员在每页调查笔录上都要注明"已阅",而行政机关调查时遗漏此环节;再如行政机关虽然积极履职但未将调查结果告知原告。上述问题虽不影响实体结果,但容易引起原告产生合理怀疑。二是准确把握法律法规的内容。如按照规定,行政机关在案情复杂的情况下可延长举报的办理期限,但判断案情复杂的标准比较模糊,行政机关多次延期易引发原告的不满,也影响原告的实体权利。

四、"职业打假"类履职诉讼案件困境

(一) 网络购物中的促销欺诈问题

网购的兴起冲击着传统消费模式,网络销售的监管力度不足会为商家的欺诈行为带来便利。如在某基层法院受理的一起案件中,商家标出"一口价"和"促销价"(略低),并将"一口价"用线划去,原告认为该"一口价"未有成交记录,是虚假促销,向行政机关投诉。商家采用提高原价或者虚构原价的方式虚假促

销，在审理时关键需要确定该标出的原价是否系真实价格而非虚假标价。虽然在上述案件中，法院在该网店的实体店获取了曾以"一口价"交易的记录，进而并未支持原告，但说明网购给证据认定等方面带来了新挑战。如网络促销活动中，消费者在活动中成功下单并付款，但几个小时后商家以"无货""系统故障"等各类原因通知交易无法完成，这是否构成虚假促销，均系网购环境下产生的新问题。对此，相关行政机关需要调取有关资料以及根据有关法律来作出综合判断，从而作出公正的结论。

（二）投诉和举报的处理期限问题

2014年，国家工商行政管理总局颁布的《工商行政管理部门处理消费者投诉办法》规定了有管辖权的工商行政管理部门应当在受理消费者投诉之日起六十日内终结调解；调解不成的应当终止调解。而对于举报，如属实应启动检查程序，按照相应规定立案，完成调查取证，在规定期限内办结。但具体办结期限留有"口子"，在案情复杂的情况下，行政机关可延长办理期限，但判断案情复杂的标准比较模糊。再如《产品质量申诉处理办法》规定，行政部门应当在接到产品质量投诉后七日内作出处理、移送处理或者不予处理的决定，并告知投诉人。由于全国开通统一举报电话，建立一体化网络信息管理系统，故经过上报、转办、交办等环节，行政机关易超期办理。总体而言，行政机关不能因情况复杂而无限延长期限，否则违背高效便民的原则，甚至构成行政不作为。

（三）投诉和举报的答复问题

针对"职业打假人"的投诉、举报问题，有关行政机关在接到举报后经调查不予以立案的，要及时履行审批程序并按规定期限答复举报人，且在答复打假人时，要注意规范使用答复文书格式，严格执行答复期限规定，明确答复主体，提高答复质量。在有关案件当中，其所包含的证据以及其他因素很多，因此，行政机关的答复工作也异常重要，在答复时要注重细节，理清其中的各种关系，否则易造成行政机关未认真实施调查及怠于履职的印象。

五、"职业打假"类履职诉讼案件应对建议

(一)提高证据认定能力

"职业打假人"经常采取跨区行动,会根据商品购买地的不同在多个法院涉讼,庭审中可能会涉及其他区域行政机关作出的行政处罚、其他区域行业协会的答复或者其他批次产品的检测报告等证据。上述证据虽有的系行政机关作出,具有一定公信力,但是不同种类、批次的产品是否与涉案产品或者系争行政行为有直接关联性需要加以判别。法院对该类证据的证明力,应当根据具体案情加以区分,不能一概认可或者否认。

与此同时,审理时认定证据应充分考虑到"职业打假人"的营利性与专业化,纵然是私法上的损害赔偿,亦要考虑比例原则,应当苛以"职业打假人"更大的证明责任,[1]防止出现"职业打假人"提交调包产品、中伤商家等恶意打假行为被错误支持的情况。

(二)规范行政执法程序

在审查行政程序是否失当时,法院要把握以下几点:一要严格把握办理期限。目前网络信息化管理系统,会存在上报、转办、交办等多重环节,行政机关在具体操作上要细化节点要求,防止超期办理。二要积极履行公开义务。按照规定,行政机关应该将立案情况告知当事人,该"当事人"应系行政相对人即商家而非投诉举报人。虽然立案、调查取证、审查、拟处罚决定等与案件查处相关的工作情况,行政机关不需要告知投诉举报人,但应当及时将调查结果告知投诉人。三要严格把握程序要求。比如上文列举的行政机关漏签"已阅"字样的案例,虽不影响实际结果,但容易引起原告的合理怀疑,行政机关应当严格依照法律规定,切实规范处理程序。同时,行政机关内部管理制度也需要进一步完善,规范投诉、举报程序,确保投诉举报材料等各类文件的正常流转,避免出现因内部流转不畅而超出法定期限的问题,应进一步防范履职风险。对实际处理投诉过程中可能出现的新问题和疑难问题要及时与公安、质量监督等相关职能部门相联系。

---

[1] 邹加浣,石珍.经营者之"十倍赔偿"构成要件的错误辨识与理性回归[J].上海审判实践,2015(7).

(三) 建立监管长效机制

打假专业化趋势对行政机关在市场管理、监督方面提出了更高要求，对行政机关来说既是挑战也是机遇。一方面，"职业打假"案件数量攀升督促行政机关依法行政，倒逼执法水平不断提升，客观上有利于"职业打假人"与行政机关相辅相成，更好地维护市场秩序。治理假冒伪劣是一项艰苦复杂的社会系统工程，应当标本兼治，"职业打假人"发现假货并举报到执法部门，便于行政机关查处，形成联动机制；另一方面，"职业打假人"的精力往往集中在标识、商标等可视化、可量化等方面的瑕疵，对具有实质性安全隐患或者缺陷的产品反而无暇或者没有能力顾及，而后者显然对消费者的损害更大且有人身危害性。因此，对市场的监管光靠"依投诉监督"显然不够。相关职能部门要更积极、主动、有效地对生产者、销售者进行"依职权监督"，形成长效监管机制，不断推动产品质量的提升和市场环境的改善，且随着消费市场的演变，监督方式也应与时俱进，比如国家工商总局近日在官网上发布《工商总局关于加强网络市场监管的意见》，将建立网络交易商品定向监测常态化机制，加大网络交易商品质量抽检力度。在这则意见中，工商总局称将严厉打击销售侵权假冒伪劣商品违法行为，突出对网络交易平台的重点监管，建立网络交易商品定向监测常态化机制。[①]"职业打假"行为的出现有积极影响亦有消极影响。从积极方面来说，其出现对于制假销假以及商业欺诈等行为能起到有效的遏制作用，一定程度上增加了商家的违法成本，有助于净化市场，保护消费者合法权益。从消极的方面来说，在最初的职业打假行为中，"职业打假人"一般是为维护自己的权益、为防止其他消费者遭遇类似情况或是为了遏制不法商家继续生产与销售假冒伪劣产品。随着"惩罚性赔偿"制度确定，"职业打假人"蜕变成了以牟利为目的的群体。"职业打假"本身是一把"双刃剑"，也不可避免地会带来道德风险以及市场秩序混乱等问题，需要在以后的实践中进一步廓清。

参考文献

[1] 曹三明. 解读消费者权益保护法[M]. 北京：中国社会出版社，2011.

---

① 肖丹. 网络商品定向监测将常态化. 载北京日报网，http://bjrb.bjd.com.cn/html/2015-11/12/content_327105.htm，最后访问日期：2016-3-3.

[2] 一中院课题组. 涉食品安全"十倍赔偿"买卖合同案件情况分析[J]. 上海审判实践, 2015(7).

[3] 邹加浣, 石珍. 经营者之"十倍赔偿"构成要件的错误辨识与理性回归[J]. 上海审判实践, 2015(7).

[4] 李学寅. 公民个人打假的兴起和社会意义[J]. 企业与法, 2016(1).

[5] 钱金华, 李凯. 浅议职业打假行为的特点及应对[EB/OL]. 苏州市工商行政管理局网, http://www.szsgsj.gov.cn/suzhoubaweb/show/sj/bawebFile/201326.html, 最后访问日期: 2015-12-13.

[6] 李海强. 网购职业打假人[EB/OL]. 新浪微博网, http://news.sina.cn/sh/2015-03-10/detail-iavxeafs1629369.d.html?from=mbaidu&stun=20007&vt=4, 最后访问日期: 2015-12-13.

创新社会管理模式下物业纠纷的解决路径

刘建民　陈龙跃[①]

摘要：随着商品房买卖量蹿升，物业的规模和数量也不断扩大，相应产生的物业纠纷也逐渐增多，物业纠纷的类别和产生原因也日趋复杂化。开发商前期遗留问题，物业服务企业自身局限性，业主及业委会自治能力较弱，政府监管职能缺失等导致物业纠纷频发。通过借鉴湖北宜昌、河南平顶山、浙江杭州等多地创新社会管理的新模式，提出以下建议：提高业主自治意识，发挥社会组织（业委会）自治作用；物业管理网格信息化，及时排摸隐患纠纷；政府角色定位准确，避免职能越位错位；建立"诉外纠纷解决方式"联动调处物业纠纷，以期构建和谐物业环境，减少纠纷隐患，快速平稳处理物业纠纷。

关键词：物业服务　社会管理　纠纷　创新

随着国家商品房买卖数量迅速蹿升，物业的规模不断扩大，物业管理企业已从过去的简单管理逐渐转型为物业服务企业，其提供的物业服务也大部分与市民的生活及企业的生产经营有着密切联系，所以相应产生的物业纠纷也逐渐增多，物业纠纷的类别和产生原因也日趋复杂化。如何构建创新社会管理模式以解决物业纠纷进入政府及学界的视野。

一、物业纠纷的现状和产生原因

物业纠纷是指住宅小区内物业服务企业和业主或业主委员会及物业的使用人等之间因物业服务权利、义务而产生的纠纷。根据我国民法学原理，民法是调

---

① 作者单位：上海商学院。

整平等主体之间的人身关系和财产关系。物业服务性质决定了物业服务方面的纠纷是典型的民事方面的纠纷,适用民法来调整。[1]

(一) 物业纠纷的现状

根据物业纠纷产生原因和所依据的法律规范,可以将物业纠纷分为物业服务侵权纠纷和物业服务合同纠纷。

物业服务侵权纠纷就是在物业服务过程中发生的民事侵权行为和状态,包括业主、业主委员会、物业服务企业等在内的当事人以故意或过失侵害他人合法权益(财产与人身权利与利益)的行为,或者基于法律的特殊规定须对造成他人合法权益损害承担民事责任的特定行为或原因事实状态。此类纠纷包括业主在物业使用过程中未遵守法律法规或物业服务企业的规章制度而出现的禁止性行为(破坏房屋结构、占用共有部位和设施等行为);物业服务企业在服务过程中因管理不善与业主或是业委会产生的纠纷;业主之间的相邻权纠纷等。

物业服务合同是指业主或业委会与物业服务企业签订的明确物业服务过程中的权利义务关系的协议。业主或业委会通过支付相关费用获得物业服务企业提供的物业服务。那么,物业服务合同纠纷就是指在物业服务双方当事人在物业服务合同的签订、履行过程中所产生的纠纷。物业服务合同是物业服务双方当事人产生权利义务关系的基础,也是该领域众多纠纷产生的最主要的症结所在。最常见的纠纷包括物业配套设施与房屋买卖合同中约定不一致产生的纠纷;物业服务企业违反协议乱收停车费、物业管理费等合同纠纷;业主与物业服务企业对房屋买卖、租赁合同约定的有关条款是否履行问题上的纠纷等。

根据上海市物业管理事务中心(上海市住宅物业网)对全市2015年8月的物业投诉统计,8月共接到2310起投诉,其中位居前三的分别为"公共部位、公用设施设备维修服务"的437起,占19%;"物业人员服务态度"的301起,占13%;"公共区域清洁卫生"的273起,占12%。[2](具体见下图)

---

[1] 张涛. 物业纠纷解决路径探析[D]. 上海:复旦大学硕士学位论文,2011.
[2] 上海市住宅物业网. 962121投诉类型统计(8月)[OB/EL]. http://www.962121.net/wyweb/web/hmfmsweb/biz/chart/complaint_deal_category.do?id=A000000000000000&twoid=A005000000000000&thrid=A005B00400000000. 最后访问日期:2015-9-9.

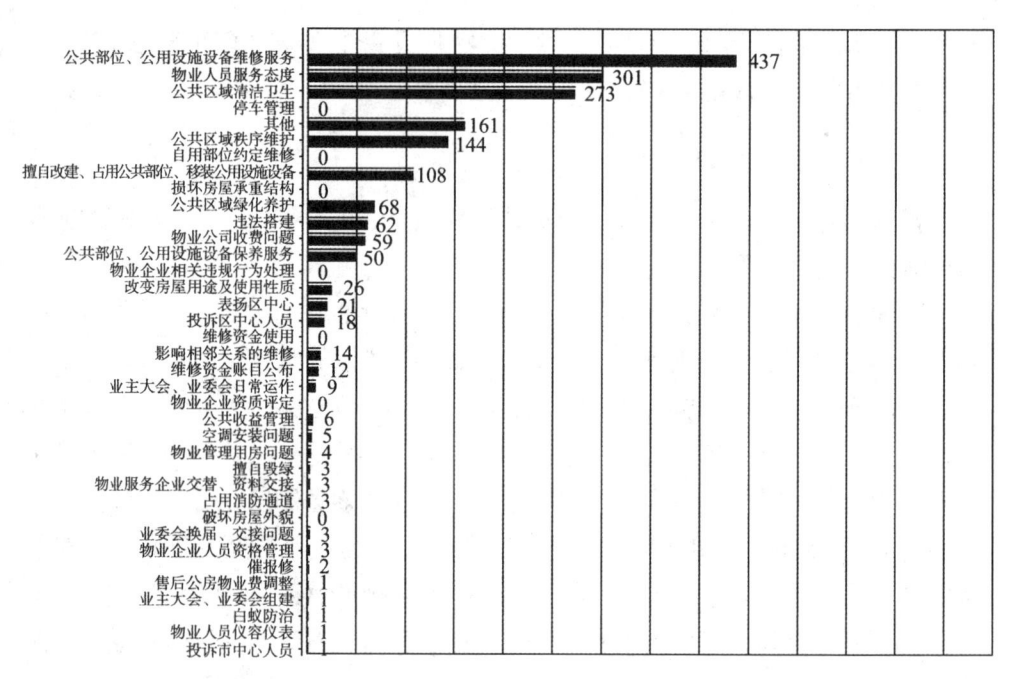

项目	数量
公共部位、公用设施设备维修服务	437
物业人员服务态度	301
公共区域清洁卫生	273
停车管理	0
其他	161
公共区域秩序维护	144
自用部位约定维修	0
擅自改建、占用公共部位、移装公用设施设备	108
损坏房屋承重结构	0
公共区域绿化养护	68
违法搭建	62
物业公司收费问题	59
公共部位、公用设施设备保养服务	50
物业企业相关违规行为处理	0
改变房屋用途及使用性质	26
表扬区中心	21
投诉区中心人员	18
维修资金使用	0
影响相邻关系的维修	14
维修资金账目公布	12
业主大会、业委会日常运作	9
物业企业资质评定	0
公共收益管理	6
空调安装问题	5
物业管理用房问题	4
擅自毁绿	3
物业服务企业交替、资料交接	3
占用消防通道	3
破坏房屋外貌	0
业委会换届、交接问题	3
物业企业人员资格管理	3
催报修	2
售后公房物业费调整	1
业主大会、业委会组建	1
白蚁防治	1
物业人员仪容仪表	1
投诉市中心人员	1

（图为上海市住宅物业网公布的2015年8月的投诉类统计）

在关于"对居住的住宅小区内最为不满意的物业服务项目"的投票统计中，物业综合管理服务、公共区域秩序维护、共用部位和设备修缮三项位居前三。而对"物业服务收费标准是否合理"的投票统计中，54%的网友认为价格偏高。大多数业主普遍认为，业主或业委会在支付高额的物业管理费之后，却没有得到相应质量的服务，与物业服务企业的矛盾也逐渐加深。

(二) 物业纠纷产生的原因

（1）开发商前期遗留问题。小区内产生的物业纠纷问题有很大部分是开发商前期在建成后就留下的"历史问题"。如在建设住宅小区时改变了原先的结构布局以致使小区整体布局与购买时不符；凭借自身优势侵占业主的共有部位产权和使用权；购房时对于小区内的配套设施、绿化率等承诺在交付使用时无法兑现；房屋本身及房屋附属设施的质量不过关等。开发商在遗留问题上采取回避态度，让业主或业委会的问题无法得到解决，在物业服务企业接管小区物业后演变为业主与物业服务企业之间的矛盾纠纷，这对于物业服务企业在后期的管理上造成严重的影响。

（2）物业服务企业的自身局限性。首先，现今住宅小区的数量大幅增加，但部分物业服务企业是由计划经济体制时的房管部门派生而来，其自身思想观念未及时从"管理"向"服务"转变，缺乏市场经济体制中企业的服务意识，直接或间接侵害了业主权益。其次，物业管理收费问题是现在被绝大部分业主诟病的问题，物业管理费的收取缺乏规范性，收费标准不公开透明，在财务方面也存在不提供发票、不公开收支账目等情况。再次，在小区公共部位的日常维护上未尽应有义务，对业主的报修不及时处理，有些甚至未聘请专业技术人员进行修缮，存在一定的安全风险。最后，对于住宅小区的管理责任推诿抵赖，小区内的违章搭建不闻不问，更有甚者私自搭建违法建筑。

（3）业主和业委会的问题。从业主角度出发，部分业主自身定位存在偏差，认为物业服务企业是支付费用请来的"管家"，应当完全满足业主要求，从而导致其要求物业服务企业更多的责任和义务。实际上业主与物业服务企业签订的物业服务合同是规定了双方的权利义务关系的，但业主只想行使法律和合同所赋予的权利，却忽略了自身应履行的义务，会因部分要求未被满足而拒交物业管理费用，导致后续的物业管理工作难以开展。部分业主法律意识淡薄，改变房屋承重结构，在共用部位违章搭建，侵害了大部分业主的权益。

业主大会、业主委员会是小区业主自主管理的机构，国家法律及相关的政策、规范性文件对它在小区管理上给予了充分的法律地位。但业委会的组建和权利的行使也有诸多矛盾。物业的抵触和业主自身参与意识不强，导致业主大会和业委会迟迟难以组建，影响了小区的正常建设和发展。另外，业委会中业主之间的各类矛盾也让业主的合法权益得不到保障，引发业主与业委会的冲突。[1]

（4）政府监管职能的缺失。目前承担上海市物业行政管理职责的是上海市住房保障和房屋管理局，而从事具体业务工作的各区县房管部门驻街道办事处编制较少。大量的实践案件表明，这些负责具体业务工作的单位对于物业管理缺乏有效监管，对于出现的问题业委会无力管理，居委会无权管理，物业服务企业消极管理，以致业主反映投诉的问题迟迟得不到解决，造成物业纠纷投诉率高，解决率低的现状。

---

[1] 王中.物业管理纠纷的解决机制研究[D].上海：上海交通大学硕士学位论文，2009.

二、创新社会管理的模式探究

(一) 创新社会管理的概念

党的十六届四中全会从加强党的执政能力建设和构建社会主义和谐社会的战略高度,提出了"加强社会建设和管理,推进社会管理体制创新"的新要求,并明确提出"建立健全党委领导、政府负责、社会协同、公众参与的社会管理格局"。

党的十八届三中全会审议通过的《中共中央关于全面深化改革若干重大问题的决定》中,明确提出"创新社会治理体制,改进社会治理方式,激发社会组织活动"等要求。社会管理创新的实质是要求实现社会管理向社会治理转变,更加清晰地突出了社会治理与建设主体多元化的意蕴,进一步升华了社会管理创新的理念,展现了新时代的要求。

具体来看,创新社会管理就是指"政府和社会组织依据社会运行和发展规律,把握政治、经济和社会新的发展态势,研究并运用新的社会管理理论、知识、技术和方法等,创新社会管理理念、体制机制、方式方法,以实现社会善治的活动和过程"。[①]

(二) 各地创新社会管理的可行做法

各地对社会管理的创新与实践对课题研究有着重要的借鉴作用,通过这些可行的做法可以总结经验,同时进一步探索可复制、可推广的路径。

1. 湖北宜昌：网格化管理,信息化推进

湖北宜昌在开展社会管理创新试点中,采用网格化管理的理念,把中心城区划分为1200多个网格,并整合原各部门信息员、协管员队伍,集中由政府购买服务的方式统一招聘了1200多个网格员,综合履行基础信息采集与政务服务工作。实行一格一员,一天两巡,并与广大志愿者队伍结合起来,负责将本网格内每时每刻发生的人、房、物、事的最新动态信息传递到网格化管理综合信息平台,各部门不再在社区单独采集数据,实现社区信息采集的动态性、综合性、及时性。网格员及时采集的基础信息加上各部门实时交换的业务数据信息,形成了专群结合的及时采集动态更新的有效机制,并建立起了基础信息关联比对、核查修正的工

---

① 赵文婧. 我国社会组织管理法治化问题研究 [J]. 云南社会主义学院学报, 2013 (2).

作机制。按同样的方式建立以组织机构代码为标识的企业基础信息数据库,还有房屋门牌、城市部件、空间地理和自然资源、经济数据等基础信息数据库,形成了比较完整的政务资源信息中心和交换共享平台,从而实现了对政府需要管理和服务的人、房、物、事的情况及时掌握,为各部门和基层利用这些政务信息开展社会管理和惠民服务打下了良好的基础。①

2. 河南平顶山:规范业主自治,创新社区管理模式

平顶山市启动物业管理区域业主委员会规范化建设工作,明确了平顶山市成立业主大会和业主委员会的选举程序和备案程序,印制《业主委员会备案证明》,同步实行业主委员会委员不良记录制度。配套出台相关制度明确业主、业主大会、业主委员会的权限和义务,规范业主大会和业主委员会的活动,引导业委会依法履职、合法维权,充分发挥业主委员会及业主个人在物业管理服务中的作用;抽调市、区、街道、社区四级监管网络单位成员联合组成现场、档案、财务等专项检查组,探索开展业主委员会履职情况年度动态考核工作,全面推行业主委员会常态化监督工作,取得了良好的社会效果。②

3. 浙江杭州:发挥党组织作用,促进社区和谐稳定

加强和创新社会管理的重点应当在基层,组织基层社会管理的关键在于发挥好基层党委和各级党支部的核心作用。杭州创新社会管理模式,在其下属社区成立"和事佬"党支部。"和事佬"党支部是调解邻里纠纷、家庭矛盾的热心组织。依托"和事佬"良好的群众口碑,发挥其示范效应和引领作用以及党支部的和谐先锋作用,带动社区更多的党员参与到维护社区和谐稳定的队伍,凝聚了社会各方力量,认真解决群众反映强烈的突出问题,最大限度增加和谐氛围、减少不和谐因素,激发社会活力。③

二、通过创新社会管理解决物业纠纷的可行性

创新社会(社区)管理与物业管理是有一定共同性的,两者都是在生活方面对居民或者业主的日常管理,在通过对两种管理的比较后,可以发现两者存在一定的耦合。分别是管理内容交叉,两者的主要思想一致,管理区域高度重合,设备

---

① 中国智慧城市网.宜昌:构建网格化管理综合信息平台,全方位推进管理服务[OB/EL]. http://www.dcitycn.org/cn/show/11434. 最后访问日期:2015-9-15.
② 张建伟.物业管理服务推动社会管理创新[J].中国房地产,2013(12).
③ 孙雪娇.浅析创新社会管理模式及典型经验做法[J].品牌(企业管理),2014(9).

设施共享,提高管理质量的目标相似。

(1) 主要思想一致。二者都以物质文明建设和精神文明建设为内容,以加强城市管理为重点,以物业管理区域和社区为载体,按照一定的规范,通过管理和服务,开展丰富多彩的活动,推动社会发展与进步。

(2) 管理区域高度重合。根据有关规定,城市新建住宅必须实施物业管理,老旧小区逐步推行物业管理。所以,物业管理的覆盖面将不断提高,最后整个城市生活都将覆盖物业管理。就目前来说,有社区管理的地方不一定有物业管理,但有物业管理的地方必定有社区管理,因为有物业管理的地方必有业主,而业主在当前日常生活中还接受社区管理。所以,物业管理与社区管理的区域是重合的。

(3) 设备设施共享。无论是物业管理还是社区管理都需要为业主、居民服务,需要一系列与居民生活紧密相关的设备设施,如房屋建筑物、道路、通信、供水电气、文体教卫等,这就出现了两者在同一地域范围内、共享硬件设施为业主和居民服务的现象。

(4) 目标相似。物业管理以完善物业及其周边环境,为人们创造良好的工作和生活环境为目标。为了实现这个目标,在市场竞争中立于不败之地,,除了做好物业管理的本职工作,还要注重所管物业区域的整体文化的培养和业主的文化认同;社区管理侧重于调解人际关系,创建良好的社区文化,为人们提供和谐的空间。两者都要以人为中心,通过开展多种多样的活动,为人们提供良好的生活、工作和学习环境。从这方面讲,物业管理与社区管理的目标十分相近。[①]

通过这些相近的条件,可以看出创新社会管理的模式对解决物业纠纷是可行的。

四、创新社会管理模式下解决物业纠纷的路径探究

(一) 提高业主自治意识,发挥社会组织(业委会)自治作用

目前业主主动参与到物业管理的意识还不强,大多存在着"搭便车"的想法,没有长远的自治意愿,并有可能导致业主委员会有意无意地漠视业主的权利。其实,业主广泛且主动地参与是增强业主自治能力的前提和基础。业主自治

---

① 章月萍.物业管理与社区管理的有机耦合——基于社会管理创新视角[J].福建农林大学学报,2013(16).

是发挥群众自治的重要体现，要积极地引导业主参与小区的公共事务管理，行使法律赋予的民主权利，监督业主委员会的工作和物业服务企业的服务，履行业主自身应尽的义务，并在参与实践中提高其自治意识和信心。

而业主委员会则是业主自治的重要载体。业主在与物业服务企业发生纠纷后，向业主委员会寻求帮助，业主委员会扮演的是向物业服务企业进行维权的角色；而当业主之间发生纠纷时，业主委员会则是扮演调解者的角色。这就需要业主委员会进一步加强自身的组织建设和提高业委会内部成员的管理素养。业委会成员平日要深入业主，以谦和平等的态度了解业主真正的需求，并动员业主主动参与小区公共事务管理；最后，要从制度建设、管理体制、选举方式、资金来源、业主监督、人员素质诸方面加强业主委员会的组织建设，增强其承载街道办和居民委员会所退出的具体社区事务方面的自治功能，提高业主委员会对房地产开发商及物业服务企业的监督水平和民事诉讼能力，还要建立合理的工作制度以及财务管理制度，以保证业主委员会的"阳光性"。

(二) 物业管理网格信息化，及时排摸隐患纠纷

在物业管理中同样引入网格化、信息化的理念，创新工作机制，将物业管理区域划分为一个个网格，聘请房管部门、居委会、物业服务企业、业委会的代表作为网格联络员，每人对应一个网格进行动态的排摸和信息采集，负责小区内物业管理工作、矛盾纠纷化解、对外协调联络等，成为业主家庭的摸底人员、政府政策的宣传人员和文明建设的服务人员。积极去协调解决群众反映的难点和热点问题，尤其是协调相关单位对小区内的环境噪音、违章搭建、占用公共用地等小区物业经常出现的、影响居民生活的违规行为，为业主创造一个文明、和谐、整洁、舒适的生活环境。

网格联络人须落实岗位职责，强化责任意识，做到脑勤、腿勤、嘴勤、笔勤，成为发现纠纷、受理纠纷、协调纠纷、报告纠纷第一人。善于发现问题、处理问题、及时报告问题，主动与业主交流沟通，增进感情，及时了解掌握社情民意。坚持网格区域巡查，将巡查情况上传移动数据端口，做到工作日清、周结，动态信息及时录入。对于一般性问题在手机移动端留档备案，传送回管理终端后视情况由房管部门、居委、物业服务企业解决；对于突发性纠纷，网格联络员须及时反馈居委和物业服务企业，派人现场迅速处理且避免事态扩大。

(三) 政府角色定位准确，避免职能越位错位

在小区物业管理的过程中，要求政府制定规章制度并有职能部门落地实践，以建立物业管理和物业服务的良好市场经济秩序，并依法实施有效监管，促进物业管理和服务市场的健康发展，最大限度地保护业主、业委会和使用人的共同利益。这就要求政府规范自身行为，避免政府的职能越位错位。政府不必去大包大揽，通过适当的分权授权的形式，使物业服务企业和社会组织（居委会、业委会）的工作更加灵活、高效，充分发挥政府本身所扮演的计划者、组织者、掌控者、监督者的角色，这会大大提高政府运行的效能，促进政府行为的规范化和职能优化调整。

政府正确进行自身定位。一方面是要适当合理地分权和授权，应该从具体实施事务性工作当中完全解放出来。政府相关部门只需加强与各有关组织的沟通，多倾听来自基层单位的声音，进一步在宏观层面有的放矢地进行调整控制，对症下药。另一方面是要加强相关政府部门工作队伍的组织建设以及提升工作人员的基本素养。政府部门行政管理能力的提升，需要通过队伍建设，在这支队伍中有很多具有扎实理论功底和丰富实践经验的技术人才和青年人才，要通过定期的理论培训和实践教学提高队伍的工作效能。这样就可以站在一个较为全面的角度来认识物业管理和物业服务中存在的一系列问题，在宏观层面把握物业服务行业，制定更为科学、更贴近业主与居民、更具实效的法律法规和规章制度，促进其健康有序发展。

(四) 建立"诉外纠纷解决方式"联动调处物业纠纷[①]

诉外纠纷解决方式又称为非诉纠纷解决方式或代替性纠纷解决方式（Alternative Dispute Resolution, ADR），是一系列多样化的纠纷解决程序的总称，其与我国的人民调解机制有异曲同工之意。中国当今由司法调解、行政调解、人民调解来构成基本的调解机制，在部分省市已经形成较为完善和成熟的调解格局。这三者的共同特点是通过第三方的说服教育、疏导解释，促使各方当事人达成一定协议以解决纠纷。具体到中国的ADR模式，就是充分发挥三者的联动调处作用，将司法调解、行政调解、人民调解进行有机结合，完善矛盾纠纷排查调处工作制度，建立党和政府主导的维护群众权益机制，采取调解方法，综合

---
① 张涛. 物业纠纷解决路径探析 [D]. 复旦大学硕士学位论文，2011.

运用法律法规、政策制度、道德理念等方式，配合疏导教育、协商协议等手段，将物业纠纷化解在基层，不加剧事态，不扩大影响，解决在萌芽状态。

在处理不同阶段的纠纷矛盾时，综合运用这三种调解的不同职能，能为化解物业纠纷提供行之有效的方式方法和保障。

第一，人民调解是我国法制史上具有中国特色的一项创制，是通过人民调解组织，以法律法规、规章制度以及道德伦理为依据，对纠纷各方当事人疏导教育、自愿协商、消弭矛盾的一种意思自治的活动。根据我国宪法、民诉法和人民调解委员会组织条例的规定，人民调解委员会是调解民间纠纷的群众性组织，在基层人民政府和基层人民法院指导下进行工作。实践证明，人民调解的方式能更好地进行群众自我管理和自我教育，通过这种形式更能增进人民内部的团结，减少纠纷矛盾的发生，预防潜在犯罪的可能，维护社会的稳定。

第二，行政调解是由行政机关主持开展的调解行为，以自愿原则、法律法规和相关政策为依据，通过劝服疏导的方式，促使各方当事人进行平等协商，最终达成协议解决纠纷矛盾。在需要政府介入的阶段，例如，对物业服务企业的监督管理和物业服务市场秩序的规范；又例如，对业主委员会成立和职能发挥的指导，由政府主管领导和建设主管机关的物业服务部门组织调解。行政调解的意义在于行政机关在专业层面的权威性保障了其开展的调解行为具备更高的指导意义，同时行政机关共同参与各方的调解有利于协议最终的达成及后续的执行。

第三，司法调解是各方已经进入司法诉讼程序后的调解。法官当庭对各方当事人进行矛盾调解，蕴涵了对我国近年来司法审判机制的重审。由法官主持的物业纠纷调解，其具备的法律效力与法院判决的效力是基本一致的，能够让达成协议的各方基于自愿原则，更快和更有效地执行协议内容以迅速化解矛盾纠纷，这也体现了司法ADR的公正效力，由此可见司法调解是化解物业纠纷的一道重要防线。

在解决物业纠纷的过程中，这三类ADR构建了互相环扣的纠纷化解机制和体系，极大程度减少了因物业纠纷而导致的社会矛盾激化。通过建立这三类ADR的衔接环扣机制以联动调处，能保障物业纠纷化解过程中各个环节的有序进行，让物业纠纷得以圆满的解决。

参考文献

[1] 孙雪娇. 浅析创新社会管理模式及典型经验做法[J]. 品牌(企业管理), 2014(9).

[2] 张建伟. 物业管理服务推动社会管理创新[J]. 中国房地产, 2013(12).

[3] 张涛. 物业纠纷解决路径探析[D]. 复旦大学硕士学位论文, 2011.

[4] 王中. 物业管理纠纷的解决机制研究[D]. 上海交通大学硕士学位论文, 2009.

[5] 章月萍. 物业管理与社区管理的有机耦合——基于社会管理创新视角[J]. 福建农林大学学报, 2013(16).

[6] 梁鸿飞. 社会管理模式创新视角下的社区管理制度变革研究[J]. 长春理工大学学报(社会科学版), 2013(6).

[7] 赵文婧. 我国社会组织管理法治化问题研究[J]. 云南社会主义学院学报, 2013(2).

[8] 中国智慧城市网. 宜昌：构建网格化管理综合信息平台, 全方位推进管理服务[OB/EL]. http://www.dcitycn.org/cn/show/11434. 最后访问日期：2015-9-15.

[9] 上海市住宅物业网. 962121投诉类型统计(8月)[OB/EL]. http://www.962121.net/wyweb/web/hmfmsweb/biz/chart/complaint_deal_category.do?id=A000000000000000&twoid=A005000000000000&thrid=A005B00400000000. 最后访问日期：2015-9-9.

法官助理制度运行背景下法律释明权的适用与完善

胡琼天[①]

摘要: 法官助理作为本轮司法改革的全新产物,在协助法官从事审判辅助工作时,能否行使释明权目前并无定论。为降低当事人诉讼成本、节约司法资源、提高审判效率,法官助理应当享有有限的释明权,在审查诉讼材料及组织庭前证据交换阶段就诉讼请求的不明确、不充分、不当部分以及举证等问题采用发问或晓谕的方式进行释明。同时,为更好地促进释明制度的良性运作,应当科学分类法官助理等级、区分专业领域因材施教,并设置释明不当的救济措施。

关键词: 法官助理　释明权　审查诉讼材料　证据交换

法官助理制度作为深化司法体制改革的一项探索,突破了传统的审判组织架构,增设了法官助理这一新角色,并赋予其参与庭审、文书署名等权力,在案多人少的格局中,通过建立一支具备较高专业素养的法律储备军为法官"减负",剥离部分法官职责由法官助理行使。上海市徐汇区人民法院作为本轮司法改革的试点法院,制定了《徐汇法院法官助理工作职责规定(试行)》,明确法官助理的岗位职责,包括审查诉讼材料,提出案件争议焦点,归纳、摘录证据;确定举证期限,组织庭前证据交换,认定案件事实;依法调查、收集、核对有关证据等共十四项内容,但未提及法官助理能否行使释明权。尽管当事人的自我维权意识不断增强,但就个体文化水平和法律素养而言,仍然存在较大差异。诉讼实践中,法官

---

① 作者单位:上海市徐汇区人民法院。

助理在审查诉讼材料以及证据交换的过程中,不可避免地会遇到各种需要释明的情况,法官助理能否释明、如何释明,值得深思。

一、释明权行使主体的扩张

"释明权,指为了防止极端辩论主义对诉讼的公正性造成损害,当遇有当事人在诉讼上的声明、陈述或举证上存在不甚明了、不尽妥当、有所欠缺等情形时,由法官向当事人进行适当发问、提醒、告知其作出释明或予以明了、补充、修正的一种权力与职责。"[1]释明权具有如下特征:第一,行使主体是法院,释明权既是一项职权又是一种职责,属于法院诉讼指挥权的范畴;第二,行使情境特定,即当事人的诉讼主张或陈述不清楚、不充分或有矛盾,应提出的证据材料没有提出;第三,行使方式是发问、提醒或启发当事人对诉讼主张、诉讼资料予以澄清、补充和修正;第四,行使目的是促使当事人补全诉讼主张和事实陈述、排除不当主张、补足证据材料。[2]显然,释明权的行使主体是法院,但落实到具体的行使主体时,就发生了微妙的变化。设想一下,如果释明权只能由法官行使,那么改革前从审判长到助理审判员都能行使,本轮司法改革后,随着法官员额制度的落实,无法进入33%员额又选择坚守审判岗位的曾经的"法官"们,就转变成为法官助理,那么他们能否行使释明权呢?其他没有审判经历的法官助理们又能否行使释明权呢?

在国外的民事诉讼法规范中,对于不涉及实体内容的程序问题,大陆法系的国家大多都允许书记员、法官助理来处置。[3]笔者认为,法官助理作为本轮司法改革试点的新生产物,作为未来法官队伍的储备力量,在其行使审判辅助职能时,赋予其释明权行使主体的资格非常必要。比如,在某财产损害赔偿纠纷一案中,原告起诉了四个被告,其中被告一为公有居住房屋的管理人,被告二、三、四分别为原告房屋楼上的公有居住房屋承租人,由于楼上卫生间漏水,导致原告房屋顶部漏水,原告的诉讼请求仅表述"要求被告修缮/赔偿……",但未明确具体由哪个被告或者还是由四个被告共同承担修缮/赔偿责任。又比如,在部分案外人执行异议之诉纠纷中,原告的诉讼请求缺失停止原执行事项的要求。如果能够

---

[1] 王秋良,于媛媛.释明权比较研究与立法建议[J].东方法学,2009(6).
[2] 蔡虹.释明权:基础透视与制度构建[J].法学评论,2005(1).
[3] 王国钊.论民事案件中的法官释明权[D].黑龙江大学硕士学位论文,2014:28.

在审查诉讼材料阶段及时约谈当事人,告知当事人变更诉讼请求,无须等到证据交换甚至是开庭审理时告知当事人,以节约诉讼时间成本,提高审判效率。

在审查诉讼材料的过程中,上述问题比比皆是,如果不赋予法官助理释明的权力,而是事无巨细请示法官,或者待到证据交换时或证据交换完成后再向法官汇报案情,就很可能出现诉讼程序拖延、诉讼效率降低等后果,极大地影响了当事人维护自身权益的诉讼成本。因此,笔者认为,应当对释明权的行使主体作扩张解释,不仅仅是主审法官可以进行释明,法官助理也可以享有一定的释明权。

二、释明权行使范围的界限

释明权行使的范围是指在何种情形下,法官助理可以行使释明权。在审判实践中,释明权的行使范围是释明权制度构建中最重要的问题。依据法官对释明的态度,可将释明分为消极释明和积极释明。所谓消极释明,包括:(1)澄清不明了的释明,即指使不明确的事项变得更为明确;(2)除去不当的释明,即把当事人不恰当的主张或不应该提出的请求删除或者提示其对此进行修改;(3)诉讼资料补充的释明,即对于当事人诉讼资料不完备的情形,指示其提供完整的资料。而积极释明是指对提出新诉讼资料的释明,即当事人根本就没有提出,而法官行使释明权指示当事人提出。[1]笔者认为,法官助理的释明一般应当限缩在消极释明的范围内,特殊情况下可以积极释明。按照释明权的行使阶段,法官助理可行使的释明权具体包括如下几点。

(一)审查诉讼材料阶段

2015年5月1日起,全国法院案件受理制度由立案审查制转为立案登记制,也就是说法院对当事人的起诉不再进行实质审查,仅仅对形式要件进行核对。案件受理制度的重大改革也直接影响了释明权的行使阶段。由于立案阶段不再进行实质审查,这一阶段的释明就自然地进入下一阶段,即审判过程的第一环节:审查诉讼材料。由于当事人的诉讼能力参差不齐,法官助理在对诉讼材料进行审查的过程中,也会遇到不同的问题。

1. 诉请不明确的释明

诉讼请求不明确是指当时提出的诉讼主张不明了,或与主张事实不一致,使

---

[1] 邓诗发. 论民事诉讼中的法官释明[D]. 南昌大学硕士学位论文,2014: 6.

法院无法理解其真实意思，且这种不明确足以影响法院的判决。比如，原告起诉多个被告，但在要求赔偿的诉请中未列明由谁赔偿或者共同赔偿；又比如，在所有权确认纠纷中，原告起诉要求对房屋共同共有，在与原告谈话的过程中，才发现原告实际想要表达的真实意思是要确认自己的居住权。

2. 诉请不充分的解释

诉讼请求不充分主要体现在两方面，一是数额，二是内容，比如在交通事故损害赔偿案件中，当事人在提出的赔偿数额标准或者赔偿费用内容上存在疏漏。

3. 法律关系的释明

原告提出诉讼请求往往是基于一定法律关系基础，而对法律关系的把握往往会影响到当事人权益的实现。比如，在侵权赔偿或者违约赔偿的选择中，当事人往往无法明确两者有何差别，法院就应明示两种不同法律关系在举证责任、证明标准、赔偿标准及时效要求上存在的不同，以便于当事人择一起诉。

4. 除去不当的释明

当事人的诉讼行为若明显不当，应当释明，令其除去或变更不当，这种不当主要涉及两类：一是诉讼请求不适当，比如房屋租赁合同纠纷中，原告的诉讼请求包括确认原告对某处公有居住房屋享有永久承租权，但公有住房承租人的指定权并不属于法院管辖范围；二是主体不适当，比如原告起诉的被告不存在，自然人已死亡或者企业法人已注销等，应要求原告变更适格的被告作为诉讼当事人。[①]

（二）庭前证据交换阶段

在这一阶段，为更全面、完整地认定案件事实，法官助理需要收集各种诉讼资料。

（1）举证责任的释明。法官助理可以通过送达举证通知书，确定举证期限，指导当事人根据诉讼请求进行相应的举证，告知举证责任的分配原则与要求，客观情况下无法获取证据时可以申请法院依职权调取证据的权力。实践中，有的当事人缺乏必要的法律知识，并受传统观念影响，认为查明案件事实是法官的职责，不知道自己应当承担举证责任，未提交证据材料或提交的材料远不能证明其主张。比如，在某所有权确认纠纷中，原告起诉要求确认其为房屋的共同共有

---

① 夏明贵．在实然与应然之间：法官释明权行使的实证研究[J]．法治研究，2007(11)．

人，但仅提供户口本信息证明其与产权人为母女关系，外加一份由被告签署的房屋买卖合同，原告认为其他证据在客观上无法取得，应当由法官调查取证。为了避免当事人举证认识上偏离法律评价的主题，法官助理应当对当事人举证进行指导，特别是明示举证不能的法律后果。尽管在目前的司法环境中，常常会出现当事人在一审隐瞒重要证据，到了二审才举证，并最终获得二审法院采信并据以翻案的情况，但是法官助理仍应按法律规定就举证行使释明权，而当事人不能在合理期限内积极、全面、正确、诚实举证，应当由其自行承担举证失败之责任。[1]

（2）证据交换的释明。在证据交换中，法官助理应当引导当事人围绕争议焦点进行举证、质证。在确认合同无效纠纷中，原告一主张自己系因出国缺钱，决定骗贷而假意与被告签订房屋买卖合同，原告一的妻子即原告二主张该房屋应为夫妻共同财产，自己对于房屋的出售事前并不知情、事后亦未追认，这时法官助理须告知其应当围绕房屋虚假买卖进行举证。又比如，在律师代理尚未完全普及的情况下，双方当事人自行出庭，在证据交换阶段往往会就事实问题吵吵嚷嚷，甚至破口大骂，当事人并无意识围绕证据的真实性、关联性和合法性展开质证，这时也需要法官助理严肃庭审纪律，不得随意喧闹，并提示当事人围绕案件陈述事实、发表观点。

三、释明权行使方式的约束

释明权的行使应当结合个案审理的需要适时作出，如前所述，法官助理可以在审查诉讼材料及证据交换等阶段进行。各国法律对于释明方式，概括起来大致有发问、晓谕、过议三种。我国现有的法律规定中，行使方式包括告知、询问、提醒、说明等，释明权的具体行使方式难以把握。笔者认为，就法官助理行使释明权的两个阶段来看，主要可以采用发问和晓谕（又称提醒）两种方式，具体规范可以借鉴德国《民事诉讼法典》关于法官释明的规定。

第一，审查诉讼材料阶段，宜采用发问的形式启发当事人。比如当事人的主张存在不当或者不明确时，法官应当以商量的口气发问，提供几种可供选择的情形让当事人选择，以探究当事人内心的真实意思。

第二，庭前证据交换阶段，宜采用晓谕方式提醒当事人。审判部门分案后，会先向当事人发举证通知书，以书面释明的方式提醒双方当事人均应当遵守相关

---

[1] 肖建华，陈琳.法官释明权之理论阐释与立法完善[J].北方法学，2007（2）.

证据规定，并知晓举证不能应当承担的法律后果。这种释明属于积极释明。

值得关注的是，诉讼释明应当直接向当事人及其法定代理人，或者具有特定授权的委托代理人进行释明，而不应向其他与案件无直接关联的人员告知或者经由其口转达释明内容。法官助理在进行诉讼释明时，一般应采用书面形式；若采用口头告知形式，应当制作谈话笔录或询问笔录，以做到有迹可循。对于审前与一方所作的释明应当在庭审中加以核实，让对方也能够了解到释明的内容，以做到公平、公开。对于释明后，当事人对释明所提出的异议，法官助理也应当及时记录在案，并汇报给法官。

四、释明权制度运作的规范

（一）科学划分法官助理等级

法官助理行使释明权，具有很强的实践性，其自身的法律素养和综合能力对个案诉讼的公正审理尤显重要。尽管从释明的行为主体来看，除却法官助理释明，还有法官释明做后盾和保障，以免法官助理误判，但为防止释明的不当行使（包括怠于释明、释明错误及释明过度），仍然需要对法官助理的等级进行科学划分。根据上海市徐汇区人民法院的规定，法官助理共分为5级，其中5级、4级为初级法官助理，3级至1级为高级法官助理，同时，要达到3级法官助理的级别必须经过至少5年的工作历练，才可能获得参与法官选拔考试的机会。以笔者所在的审判业务部门法官助理配置为例，在8名法官助理中，2名高级法官助理和6名初级法官助理均专事参与审判辅助工作，前者可能承办涉及鉴定、评估等较为复杂的案件，后者承办法律关系较为简单的案件。根据法官助理参与审判工作的年限和经验，将难易程度适当的案件交由其承办，并在法官的指导下完成草拟案件裁判文书，有助于不同层级的法官助理获得最适合自身发展轨迹的实战训练。初级法官助理只有不断提升业务能力，才能在通过法官选拔考试后成为独当一面的大法官。

（二）合理配置资源，因材施教

如前所述，在对法官助理等级进行划分后，不同等级代表了不同的工作年限、审判经验，因此在个案的审理中，由于法律关系繁简、难易相去甚远，为了更好地发挥法官助理的审判辅助功能,应当合理配置教育资源,因材施教。根据高院每年组织的培训课程来看,新增了法官助理培训课程,这是值得肯定的。但是笔者认为,针对培训教育而言仍需改进。第一,定期培训与日常指导相结合。每年一次的集训显然还无法真正达到培训的目的,为了更好地传道授业解惑,可以考虑每季度安排法官助理利用一个周末参与培训。在诉讼案件爆棚的背景下,年轻同志要发扬艰苦奋斗的精神,自觉主动放弃假日,以便未来更好地服务于司法审判工作。第二,区分审判业务领域,有的放矢。由于不同的法官助理从事的审判业务大相径庭,尤其是专业性极强的领域,比如刑事、知识产权领域,故而针对不同审判业务类别的法官助理也应当加以区分,在培训时邀请不同领域专家、行业翘楚传授审判经验,必要时也可以普及相关的行业知识。第三,结合个人工作成效,因材施教。结合法官助理的日常工作内容和取得成效、存在瑕疵等,由带教法官观察、指导。虽然法官助理每月都会提交工作量及成效的统计表,但是该表格不涉及诉讼材料审查、庭前证据交换中的释明等具体问题,故而需要通过带教法官这一制度有针对性地为每位法官助理提供指导,采取因人而异的方式培养法官储备力量。

(三) 释明不当的救济措施

"释明的后果不仅出现在本诉讼阶段,且其影响及于此后的诉讼阶段:第一阶段是释明的直接效果——诉讼指引效果,即通过释明,当事人前期的诉讼行为是否明确或适当得到法官评价,使其决定下一步处分行为时对结果产生合理预期。第二阶段是释明的间接效果——裁判利益效果,即当事人依释明所作出的诉讼行为将成为法官的裁判依据,如不遵从释明的指引,就可能得到不利的裁判结果。"[①]因此,如果法官助理在第一阶段的释明中存在不当行为,应当设置相应的救济措施。

1. 怠于释明的救济

若法官助理应当释明而未释明或释明不充分时,当事人可以向法官书面申请补充释明,并由法官结合当事人申请释明的原因进行综合考量,最终决定是否满足当事人的申请。

---

① 黄睿.我国释明权制度之规范与完善[J].经济与社会发展,2005(11).

2. 释明错误的救济

若法官助理错误判断释明的前提性事项，致使对当事人作出错误指示，如在证据交换过程中，错误划分举证责任，当事人可以就此向法官提出书面异议，而法官必须就此作出维持或变更原释明内容的答复。若当事人并未提出异议，法官在案件裁判时亦未发觉，应当认为当事人保留该项异议权，可以在二审阶段提出。但是异议权的保留应当设置一定的行使期限，即当事人在知道或者应当知道的两年内未就释明错误提出异议，则视为其放弃了异议权，不得再行追究法官及法官助理的责任。

3. 释明过度的救济

若当事人认为法官助理释明过度以致当事人质疑法官中立性时，应当赋予当事人异议权，向法官书面提出异议，但此事项并不构成对法官助理申请回避的理由。"当事人的异议并不能直接否定判决的合法性，但可以从职业道德、审判纪律等其他方面对法官行为进行约束。"[①]

参考文献

[1] 王秋良,于媛媛. 释明权比较研究与立法建议[J]. 东方法学, 2009 (6).

[2] 蔡虹. 释明权：基础透视与制度构建[J]. 法学评论, 2005 (1).

[3] 王国钊. 论民事案件中的法官释明权[D]. 黑龙江大学硕士学位论文, 2014.

[4] 邓诗发. 论民事诉讼中的法官释明[D]. 南昌大学硕士学位论文, 2014.

[5] 夏明贵. 在实然与应然之间：法官释明权行使的实证研究[J]. 法治研究, 2007 (11).

[6] 肖建华,陈琳. 法官释明权之理论阐释与立法完善[J]. 北方法学, 2007 (2).

[7] 黄睿. 我国释明权制度之规范与完善[J]. 经济与社会发展, 2005 (11).

[8] 刁凌霞. 我国法官释明权制度之建构[J]. 陕西省政法管理干部学院学报, 2014 (3).

---

① 刁凌霞. 我国法官释明权制度之建构[J]. 陕西省政法管理干部学院学报, 2014 (3).

规范"真空"下的涉诉信访代理困境及制度构建

丁皓玥[①]

摘要：现阶段涉诉信访工作中信访代理缠访、闹访问题突出，不仅浪费了大量的司法资源，还扰乱了法院信访工作的秩序。文章结合现有典型案例和实践数据，分析涉法涉诉信访中代理问题的基本现状，阐述涉诉信访代理问题的现实性，剖析归纳了涉诉信访代理中的深层制度性问题，以诠释涉诉信访代理制度构建的紧迫性。通过总结与分析非涉诉信访代理和诉讼代理的现状与规定，比照涉诉信访与其他代理制度的区别点与共通点，以此分析涉诉信访代理制度构建的现实可能性。参照现有的非涉诉信访代理制度和诉讼代理制度，针对涉法涉诉信访的特殊性，提出涉诉信访中代理制度构建的框架设想，以明确建立涉诉信访代理制度的实践性与可操作性。

关键词：信访代理　现实困境　制度构建

随着2014年涉法涉诉信访改革的推进，本着诉访分离、依法治访的改革精神，国务院、中央政法委、最高人民法院分别为推进信访工作法治化颁布了多部规范文件。但是综合现有的信访规范来看，不难发现现阶段关于涉诉信访的规定多集中于诉访分离、信访中法律程序的导入和信访终结等事项，具体信访工作中的法律制度构建还不完善，其中比较突出的一个问题就是涉诉信访中"掮客"代理问题。现阶段信访"掮客"代理其他有信访需求的群众缠访、闹访的问题层出不穷，这些恶意的信访代理行为大大地增加了信访工作的难度，严重扰乱了法院正常的工作秩序。因此针对这一问题，从理论和实践上对涉诉信访代理行为进行

[①] 作者单位：上海市徐汇区人民法院。

调研与规范具有十分重要的意义。

一、涉诉信访代理现状之阐述

(一) 涉诉信访代理典型问题案例介绍

1. 职业代理问题案例

某地区的×家四兄弟因为房屋动拆迁中的继承与分割问题向其所在地法院进行了多次相关诉讼，由于诉讼结果不遂其愿，四兄弟开始了常年上访。该四兄弟从诉讼阶段开始就委托某一案外人R某作为自己案件的诉讼代理人，但是在随后的信访行为中R某仍以其信访代理人的身份出现，在当地各级法院和北京进行上访。经案件所在地基层法院的信访工作人员调查走访了解，R某原为司法部司法鉴定研究所的门卫，由于原工作的便利时常接触诉讼当事人，从而一步步成为职业公民代理人，也即俗称的"讼棍"。然而，所谓职业公民代理人主要是指没有法律服务资格却长期以"公民代理"的身份从事诉讼代理活动、收取一定报酬的公民。[1]诉讼中符合法定条件的公民代理是合法的，但是随后R某的代理行为扩大至涉诉信访的范围，在信访中充当代理人，如此信访代理行为的合法性值得探讨。由于讼棍们的代理行为通常都不是无偿服务，因此R某代理×家四兄弟进行信访的过程中，可能掺杂了自己的个人利益，因此经常缠访、闹访，成为进京访的钉子户，且时有提出不合理、不合法的利益诉求，严重扰乱了正常的信访处理工作，加大了该信访矛盾化解的工作难度。

2. 冒名代理问题案例

某基层法院信访稳控名单上的常客J某是信访掮客代理的典型代表。J某常年就该区法院S某的案件进行信访活动，S某为该区法院一民事案件当事人，因不服已生效的判决与执行而决定进行信访，诉求再审且中止执行，并要求解决其居住问题。S某将该案件的信访活动全部委托J某独自代为进行。J某的信访经验丰富且难以稳控，信访行为顽固且难以化解，不论是信访的固定节点，还是各种大小会议的信访节点，J某逢节点必上访，逢上访必进京。就S某的这一案件J某2013年进京访4次，2014年进京访8次，2015年1—3月进京访8次。并且由于J某从不与信访

---

[1] 陈菲. 公民代理制度的若干问题及建议 [J]. 法制与社会，2015 (3).

工作人员协商,也不留任何谈判化解的余地,作出了许多扰乱正常信访管理秩序的行为,其就曾前往北京进行过非正常上访活动,造成了十分恶劣的影响。J某的信访代理行为也给法院与街道的信访工作人员造成了极大的困扰,信访工作难度大大增加,浪费了大量的司法资源。由于J某与该案件的当事人S某并非直系血亲关系,故信访工作人员曾试图了解J某与S某的实际关系,J某即称其是S某的阿姨,但是J某与S某均不能提供任何亲属关系的证明。至今J某仍以S某阿姨的身份代理其频繁进行着信访活动,负面影响恶劣。

此两案例代表了现阶段涉诉信访代理中集中存在的典型问题。职业代理和冒名代理现象虽不是涉诉信访代理中独有的问题,诉讼代理中也存在同样的问题,但不同的是诉讼中的代理已成制度,且有相应立法予以规范和指导,而与此相比涉诉信访中关于代理的规定却是完全空白的状态,因此对于涉诉信访代理进行定位与探讨极具现实意义。

(二) 涉诉信访代理的实际统计数据(以某基层法院为例)

基于信访代理问题的分析,笔者收集了某基层人民法院2013年、2014年的进京信访数据,根据具体数据统计表格如下:

年度	进京访总案件数	代理进京访案件数	信访代理占比
2013年	86	14	16.2%
2014年	78	16	20.5%
总计	164	30	18.3%

所谓进京访总案件数是指涉及该法院案件进京信访的案件数量,不包含就同一案件多次重复上访的次数。根据表格显示,该法院2014年的进京访的总案件数相对于2013年有所下降,但是代理进京访的案件数却在增加,信访代理一定程度上有增加的趋势。

年度	进京访总人次数	代理进京访人次数	信访代理占比
2013年	192	43	22.9%
2014年	246	63	25.6%
总计	438	106	24.2%

所谓进京访总人次数是指涉及该法院案件进京信访登记的全部次数，包含就同一案件多次重复信访的次数。2013年信访代理人进京访占总进京访登记次数的22.9%，2014年该数字已上升为25.6%。根据2013年以来的累计数据显示，信访代理人进京访人次数所占比例已超出进京访总人次的五分之一，信访代理的占比相当之大，且在过去两年间呈现上升趋势，平均不到七天就有一个信访代理人会进京上访。此外，根据上述数据中信访代理人进京访的人次数与案件数可知，信访代理人2013年中就该法院的14件案进京上访43人次，人均进京访3.1次；2014年中就16件案进京上访63人次，人均进京访3.9次。其中信访代理人全部存在重复上访的现象，重复访已然成为信访代理的主要特征。

二、涉诉信访代理问题之解析

基于涉诉信访代理的问题案例与数据分析所呈现出的症状表现，涉诉信访代理深层存在的制度性问题值得我们进行深度剖析，归纳分析中发现的主要问题如下。

（一）不当涉诉信访代理损耗司法资源

现阶段涉诉信访代理人专职代理上访问题严重，由于他们专门从事信访活动，许多信访代理人已无其他固定的职业工作，因此拥有充足的时间专职进行信访，而缠访、闹访、非访俨然已经成为他们的日常活动。同时，他们的代理行为产生了大量重复上访，浪费了大量的人力物力，增加法院信访工作的负担，使法院疲于应对。不仅如此，他们时常会私下鼓动、挑拨信访人，鼓吹信访的好处，向信访人许下过高的愿景，挑唆并代理缠访，增加和激化涉诉矛盾，如此情况下息诉罢访几乎成为不可能，信访化解难度也大大增加，让本就羸弱的司法资源过度消耗。

（二）涉诉信访代理实践偏离信访制度的价值要求

信访制度设立的基本目的是通过民情反映，便于社会管理机构及时发现问题，缓解和处理社会矛盾，维护社会秩序的稳定。然而现在的涉诉代理已经完全偏离了信访制度的价值追求。现阶段的涉诉信访代理往往存在私下的利益约定，或者部分代理人纯粹是为了达到自己的个人目的，因此代理人并不完全以信访人的利益为主，而是本末倒置地掺杂了自己的私利进去。在追求私利动机的指引下，不论为名为利，还是名利双收，他们都会选择一定程度地去激化现有矛盾，十分不利于涉诉信访工作的开展。除此，专职代理行为带来另一衍生问题，由于信访代理人长期代理上访，他们在信访过程中彼此认识与交流，产生了信访人聚众和抱团的现状，而后产生的一件信访他人代理、多人帮助的现象，不仅导致化解难度增大，还极易造成恶劣的群体性信访事件，带来不良的社会影响，影响社会的稳定，偏离了信访工作的价值追求。

(三) 涉诉信访代理缺乏实质合法性

虽然我国的涉诉信访改革正在朝向法治化的目标努力，但是不得不承认，涉诉信访制度规定尚不健全。纵然实践操作中大量的涉诉信访代理已经出现，我国的涉诉信访相关制度中却没有任何与此相关的规定。一方面是代理问题层出的涉诉信访现状，另一方面是相关立法规定的缺失，法院信访工作陷入两难，涉诉信访工作面临的最大疑问便是涉诉信访代理合法性质疑。严格意义上来说，由于涉诉信访代理与诉讼代理之间的关系模糊且于法无据，涉诉信访代理不属于诉讼程序的范畴，因此涉诉信访代理缺乏实质的合法性。基于涉诉信访代理规范"真空"的状态下，涉诉信访工作难道要完全剔除代理行为吗？显然这样操作并不合理，现阶段涉诉信访中代理信访的存在是由涉诉信访的内在需求所决定的，代理行为能够提供信访当事人进行合理诉求的途径，保障当事人表达合法诉求的权利。因此涉诉信访亟待制定相关的规范性法律文件，以确立涉诉信访代理制度的合法性地位。

综上所述，现阶段涉诉信访代理存在的制度性问题，一方面是由于缺乏制度规范，涉诉信访代理虽然具有与诉讼关联的特殊属性，但是借用一般的民事诉讼代理于法无据，不具备实质合法性；另一方面，涉诉信访作为信访制度的分支，完全照搬一般信访代理的制度建设，无法与法院的涉诉信访工作对接，浪费了大量的司法资源，使得涉诉信访代理发生了价值偏离，与涉诉信访的自身诉讼相关性不相一致。

三、非涉诉信访代理制度与诉讼代理制度之借鉴

(一) 非涉诉信访代理制度之借鉴

1. 非涉诉信访代理制度

2005年修订的国务院《信访条例》(以下简称《条例》)公布以来,我国的信访代理制度正在逐步构建完善。依据《条例》第13条规定,即"设区的市、县两级人民政府可以根据信访工作的实际需要,建立政府主导、社会参与、有利于迅速解决纠纷的工作机制。信访工作机构应当组织相关社会团体、法律援助机构、相关专业人员、社会志愿者等共同参与,运用咨询、教育、协商、调解、听证等方法,依法、及时、合理处理信访人的投诉请求"。依据这一规定,全国各地区就信访代理制度进行了不同的尝试,但是由于没有统一的相关立法,信访代理制度的构建因地而异。但是整体而言,作为一种新型的信访疏导方法,信访代理制度可以概括为:由街道、社区、居委会干部以及法律从业者作为代理人,按照自愿、公平、公正的原则,与信访人就信访事项签订代理书,代信访人到有关部门反映情况诉求、提出意见建议,帮助促成信访事项妥善解决的一种新型信访途径。[1]

2. 涉诉信访与非涉诉信访之对比

根据《条例》第2条,所谓信访,"是指公民、法人或者其他组织采用书信、电子邮件、传真、电话、走访等形式,向各级人民政府、县级以上人民政府工作部门反映情况,提出建议、意见或者投诉请求,依法由有关行政机关处理的活动。"[2] 根据某地区高院颁布的《关于推进依法处理涉诉信访问题的实施办法》(以下简称《办法》)第4条"信访的标准",所谓涉诉信访,是指信访人诉讼权利行使完毕或者已经丧失,仍通过来信走访等形式,向人民法院表达意愿,反映与诉讼请求有关的问题和事项,或者未按法律程序越级向人民法院反映诉求。"据此可知,涉诉信访是指与某一具体诉讼案件相联系,针对人民法院审判和执行案件的行为或结果,要求人民法院启动司法程序、实施一定诉讼行为的人民群众的来信和来访。[3]

---

[1] 汪清清. 信访代理制的新制度经济学评析 [J]. 理论界, 2013 (4).
[2] 《信访条例》于2005年1月5日经国务院第76次常务会议通过,自2005年5月1日起施行。
[3] 杨美蓉, 陈守权. 涉诉信访的立法原因及对策研究 [J]. 求实, 2010 (10).

综上，涉诉信访区别于一般的信访行为，涉诉信访的独特之处在于其与法院诉讼活动的关联性，它针对的是人民法院审判和执行案件的行为或者结果。[①] 因此涉诉信访制度的构建不能照搬现有的非涉诉信访代理制度，还应根据其诉讼关联性，从法定的诉讼代理制度中获得启发，从而制定符合自身特性的代理制度。

(二) 诉讼代理制度之借鉴

1. 民事与行政诉讼代理制度

2013年1月1日新修订的《民事诉讼法》正式施行。修改前的原《民事诉讼法》第58条第2款规定："律师、当事人的近亲属、有关的社会团体或者所在单位推荐的人、经人民法院许可的其他公民，都可以被委托为诉讼代理人。"该条款中规定"经人民法院许可的其他公民"可以成为民事诉讼的代理人，为公民代理提供了兜底性规定，这样的规定虽然留给法院自由裁量的空间，但是与此相对也给搅乱公民代理制度的个别人提供了发挥空间。毕竟，法无明文规定不禁止，若法律没有明文规定何种条件的人才可以成为"人民法院许可的"公民代理人，那么法院实际上不可随意作出不认可代理的决定，否则将面临于法无据的窘境。

而新《民事诉讼法》第58条对于公民代理制度进行了重大修改，规定"下列人员可以被委托为诉讼代理人：（一）律师、基层法律服务工作者；（二）当事人的近亲属或者工作人员；（三）当事人所在社区、单位以及有关社会团体推荐的公民。"

2015年5月1日开始施行的最新《行政诉讼法》，将原第29条改为第31条，作出了与民事诉讼法相同的规定，同样缩小了可接受的公民代理人范围，保障了法律制度的统一性，体现了与民诉法修改相同的立法意图。

相比旧诉讼法规定，新法中对民事和行政诉讼代理人的资格范围予以缩小，体现了立法者加强公民代理人资格审查的立法意图。出于规范公民诉讼代理目的，新的规定突出了公民代理人与当事人的"亲属关系""工作关系"及与所在社

[①] 张文国. 试论涉诉信访的制度困境及其出路 [J]. 华东师范大学学报（哲学社会科学版），2007（2）.

区、所涉单位或有关社会团体的"引荐关系"的必要性。[1]由此可推知,立法者更为侧重强调具备一定资格的人才可成为合法的公民代理人,不宜扩大公民代理的范围。

2. 刑事诉讼代理制度

刑事诉讼中的代理规定与民事和行政诉讼有较大区别,刑事诉讼中有多种诉讼地位的人存在,如被告人、被害人、自诉人和刑事附带民事当事人。而由于被害人、自诉人的代理不具有代表性,因此关于刑诉中代理规定的讨论以刑事辩护为主。与民事和行政诉讼相比,刑事辩护的区别主要在于犯罪嫌疑人和被告人可以委托其"亲友"代理辩护,[2]而"亲友"的范围明显大于民事和行政中的"近亲属"范围。然而,这样的扩大正是由于刑事诉讼中犯罪嫌疑人和被告人的特殊地位决定的,刑事犯罪嫌疑人和被告人在刑事诉讼中面对的是具有强大公权力的公诉机关,而刑事辩护代理在其中能够平衡诉辩双方地位。从另一角度出发,这样的区别正是说明"亲友"作为合法的公民诉讼代理人仅适用于刑事诉讼,不可扩大至民事诉讼和行政诉讼,同理也不宜适用于涉诉信访。

3. 涉诉信访与法定诉讼之对比

所谓诉讼,"是指当事人向人民法院提出与诉讼有关,并应根据诉讼法的规定予以解决的请求,包括起诉、上诉、申请执行、申请再审和申诉,以及法律和司法解释规定的异议、申请复议等诉求。"[3]

虽然《办法》中对于"诉"与"访"作出了区别的定义标准,但是《办法》的制定原意是为了规范信访工作,促进信访建立独立的工作制度,以推动信访工作的法制化,而并非有意去割裂"诉"与"访"之间的联系。

从诉讼与信访工作的内容对比出发,涉诉信访时间顺序上发生在具体诉讼之后,涉诉信访工作是前置诉讼程序的后续处理工作,信访中的诉求与原诉讼中的诉求紧密相关,只不过寻求了信访的形式以达成自己原来的诉请。并且根据相关

---

[1] 张祺炜.行政诉讼中的公民代理[J].上海政法学院学报(法治论丛),2014(4).
[2] 《刑事诉讼法》第32条规定,犯罪嫌疑人、被告人可以被委托"(一)律师;(二)人民团体或者犯罪嫌疑人、被告人所在单位推荐的人;(三)犯罪嫌疑人、被告人的监护人、亲友"作为自己的辩护人,"正在被执行刑罚或者依法被剥夺、限制人身自由的人,不得担任辩护人。"
[3] 《办法》第1条【诉的标准】。

规定,当事人不论是向案件所属法院,还是所属法院以外的其他行政机关或者上级法院进行上访,具体的信访工作仍由案件所属法院负责处理。[1]因此涉诉信访就起初的事实认定、过程中的诉求审查以及最终终结的工作等方面,都与诉讼工作存在很大程度上的重合。从此角度出发,涉诉信访代理的规范还应借鉴诉讼中的代理制度。

四、涉诉信访代理制度之构建

综合以上非涉诉信访代理与诉讼代理的借鉴之探讨,涉诉信访制度完善可以从以下几个方面着手,建立起成套健全的涉诉信访代理制。

(一) 涉诉信访代理权限范围设定

首先,涉诉信访的代理权限应由信访人与代理人双方协商进行约定,约定内容应以合法为前提,不得存在非法内容,例如不能在非信访场所上访,信访行为不能影响行政机构的正常运行秩序等。其次,委托权限所针对的案件应当指的是已生效的各种案件,对法定程序未完成的诉讼案件不得进行诉讼信访代理。最后,代理的主要内容不能是非法诉求或者超出法院权限范围外的诉求。

除此之外,涉诉信访代理人不可通过约定提供有偿代理服务。由于涉诉信访鲜有律师参与,几乎全部为公民代理,基于公民代理的公益属性以及涉诉信访工作的特殊性,信访代理应该排除商业因素,若发现涉诉信访代理中存在利益约定,则法院有权排除该代理人的代理资格。[2]

(二) 涉诉信访代理委托人范围设定

---

[1] 《办法》第5条【访的办理】:"对于'访',由人民法院做好法律释明、疏导工作后,移交地方党委、政府及基层组织落实教育帮扶和矛盾化解工作。对于未按法律程序越级向人民法院反映诉求,由案件所属法院处理。"

[2] 现行法律对诉讼中的公民代理收费的问题未作出明确规定,但根据2010年9月16日,最高人民法院民一庭在对重庆高院《关于公民代理合同中给付报酬约定的效力问题的请示》答复中表示"未经司法行政机关批准的公民个人与他人签订的有偿法律服务合同,人民法院不予保护"。因此可知,鉴于公民代理的公益属性以及从规范公民代理行为的角度出发,法律不支持诉讼中提供有偿的公民代理服务,以此类推,对于信访中的公民代理行为亦应当限制代理人提供有偿代理服务。

涉诉信访中的信访人必须是与那些应当或已经被司法机关受理的案件有直接利害关系的当事人及近亲属。[1]而具有委托权限的信访人也必须且仅能是所涉之"诉"的直接利害关系人及近亲属。这里的直接利害关系应参照民法中的因果关系说,即所涉之诉与信访人的自身利益中间存在因果关系,因此信访代理的委托人不只限于所涉之诉的当事人,还包含与该诉讼有直接利害关系的第三人。因此,这里有委托权的信访人限于是诉讼案件的当事人、诉讼当事人的近亲属和与法院案件判决或执行有直接利害关系的其他人。[2]

(三) 涉诉信访代理受托人范围设定

根据现阶段涉诉信访"掮客"代理缠访闹访的突出问题,限定涉诉信访代理受托人的范围设定显得尤为重要。根据之前比照的诉讼与涉诉信访的关联性,建议将涉诉信访代理中受托人的范围限定在诉讼法的代理人范畴之内,即涉诉信访受托人的范围是律师、基层法律服务工作者,信访人的近亲属或者工作人员,信访人所在社区、单位以及有关社会团体推荐的公民。就笔者建议的受托人范围,主要争议存在于以下两类人中。

1. "亲友"可否成为信访代理的受托人

从法律规定出发,"近亲属"和"亲友"的范围存在着巨大的区别,因此具体以何标准限定信访代理受托人的范围十分关键。例如,以J某的代理为例,其代理行为是否有效就区别在此,因为J某可以成为当事人的亲友,但其并不能成为当事人的近亲属。

民事和行政诉讼中的公民代理范围是以"近亲属"为限,而刑事诉讼中有效公民代理的范围以"亲友"为限。笔者认为信访代理受托人的范围应该保持与民事和行政诉讼的代理规定一致,而并非刑事诉讼法。因为从信访人与诉讼当事人的地位对比上出发,信访是信访人为满足自己诉求而主动采取的行为,与民事、行政诉讼的当事人提起诉讼的行为极为相似。而与之相对,刑事诉讼中的犯罪嫌疑人和被告人则属于被动追究,因此信访中公民代理人的范围应区别于刑事诉讼中辩护人的代理范围。信访中的公民代理不能以"亲友"作为适用标准,而应

---

[1] 易虹. 涉诉信访制度困境与解决机制的整合[J]. 江西社会科学,2010(2).
[2] 诉讼当事人及其他利害关系人包含自然人、法人以及其他组织。

适用"近亲属"的范围为宜。

2. 社区、单位及有关社会团体推荐的公民可否成为信访代理受托人

有人认为推荐人不能成为信访代理的受托人,若不加以禁止则相当于给信访"掮客"代理留有余地。但是基于我国现有国情所限,法律服务资源紧张,全面禁止推荐人作为信访代理人有失偏颇。[①]然而,不禁止并不意味着放纵,信访代理制度的构建应就如何评定和推荐公民作为信访代理人进行适当的法律引导。笔者认为,所谓"社区、单位以及有关社会团体推荐的公民"从字面意义上就不难理解,即由信访人所居住的社区、工作的单位或者其所属的合法登记的相关社会团体进行推荐。首先,这里的推荐不能只是口头推荐,而需相关社区、组织或单位出具书面的推荐材料。其次,相关组织或单位在推荐代理人的时候应当对推荐人的资格进行审查,审查时应类比和遵循诉讼法中立法者的原意,衡量推荐的人是否为遵纪守法的公民、是否熟悉该信访人的实际状况、是否具备维权信访的时间和能力,不能因他人主动要求就随意推荐。最后,社区、单位与团体在推荐之后仍应跟进信访的进程与情况,根据日后信访信息的反馈,若出现推荐不当或者推荐人不再具备相应能力的,相关社区、组织或单位应当及时撤销其推荐人资格,并书面通知涉诉信访人案件所在法院。此外,相关组织和单位还应制作相应的信访推荐工作记录,对于存在不良记录的信访代理人进行标记,日后不再对其他有代理需求的涉诉信访人推荐该人代理,杜绝缠访闹访的信访代理人再次搅乱涉诉信访的秩序。以此从长久的制度构建上将信访掮客排除在涉诉信访的代理范围之外。

(四) 涉诉信访代理的程序设定

涉诉信访中代理制度的建立离不开具体程序规定的保障,程序设定是以上三类范围设定顺利有效运行的基础。

1. 明确提出时间

信访人决定进行涉诉信访的,应在与其相关的诉讼案件诉讼流程全部结束之后,委托有权代理人进行代理,信访人可根据自身情况,在涉诉信访的各个阶段提出委托要求。

---

① 张雪. 公民代理行为研究[J]. 湖北警官学院学报,2014(1).

2. 规范代理材料

涉诉信访代理亦应签订符合法定格式的代理委托书,代理委托书签订后应当交至涉诉案件所在基层法院。律师代理的应提交律师资格证明以及事务所函;基层法律服务工作者应提交服务组织的工作证明;当事人的近亲属需出具详细的身份证明材料以及与信访人关系的相关证明材料;当事人的工作人员需提供身份证明材料、劳动合同、提供交纳社保的证明等;当事人所在社区、单位以及有关社会团体推荐的公民应提交身份证明材料以及盖有公章的相关组织推荐材料。上述文件连同代理委托书交由法院认定合法有效后进行备案,以备信访案件终结后进行归档。

3. 审查代理资格

涉诉信访代理的相关材料在提交到涉诉法院之后,由法院对于该代理是否合法有效进行程序审查。对于专职有偿或者有缠访闹访经历的信访代理人不予认可,并制作信访代理黑名单,形成上下级法院联动审查机制,定期对区域范围的涉诉信访代理情况进行通报。

4. 告知释明风险

在法院完成审核工作之后,应该制定《涉诉信访代理告知书》,将代理权限、法律后果、可能产生的风险、应当遵守的相关规定以及违法代理的法律责任告知信访人和信访代理人。信访人和信访代理人同时在场的,当场释明签字;若信访人不在场的,可以直接邮寄给当事人或者电话告知当事人,以确保当事人充分了解代理的风险,并增加当事人对代理人的监督。

5. 排除非法信访代理

对于没有经过规定程序提供相关代理文书材料的,涉诉法院应当认定该信访人没有代理人,以该信访代理人名义来信来访的,法院可以不予处理;对于无权代理人缠访闹访的依法律规定进行处理,违法的追究相应法律责任,绝不姑息。

本文横向整合民事、行政与刑事诉讼中代理制度的规范,纵向比较三类诉讼代理与信访代理的异同,以此为基,并结合信访工作实践的具体案例以及相关数据,有针对性地就如何从信访代理委托人、受托人、代理权限以及程序规定的四个角度,提出涉诉信访代理制度的构建设想。希冀通过对于信访代理问题的探讨,引起各界对于构建具体信访法律制度的重视,促进信访代理法律制度的建立和完善,推动涉诉信访在法治化的道路上再进一步。

参考文献

[1] 陈菲. 公民代理制度的若干问题及建议[J]. 法制与社会,2015(3).

[2] 杨美蓉,陈守权. 涉诉信访的立法原因及对策研究[J]. 求实,2010(10).

[3] 张文国. 试论涉诉信访的制度困境及其出路[J]. 华东师范大学学报(哲学社会科学版),2007(2).

[4] 张雪. 公民代理行为研究[J]. 湖北警官学院学报,2014(1).

[5] 易虹. 涉诉信访制度困境与解决机制的整合[J]. 江西社会科学,2010(2).

取消"考核排名"推动法院审判管理转型的思考

邰 舒[1]

摘要：传统的审判管理受到行政体制的掣肘，重视数据分析，强调法官责任，成为评价法院政绩的工具。司法改革后，传统的审判管理体制已经弊病百出，难以适应改革后的审判业务需要。2014年年底，最高人民法院决定取消对全国各高级人民法院的考核排名，并要求各高级人民法院取消本地区不合理的考核指标，对审判管理的思维、方式和途径均提出了新的挑战。本文以审判管理的价值为出发点，探讨了审判管理的定位以及审判管理追求的目标，提出了司法改革后新的司法统计分析标准，并对审判管理的主体进行了重新定位，提出了以法官为主体的审判管理方式，希望能够给予审判管理新的构造路径。

关键词：取消考核排名 审判管理 转型

一、审判管理之定位

(一) 审判管理之概念

对于审判管理的概念如何定义，以及审判管理概念的内涵与外延如何准确界定，目前在我国法学理论界和司法实务界都还没有达成较为统一的认识，甚至在一些通识性的问题和未来发展方向上也还存在较多的分歧和争论。[2]

最高人民法院认为，审判管理是指人民法院运用组织、领导、指导、评价、监

---

[1] 作者单位：上海市徐汇区人民法院。
[2] 最高人民法院办公厅. 大法官论审判管理[M]. 北京：法律出版社，2011：1.

督、制约等方法，对审判工作进行合理安排，对审判过程进行严格规范，对审判质效进行科学考评，对司法资源进行有效整合，以确保司法公正、廉洁、高效。[1]这个定义将审判管理基本内容以及审判管理的实现目的进行了归纳与概括，是宏观上的指引与工作方向的指导。

上海法院在审判管理模式发展的路径中，总结出了自己的"精细化"模式，上海模式主要体现的特点是更加注重内涵的精细化管理原则确定和外延流程、质量、效率、绩效、信息化等内容的明确界定。其内涵明确审判管理的目标、功能、原则和方法等一般理论，强调审判管理的多元多层格局的合理性。"其外延包括案件流程管理与控制、审判行为规范与引导、审判质量评查与监督、审判资源优化与配置、司法绩效评估与考核、审判信息分析与处理及其他与法院审判工作直接相关事项的宏观决策与微观调控活动。[2]

（二）审判管理之价值

1. 审判权与审判管理权

审判权，是指法院依照法律之规定，对案件进行审理与裁判的权利。就现在的审判管理发展趋势来看，审判权受到了审判管理权的强势分割，使合议庭难以顺畅行使审判权。以制约为主要评价手段的审判管理，其侧重点主要集中在：法官责任的承担，侧重对法官错案的追究并实行严格的错案追究；促进审判效率，及时完成审判任务；层级式的以院长、庭长为核心的审判工作模式。

究其原因来看，首先，审判管理权拘束了本应自由行使的审判权，抑制了审判权效用的发挥，导致了审判权与审判管理权之间的内部冲突；其次，传统的层级结构模式赋予审判权压力性的指引，缩小了审判权的弹力，使审判权的发挥受到压制；最后，行政体制思想的残留使审判管理的性质出现偏差，似乎偏离了审判管理的价值目标，不仅没有促进审判权的合理发展，也使得民事管理审判造成了混乱。

2. 审判管理追求的目标

在案件的审判过程中，行使审判权的审判组织和民事审判管理机构以及法院的其他内部组织的关系是独立的。法官有权依据自己对案件事实的判断和对

---

[1] 最高人民法院办公厅. 大法官论审判管理[M]. 北京：法律出版社，2011：3.
[2] 杨凯. 审判管理理论体系的法理架构与体制机制创新[J]. 中国法学，2014（3）.

法律的理解，独立作出裁判，不受来自任何方面或由于任何原因的直接或间接的限制、影响、诱导、压力、威胁和干涉。审判管理所追求的目标，就在于保障审判权能够最大化、直线化地实施，审判管理的价值是依附在审判权合理实施的基础上的，审判管理的本质是制约审判管理权，防止其肆意干预审判权。有学者认为：审判管理对提高审判质量效率，增强司法效果，确保收结案均衡等都具有重要意义。完成当前日益繁重的审判任务，需要统筹安排、科学调度、指导把关和监督控制。[1]

应当指出，上述多主体、科层级、行政化的审判管理模式不但凸显了审判管理权的膨胀，而且也不利于公正与效率这一终极目标的实现。因此，对审判管理体制和机制的改革成为势所必然。[2]

二、审判管理改革的动因

（一）审判管理面临现实问题

从20世纪90年代中后期开始，审判管理制度建设正式成为司法改革的重要环节，对审判管理的模式改革也逐渐提上日程。时至今日，审判管理在各个地区已经呈现出小规模的改革趋势，但要建立符合司法发展趋势的审判管理制度，还是问题重重：

1. 重视数据，设立关注指标

审判管理质效分析，本应是依据案件审判的质量进行综合的测评分析，最终给予案件合理的指导方向。在现下的审判管理中，虽然已经取消了许多不合理的审判指标，却无法走出数据绩效的怪圈。在缺乏一种合理的评价标准时，一个能够直观地反映审判成果的客观标准成为评价案件好坏的当然指标。法院审判管理的综合性与复杂性，决定了不能仅仅以评估指标作为"成绩单"论高低，否则会掩盖不同地区、不同审级法院在人员、物质装备等工作基础方面的区别，会忽略评估指标无法涵盖的法院特色、亮点工作。[3]

客观的数据固然重要，但不应成为审判管理工作过分关注的要点，如果数据是审判管理的核心，那么审判管理也就变成了单独的案件质量查评，并且指标单

---

[1] 李方民. 司法理念与方法[M]. 北京：法律出版社, 2010：92, 108.
[2] 崔永东. 审判管理的目标、方法与路径[J]. 河北法学, 2015（3）.
[3] 齐奇. 大数据时代司法统计在审判管理中的应用与发展[N]. 人民法院报, 2013.8.19（4）.

一、针对性不强,或有些指标晦涩难懂,不易理解且难以操作。这种过度关注数据的审判管理方式,似乎偏离了审判管理的核心价值,很难起到审判管理的导向作用。审判管理更多应关注案件审判后的社会价值,是否符合独立裁判的方式,是否排除了外部的司法干预。这意味着,仅从案件质效综合指数的合成方法上看,案件质效评估对重点个案关注的不足将导致其结论的合理性存在巨大缺陷,不符合通过审判管理提升案件质效和司法公信的制度设计宗旨。

2. 机构混同,行政色彩浓厚

审判管理产生于20世纪90年代,目前各个地区根据自己的不同情况设置了不同的部门从事审判管理工作。有些基层法院的审判管理与审判监督合署办公。有些地方法院则没有专门的审判管理办公室,而是将审判管理的职能分散到各个部分,形不成合力。这种职责定位不清,权责不明,制度缺失,管理失准的状况势必影响到审判管理效力,进而影响到审判工作质量与效率的提高,影响到审判效果的实现。[①]

审判管理机构定位不明确从侧面反映出我国审判管理经验尚处在"现学现卖"的经验摸索阶段,并未形成一个整体协调的审判管理体系。在全国层面上,除三个"五年改革纲要"中有一些原则性描述外,对审判管理进行专门规定的文件只有《最高人民法院关于加强人民法院审判管理工作的若干意见》,其中对审判管理概念、基本要求、基本职能、审判管理办公室定位与职责及相关事项做了简单的规定。此外,除对案件质效评估有相关规定外,对于审判管理的其他基本职能"由谁开展、怎么开展"均没有出台相应的制度。[②]

不仅如此,审判管理还带有浓厚的行政色彩,采取院长—庭长—审判员的层级式管理模式使得审判管理无法及时有效沟通。在对审判管理的了解上,还缺乏专业的管理知识,缺乏对审判管理理念的探索,管理人员思想有顾虑,行动上就无法自由规划,必然会导致审判管理的畸形或缺失。不难看出,此次司法改革,不仅要从制度上进行改革,更要从思想、理念上进行改革。

---

① 最高人民法院办公厅.大法官论审判管理[M].北京:法律出版社,2011:110.
② 潘俊美.以制度破解困境:审判管理改革的理性之选[M].北京:法律出版社,2013:53.

(二) 审判管理的发展趋势

1. 审判管理不因审判权独立而改变其价值

本次司法改革的重要理念之一是实现案件"让审理者裁判、由裁判者负责"。放权给法官，是否就意味着放弃或削弱审判监督管理？答案是否定的。我国在相当长的一段时期内，一些复杂、疑难、新型案件，如果任凭法官自己决断，而不经过任何把关，是很容易出错的。特别是一些重大的具有社会影响的案件，不经过由资深法官构成的审判委员会讨论决断，也会存在潜在的风险。因此，将审判权力放手给法官，尊重法官对案件的判断，绝不意味着放弃对审判工作的监督管理，只是监督管理的方式方法要进行改革。

2. 审判管理也应独立成为司法改革的一部分

党的十八届四中全会《关于全面推进依法治国若干重大问题的决定》中提出"加强对司法活动的监督"，同时，也要求建立干预司法活动、插手具体案件处理的记录、通报和责任追究制度。我们要正确处理好正当的审判监督与不当干预的关系。正如上文提到的，审判管理的价值是追寻审判权的健康自由发展，既不能限制审判权也不能让审判权逾越其自身的边界，造成司法的不诚信。

三、审判管理之域外实践

(一) 司法行政型管理体制

司法行政型体制，即法院的管理由政府行政部门负责，行政部门为法院的日常维系和发展提供必要的人、财、物等资源上的支持。这种模式下，法院仅对审判负责，行政部门对法院的司法行政管理负责，形成行政权与审判权在法院组织外的分离。该类型以德国、法国等大陆法系国家为典型，主要源于法国及其他奉行大陆法传统的国家。

1. 法国法院管理

作为典型的行政管理型法院，法国法院的管理由行政部门控制，法国的最高法院对初审法院、上诉法院均无行政上的管理权。从管理的主体而言，法国法院的行政化管理由司法部及最高司法委员会协同管理。其中，最高司法委员会主要从事法官的任命、惩戒等事项，司法部负责法官任命之外的其他行政管理事务。法国司法部只是设在中央，在地方上没有自己的派出机构。因此，地方政府及部门对所在地的司法机构没有人、财、物的管理权。

2. 德国法院管理

德国法院在国家权力体系中的地位类似于法国,司法部承担了法院的主要管理职责。但是区别于法国法院行政型管理下明显的集权化特征,德国的法院并非由联邦司法部统一管理。其中属于五大司法管辖区内的最高法院属于联邦法院,其行政事务及财政保障由联邦司法部负责,各个州内的上诉法院和初审法院属于州法院,由州司法部负责管理及提供财政支持。在管理的职权方面,联邦法院与州法院、联邦司法部与州司法部之间没有直接上下级关系。联邦及州司法部门间的联系仅仅在于联邦法院的法官来自于州法院的推荐。

司法行政型体制下,法院的行政管理事务与审判事务在法院组织外分离。其积极的一面在于保障了司法的专业化与法官的专注度。同时,确保了行政事务管理的效率。不利之处在于:法院赖以生存的人财物掌握在行政部门手中,甚至是地方行政部门手中,不可避免对司法部门独立行使职权产生影响;此外,司法行政事务由行政部门掌握,无法兼顾司法特性,一定程度上造成司法管理与司法需求的脱节。

(二) 司法自治管理体制

司法自治型是指法院的行政管理由法院系统自己掌握,法院对自身的管理事务具有决策权。该模式下,法院管理的主体为法官群体自身,通常由法院系统内建立的行政管理部门具体行使行政管理权,例如,美国联邦法院、日本法院等均采取了司法自治的模式。

1. 美国的法院管理

美国联邦法院的自我管理主要通过法院内的行政机构来实现,其内部先后就法院管理的宏观司法决策、宏观行政、教育培训和执行成立了专门的机构。

首先,建立了美国联邦司法委员会。联邦司法委员会是联邦法院的决策机构,其由联邦最高法院首席大法官主管。功能上主要涉及联邦法院的预算、程序规则、法院的行政管理、案件管理、人事政策(如法官编制)、自动化技术及行为准则等各个方面的宏观决策。其次,建立了美国法院行政管理局,作为政策执行机构负责联邦法院的日常运行。再次,建立了联邦司法中心。其基本功能是改善美国联邦法院的司法行政管理,对联邦司法程序、法院运作及其历史加以研究,对联邦法官、法院职员及其他人员进行培训;与其他公立或私立机构合作,就司法行政管理问题向外国法院系统的有关人员提供信息和建议,等等。

2. 日本的法院管理

日本属于大陆法系国家,但法院的管理模式却类似于美国,属于典型的法院自我管理模式。日本法院的司法行政权不是由司法部行使,而是交由法院自己掌握。这种模式最显著的特点就是最高法院中央集权。

司法自治模式下的法院管理体制,较大程度上能保证法院不受干扰地依法行使职责。同时,法官作为法院的管理者,更能从司法实际需求出发推动组织内部的改革。但是,法官容易受到大量繁杂行政事务的影响。而且,由于缺乏必要的管理能力培训,他们在处理组织事务,改革和变化过程中缺乏必要的技术能力。

(三) 司法委员会管理体制

司法委员会模式下的法院管理体制是指,法院的管理由独立于立法与行政部门之外的委员会制组织予以控制。从权力结构来看,司法委员会是一个独立机构,从而形成司法部门审判权力和司法行政权力的外部分离。这种法院管理体制现以北欧国家、拉美国家较为典型。

从司法委员会运作的实际效用来看,其产生的积极作用主要有以下几个方面:首先,司法委员会在一定程度上有利于司法独立行使职权。其次,司法委员会多由法官组成,在制定司法管理决策时,一般更符合司法运行的规律,也更容易使行政部门与司法部门的权力配置形成恰当的平衡。再次,司法委员会的运作使得司法体系受到行政权的影响和压力有所减轻。但是司法委员会模式同样存在一些问题:首先,司法委员会成员来自于多个部门,会造成因意见不能统一而拖延决策。其次,这种方式在增强了管理专业化的同时,容易成为党派政治博弈的场所,影响司法决策的正确性。[①]

四、审判管理之新路径

如今各个基层法院都已经建立了自己的审判管理办公室,旨在完善法院内部

---

① 域外法院管理体制比较考察.上海法院信息网,http://gywebfront.hshfy.sh.cn:8080/shqsw/xxnrjs/,最后访问日期:2015-10-25.

结构,充分行使审判管理的职能。并且在审判管理办公室的建制上,更为科学合理。配备高层次的人才与设施,将审判管理作为辅助审判的重要工具。例如,大连市中级人民法院审判管理办公室于2007年4月组建,2009年5月经编委批复成立。正处级建制,定编8人,现有人员10人,其中研究生以上学历的有8人,平均年龄30岁,是全员平均年龄最小、平均学历最高的部门。[①]

审判管理办公室的改革,是审判管理改革追赶司法改革的第一步。人员配备的改革仅仅是审判改革的浅层手段,如若让审判管理能够平稳运行,还需要在制度上进行重新的构建。

1. 做好"大数据"时代的司法统计分析工作

最高法院信息中心王岚生副主任就"认真贯彻落实《人民法院数据集中管理工作规范》,进一步做好案件数据全覆盖工作"曾提出三点要求:一是要统一数据标准,提高数据利用效率。要逐步将现有信息系统统一到最高法院发布的数据标准,为全国法院数据互联互通创造有利条件。二是要建立统一管理平台,完善数据监控体系。要在现有数据中心管理系统的基础上,整合其他信息系统的数据监管功能,形成集数据监控、运行管理、分析统计于一体的数据中心管理系统,加强数据管理能力,进一步提高数据集中管理覆盖率,形成完整的数据管理体系。三是要强化数据分析处理能力,做好数据分析与成果转化工作。在完成统一数据格式,统一运行管理的基础上,对法院系统已采集的海量数据进行进一步的挖掘分析,更好地服务司法决策和审判管理,提高法院审判能力。

2010年,浙江高院依托全省法院数据中心,结合数据仓库和数据挖掘技术,开发了"审判执行案件信息结构化数据分析系统",并在案件裁判文书等非结构化数据分析挖掘领域取得新突破,建立起各种类型司法统计分析需要的数学统计模型,把孤立的案件联系起来,获得各种视角的统计分析结果,如可分别按法院、条线、案由、时间节点、结案方式、当事人信息等不同维度进行专题分析,用具体的数据呈现审判执行的运行状况和趋势,反映案件审判所折射的经济社会发展中出现的新情况、新问题,为大数据的"海量分析"作出了探索和尝试。[②]

司法统计是案件质量评估的基础,但不宜过度重视司法统计结果,这样,案件质量评估极易走向案件质量评估的"功利主义"。其实质原因有两点:一是,法

---

① 最高人民法院办公厅.大法官论审判管理[M].北京:法律出版社,2011:216.
② 齐奇.大数据时代司法统计在审判管理中的应用与发展[N].人民法院报,2013.8.19(4).

官不仅要面对数量倍增的案件，还要参与各式各样的单位活动，一方面，处理案件的时间减少，导致法官盲目应付案件，以求数据指标的美观；另一方面，众多当事人施加给法官的压力也使得法官难以轻松地承办案件，使得案件的审判工作更为复杂烦琐。二是，统计每个月上报上级法院，上级法院又根据统计数据对各个法院予以排名，各个法院为使自己的数据排名更为靠前，使出各种解数，将审判工作的中心转移到数据评估上，也有违数据统计的初衷。

所以，制定一个立体的、多方面的数据评估体系，不仅仅是适应时代发展的体现，也是建立科学的审判质量评估体系的重要一环。

2. 大数据下的案件评估标准

大数据时代要求不能单纯地以绩效这种评价方式对案件质量进行评估，绩效考评指标的设定不仅仅是单纯地取消某些指标，指标固然重要，但并不意味着指标就可以成为上级法院评判下级法院审判工作的唯一标准，也并不必然是法院汇报工作的必需部分。封闭式的审判管理评价以数据作为基点，将数据分析的结论作为评价标准，注重结果的外部显示，忽视了法官审判的过程，既是对与审判权之间关系的混淆，也是对法官劳动成果的不尊重。

理顺上下级法院关系，提升上下级法院监督指导成效，首先应转变观念，摒弃"上级领导"的思想观念和角色定位，构建立足服务的管理体系。具体在功能定位上如下：①促进审判信息的顺畅传递；②促进审判资源有效整合；③促进审判行为规范高效；④促进裁判尺度统一；⑤促进信息化在审判工作以及审判管理中的运用。[①]

案件质量评价应该是多层级、多维度的，不仅仅是法官审判数据的分析，更是当事人、律师满意度的收集，我国法官制度尚未形成一个成熟的体系，法官的水平也是良莠不齐，未必数据质量优秀的法官就一定是能够熟练运用法律知识，博得当事人、律师满意的法官。因此，对当事人、律师满意度评价的分析亦应成为案件质量评价的要素之一，也是真正能够指引法官审判方向，提高司法素质的途径。

3. 服务型审判管理应放权给法官

审判管理是"以管案促管人"，实际上审判管理的目的是促进法官审判业务能力的提升，服务于法官的审判工作。而现在的状况是，审判管理成为上级领导评

---

① 王晨. 审判管理体制机制创新研究[M]. 北京：知识产权出版社, 2013: 131.

判法官业绩的工具,偏离了审判管理的价值。提升审判水平一方面是提升自身的业务知识,另一方面是案件审判后的经验总结,审判管理的运行机制应该从庭级的审判质效下放到审判员个人。审判管理的质效数据应及时传达给法官个人,审管办等机构仅是作出统计报告,给出数据分析的工作。涉及审判质效的内容,则由法官自己评判。

参考文献

[1] 最高人民法院办公厅.大法官论审判管理[M].北京:法律出版社,2011.

[2] 杨凯.审判管理理论体系的法理架构与体制机制创新[J].中国法学,2014(3).

[3] 李方民.司法理念与方法[M].北京:法律出版社,2010.

[4] 崔永东.审判管理的目标、方法与路径[J].河北法学,2015(3).

[5] 齐奇.大数据时代司法统计在审判管理中的应用与发展[N].人民法院报,2013-8-19(4).

[6] 潘俊美.以制度破解困境:审判管理改革的理性之选[M].北京:法律出版社,2013.

[7] 王晨.审判管理体制机制创新研究(第一版)[M].北京:知识产权出版社,2013.

论司法改革背景下基层法院诉讼档案管理工作的困境与突破

朱 佳[①]

摘要：当下基层法院诉讼档案管理工作存在诸多困境：思想上不重视，重审判结果，轻诉讼档案管理利用；档案管理设施落后，不能与现代化管理相适应；档案专业人员的配备缺乏专业性、稳定性。随着司法改革举措的不断深入，基层法院诉讼档案管理工作又面临诸多挑战：加强诉讼档案信息化建设的挑战；挖掘诉讼档案的利用价值的挑战；解决诉讼档案清理问题的挑战。面对这些困境和挑战，基层法院应该以司法改革为契机，在管理制度、人员配置、档案清理和信息化建设等方面寻求突破：通过建章立制，解决现阶段问题；以信息化建设为契机，提高诉讼档案的利用率。

关键词：司法改革 诉讼档案管理 困境 突破

档案工作是党和国家的一项重要事业，必须根据时代的发展要求和实践经验的积累不断创新。法院的诉讼档案不但真实地记录了法院审判工作的整个过程，同时又为实行审判监督提供了重要的凭证，具有参考价值。诉讼档案管理工作不但对于法院的审判工作有着重要的意义，而且对于诉讼当事人及社会公众更是影响深远。

当下基层法院办案量正逐年大幅增长，但是基层设施设备又相对简陋，使得诉讼档案管理方面存在诸多问题。当前司法改革试点工作正在全面铺开，基层法

---

① 作者单位：上海市徐汇区人民法院。

院理应面对新挑战,抓住新机遇,提高诉讼档案的管理水平,提升诉讼档案管理的信息化程度,提高诉讼档案的利用率,促进司法公开、公平、公正,以满足人民日益增长的司法需求。

一、诉讼档案及相关概念的甄别

档案是指人们在各项社会活动中直接形成的各种形式的具有保存价值的原始记录。原始记录性是它的本质属性。[①]档案,自古有之,只是在不同的朝代有着不同的称谓。商代称为"册",周代叫作"中",秦汉称作"典籍",汉魏以后谓之"文书""文案""案牍""案卷""簿书",清代以后多用"档案",现在统一称作"档案"。[②]

诉讼档案是指法院在审理案件过程中直接形成的有价值的历史记录。诉讼档案根据其内容不同,可分为刑事诉讼档案、民事诉讼档案和行政诉讼档案等。诉讼档案的特点在于专业性强,材料多,具备特定的文体和样式,具有完整性与不可分割性,具有特定的法律效力。

诉讼文书则是指司法机关、公民、法人和其他社会组织依照程序法的规定参加诉讼活动,在诉讼活动过程中所制作的各类有法律效力的文书,如起诉状、上诉状、答辩状等。所以,诉讼文书是诉讼档案的重要组成部分,但并不等同于诉讼档案。诉讼档案除了包括诉讼文书外,还包括证据材料、司法裁判文书等。

二、诉讼档案管理工作的意义

法院的核心工作是司法审判和执行,作为法院核心工作的记录载体——诉讼档案因其真实性、客观性和有效性,对于法院审执工作、诉讼当事人和社会公众都具有无可替代的使用价值。可见,诉讼档案管理工作的重要性不言而喻。

(一)对于法院审执工作的意义

诉讼档案真实地记录着每一起司法案件的整个处理过程。从立案到庭审,从判决到执行,所有的诉讼文书、证据材料、当事人的主张和抗辩、法官的心证过程和结论都包含其中。它既是案件审理工作的真实记录,也是检验案件处理结

---

① 冯惠玲,张辑哲.档案学概论[M].北京:中国人民大学出版社,2006(5):2.
② 百度百科,http://baike.baidu.com/subview/101318/5436164.htm#reference-[1]-5436164-wrap,最后访问日期 2015-6-26.

果合理性与合法性的重要依据,更是研究司法案例、思考法律问题、总结审理经验的重要工具。尤其是承办法官,在审判工作中也会经常查阅自己经办过的典型案例,为审理类似案件提供有效的途径。

(二) 对当事人或律师的意义

当事人是诉讼案件的主体,没有当事人就没有诉讼案件。他们所提供的诉讼文书、证据材料以及在庭审过程中的主张与抗辩都是诉讼档案的重要组成部分。诉讼档案真实地记录着他们的诉讼请求和抗辩理由。律师作为具备专业法律知识的诉讼代理人,其了解对方当事人的诉讼主张及证据材料的主要途径就是查阅诉讼档案。因此,诉讼档案是律师制定和适时调整能使自己委托人利益最大化的诉讼策略的重要工具。

(三) 对社会公众的意义

为了满足公众日益增长的司法需求,司法公开的力度在不断加大。同时,以公开促公正的司法理念早已深入人心。庭审公开直播、裁判文书上网等司法公开举措让民众可以近距离地接触司法案件,也便于民众监督司法。让司法在阳光下运行,加大司法公开力度,是保证司法公正的有效措施。诉讼档案作为司法案件的真实记录,对案件审理和执行过程中形成的各种法律文书和相关材料,除涉及国家秘密、当事人隐私和商业秘密等明确规定不宜公开的材料外,都应该作为司法公开的重要组成部分,供公众查阅和监督。通过查阅档案,使司法审判工作不仅经得起当事人和律师的反复推敲,而且经得起社会大众的检查。

三、现阶段基层法院诉讼档案管理工作存在的困境

基层法院的案件量正呈爆发式增长,而且增幅越来越大。以徐汇法院为例,2005年收案量为15157件,2011年为22193件,6年时间增长7000多件。2014年收案量为29000件,2011年到2014年就增长了近7000件。巨大的案件量增幅对诉讼档案管理工作提出了更高的要求。但长期以来,基层法院诉讼档案管理工作没有被放到应有的位置上,导致在管理中存在诸多问题,诉讼档案管理水平始终在低位徘徊,既影响诉讼档案的日常管理,也影响诉讼档案价值的开发和利用。

(一) 思想上不重视，重审判结果，轻诉讼档案管理利用

诉讼档案管理工作是法院审执工作的一个有机组成部分，但其在审判质效管理中却没有得到应有的地位。基层法院普遍存在"重审判结果，轻诉讼档案管理利用"的现象。其实，诉讼档案作为法院日常审判工作的真实记录，其内容包含诉讼文书、证据材料、诉讼活动中形成的影像资料等多个方面，其作用无可替代。一个案件是否经得起历史的检验，最终离不开档案。这就要求案件承办人在诉讼的各个阶段注重诉讼材料的收集，使每个卷宗都具有专业的档案性质。[1]但现实中，基层法院往往将注意力集中在案件的裁判与执行，对于审执过程中的资料并未按照档案管理的需求进行整理归类，归档不规范，导致在卷宗归档的形式和内容上都存在缺失。

(二) 档案管理设施落后，不能与现代化管理相适应

基层法院档案管理的基础设施设备相对老旧是普遍现象。首先，档案库房面积严重不足，无法满足爆发式增长的案件量的需求。以徐汇法院为例，1952年以来产生诉讼档案近40万件，但自2005年以来，档案库房面积就没有增加过，储存管理方法也未有效改变，使得大量卷宗档案没有足够的空间给予存放，档案摆放拥挤。其次，档案存放设备陈旧，长期未更新。空调、计算机、除湿机、密集架、扫描仪、复印机、监控等设备并没有随着时代的变化而更新升级，无法满足新时期诉讼档案存放、管理和利用的新需求。最后，防虫、防潮、防鼠、防光等"四防"设备的缺失，以及温湿度控制设备和消防设施设备的老化，都对诉讼档案的长期存放、保管和利用造成安全隐患。

(三) 在档案管理人员配备上，缺乏专业性、稳定性

法院诉讼档案管理工作不但繁杂，而且专业要求高。据了解，上海市法院系统档案管理人员无一是档案专业出身的人员。像上海这样发达城市都是如此，其他欠发达地区可想而知。在档案专业人员缺失的背景下，只能有条件地通过专业培训来弥补档案管理知识的不足。因此，必须要保证管理人员的稳定性和年龄结构平衡性，不能将接受过培训的管理人员随意调离档案管理部门，或者总是安排一些"老人"在档案管理部门等待退休。可惜，上述现象在各基层法院普遍

---

[1] 于翠华.浅谈基层法院档案信息的收集和管理利用[J].兰台世界，2012(3).

存在。

四、司法改革背景下基层法院诉讼档案管理工作所面临的挑战

司法改革试点工作正在如火如荼地开展,审判权运行机制改革和人员分类管理正初见端倪。随着司法改革的不断深入,司法公开、司法为民措施的不断加强,必将给法院,尤其是收案量较大的基层法院的诉讼档案管理工作带来巨大的挑战。如何应对这一系列的挑战,是当前基层法院诉讼档案管理工作亟待解决的问题。

(一) 加强诉讼档案信息化建设

长期以来,我国法院系统一直在努力提高法院信息化建设水平,这不但是时代的需求,也是人民的需求,更是我国司法进步的需求。"智慧法院""网络诉讼"等新颖司法理念的提出,以及"大数据""云计算""移动互联"等网络技术的发展,为法院信息化建设指明了道路,也为诉讼档案的信息化建设确立了方向,这必将使司法系统面临一场深刻的变革。

基层法院信息化建设相对薄弱,诉讼档案的信息化管理更是不尽如人意。诉讼档案信息化建设是深化法院改革的必由之路。科学、有序、高效的档案管理模式将彻底改变法院过去传统的"看守库房式"档案管理办法,数字档案的全新管理理念、利用信息技术构建的新型法院档案管理信息系统,为司法实务工作的开展提供了全新、快捷、安全的服务。[1]尤其现在网络2.0时代,手机应用软件正飞速发展,大有取代传统电脑作为人们日常信息接收终端的首选。因此,以手机为终端,充分利用"移动互联""云计算"等技术,为公众提供诉讼档案的查询[2],甚至是进入"网络诉讼"流程,都可能成为未来法院信息化发展的趋势。诉讼档案信息化建设必将成为司法公开、公正的重要工具,也是体现司法为民的有效途径。面对日新月异的网络技术发展,基层法院诉讼档案的信息化建设必须迎难而

---

[1] 郭林,马燕. 网络资源共享是法院档案建设的趋势[N]. 江苏经济报,2014,5(28):14.

[2] 上海法院系统为方便卷宗查阅和借阅,从2009年开始启动诉讼档案电子扫描工作。2009年至2011年这段过渡期,仍以纸质档案借阅为主,电子档案查阅为辅。2012年开始,电子档案系统全面规范化和体系化,对外主要以电子档案形式提供查阅服务,并严格控制纸质档案的借阅。

上,充分利用最新网络科技,打造便捷、高效、安全的诉讼档案存储、管理和利用平台。

(二) 挖掘诉讼档案的利用价值

诉讼档案作为人民法院审判活动的原始记录,对案件的发展过程和相关信息资源进行了储存,因此具有十分重要的经济价值与社会价值。长期以来,法院诉讼档案囿于保密性要求,利用状况不尽如人意,除了司法机关办案人员因需调取案件外,就是当事人、律师为办理手续调取、复印相关诉讼材料,其他利用价值并未得到有效开发。比如,诉讼档案因其对审执工作完整、准确、全面、真实的记录,可以作为司法监督的依据和司法研究的宝贵资源等方面的作用就没有得到充分开发。

档案是当今社会发展的真实写照,它记录了在社会发展建设等方面的路线、方针、政策,让老百姓有广泛的知情权、参与权;档案更是人类智慧的源泉,是社会文明的思想宝库,是促进社会发展不可缺少的第一手资料,借助珍贵的档案资料研究和解决实际问题,可以减少人力、物力和财力的浪费,不断提高工作效率。[1]诉讼档案信息资源的利用价值必将随着司法改革的深入和民众司法需求的提升而进一步拓展。通过诉讼档案,可以摸清案件脉络,了解重要案件史实,从事件的发展和演变中总结经验,吸取教训,探索司法发展规律。

(三) 解决诉讼档案清理问题

法院收案量逐年大幅增加使许多基层法院诉讼档案已处在"爆满"状态,档案库房变得越来越拥挤,诉讼档案无处存放,储存和保管的压力不断增加,给诉讼档案的有效分类管理和利用带来直接影响。这种困境使得诉讼档案的清理这个一直被法院系统所回避的问题日益凸显。

诉讼档案的保管期限一般分为永久、长期、短期三种。其中,长期保存的诉讼档案的年限为60年;短期保存的诉讼档案的年限为30年。据了解,上海地区中等诉讼量的法院,目前档案库存数量也已达到40万份。如此发展态势,若不对到期的诉讼档案进行清理,那么再大的库房也容纳不下日积月累的档案数量。许多法院都未对诉讼档案进行清理,原因有很多,关键是过期的诉讼档案具有很

---

[1] 于翠华. 浅谈对法院档案管理的认识 [J]. 兰台世界, 2012 (5).

强的不确定性,很难确定那些到期的诉讼档案在将来的案件中是否有用,为防止"错杀",干脆全部保留。但现在越来越重的库存压力,正迫使基层法院不得不作出选择,需要采取科学、有效的措施来处理过期的诉讼档案。

五、对于困境和挑战的应对方案

（一）以司法改革为契机,建章立制,解决现阶段问题

正视现阶段基层法院诉讼档案管理所存在的问题,充分利用司法改革在审判权运行机制、人员分类管理等方面的创新举措,以此为契机,进一步加强档案意识,完善管理体制,优化人员结构,提升档案管理的规范性和专业性。

1. 增强档案意识,完善管理体系

通过教育培训,从思想上重视诉讼档案管理工作,让法院相关人员牢固树立档案意识,全面掌握档案规范标准,自觉养成归档习惯。收集归档时,确保档案材料的连续性和完整性。鉴别归档时,确保材料客观、真实、标准、可靠,坚持做到高标准、严要求,严格按照科学的方法保管档案,保证档案的安全。严格按照著录、索引规则,建立和完善计算机录入系统、查询系统、统计系统和案件管理系统。

2. 加强制度建设,规范档案管理

一要规范工作流程,依据《档案法》《人民法院诉讼档案管理办法》等要求,严格制定归档、保管、鉴定、借阅等各项操作规范和工作流程;二要实行报结案审查制度,报结案的同时应将案卷材料整理装订后送审监庭或审管办审查;三要确定归档限期制度,严格办理诉讼案卷移交手续,编制归档目录,做到归档及时,归档文件材料齐全、完整、规范;四要严格实行借卷登记审批制度,修订借阅利用档案有关规定,完善现有档案信息管理系统功能,严格诉讼档案的管理;五要规范通报制度,不定期地对各部门归档数量、质量情况以及超期未还或未办理相关手续等情况在内网上通报。①

3. 建立专业队伍,提高整体素质

建立稳定的档案专业队伍和书记员（归档工作）队伍。以司法改革为契机,通过人员分类管理,固定法院档案管理人员,使其保持稳定性。招录具备档案学

---

① 马兴国.基层法院档案管理工作存在的问题及对策[J].中国档案,2010(2).

专业的司法行政人员,以提高档案管理人员的专业化程度。要有目的地培养高层次、复合型档案管理人才,使其既具有丰富的档案管理学知识和业务管理水平,又具备一定的法律知识和法学功底,还具备一定的信息化技术,以满足未来诉讼档案信息化管理的需求。

(二)抓住司法改革机遇,除旧立新,应对未来挑战

司法改革对于现阶段基层法院诉讼档案管理工作来说是一次难得的机遇。新要求催生新挑战,新挑战催生新变化。要积极抓住司改机遇,努力从到期档案处理与信息化建设两个方面提升基层法院诉讼档案管理工作。

1. 除旧:以档案鉴定为前置程序,清理到期档案

诉讼档案的鉴定是根据对诉讼档案利用价值的分析,按照诉讼档案的保管期限,剔除已满保存期限或无保存价值的诉讼档案,并及时做好销毁工作。由于诉讼档案对于法院、当事人及公众都有着重要的作用和影响,所以这项工作的开展必须特别慎重地分步开展。

(1)确立诉讼档案的鉴定标准

诉讼档案的鉴定标准应当参照保管期限,结合各法院的实际情况,根据各类案件的性质、情节、社会影响、史料价值等因素的综合分析进行。诉讼档案的鉴定应逐案、逐卷地进行审查,不能脱离同一案件的文件材料整体,孤立地判定单份诉讼文书及有关材料的价值。

(2)成立专门的诉讼档案鉴定工作小组

由于诉讼档案的鉴定工作直接关系到诉讼档案的生死存亡,同法院、当事人和社会公众的利益息息相关,所以必须严格地、有组织地开展此项工作。由法院相关职能部门牵头,可以通过挑选富有经验的退休司法人员,或者聘请具备专业档案学知识和法律知识的专业人员成立诉讼档案鉴定工作小组,对到期的诉讼档案进行价值鉴定,保留仍有利用价值的诉讼档案,及时清理多余的档案。

(3)对被清理的诉讼档案做好备份

经鉴定确定需要清理的诉讼档案,要把其中的判决书、裁定书、调解书取出一份,按年度、审级整理立卷,永久保管。或者采用电子扫描的方式,对其进行电子化备份。

2. 立新：以信息化建设为契机，提高诉讼档案的利用率

充分利用法院信息化建设，建立诉讼档案智能管理系统，采用标签化管理模式，实施动态监控；充分利用诉讼档案的网络资源，实现档案资源全共享；创建电子档案联网查询系统，扩大档案的社会价值，为网络诉讼打下基础。

（1）建立诉讼档案智能化管理系统，实现全程电子化管理

充分利用信息技术，将立案、审执和归档过程中产生的纸质文档，以电子文档存储或扫描成电子文档加以存储利用。电子文档不但节约空间，也便于档案的查询。智能化系统是对档案卷宗从立卷、审执、归档、借阅、统计、库房盘点到实时监控的全程、即时、智能化信息管理，同时能实现对库房和实体卷宗的高效、安全管理。利用电子标签技术，建立实用、高效、先进的"标签化"档案管理模式，解决档案归档、整理、查找利用耗时费力、工作效率较低的问题，提高诉讼档案管理的现代化水平。

（2）充分利用网络技术，实现诉讼档案网络资源共享

网络资源共享是互联网技术发展的趋势，法院档案信息化工作也应该顺势而为。通过法院多级联网，实现网上档案信息资源有效整合和共建共享，设立集中统一的诉讼档案信息资源中枢系统，进一步强化档案信息的利用广度和深度。通过诉讼档案网络资源共享，在有效验证身份的前提下，承办人、当事人及社会公众可以根据不同的权限，查阅相应的档案资料。档案网络共享的好处：一是有利于减轻当事人讼累，可以异地查档、复制资料；二是提高法官办案工作效率，节约时间成本；三是减轻档案人员工作负担，解决调档拥挤矛盾。[1]

（3）建立全国法院系统电子档案查询系统

在全国法院系统内建立一个完整的电子档案查询系统，与现有的法院案件信息管理系统进行整合，凡是上诉或进入审判监督程序的案件，根据一定的审批程序，向有关法官开放电子卷宗。这样可以极大地减少审判过程中的调卷量，缓解审判庭和法院档案部门的工作压力，也可以减少卷宗在调阅过程中出现的冲突，防止案卷丢失的风险。[2]全国范围的电子档案查询体系可以打破地域的阻

---

[1] 郭林，马燕．网络资源共享是法院档案建设的趋势［N］．江苏经济报，2014，5（28）：45．

[2] 李肖慧，周万毅．刍议法院诉讼档案管理体系的完善［J］．北京档案，2010（2）．

隔,实现异地查询,有效提高诉讼档案的利用率。[①]

(4) 充分挖掘诉讼档案在体现法院文化方面的社会价值

法院诉讼档案可以通过划分密级,确定可供开放的内容和对象。在严格遵守保密制度的前提下,开通面向社会公众的电子诉讼档案网络化信息服务平台,有层级地开放诉讼档案。当事人可凭有效证件,摘阅或复印诉讼档案中有关自己提供的证据材料,提高利用效率。[②]诉讼档案是法院文化的一个重要组成部分,可以部分地展现在社会公众面前,让社会公众对法院工作有更为直观的感受。社会公众可以一定程度地查阅诉讼档案,并可以了解诉讼档案的外观样式、制作过程以及作用意义等。公众通过查阅诉讼档案走进法院,了解司法,了解法院文化,更能体味到法官工作的重要性与复杂性,使其真正成为公众了解司法的重要窗口,充分发挥诉讼档案的社会价值。

(5) 打造诉讼档案"一体化"电子平台,为实现"网络诉讼"打下基础

充分利用信息技术,使卷宗档案从收集、制作到保存实现"电子一体化"操作,为"网络诉讼"的美好司法愿景打下基础。一是当事人提供的起诉状、答辩状和代理词等文件尽可能为电子文本;二是目录页和法院的各项管理制度和流程等尽量采用电子文本进行保存;三是法官作出的裁判、书记员的笔录等各类文件以电子档案方式进行留存;四是法庭开庭和谈话等法律流程,全部以电子录音和录像形式进行保存;五是当事人所提供的法律证据等材料若无法以电子文件方式呈现,应扫描为图像文本进行电子存储。[③]使整个诉讼过程中形成的资料和材料实现全程网络收集、制作、保存、管理和利用,充分利用"云计算""云存储""移动互联"等技术,为实现"网络诉讼"做好诉讼档案方面的基础准备。

六、结语

基层人民法院作为国家审判机关的第一线,承担了大量的司法审判和执行工

---

① 诉讼档案的查阅是诉讼档案利用的一种重要方式,而电子档案查询系统能有效方便档案查询,提高档案查阅率。以徐汇法院为例,2009年上海法院系统刚开始推广诉讼档案扫描形成电子卷宗时,当年电子档案查阅9人次,纸质档案借阅11人次。2009年至2011年这段过渡期,电子档案查阅7648人次,纸质档案借阅528人次。2012年电子档案系统完全建立后,当年电子档案查阅7207人次,纸质档案借阅566人次。2013年至2014年,电子档案查阅45376人次,纸质档案借阅1777人次。
② 于翠华.浅谈基层法院档案信息的收集和管理利用[J].兰台世界,2012(3).
③ 崔茂文.法院档案电子化的探讨[J].档案学研究,2014(5).

作,而且工作量与日俱增。法院诉讼档案工作既是展示法院审判历史面貌的重要凭证,也是做好法院各项工作不可缺少的重要环节和条件。因此,做好诉讼档案管理工作既是对当下审执工作负责,也是对法院历史负责。

对于现阶段基层法院的诉讼档案管理工作来说,要以司法改革为契机,充分抓住历史机遇,既要建章立制,解决固有问题,又要除旧立新,积极应对未来挑战。要着力从硬件和软件两个方面改善诉讼档案管理状况:合理地清理到期的诉讼档案,减轻档案的存储、保管压力;同时积极利用信息化技术的发展优势,充分实现诉讼档案的智能化管理,提高诉讼档案的利用率,有效发挥其史料价值与社会价值,为迎接司法改革所带来的新挑战做好充分准备。

参考文献

[1]冯惠玲,张辑哲.档案学概论[M].北京:中国人民大学出版社,2006.

[2]于翠华.浅谈基层法院档案信息的收集和管理利用[J].兰台世界,2012(3).

[3]郭林,马燕.网络资源共享是法院档案建设的趋势[N].江苏经济报,2014,5(28):14.

[4]于翠华.浅谈对法院档案管理的认识[J].兰台世界,2012(5).

[5]马兴国.基层法院档案管理工作存在的问题及对策[J].中国档案,2010(2).

[6]李肖慧,周万毅.刍议法院诉讼档案管理体系的完善[J].北京档案,2010(2).

[7]崔茂文.法院档案电子化的探讨[J].档案学研究,2014(5).